トウキョウ建築コレクション 2020
Official Book

トウキョウ建築コレクション2020

建築資料研究社／日建学院

トウキョウ建築コレクション2020 Official Book

Re; collection 2020
2020/2/25[火]-3/1[日]
11:00 - 19:00 初日14:00-/最終日-18:30
代官山ヒルサイドフォーラム
トウキョウ建築コレクション
全国修士設計展
設計展公開審査会
2020.3.1(日) 10:30-18:00 ヒルサイドプラザ
長谷川逸子 (審査員長) 藤村龍至 (モデレーター)
早部安弘 能作文徳
マニュエル・タルディッツ
※敬称略
全国修士論文展
論文展公開審査会
2020.2.29(土) 13:00-18:00 ヒルサイドプラザ
倉方俊輔 (審査員長) 前真之 (モデレーター)
山田あすか 山下哲郎
※敬称略
企画展
〜Bottle Cap Art〜
2020.2.25(月)〜2020.3.1(日)
エキシビションルーム
特別講演
2020.2.28(金) 18:00-19:30
ヒルサイドプラザ
テーマ:「大学教育と資格」
冨永美保 山岸雄一 山村健
協賛 エーアンドエー株式会社 / 株式会社大林組 / 株式会社竹中工務店 / 株式会社日建設計 / 株式会社日本設計 / 株式会社三菱地所設計 / 清水建設株式会社 / 大成建設株式会社 / 田島ルーフィング株式会社 / 日本土地建物株式会社 / 西松建設株式会社 / 前田建設工業株式会社 /
特別協力 代官山ヒルサイドテラス
協力 株式会社鹿島出版会 / 株式会社レントシーバー
後援 一般社団法人 東京建築士会 / 一般社団法人 日本建築学会
特別協賛/副賞提供 建築資料研究社 日建学院
Hillside Forum
Exhibition Room
Hillside Square
Hillside Plaza
HILLSIDE TERRACE
トウキョウ建築コレクション2020実行委員会

トウキョウ建築コレクション2020企画概要

全国の修士学生による修士設計・修士論文を集め日本初の全国規模の修士設計・論文展を行った2007年以降、展覧会を存続・発展させながら「トウキョウ建築コレクション」は今年で14年目を迎えます。

当展覧会は多くの来場者に恵まれると同時に、その成果が書籍化されたことにより広く社会に開かれた展覧会にできたと感じております。また、出展してくださる学生も年々増え、その規模は国外にも波及する兆候を見せており、本展覧会は建築業界にとってますます大きな役割を担うと自負しております。

トウキョウ建築コレクションは初年度から一貫して「修士学生の研究をもとに、建築学における分野を超えた議論の場をつくり出し、建築業界のみならず社会一般に向けて成果を発信していくこと」を目標として活動してきました。

14年目となる今年のトウキョウ建築コレクションでは、「Re;collection」をテーマに掲げました。令和の時代に変わり、東京オリンピックが開催される今年は、日本における転換期と捉えることができます。そこで今回は、14年続いてきたトウキョウ建築コレクションのこれまでの集積（collection）を振り返り、回顧する（recollection）年にしたいと考えました。「;」は、Reから始まるすべての単語とcollectionをつなぐ意味をもちます。今年が節目であることを踏まえ、今後の建築とは、ひいては日本とはどうあるべきなのかを考える場を目指します。

展覧会の成果は例年と同様、書籍化することを前提に活動しております。本展覧会が今後も長期にわたり持続し、時代性をもった「コレクション」が集積され「アーカイブ」としての価値をもつことで、建築の発展に寄与できる展覧会へと成長することを目指します。

トウキョウ建築コレクション2020実行委員会一同

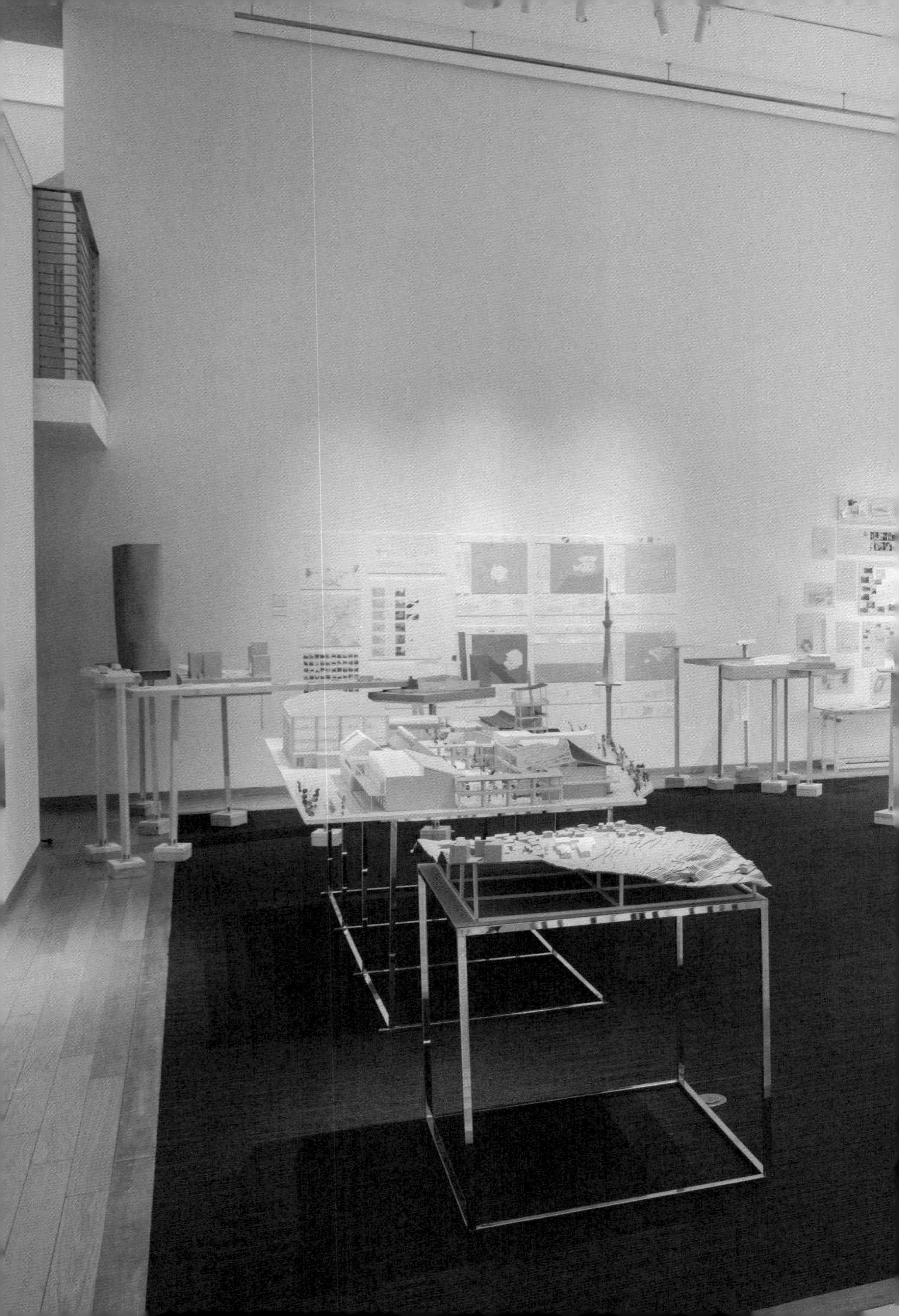

全国修士設計展

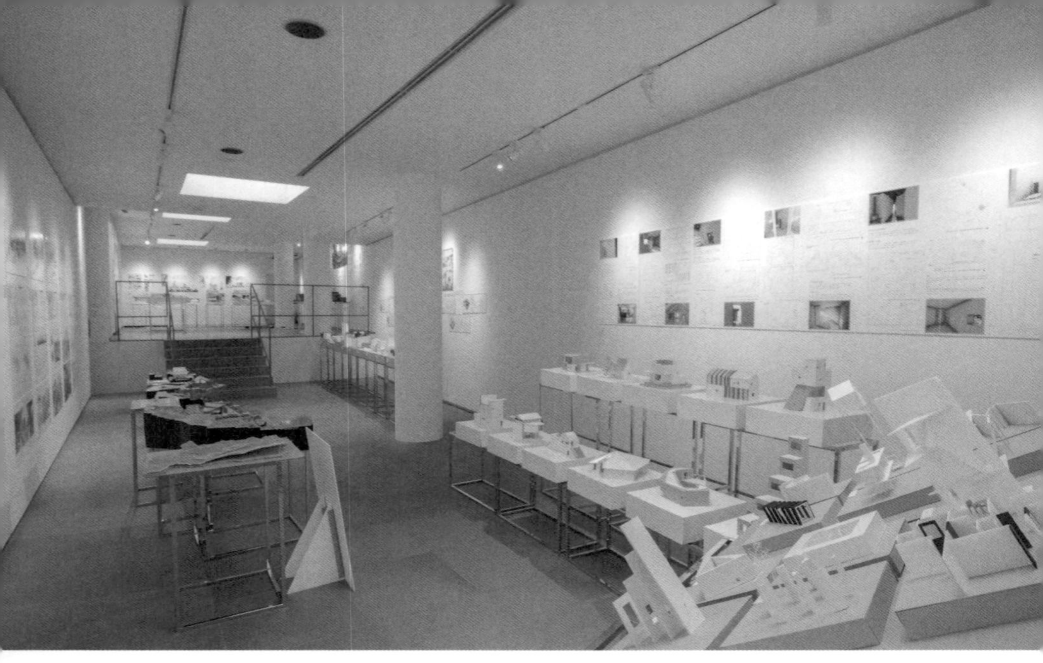

「全国修士設計展」開催概要

全国から一同に大学院修士生の修士設計作品を集め、審査員による一次審査(非公開)で選出された10点の作品の展示、公開討論会、総括セッションを行いました。

2月25日(火)－3月1日(日)の期間には、ヒルサイドフォーラム内で模型とプレゼンボードを展示、3月1日(日)には建築分野の第一線で活躍されている審査員をお招きして公開審査会(二次審査)を開催しました。公開審査会では展示物の審査、ヒルサイドプラザでの出展者によるプレゼンテーション、審査員との質疑応答を行いました。その後、総括セッションを行い、各審査員賞が議論の後、グランプリと審査員賞を選出しました。

トウキョウ建築コレクションでは、社会へ出る学生の最後の設計である修士設計を、より広い分野・観点から討議や批評をすることを通して、現在の建築像を浮き彫りにします。社会的背景、国際的視点、分野の拡張など修士学生の考える設計思想をぶつけ合いながら、今後の建築像のあり方について議論しました。

なお、本年の公開審査会は新型コロナウィルス感染拡大防止のため無観客で開催し、会の模様をウェブで生配信しました。

トウキョウ建築コレクション2020実行委員会

全国修士設計展審査員

長谷川逸子　Hasegawa Itsuko

○審査員長

建築家／長谷川逸子・建築計画工房主宰。1941年静岡県生まれ。関東学院大学、東京工業大学を経て、1979年長谷川逸子・建築計画工房（株）設立。1986年日本建築学会賞、日本文化デザイン賞受賞。早稲田大学、東京工業大学、九州大学等の非常勤講師、ハーバード大学の客員教授を務め、1997年王立英国建築協会より名誉会員の称号。2001年ロンドン大学名誉学位、2006年アメリカ建築家協会より名誉会員の称号。2000年第56回日本芸術院賞受賞。第7回公共建築賞（大島町絵本館）、第9回公共建築賞（新潟市民芸術文化会館）。2018年英国王立芸術院より第一回ロイヤルアカデミー建築賞授与。2019年著作集『長谷川逸子の思考』（左右社）出版。

能作文徳　Nosaku Fuminori

建築家／東京電機大学准教授／能作文徳建築設計事務所主宰。1982年富山県生まれ。2010年東京工業大学大学院建築学専攻博士課程修了、2012年博士（工学）取得。東京工業大学大学院環境・社会 理工学院建築学系助教を経て、2018年より東京電機大学未来科学部建築学科准教授。「ホールのある家」にて平成22年東京建築士会住宅建築賞、「高岡のゲストハウス」にてSDレビュー2017入選。ISAIA2018 Excellent Research Award、第58回ヴェネチア・ビエンナーレ国際美術展出展、「ピアノ教室のある長屋」にて住まいの環境デザイン・アワード2020年優秀賞を受賞。

早部安弘　Hayabe Yasuhiro

構造家／早稲田大学教授。1964年群馬県生まれ。1988年早稲田大学理工学部建築学科卒業後、1990年同大学大学院修了。1990年より大成建設設計本部に勤務。2018年4月より現職。主な作品（大成建設所属時）に、「MIKIMOTO Ginza2」「ガーデンコート成城 UNITED CUBES」「清水文化会館マリナート」「The Okura Tokyo」がある。主な受賞に、第17回JSCA賞作品賞、第25回JSCA賞実績賞、第9回日本構造デザイン賞がある。

藤村龍至　Fujimura Ryuji

○モデレーター

建築家／東京藝術大学准教授／RFA主宰。1976年東京都生まれ。2008年東京工業大学大学院博士課程単位取得退学。2005年より藤村龍至建築設計事務所（現、RFA）主宰。2010年より東洋大学専任講師。2016年より現職。主な建築作品に「鶴ヶ島太陽光発電所・環境教育施設」（2014）がある。主な著書に『批判的工学主義の建築』（NTT出版、2014）『プロトタイピング―模型とつぶやき』（LIXIL出版、2014）がある。近年は建築設計やその教育、批評に加え、公共施設の老朽化と財政問題の解決を図るシティマネジメントや、日本列島の将来像の提言など、広く社会に開かれたプロジェクトも展開している。

マニュエル・タルディッツ　Manuel Tardits

建築家／みかんぐみ共同主宰。1959年パリ生まれ。1984年フランス建築学校UPA 1卒業後、1988-92年東京大学大学院博士課程在籍。博士（工学）。2005-15年ICSカレッジオブアーツ副校長。2013年より明治大学特任教授。2006年フランス国芸術文化勲章（シュバリエ）受勲。主な作品に「NHK 長野放送会館」「フランス大使公邸再生」「愛知万博トヨタ館」「愛知万博フランス館」「mAAchecute神田万世橋再生」「フランス国立極東学院・京都支部」がある。主な著書に『団地再生計画』（Inax出版、2001）『東京断想』（鹿島出版会、2014）『日本、家の列島』（鹿島出版会、2017）がある。

設計展 **グランプリ**

田中一村美術館

奄美を切り取る——絵のない美術館

池上里佳子
Ikegami Rikako

東京藝術大学大学院
美術研究科　建築専攻
中山英之研究室

私が以前から好きな作家であった日本画家・田中一村をテーマとする美術館を奄美大島に設計した。この美術館は彼の絵を展示しそれを鑑賞するのではなく、建物に開けられた窓によってフレーミングされた奄美の風景を鑑賞する、絵のない美術館である。

一村の代表作は、奄美大島の風景を鮮やかな色彩とグレートーンの鈍い水墨で描いたものである。これら一村の絵に着想を得て、美術館を設計する。自生している植物は基本的に生えているまま手を入れず、作品に登場する様子などを手がかりにフレーミングし、それを見る鑑賞地点を適切な場所に設定する。フレーミングされた風景を絵画のように鑑賞することで、自然も芸術と同じく価値のあるものだと鑑賞者に再認識させることができる。

田中一村について

たなか・いっそん
(1908-1977)

人物像
- 対象を凝視し、研究熱心。観察眼が鋭く、深い。
- 朝と夕の散歩が日課。一年を通してほぼ決まったコースを歩く。日の出などの自然の移ろいをしっかり把握したいという意志から。19年にわたる朝夕の散歩は、観察と取材、体の鍛錬、題材の探索、スケッチのためである。
- 日々生活を切り詰め、貧困と孤独の中に生きる。その苦しい生活との対比によって、自然の優美さや豊かさがより一層大きく感じられる。

作品の特徴
- 一村の描いたものは生活の周辺にあったものが多い。
- 奄美ではよく見られる「隈」という防風林から明るい方向を覗き見る構図をとる。
- 鮮やかな色彩を用いた明るい近景の奥に水墨のグレートーンの中景が挟まり、その奥に明るい遠景が垣間見える構成。
- 実際の風景を見たまま描いたのではなく、スケッチや写真を元に絵の画面を構成。

田中一村の作品群

「初夏の海に赤翡翠」

「枇榔樹の森に崑崙花」

「アダンの海辺」

「奄美の郷に褄紅蝶」

「大赤啄木鳥と瑠璃懸巣」

「桜躑躅に赤髭」

「枇榔樹の森に浅葱斑蝶」

「枇榔と浜木綿」

「草花に蝶と蛾」

「蘇鐵残照図」

「榕樹に虎みみづく」

「不喰芋と蘇鐵」

「枇榔樹の森」

「白花と赤翡翠」

「奄美の海に蘇鐵とアダン」

[特別協力]新山 宏(田中一村著作権承継者 ©2020 Hiroshi Niiyama)

奄美を訪れる

奄美大島は、レジャーが盛んな南国の島とされる一方で、天気の変わりやすさから「気象の踊り場」と呼ばれ、日照率は国内最低である一面も持っている。そして海沿いには「隈」と呼ばれる薄く連なる防風林が存在していて、亜熱帯の植物が多く自生している。一村の描く絵は、スケッチのコラージュで実際にある風景を写し取ったものではないが、構成や色彩などによって奄美特有の気候や自然を忠実に描いている。また、防波堤が海沿いに建設され、一村の絵のような風景は少なくなっている現状がある。一村の絵画の魅力を伝えることに加え、一村の描いた奄美特有の地形や自然を守っていくことも重要なことである。

奄美大島にはすでに田中一村記念美術館が存在する。しかし一村が住んでいた自然豊かな場所とは離れた空港脇に建てられていて、一村の作品と題材である自然が切り離されて考えられていると感じた。そこで、芸術と自然を等価に考えることのできる美術館を設計することとした。

奄美大島北東部の地図と、風景および植生の写真

リサーチ

美術館を設計する敷地として下記の理由から「崎原海岸」を選んだ。①空港、一村が住んでいた有屋集落、一村記念館などを通るルート上にある。②一村の作品に登場する立神（海の神が降臨時に立つ神聖な岩）が見える。③一村の描いた隈や植物が多く自生している。

その上で、この敷地における植物の位置関係や地形などの調査を行なった。

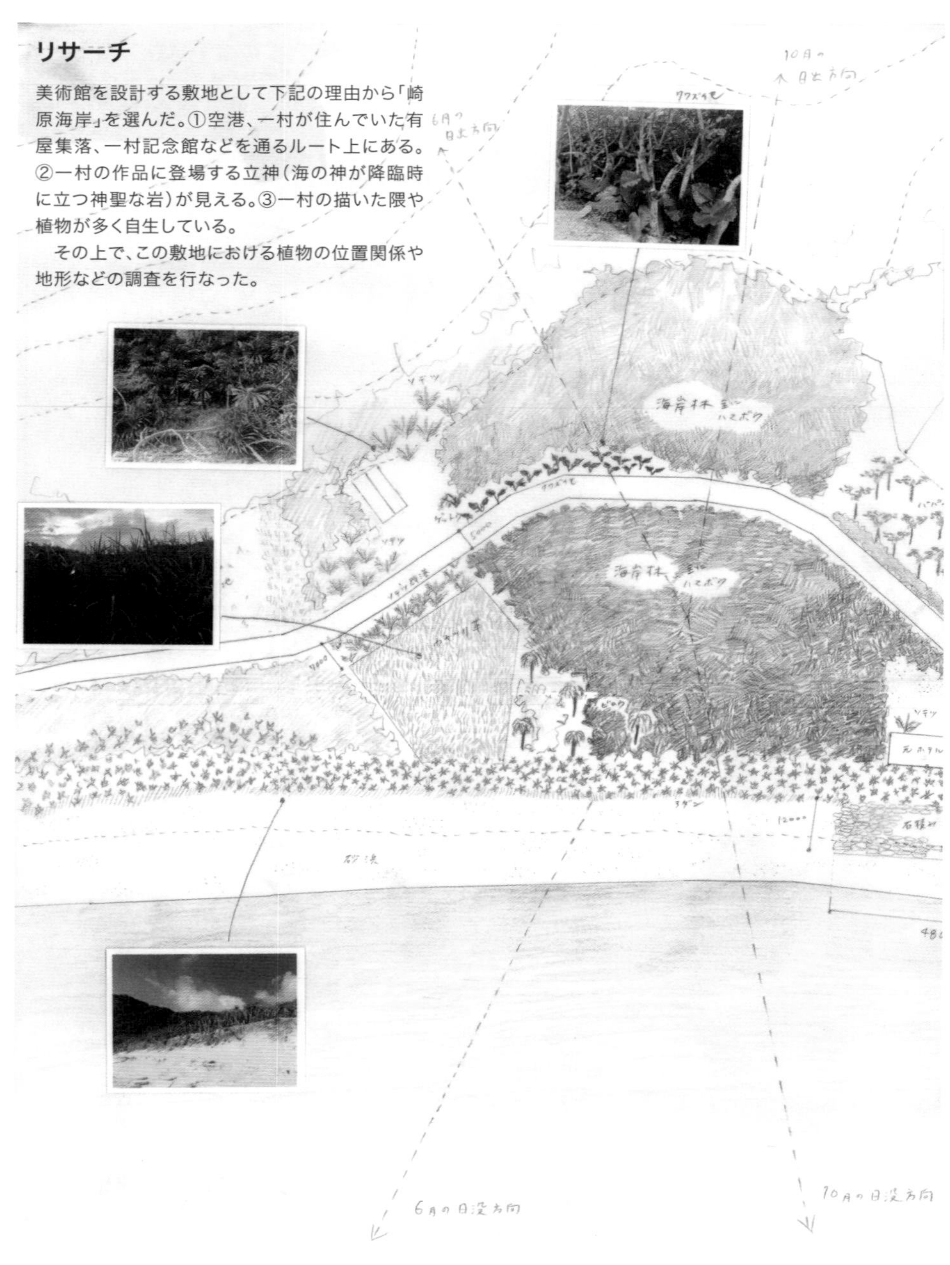

崎原海岸の植生や高低差、日没の方角などの実測（部分）。さらに一村の作品を分析し、各作品に登場する植物のリストを作成。設計に反映させた。

フレーミングという考え方

建築に一村の作品の縦横比と同じ比率の開口を開け、一村の絵をもとに風景をフレーミングする。そうすることにより、彼の作品を通じて奄美の風景や自然についてより深く考えることができると考えた。

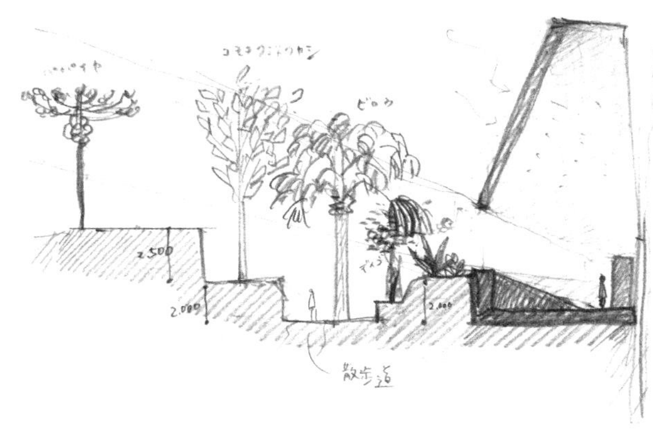

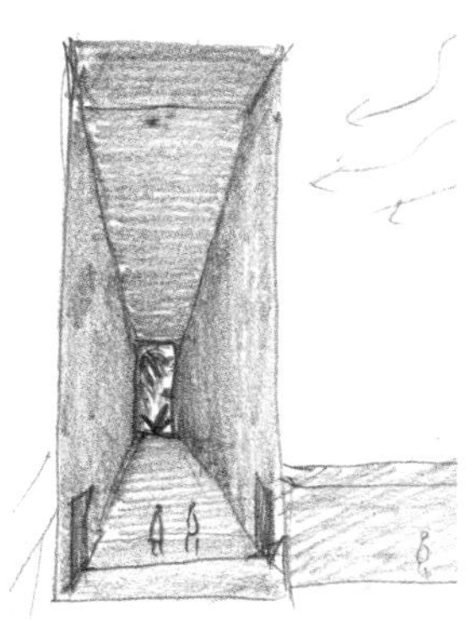

コンセプト・スケッチ

全体計画

カヤツリ草の丘

美術館

10月の
日没方角

6月の
日没方角

「浜棟」エリア配置図

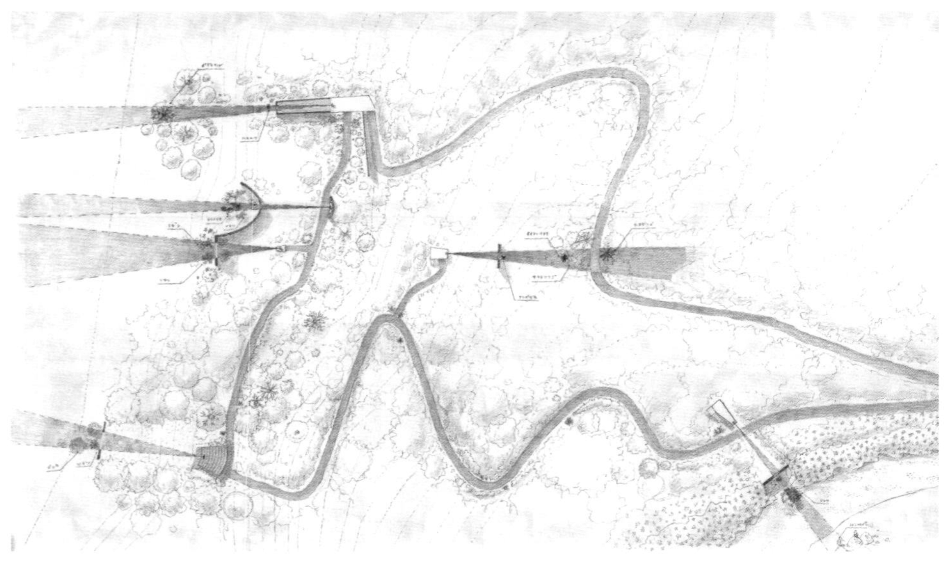

「立神棟」エリア配置図

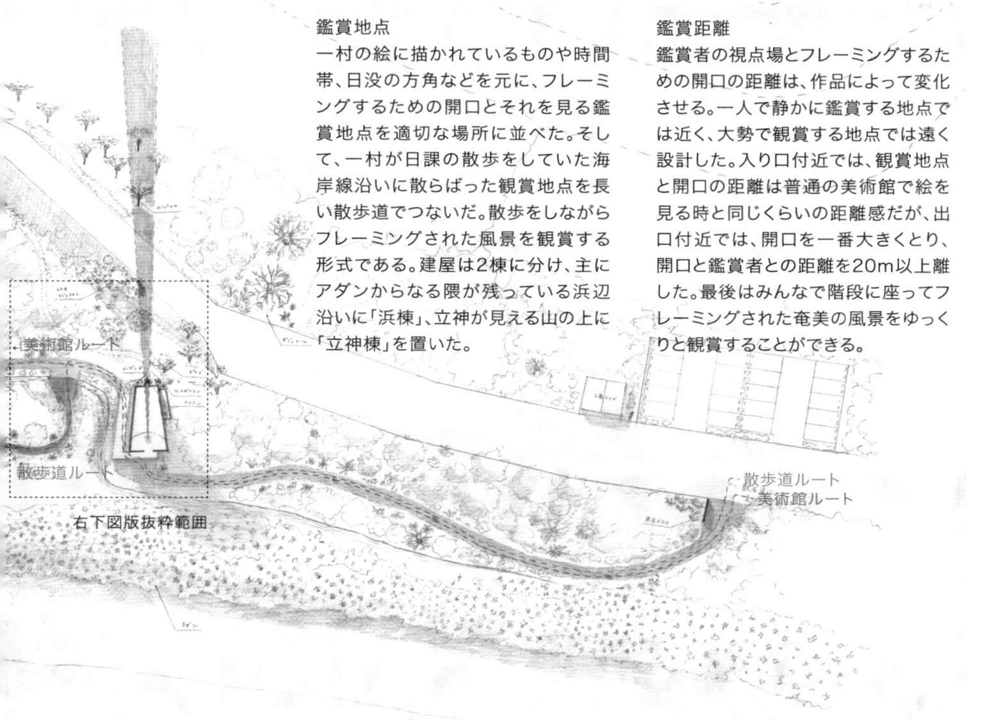

美術館ルート

散歩道ルート

右下図版抜粋範囲

散歩道ルート
美術館ルート

鑑賞地点

一村の絵に描かれているものや時間帯、日没の方角などを元に、フレーミングするための開口とそれを見る鑑賞地点を適切な場所に並べた。そして、一村が日課の散歩をしていた海岸線沿いに散らばった観賞地点を長い散歩道でつないだ。散歩をしながらフレーミングされた風景を観賞する形式である。建屋は2棟に分け、主にアダンからなる隈が残っている浜辺沿いに「浜棟」、立神が見える山の上に「立神棟」を置いた。

鑑賞距離

鑑賞者の視点場とフレーミングするための開口の距離は、作品によって変化させる。一人で静かに鑑賞する地点では近く、大勢で観賞する地点では遠く設計した。入り口付近では、観賞地点と開口の距離は普通の美術館で絵を見る時と同じくらいの距離感だが、出口付近では、開口を一番大きくとり、開口と鑑賞者との距離を20m以上離した。最後はみんなで階段に座ってフレーミングされた奄美の風景をゆっくりと観賞することができる。

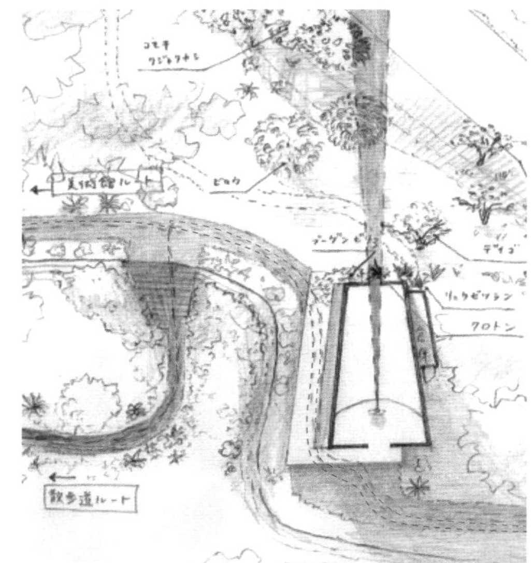

「浜棟」エリア配置図の一部抜粋

散歩道ルートと美術館ルート

一村は朝夕の散歩での取材をもとに制作をしているため、明け方や夕暮れを描いた作品が多い。奄美では昼と夜の狭間の時間帯を「逢魔時」と呼ぶ。その時間は神々と交感する聖なる時間と考えられており、朝方や夕暮れに外を散歩をする習慣がある。そこで敷地に地元民や宿泊者が散歩するための常時解放の「散歩道ルート」(図中赤点線)と、通常の美術館動線である「美術館ルート」(同緑点線)を設計した。

散歩道ルートは絵のない美術館を通る。ここにはフレーミングのうち朝方や夕暮れを描いたものを配置する。ここは管理の必要がないため24時間解放している。美術館ルートには、現存の一村記念美術館の分館として、千葉時代も含めた絵画を展示する美術館を整備。この美術館と併せて、主に昼の時間帯を描いた作品のフレーミングをめぐるルートとする。

フレーミングされた自然を鑑賞する

孤独に絵を描き続け、奄美でひっそりと生涯の幕を閉じた田中一村という一人の作家の美術館を、時間をかけて歩きながら、この風景を守っていくことがどれだけ価値があることなのか見つめ直すことができると期待している。

浜棟 美術館エリア部分断面
「枇榔樹の森に浅葱斑蝶」

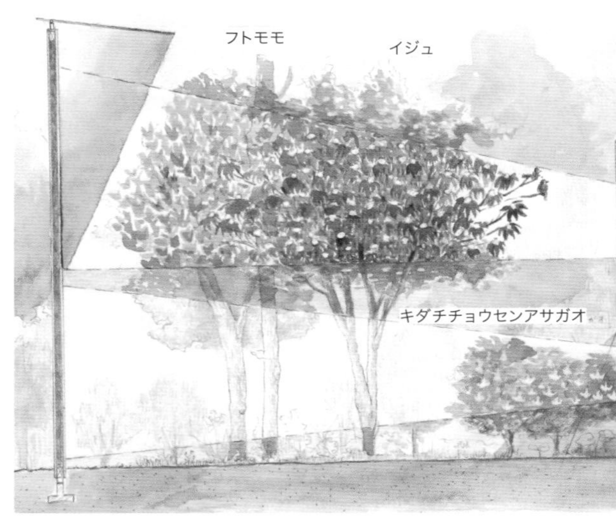

浜棟 林縁エリア部分断面
「大赤啄木鳥と瑠璃懸巣」

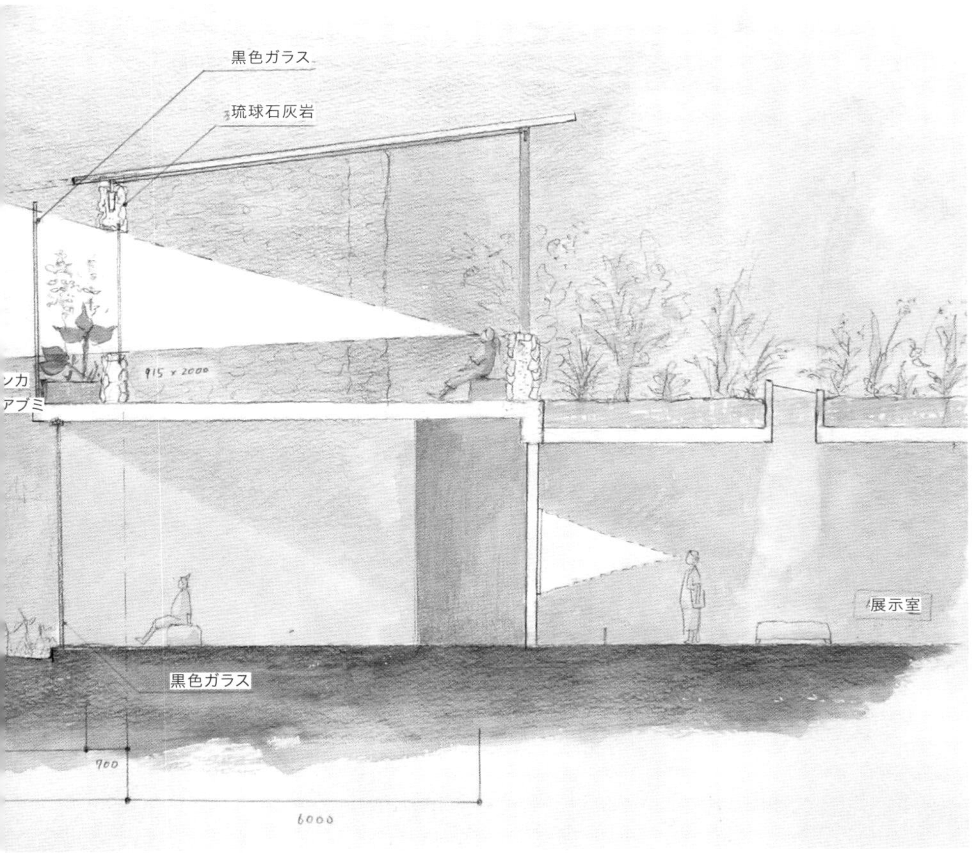

黒色ガラス
琉球石灰岩
ンカ
アブミ
915 x 2000
展示室
黒色ガラス
700
6000

クワズイモ
ソテツ
ハマナタマメ

立神棟 弧壁部分断面「不喰芋と蘇鐵」

模型写真。左上：浜棟／左下：立神棟／右：浜棟の施設入り口付近のクローズアップ

出展者コメント ── トウキョウ建築コレクションを終えて

Q このテーマを選んだ理由

私は以前から田中一村という作家が好きで、彼の描いていた風景のある奄美に訪れた際、作品と描かれた風景が切り離されて考えられていると感じ、一村が描いた奄美の風景を守っていくことの重要性に気づきました。この気づきを起点に設計に取り組みました。

Q 修士設計を通して得たこと

新しい美術館の存在の仕方を見つけ出せたこと。

Q 設計を通じて社会に向けて発信したいメッセージ

この建築を設計する際、自然も芸術と同じく価値のあるものだと鑑賞者に再認識させることを一つの目的としていました。作品を鑑賞する際、実物だけでなくその奥にある背景や描かれたものにも目を向けてしてほしいと思っています。

Q 修士修了後の進路と10年後の展望

設計事務所に勤務します。インテリアや住宅などの小規模なものを設計する際も、訪れた人に広く視野を持ってもらえるような設計をしていきたいと考えています。

設計展 能作文徳賞

滲み合うアンビエンス

The Involved Ambiences

中山陽介
Nakayama Yosuke

千葉工業大学大学院
工学研究科　建築都市環境学専攻
遠藤政樹研究室

エコに対する価値観を今より少しポジティブなものにできないか、エコを楽しくておしゃれなものにできないかを考えながら修士設計に取り組んだ。

敷地は長野県下諏訪町。元々リハビリ施設として使われ、現在部分的に改修し移住促進拠点としての運用を始めている施設がある。そこをリノベーションし、下諏訪で培われ、現在では忘れ去られている環境を再び地域に根付かせる建築を考えた。下諏訪の方たちに協力してもらいながら農業体験などの経験的なリサーチを行い、それと並行して環境解析や実測調査などの実験的なリサーチを行うことで、下諏訪町のアンビエンス（とりまくも

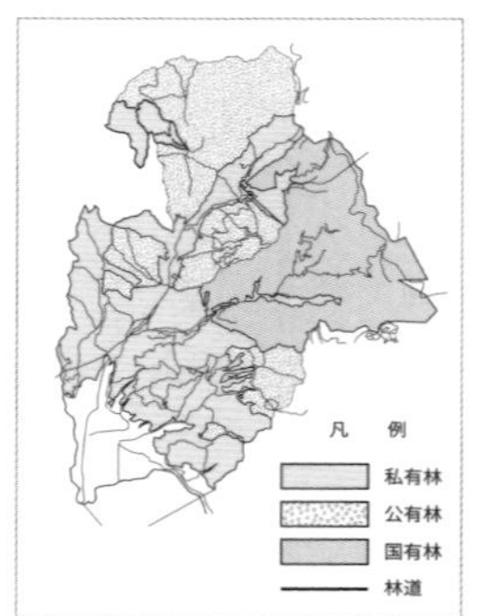

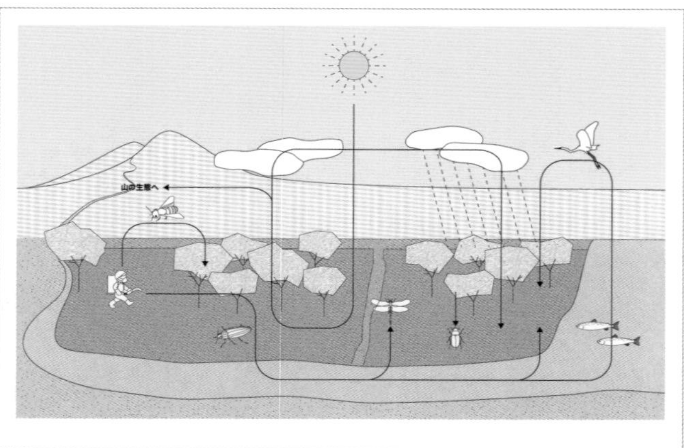

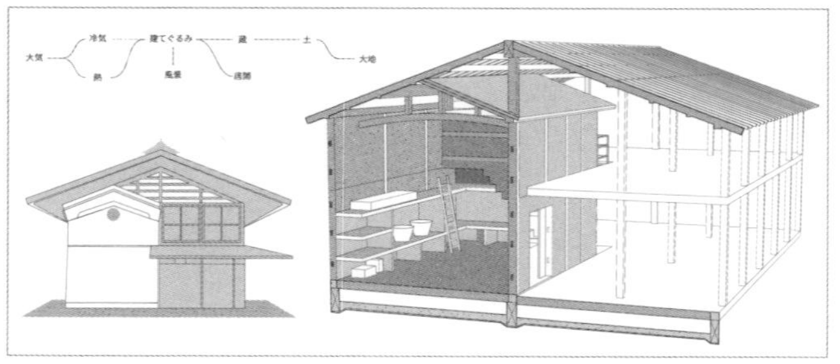

経験
experience

フィールドワーク
下諏訪町に二か月半の間滞在し、農業や林業体験などを通してアンビエンスの調査をおこなった。また、虫や鳥の生態系など下諏訪町の資源を採集した。

民族史調査
民族史文献などから歴史を知り、その歴史に基づき町を見直す。

取材
地元の方からお話を伺い、とりまくものたちを教えてもらう。温泉や酒場などを中心に行った。

のたち）を探し出し、内側からネットワーク図を描いた。それを手掛かりに、建築を通してアンビエンスを顕在化させることを試みている。

タイトルの訳語「involved」は理解できない他者を目の前にしたとき使用されてきた言葉であり、巻き込まれることを意味する。わかりえないものに目を背けずにアクセスし、巻き込まれていくことで自らを連環の一部に組み込み共生していることを感じられる。それは、私たちのふるまいが地球につながっていることを認識できるロマンチックなエコロジーのあり方ではないだろうか。

実験
experiment

環境解析
敷地や既存建築をCFDとDIVAの解析をかけ、そこの状態を広域的な理解の手がかりとする。

実測調査
風速計、温湿度計、レーザー温度計で町中の風速、温湿度、表面温度を計測した。

データ調査
温度や風向き、生業状況などをデータベースから調査する。

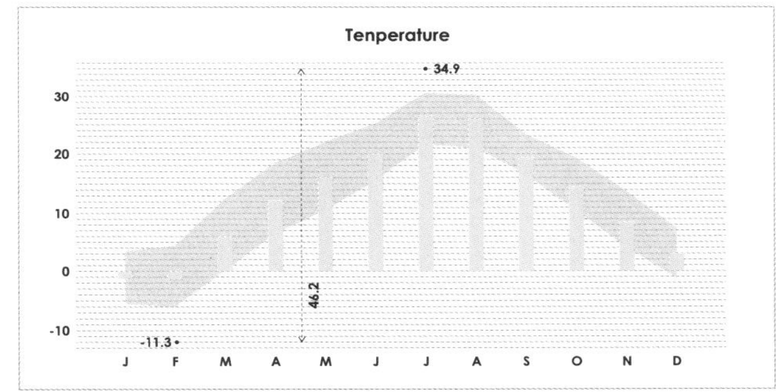

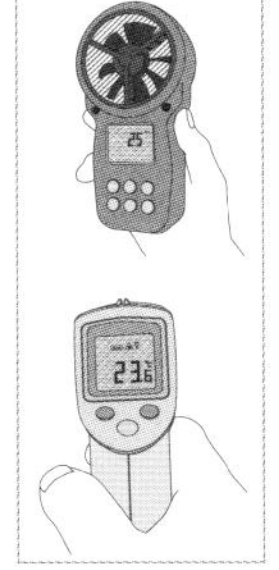

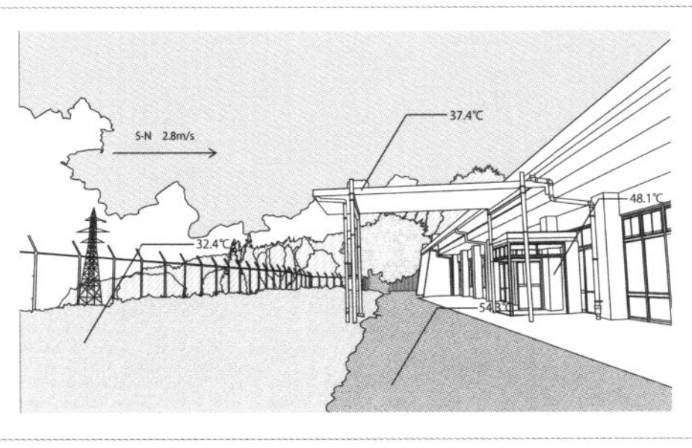

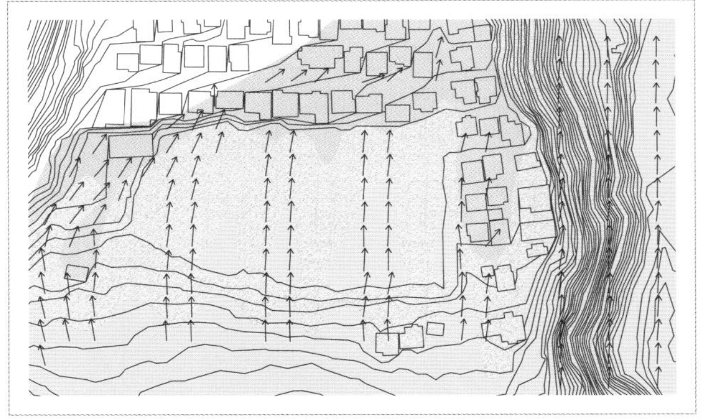

下諏訪の循環構造

下諏訪町は諏訪盆地帯の一部で、山と湖を川がつなぎ、大きな連環をつくっている。それぞれに多くの生態系が見られ、かつては山では林業、川では農業、湖では漁業とそれぞれの生業が広がり土地の資源を活用していた。徐々に生業は衰退していき、林業は完全に姿を消している。

The Involved Ambiences in Shimosuwa

それぞれの生業と資源から見たネットワーク図を経て、「下諏訪町をとりまくものたちのネットワーク図」を作成した。これは違う生業の経験から描かれた小さなネットワーク図が下諏訪の大きな連環に巻き込まれていくことを表している。身の回りをとりまくものたちがネットワークを介して全体に波及していくという、下諏訪町の環境の可視化の試みである。これを手掛かりとして、アンビエンスとの関係性を再構築するリノベーションを施していく。

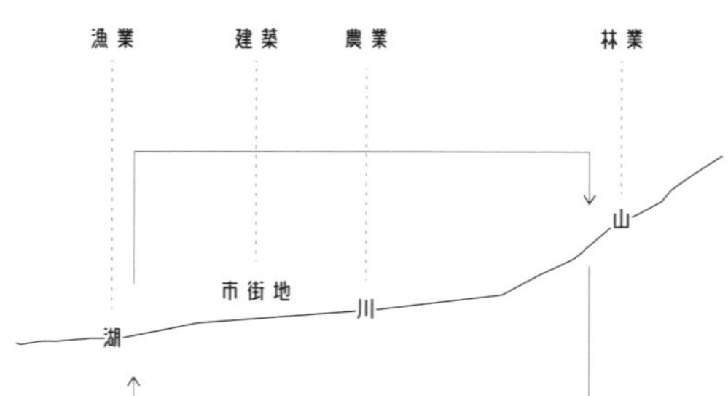

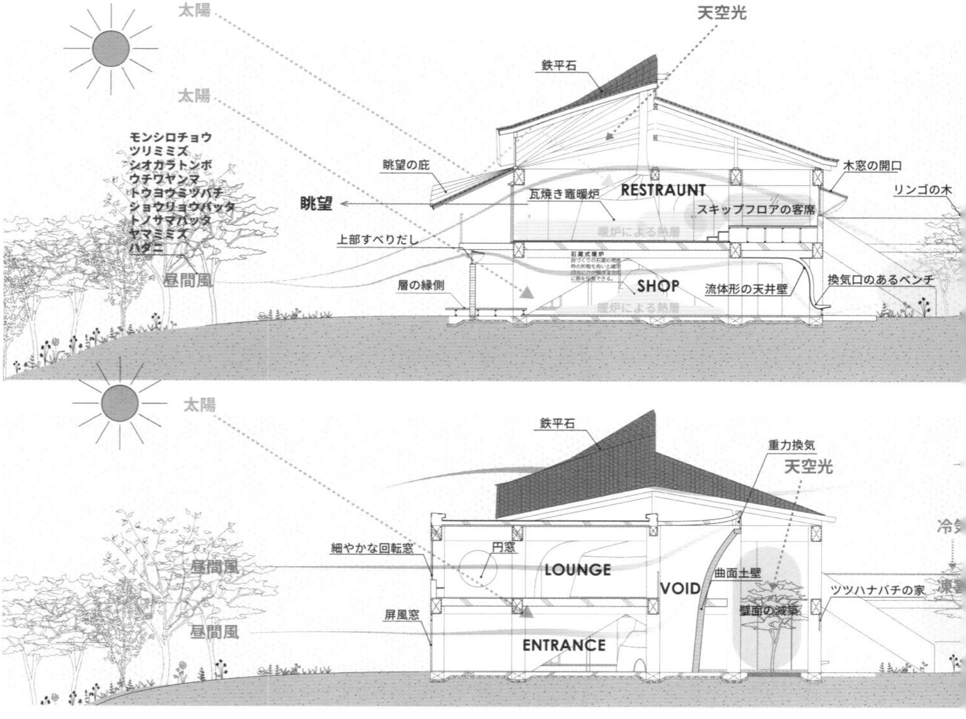

春秋の棟断面図

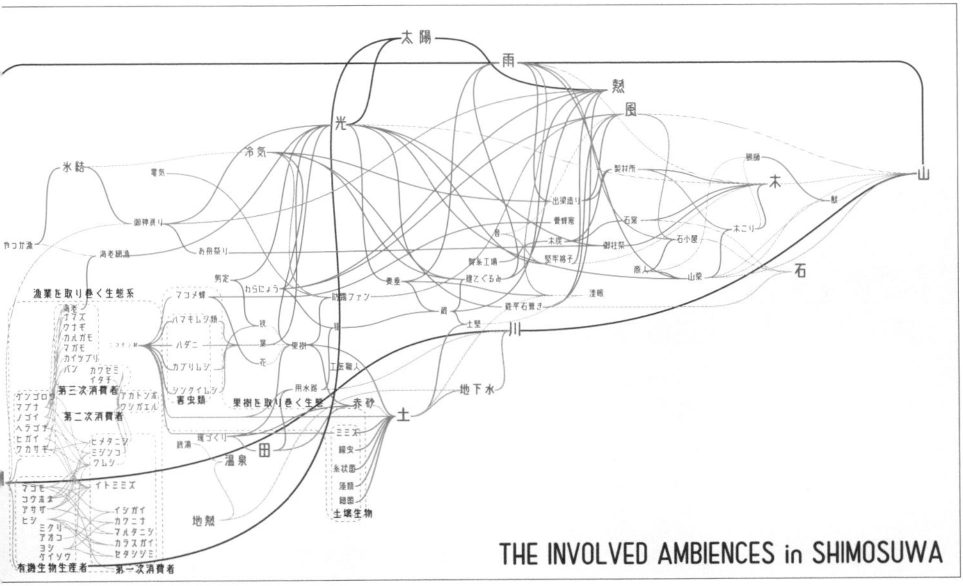

THE INVOLVED AMBIENCES in SHIMOSUWA

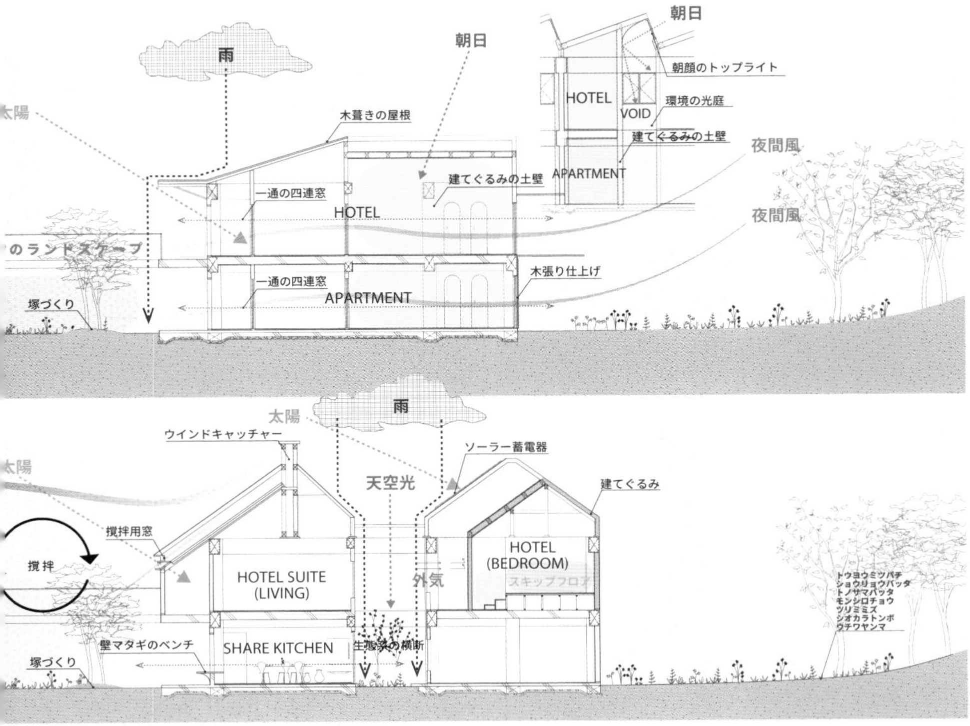

太陽
雨
熱
風
光
冷気
氷結
山
木
石
川
地下水
土
赤砂
田
温泉
地熱
漁業を取り巻く生態系
果樹を取り巻く生態
害虫類
土壌生物
第三次消費者
第二次消費者
第一次消費者
有機生物生産者

雨
太陽
朝日
木葺きの屋根
一通の四連窓
HOTEL
建てぐるみの土壁
のランドスケープ
一通の四連窓
APARTMENT
木張り仕上げ
塚づくり
夜間風
夜間風
朝日
朝顔のトップライト
HOTEL
VOID
環境の光庭
建てぐるみの土壁
APARTMENT

太陽
雨
ウインドキャッチャー
ソーラー蓄電器
太陽
天空光
建てぐるみ
撹拌用窓
撹拌
HOTEL SUITE (LIVING)
外気
HOTEL (BEDROOM)
スキップフロア
壁マタギのベンチ
SHARE KITCHEN
生態系の横断
塚づくり
トウヨウミツバチ
ショウリョウバッタ
トノサマバッタ
モンシロチョウ
ツリミミズ
シオカラトンボ
ウチワヤンマ

夏冬の棟断面図

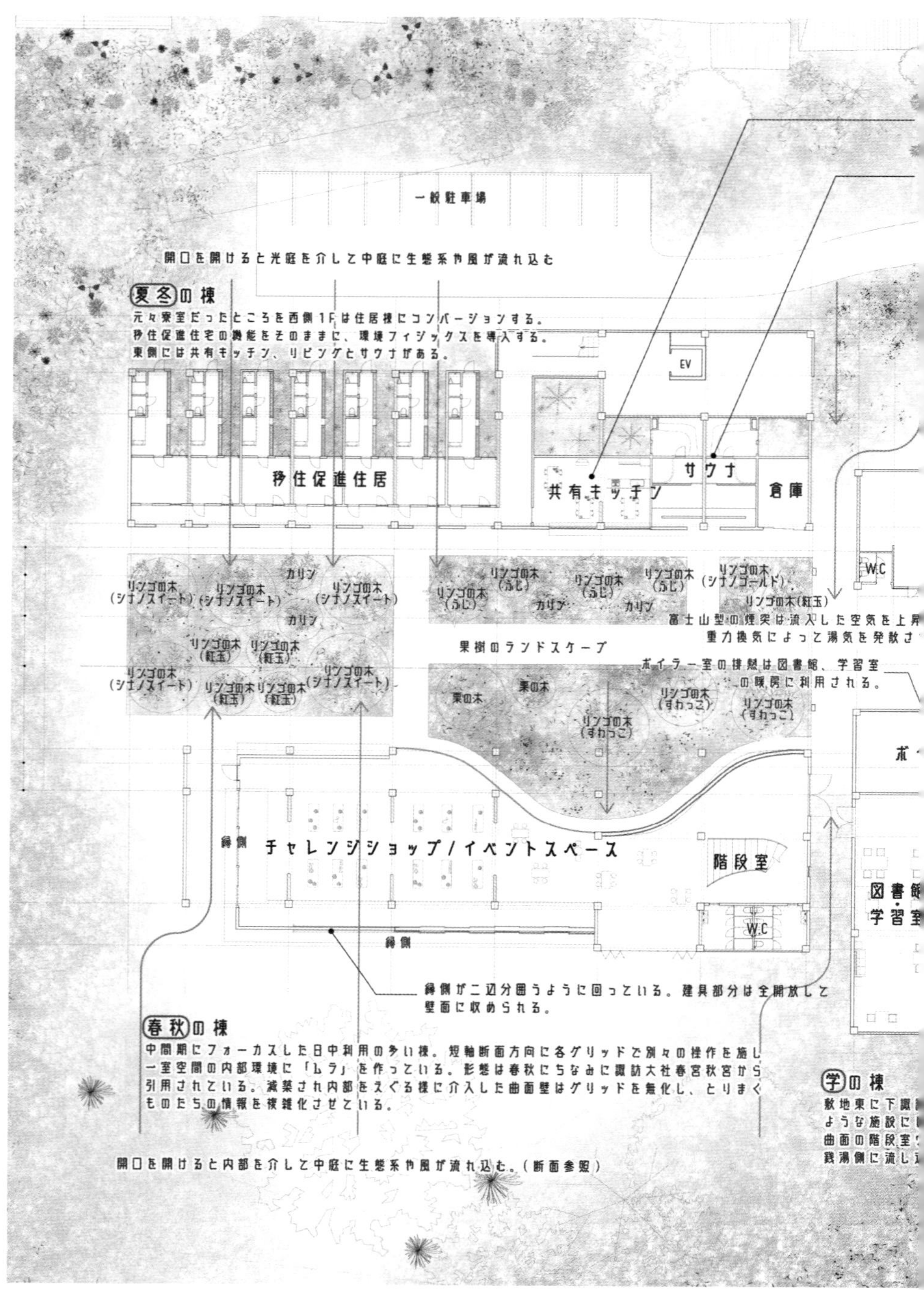
一般駐車場
開口を開けると光庭を介して中庭に生態系や風が流れ込む
夏冬の棟
元々寮室だったところを西側1Fは住居棟にコンバージョンする。
移住促進住宅の機能をそのままに、環境フィジックスを導入する。
東側には共有キッチン、リビングとサウナがある。
EV
移住促進住居
共有キッチン
サウナ
倉庫
W.C
リンゴの木（シナノスイート）
リンゴの木（シナノスイート）
カリン
リンゴの木（シナノスイート）
カリン
リンゴの木（紅玉）
リンゴの木（紅玉）
リンゴの木（シナノスイート）
リンゴの木（紅玉）
リンゴの木（紅玉）
リンゴの木（シナノスイート）
リンゴの木（ふじ）
リンゴの木（ふじ）
リンゴの木（ふじ）
リンゴの木（ふじ）
カリン
カリン
リンゴの木（シナノゴールド）
リンゴの木（紅玉）
富士山型の煙突は流入した空気を上昇
重力換気によって湯気を発散さ
果樹のランドスケープ
ボイラー室の排熱は図書館、学習室の暖房に利用される。
栗の木
栗の木
リンゴの木（すわっこ）
リンゴの木（すわっこ）
リンゴの木（すわっこ）
縁側
チャレンジショップ/イベントスペース
階段室
W.C
図書館・学習室
縁側
縁側が二辺分囲うように回っている。建具部分は全開放して壁面に収められる。
春秋の棟
中間期にフォーカスした日中利用の多い棟。短軸断面方向に各グリッドで別々の操作を施し一室空間の内部環境に「ムラ」を作っている。形態は春秋にちなみに諏訪大社春宮秋宮から引用されている。減築され内部をえぐる様に介入した曲面壁はグリッドを無化し、とりまくものたちの情報を複雑化させている。
学の棟
敷地東に下諏
ような施設に
曲面の階段室
銭湯側に流し
開口を開けると内部を介して中庭に生態系や風が流れ込む。（断面参照）

1階平面図 S=1:500

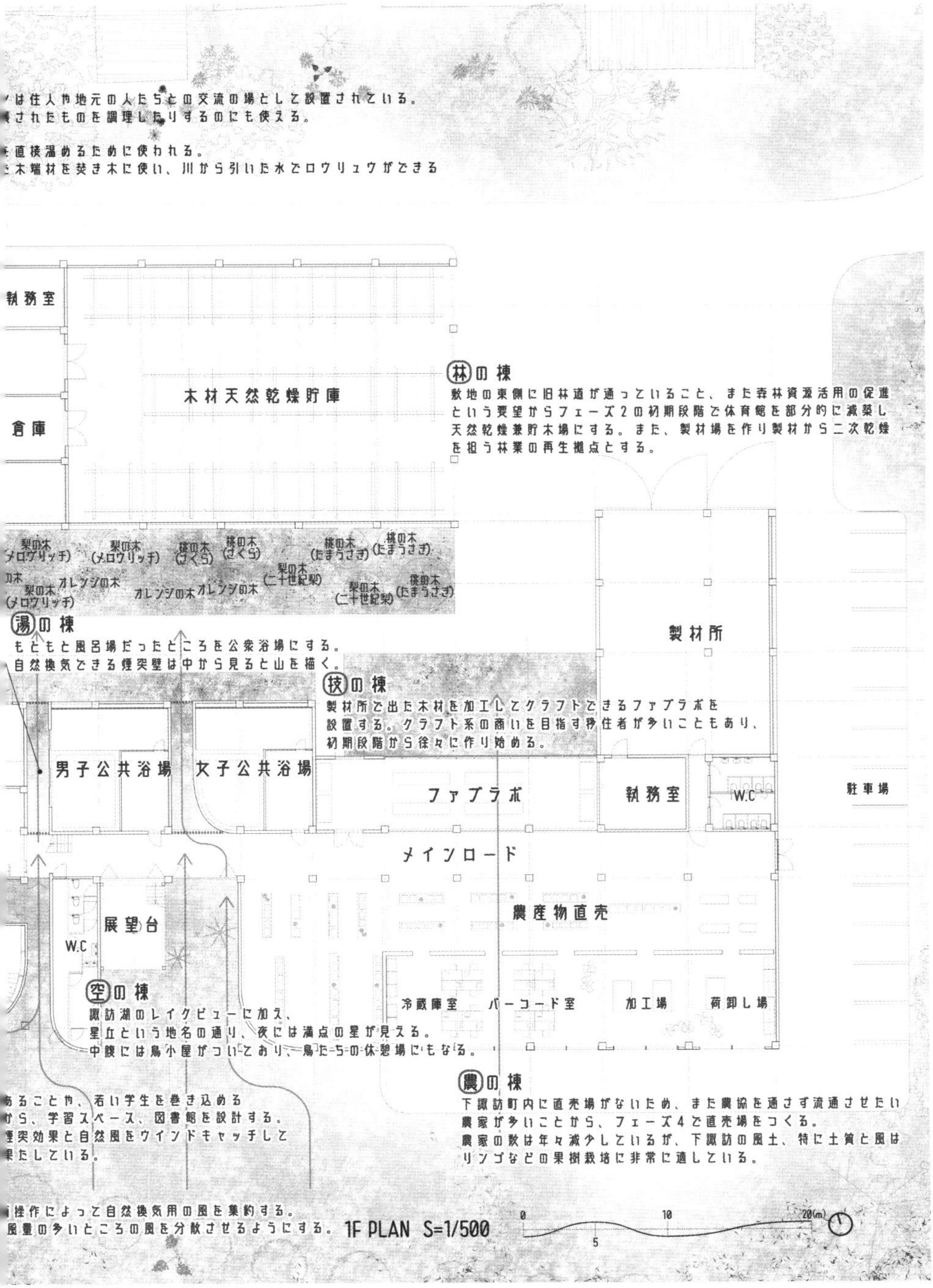

ソは住人や地元の人たちとの交流の場として設置されている。
養されたものを調理したりするのにも使える。
を直接温めるために使われる。
と木端材を焚き木に使い、川から引いた水でロウリュウができる
執務室
倉庫
木材天然乾燥貯庫
林の棟
敷地の東側に旧林道が通っていること、また森林資源活用の促進という要望からフェーズ2の初期段階で体育館を部分的に減築し天然乾燥兼貯木場にする。また、製材場を作り製材から二次乾燥を担う林業の再生拠点とする。
梨の木(メロウリッチ)
桃の木(さくら)
桃の木(たまうさぎ)
梨の木(二十世紀梨)
オレンジの木
湯の棟
もともと風呂場だったところを公衆浴場にする。
自然換気できる煙突壁は中から見ると山を描く。
製材所
技の棟
製材所で出た木材を加工してクラフトできるファブラボを設置する。クラフト系の商いを目指す移住者が多いこともあり、初期段階から徐々に作り始める。
男子公共浴場
女子公共浴場
ファブラボ
執務室
W.C
駐車場
メインロード
展望台
W.C
農産物直売
空の棟
諏訪湖のレイクビューに加え、
星丘という地名の通り、夜には満点の星が見える。
中腹には鳥小屋がついており、鳥たちの休憩場にもなる。
冷蔵庫室
バーコード室
加工場
荷卸し場
農の棟
下諏訪町内に直売場がないため、また農協を通さず流通させたい農家が多いことから、フェーズ4で直売場をつくる。
農家の数は年々減少しているが、下諏訪の風土、特に土質と風はリンゴなどの果樹栽培に非常に適している。
あることや、若い学生を巻き込める
から、学習スペース、図書館を設計する。
煙突効果と自然風をウインドキャッチして
果たしている。
操作によって自然換気用の風を集約する。
風量の多いところの風を分散させるようにする。
1F PLAN S=1/500
0
5
10
20(m)

中庭から見る夏冬の棟。中庭には果樹園のランドスケープが広がる。リンゴの木には寒暖差が重要であるが、真冬の朝は寒すぎて凍害を起こすために上部の空気を下に送り込み撹拌する必要があるので、果樹のための屋根形状と建具をもっている。

鉄平石葺きの屋根。諏訪で採れる鉄平石は、寒暖差に強く古くから諏訪では屋根材として使われてきた。ムラのあるバラバラとした形態を鉄平石がまとめあげている。

奥の展望台は、昼には諏訪湖が一望でき、夜には満天の星空が広がる。中央の大きな柱は諏訪大社に立てられていた御柱を使っている。

春秋の棟北面。内外を横断する大きな縁側は堅牢格子によって仕切られ全開放できるようになっている。諏訪大社春宮・秋宮を模した屋根形状が中間期に適した開放的な環境をつくる。

出展者コメント —— トウキョウ建築コレクションを終えて

Q このテーマを選んだ理由

ラトゥール、モートンに出会い、エコロジーに関心をもったから。

Q 設計を通じて社会に向けて発信したいメッセージ

エコしてこう。

Q 修士設計を通して得たこと

忍耐力と周囲の人の大切さ。

Q 修士修了後の進路と10年後の展望

眩しくて見えない。

設計展　**長谷川逸子賞**

陶芸と建築

福田晴也
Fukuda Seiya

東北大学大学院
工学研究科　都市・建築学専攻
五十嵐太郎研究室

陶芸は、制作者が造形を決定するきわめて個人的な創作行為である。定められた容態から薄く変形する所作によって最終形に至るまでのプロセスの中で、即興的に厚みや平面、立面の寸法を意識的に造形へ定めてゆく。それらの所作は、きわめて感覚的でありながらも身体寸法や全体から部分までの厚みを決定してゆく計画性といった理性を含み、感性と理性の間で造形が成立している。陶工の身体の動きと物質が応答するように、物質の尺度から始まり、最終的に人間に至る逆説的なアプローチによって人間の心情に触れることができるのではないかと考える。そこで、本研究では、身体を通じて陶芸と建築の間を探り、新しい建築の可能性を模索する。

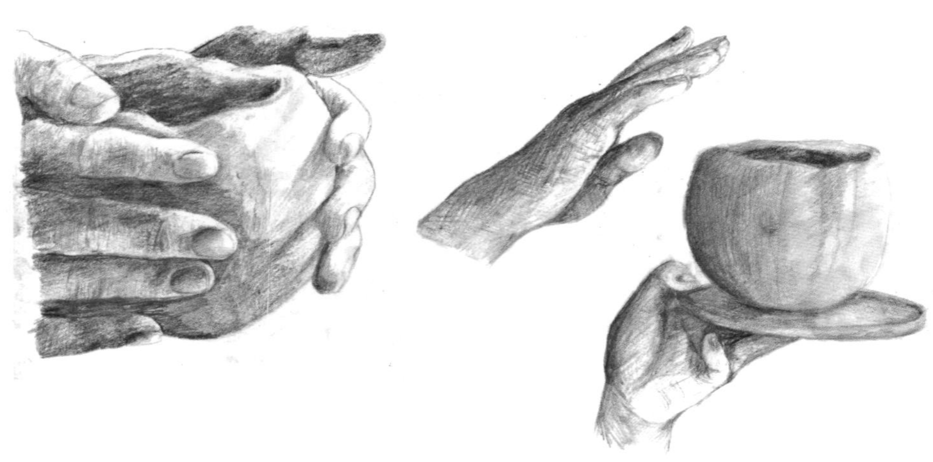

分析対象:樂焼

樂焼は千利休の「侘茶」の精神をくみ取り樂家初代長次郎によって始められた。樂焼は、轆轤を使用せず手捏ねで製作すること、内窯によって徹底した一品製作、低下度焼成であるなど、他の国焼きと異なる技術体系をもっている。約450年の歴史をもつ樂焼では、釉薬の調合や個人的な技術を記録に残すことはない。いわば、継承とずらしの中に自己表現を確立し、常に挑戦的な態度で臨んでいる。樂家歴代当主ごと作行きが異なる中に、時代背景や先代当主との応答、造形思考を読み取ることができる。

初代長次郎「面影」

5代宗入「梅衣」

観察スケッチ

樂焼茶碗が多数所蔵されている樂美術館、佐川美術館にて、茶碗18点、茶入3点の観察及びスケッチによる記録を行った。主に全体形状、厚み、詳細部のつくられ方、土味、釉薬の具合を記録した。記録した器から、歴代の思想を考察する。

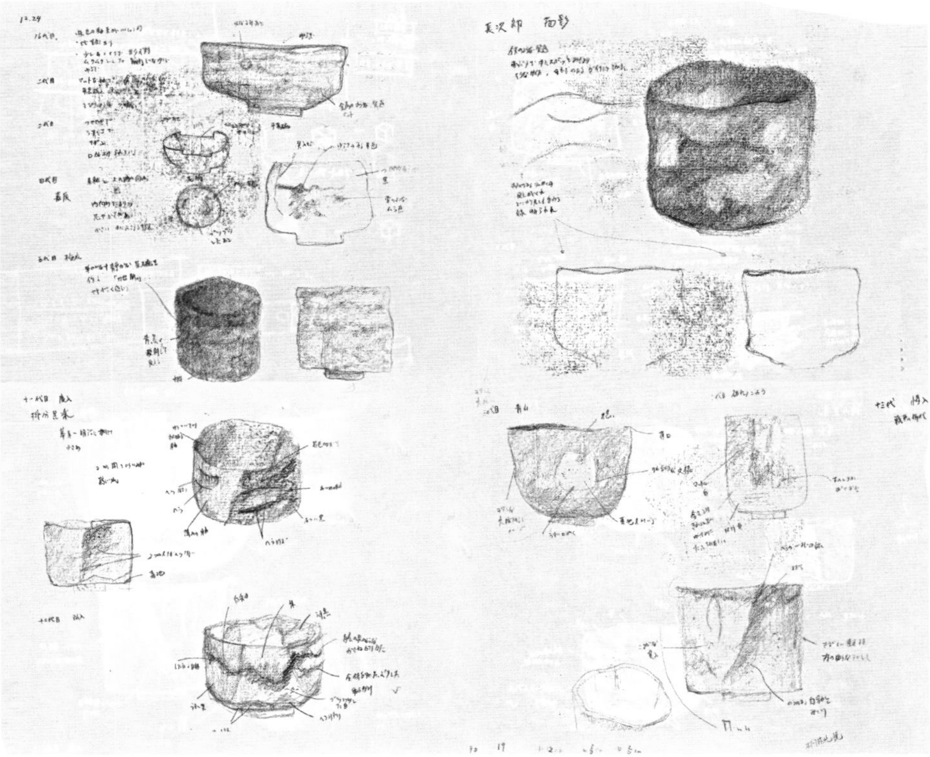

スケッチの一部抜粋

写しの作成とスタディ

茶碗観察から得られた作行きから写しを制作する。写しは、歴代茶碗の形状や箆削り、釉薬の好みや思想の読み取りを造形化することを目的として制作を進めた。

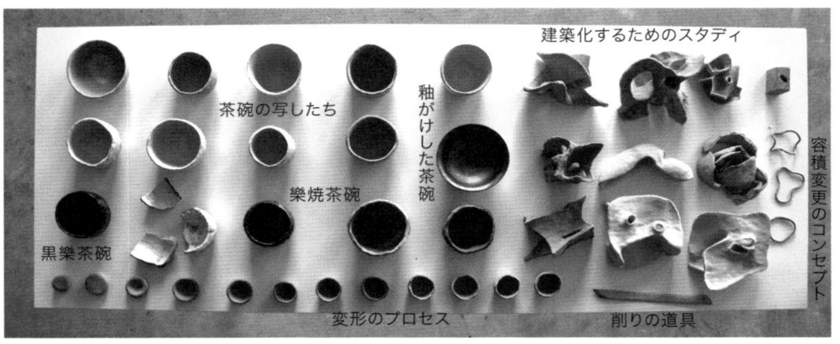

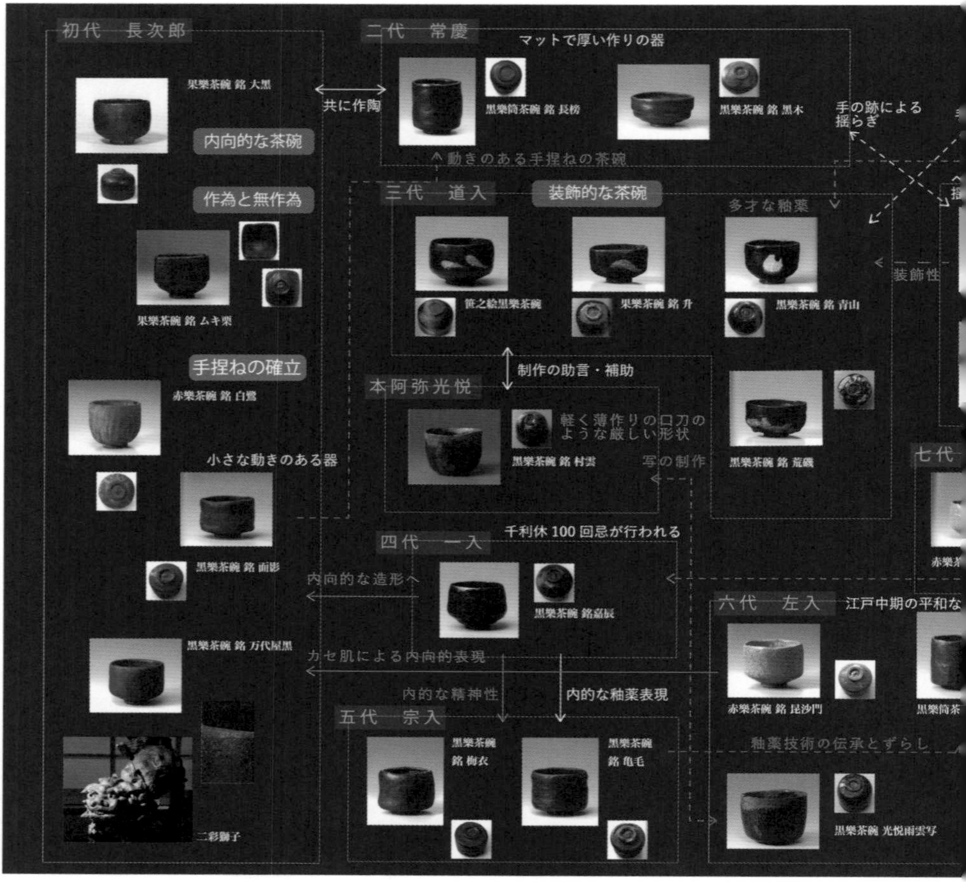

初代　長次郎
黒樂茶碗 銘 大黒
内向的な茶碗
作為と無作為
黒樂茶碗 銘 ムキ栗
手捏ねの確立
赤樂茶碗 銘 白鷺
小さな動きのある器
黒樂茶碗 銘 面影
黒樂茶碗 銘 万代屋黒
二彩獅子

共に作陶

二代　常慶
マットで厚い作りの器
黒樂筒茶碗 銘 長袴
黒樂茶碗 銘 黒木
手の跡による揺らぎ
動きのある手捏ねの茶碗

三代　道入
装飾的な茶碗
多才な釉薬
笹之絵黒樂茶碗
黒樂茶碗 銘 升
黒樂茶碗 銘 青山
装飾性
黒樂茶碗 銘 荒磯

制作の助言・補助

本阿弥光悦
軽く薄作りの口刀のような厳しい形状
黒樂茶碗 銘 村雲
写の制作

千利休 100 回忌が行われる
四代　一入
内向的な造形へ
黒樂茶碗 銘嘉辰
カセ肌による内向的表現
内的な精神性
内的な釉薬表現

五代　宗入
黒樂茶碗 銘 梅衣
黒樂茶碗 銘 亀毛

六代　左入
江戸中期の平和な
赤樂茶碗 銘 毘沙門
釉薬技術の伝承とずらし
黒樂茶碗 光悦雨雲写

七代

変形の概念

陶芸の概念を建築に転用してみると、壁全体がもつ容積は変わらないとみなすことができる。そのため、建築の平面と断面、厚みは、密接な関係であると考えられる。

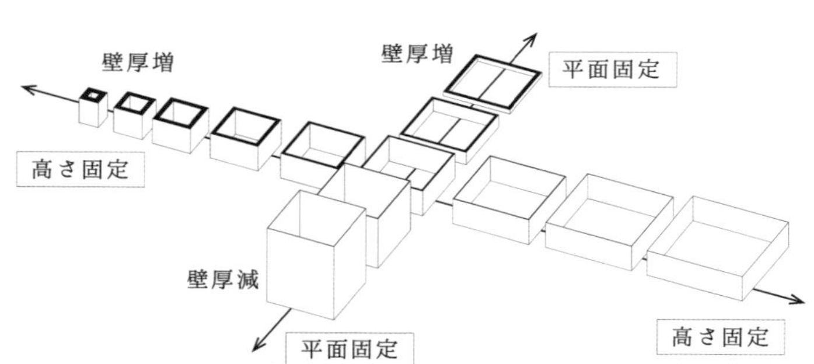

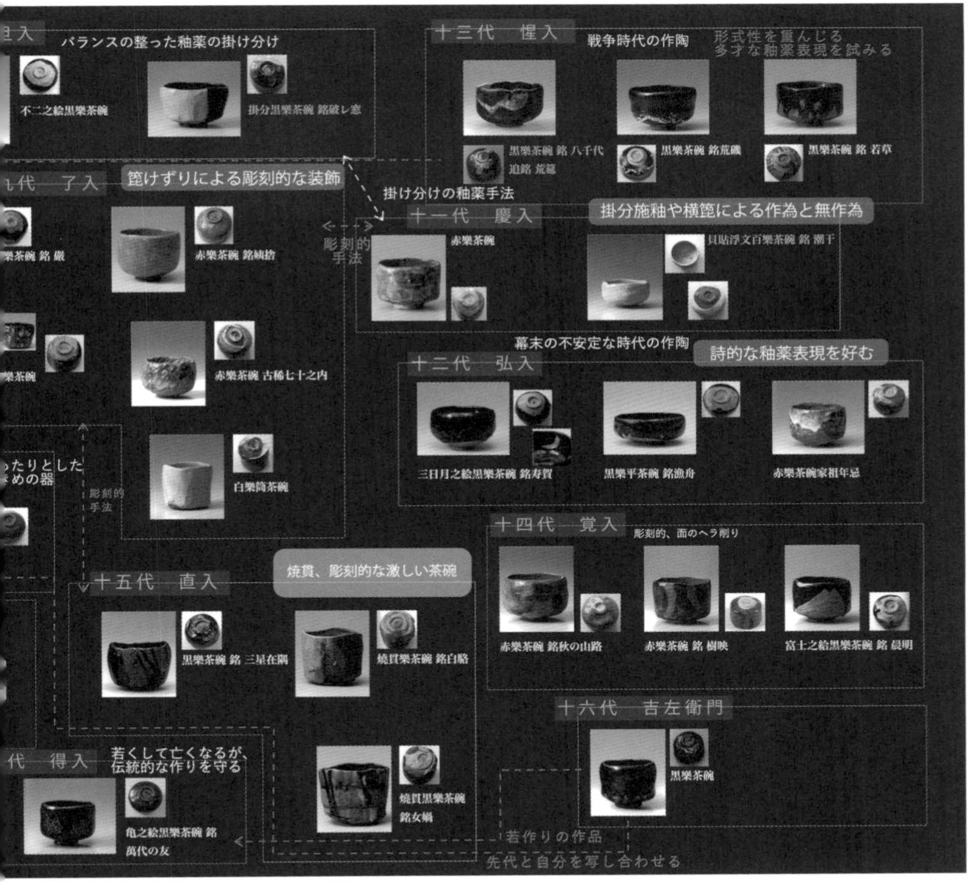

入　バランスの整った釉薬の掛け分け
不二之絵黒樂茶碗
掛分黒樂茶碗 銘破レ窓

十三代　惺入　戦争時代の作陶　形式性を重んじる多才な釉薬表現を試みる
黒樂茶碗 銘 八千代 追銘 荒籬
黒樂茶碗 銘荒磯
黒樂茶碗 銘 若草

九代　了入　箆けずりによる彫刻的な装飾
樂茶碗 銘 巌
赤樂茶碗 銘䲔捨
樂茶碗
赤樂茶碗 古稀七十之内
白樂筒茶碗
ったりとした　めの器
彫刻的手法

掛け分けの釉薬手法
十一代　慶入　掛分施釉や横箆による作為と無作為
彫刻的手法
赤樂茶碗
貝貼浮文白樂茶碗 銘 潮干

幕末の不安定な時代の作陶
十二代　弘入　詩的な釉薬表現を好む
三日月之絵黒樂茶碗 銘寿賀
黒樂平茶碗 銘漁舟
赤樂茶碗家祖年忌

十四代　覚入　彫刻的、面のヘラ削り
赤樂茶碗 銘秋の山路
赤樂茶碗 銘 樹映
富士之絵黒樂茶碗 銘 晨明

十五代　直入　焼貫、彫刻的な激しい茶碗
黒樂茶碗 銘 三星在隅
焼貫樂茶碗 銘白駱
焼貫黒樂茶碗 銘女媧

十六代　吉左衛門
黒樂茶碗

代　得入　若くして亡くなるが、伝統的な作りを守る
亀之絵黒樂茶碗 銘 萬代の友
若作りの作品
先代と自分を写し合わせる

樂歴代関係図。各代の作風を検証し、違いを関連づけた。
[出典：樂吉左衛門、樂篤人『樂歴代——宗慶・尼焼・光悦・道樂・一元を含む』（淡交社、2013）をもとに著者作成]

陶芸から建築へ変換する

容積の定まった粘土から器をつくる制作プロセスを、建築の変形プロセスに置き換える。陶芸の複雑な動きを抽象化した操作に置き換えて建築化する。一つの塊から腰や口などの詳細が継ぎ目なく制作されるように容態の変形で空間を操作する。

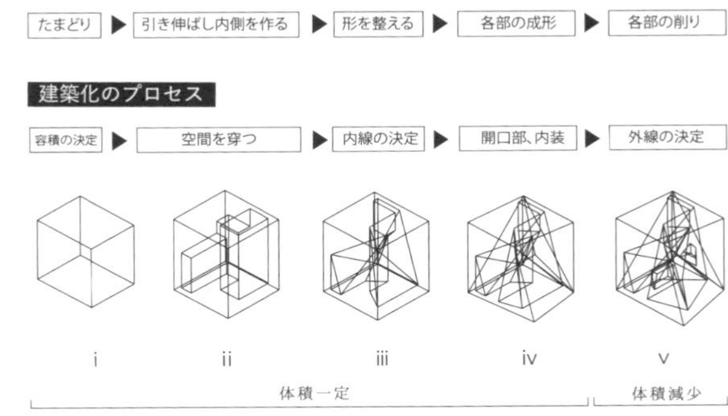

作品設計

6人の陶工を選定し、思考や技法を建築化した。

[出典(右から2番目を除く):樂吉左衛門、樂篤人『樂歴代——宗慶・尼焼・光悦・道樂・一元を含む』(淡交社、2013)]

初代長次郎
黒樂茶碗「面影」

本阿弥光悦
白樂茶碗「冠雪」

4代一入
黒樂茶碗「嘉辰」

6代左入
黒樂筒茶碗「ヒヒ」

11代慶入
掛分茶碗

15代直入
焼貫茶碗「暘谷」

15代直入の茶器が所蔵されている滋賀県守山市の佐川美術館を敷地として選定する。

佐川美術館本館
水盤
15代直入
本阿弥光悦
茶室
初代長次郎
6代左入
11代慶入
4代一入
至　琵琶湖

敷地西側に琵琶湖を構え、美術館と一体的にボールパークが整備されている。水盤を囲むように、6人の各歴代の器をモチーフとしたパビリオン群を配置する。

6代左入

「他人としての姿勢」
左入は、養子としての姿勢を活かした。スッと立ったような垂直性は長次郎や宗入、光悦を強く意識したものだろう。

本阿弥光悦

「キレと遊び」
丸みを帯びた曲線は極めて感性的にラフに描かれている。垂直方向にスッと伸びた断面形とし、破れたようなキレのある斜めの出入り口とした。刀のような絶たれた垂直性を強調している。

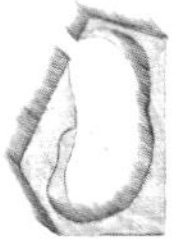

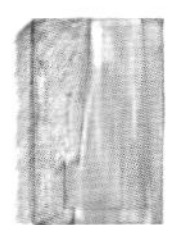
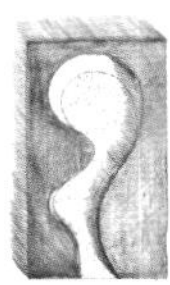
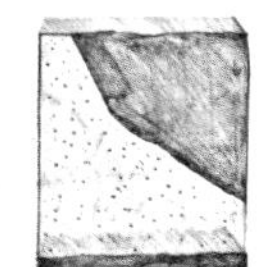
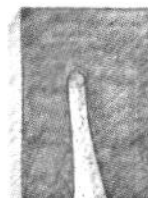

初代長次郎

「抑圧された静けさ」
長次郎の茶碗は、静けさの中に抑圧された激しさや厳しさが潜んでいる。一見、何の変哲もない抑圧された四角い箱ではあるが、狭く微細な動きに誘われながら、薄ぼんやりとした光を頼りに進む。

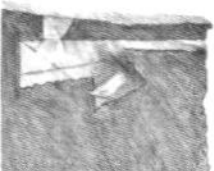

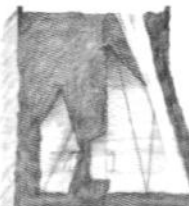

15代直入

「守破離」
相手に対して毅然とした態度を突きつけるような精神性と造形であり、長次郎との応答を見ることができる。彫刻的なつくり方は、光悦とは少しずらした破壊的な造形をしている。

11代慶入

「水平性と対」
釉薬の掛分をする慶入は、2つの要素を対に置き、調和を好む。屋根が弓なりに広がり内部のRがかかった空間が見えがくれする。

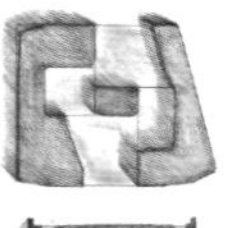

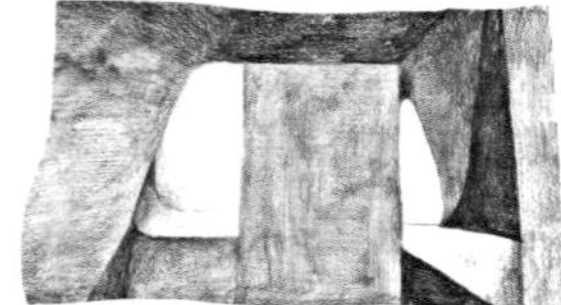

4代一入

「迷いの部屋」
一入は、光悦や道入の開放的な器と長次郎の閉鎖的な器の間で葛藤をしただろう。2つの部屋から漏れる微かな光が迷いの方向性を示している。

時に近づいたり離れたり、模型と歴代陶工の距離を意図的につくる。

イベント後に焼き上げた模型。それぞれ異なる質感に仕上がる。

学内での展示の様子。陶工の技巧や思想の考察を、作品同士の距離感で表現した。

出展者コメント —— トウキョウ建築コレクションを終えて

Q このテーマを選んだ理由

作陶や茶碗の見方が妙に建築と重なる部分があった。陶芸と建築、スケールは異なるが、互いに手から生み出されることや身体の動きが記録されること、理性と感性の応答で形ができ上がることの意味を等身大の意識で探りたかった。

Q 修士設計を通して得たこと

知的好奇心をもって探求してゆく素晴らしさ。理性を超えたところに複雑性を含んだ建築の素晴らしさがあり、最初は言葉にしにくいものだが、次第に出でき上がってしまったものから意味を見出す設計もあるのだなと。モノから始まって、モノで終わる。その間に技術や設計の試行錯誤があると感じました。

Q 設計を通じて社会に向けて発信したいメッセージ

きわめて個人的な制作をしたので、社会に対してとかは、ないです。しかし、つくることやモノを通じて設計にフィードバックできれば、図面ベースで考えてでき上がった姿とは異なる、建築の姿が見えて来そうな気がしています。そこら辺を、もっと自覚的にできれば良かったなと感じています。

Q 修士修了後の進路と10年後の展望

就職は日本設計です。修士設計は、まったく終わった手応えがないので、ここで得た関心は10年ぐらい考え続けたいです。陶芸のように暮らしと密接に関わる道具やそれらを取り巻く環境について、実践を通じて考えていき、自分のやってきたことを、少し引いた視点で批評できれば良いですね。

設計展

水の現象を享受する棚田の建築

遷移する空間の設計手法

勝山滉太
Katsuyama Kota

東京理科大学大学院
工学研究科　建築学専攻
郷田桃代研究室

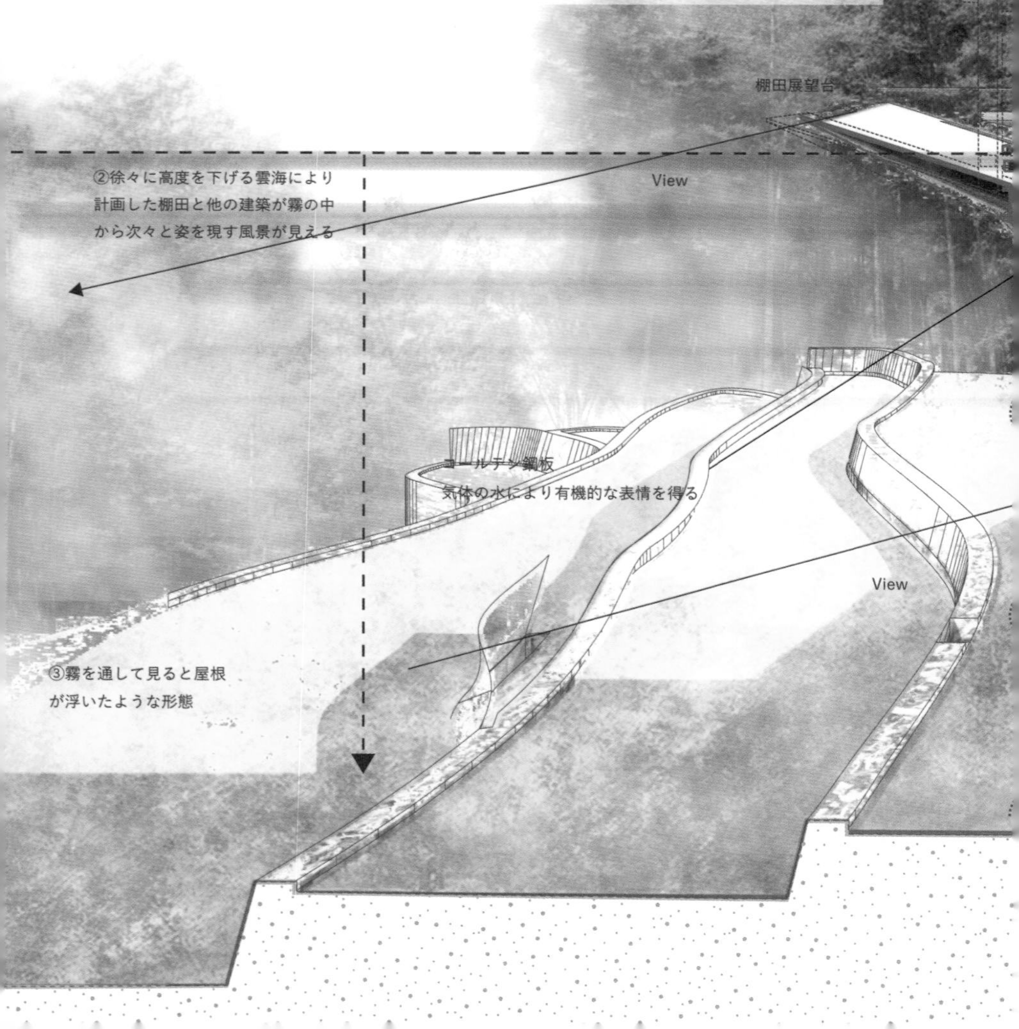

棚田展望台

View

②徐々に高度を下げる雲海により
計画した棚田と他の建築が霧の中
から次々と姿を現す風景が見える

コールテン鋼板
気体の水により有機的な表情を得る

View

③霧を通して見ると屋根
が浮いたような形態

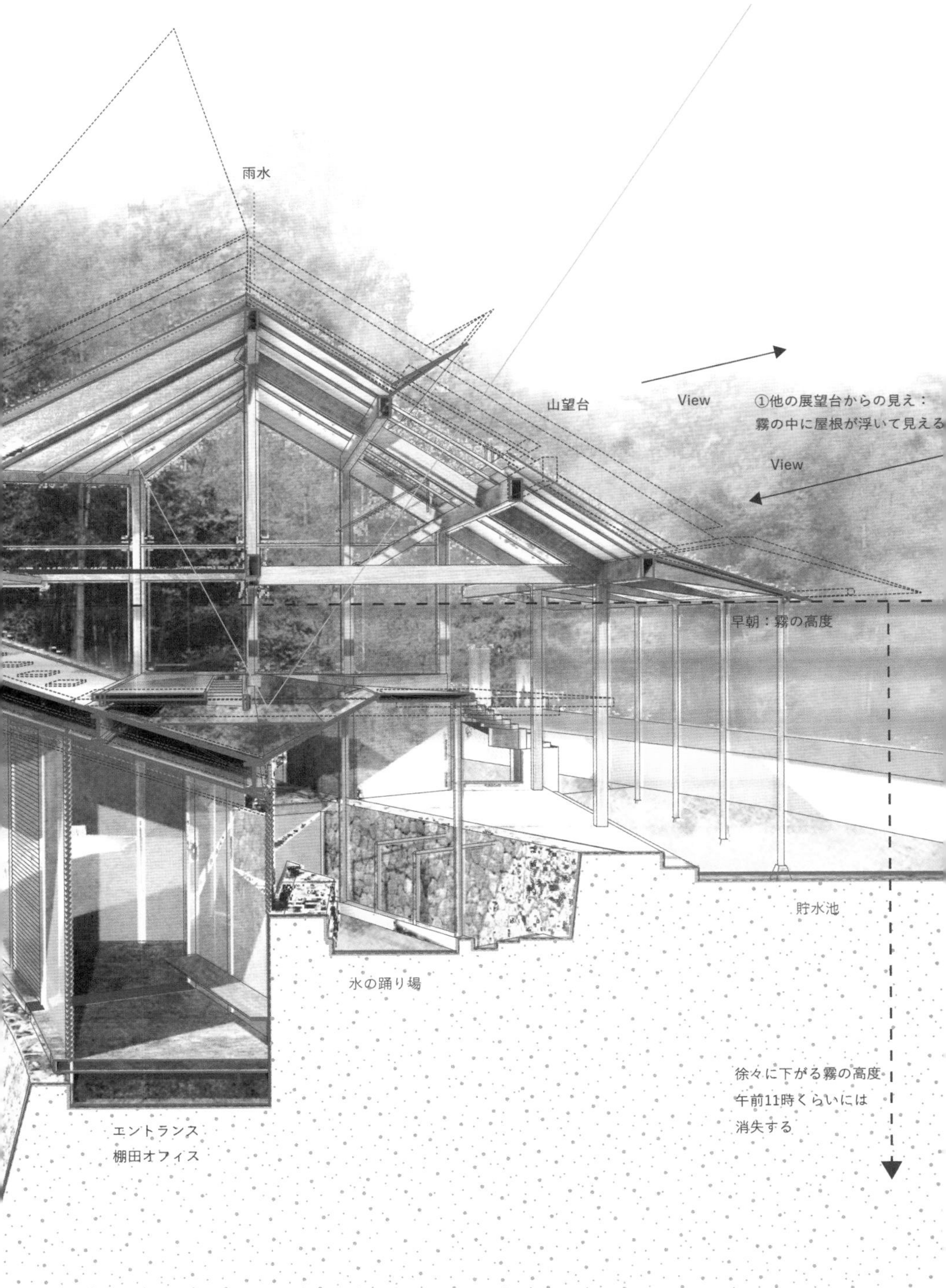

雨水
山望台
View
①他の展望台からの見え：
霧の中に屋根が浮いて見える
View
早朝：霧の高度
貯水池
水の踊り場
徐々に下がる霧の高度
午前11時くらいには
消失する
エントランス
棚田オフィス

水とは、本来周期的な自然の産物であり、絶えず変化している。一方で意匠的な要素として建築に取り入れられる水は恒常的で、変化する水の性質は失われ、道具のような存在となってしまっている。本修士設計では水を変化する建築の構成要素として捉え、水の変化に合わせて遷移する建築を設計する手法を提案する。一年の間にサイクリックな水の現象を示す棚田地域を対象敷地とし、岡山県美作市上山地域において変化する水の状態（水の反射角度・棚田の水量・霧の高度変化・雨の流れ方）に対し、建築の断面構成・屋根・内外の関係・レベル差・素材などを操作することで、時期や時間によって遷移する空間およびその設計手法を提案した。また本提案では、棚田が放棄されているという社会的な問題を解決するために新たな水路と農道のシステムを考案し、棚田とともに遷移する建築とランドスケープを、棚田再生の新たなモデルとして提示している。

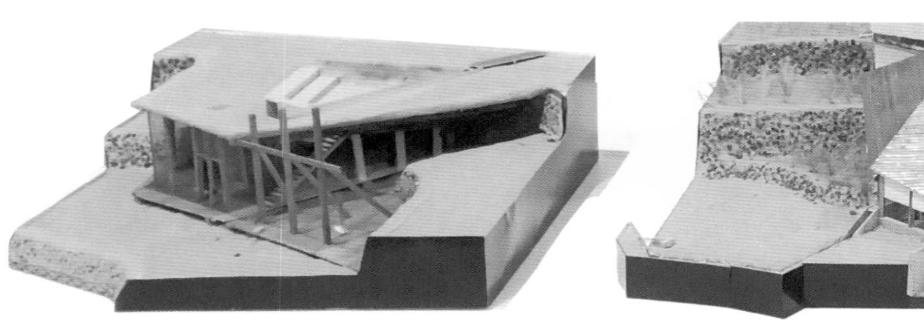

展示・レストラン棟

住居棟

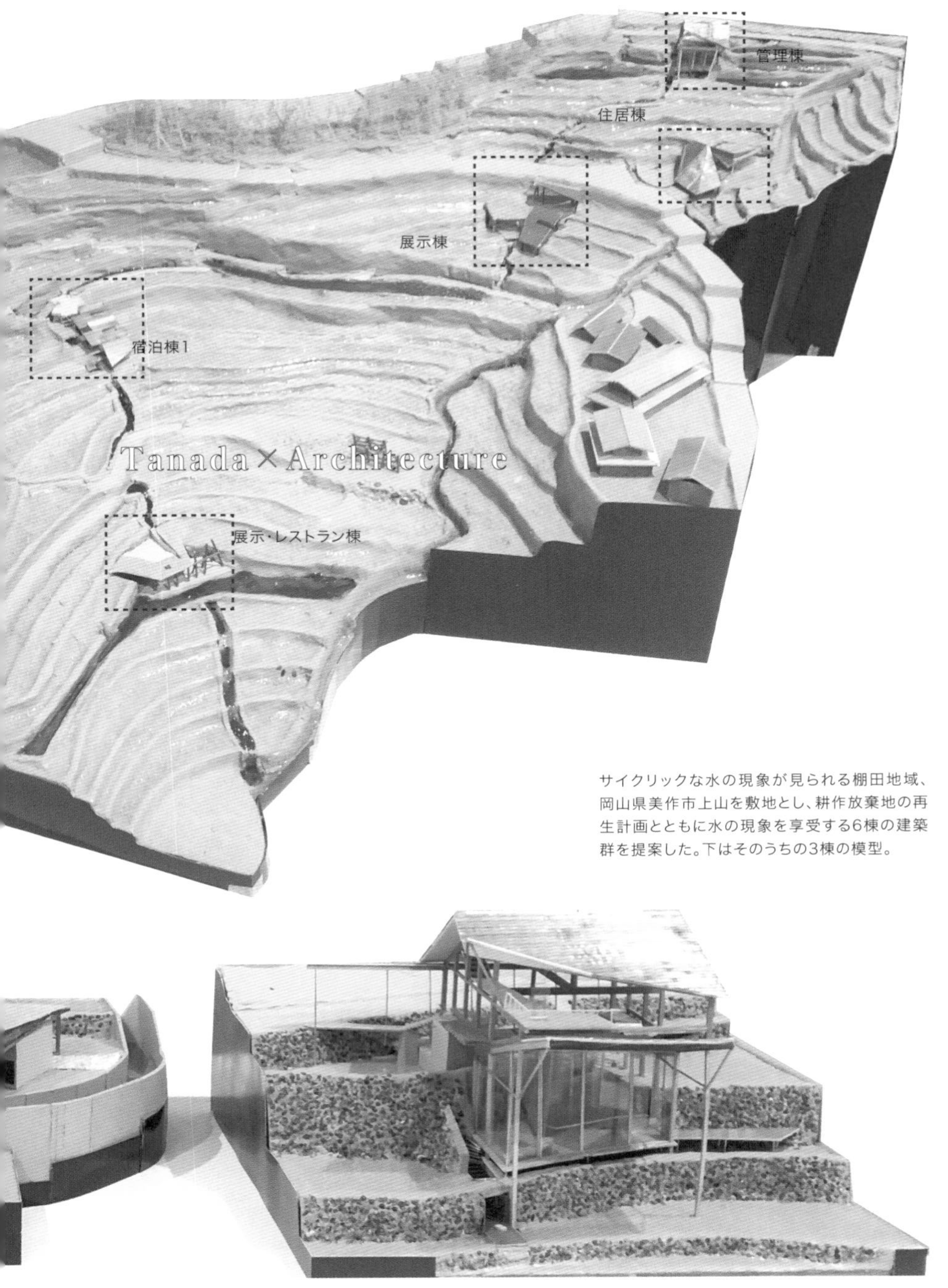

サイクリックな水の現象が見られる棚田地域、岡山県美作市上山を敷地とし、耕作放棄地の再生計画とともに水の現象を享受する6棟の建築群を提案した。下はそのうちの3棟の模型。

管理棟

敷地とプログラム

敷地は岡山駅から車で1時間程度の岡山県美作市上山の棚田地域。放棄率の高い棚田を再生させつつ、水の現象を体験できる体験型展示および宿泊施設の計画である。これに伴い、管理を担う移住者の住居、棚田上流部の管理棟も提案する。再生には既存の組織や団体・公共を巻き込みながら、地域全体を維持可能とさせるように計画する。宿泊施設や展示施設、棚田の管理には地域おこし協力隊や他の移住者、地域の住民も加わり、この施設は棚田再生の拠点として面的に広がるコミュニティの基盤とする。都市の住人に米の栽培を体験させることを通して社会的な循環を可視化させる。その中で水という自然の循環を同時に体験できるような施設とする。さらに広域的には、棚田の維持再生の価値や大いなる自然の水循環を水の現象とともに体感し、都市（下流部）と中山間地域（上流部）との横断的な関係性を構築するものとし、これを棚田再生のモデルとする。

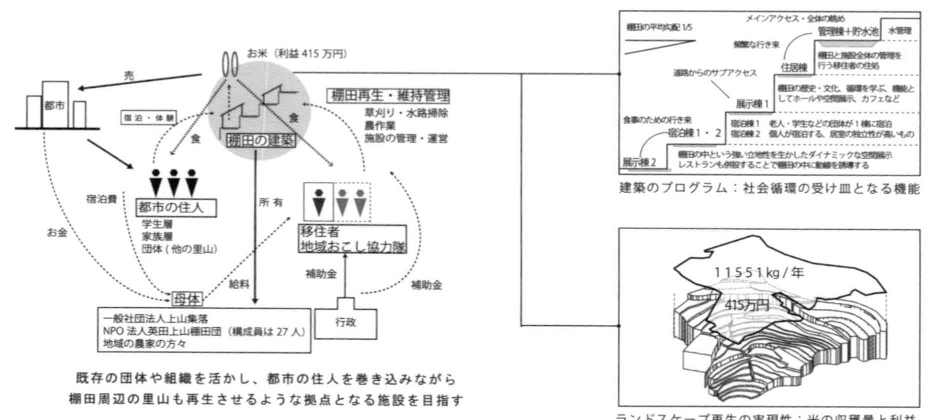

既存の団体や組織を活かし、都市の住人を巻き込みながら
棚田周辺の里山も再生させるような拠点となる施設を目指す

建築のプログラム：社会循環の受け皿となる機能

ランドスケープ再生の実現性：米の収穫量と利益

事業計画概念図

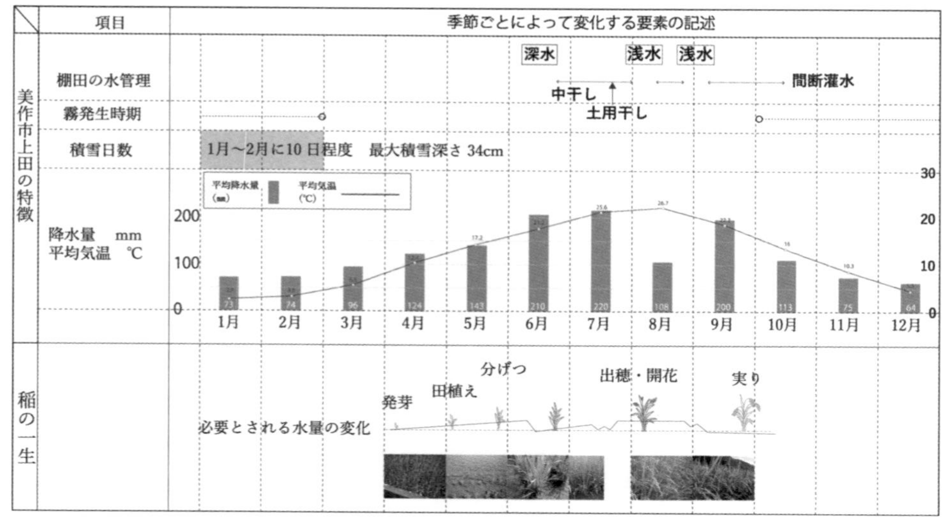

棚田と水の現象の年間周期をまとめた表（部分）。1週間の棚田インターンを行い、棚田周辺で起こる自然現象とそのサイクルなどについて調査し、設計の基礎資料とした。

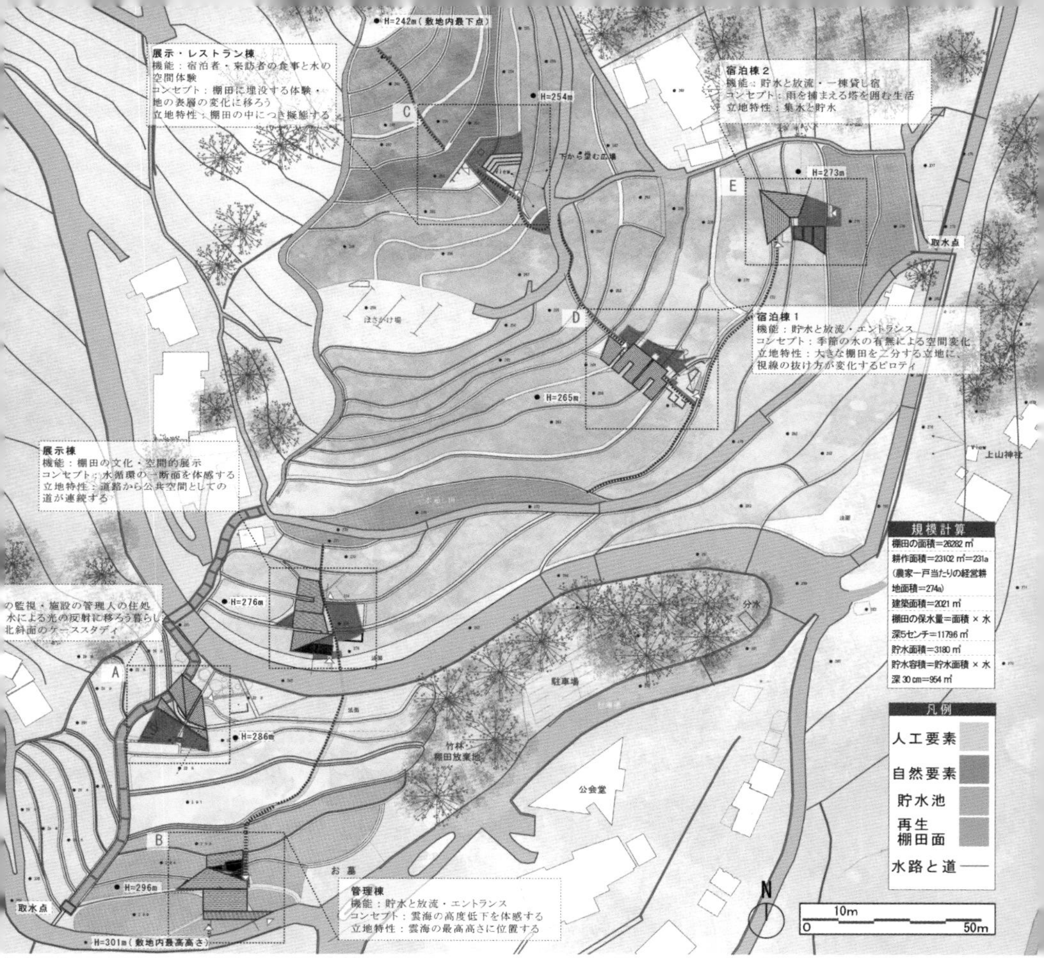

H=242m（敷地内最下点）
展示・レストラン棟
機能：宿泊者・来訪者の食事と水の空間体験
コンセプト：棚田に埋没する体験・地の表層の変化に移ろう
立地特性：棚田の中につき擬態する
宿泊棟2
機能：貯水と放流・一棟貸し宿
コンセプト：雨を捕まえる塔を囲む生活
立地特性：集水と貯水
C
H=254m
下から望む広場
E
H=273m
取水点
D
はさかけ場
宿泊棟1
機能：貯水と放流・エントランス
コンセプト：季節の水の有無による空間変化
立地特性：大きな棚田を二分する立地に、視線の抜け方が変化するピロティ
H=265m
上山神社
展示棟
機能：棚田の文化・空間的展示
コンセプト：水循環の一断面を体感する
立地特性：道路から公共空間としての道が連続する
規模計算
棚田の面積=26282㎡
耕作面積=23102㎡=231a
(農家一戸当たりの経営耕地面積=274a)
建築面積=2021㎡
棚田の保水量=面積×水深5センチ=11796㎡
貯水面積=3180㎡
貯水容積=貯水面積×水深30cm=954㎡
の監視・施設の管理人の住処
水による光の反射に移ろう暮らし
北斜面のケーススタディ
H=276m
分水
駐車場
A
H=286m
竹林
棚田放棄地
公会堂
凡例
人工要素
自然要素
貯水池
再生棚田面
水路と道
B
お墓
H=296m
取水点
管理棟
機能：貯水と放流・エントランス
コンセプト：雲海の高度低下を体感する
立地特性：雲海の最高高さに位置する
H=301m（敷地内最高高さ）
N
10m
0
50m

全体計画図

③水の有無による空間の変化
水庭
土間
はさかけ
夏
冬
③水のある時期とない時期
Cycle
⑤雨をゆっくりと流す棚田
夏
⑤雨水のコアと取り囲むスキップ
散水
揚水
集水
雨
流れの知覚
②雲海の高度と視線
浮き出る屋根
霧に浮遊する外観
雲海の降下
②霧と雲海
①北斜面に差し込む光
冬
眺望
①水の有無と光の反射
夏77°
冬31°
Tanada
高低差
石垣の風景
⑥棚田面に埋没する
④水循環：田ごしの取水・排水
④水循環を体感する
環境に作用
散水
揚水
水面を揺らし意匠に作用
風
⑥棚田に囲まれる立地・流量が集中する

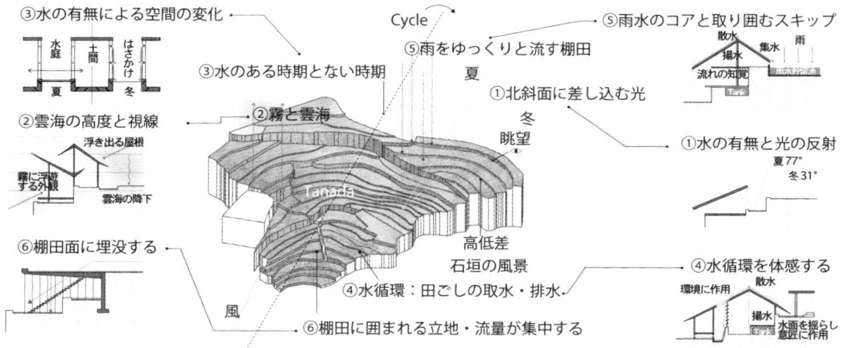

建築および現象の調査から、サイクルを持ち遷移する水を建築空間に享受させる手法を6つのパタンとしてまとめ、水を「採光装置・空間や風景の際・季節により変化する空間の仕切り・循環の象徴・水の柱・地の表層」と定義した。

住居棟

現象：光の反射→採光装置
棚田における水の変化：季節による棚田面の水の有無と時間・季節的な太陽高度の変化
コンセプト：水による光の反射に移ろう暮らし

季節によって変化する太陽の動きと棚田のサイクルによる水の有無に呼応して、光の入り方が変化し、空間の状態が遷移する。太陽高度が高く、棚田に水が張られている時期は水面の反射による採光がとられ、太陽高度が低い冬は直接内部に光が差し込む断面構成である。時間帯による太陽高度の変化にも呼応し、朝の東面、昼の南面、夕方の西面からそれぞれ反射光を取り入れるために北側にすぼまっていくコーン型の平面形態をとる。西面と東面は太陽高度が比較的低いため、低く垂れ壁が被さるようなファサードとし、立体的に反射光が取り入れられていく。光の条件が不利となる北斜面において、棚田のサイクルが活かされた暮らしとなるよう留意している。

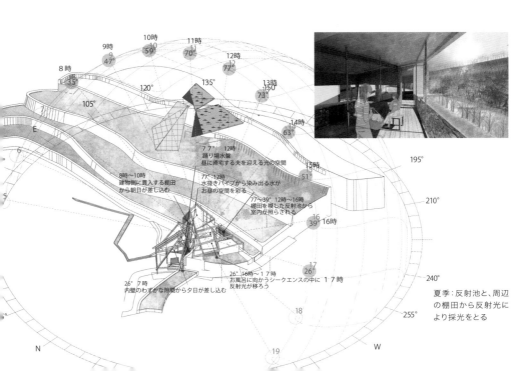

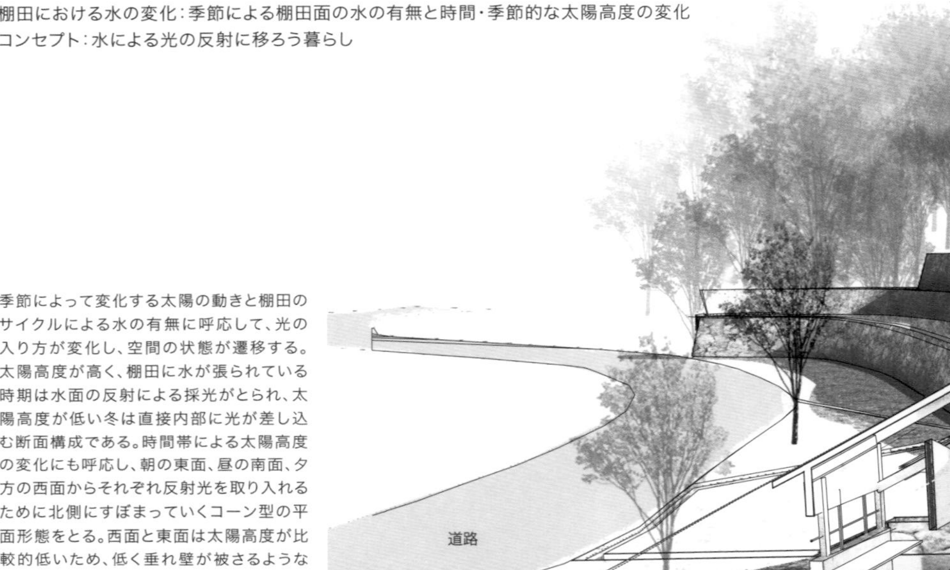

8時
9時
10時
11時
12時
13時
14時
15時
16時
35°
47°
59°
70°
77°
73°
63°
51°
39°
26°
105°
120°
135°
150°
195°
210°
240°
255°
E
N
W

7 7°　12時
踊り場水盤
昼に帰宅する夫を迎える光の空間

8時～10時
建物側に貫入する棚田
から朝日が差し込む

77°　12時
水抜きパイプから染み出る水が
お昼の空間を彩る

77～39°　12時～16時
棚田を模した反射池から
室内が照らされる

26°　16時～１７時
お風呂に向かうシークエンスの中に　１７時
反射光が移ろう

26°　7時
内壁のわずかな隙間から夕日が差し込む

夏季：反射池と、周辺の棚田から反射光により採光をとる

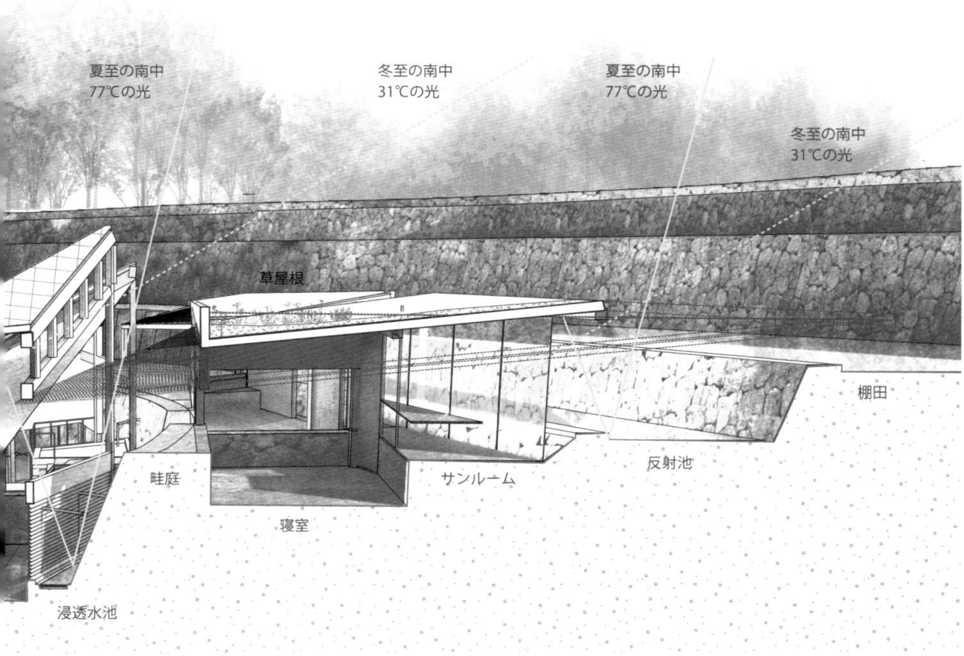

住居棟断面パース

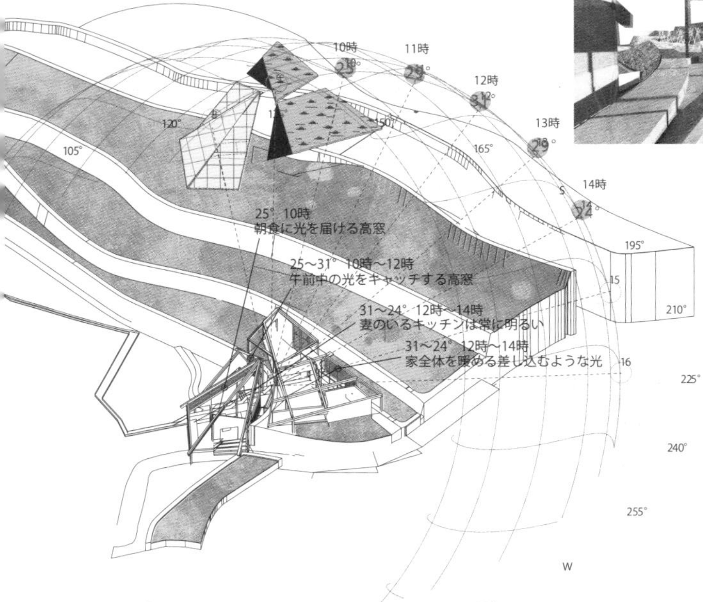

冬季：南面の高い開口から直接光が差し込み、抜けていく

展示・レストラン棟

現象：自然または人工的な周期による水量の変化→地の表層
棚田における水の現象：季節によって異なる流量
コンセプト：棚田に埋もれ擬態する建築

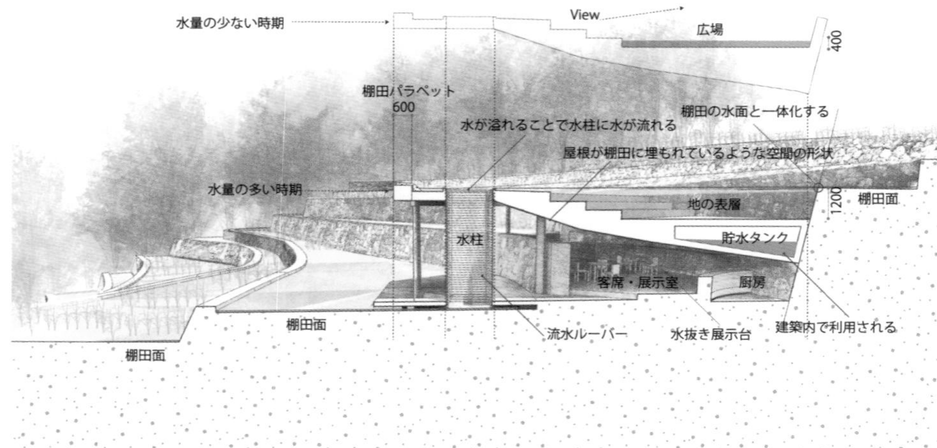

展示・レストラン棟断面パース

水を地の表層を変化させる素材として利用する。敷地最下部にあって水が集まるのを利用し、棚田面と一体的な水盤型の屋根で水の流れる量を可視化する。水量の多い夏には水盤に水が溜まり、周辺の棚田に擬態（一体化）する。また水量が少ない冬には階段状の広場が露出し、棚田の下流にRCの素材が浮き出る。これは棚田の下流に人を誘導する装置である。水盤から溢れる水は水柱から流れ落ち、オブジェとして下階の展示空間から見ることができる。この施設は水の流れや石垣の空間が体験できる展示空間であり、同時に日帰り観光客や宿泊施設利用者向けのレストランでもある。

上：水量が多い時期には、屋根面は棚田の水面と一体化する。棚田の中に埋没する体験を生み出す。
下：水量が少ない時期には、屋根面は広場となる。下から石垣の積層する風景と背後の地形を眺められる。

管理棟

現象:霧による視界の遮蔽→透明度を持つ空間・風景の際
棚田における水の変化:秋～冬にかけて発生する霧。時間が経つと高度が下がっていく
コンセプト:雲海の高度降下を体感する

上:下から登っていくと、霧を通して細い鉄骨部材が存在感を消し、屋根が浮かび上がるような外観。
下:棚田展望台から敷地全体を見渡す。雲海が高度を下げることで徐々に全体の風景が露になっていく。

施設全体のエントランスと水の取水管理のための施設。他の建築や棚田が見渡せる。雲海の最高高さ付近に位置し、雲海が早朝から昼にかけて高度を下げる現象に対し、折れた屋根と屋根が重なり噛み合うような断面構成とする。敷地外500m付近の展望台からは、霧の中から屋根だけが浮いたように見える。敷地下部からは、棚田に大きく開けた屋根面が霧を通して浮遊しているように見える。(p.44-45に断面パース)

出展者コメント ── トウキョウ建築コレクションを終えて

Q このテーマを選んだ理由

水×建築への私的な興味から。建築の中で、水が恒常的な要素として存在するのではなく、自然の流れを可視化する装置のように振舞う建築ができないか、と考えた。テーマは複層的で、耕作放棄地の棚田という敷地に対しても持続可能な再生計画の提案を行いたかった。

Q 修士設計を通して得たこと

成果物とそれに伴う技術・思想は言わずもがな、一番は人とのつながりを実感した。ゼミでは恩師からアドバイスを頂き、制作を手伝ってくれる後輩、ご飯をつくってくれる祖母、模型代を出してくれる親、励まし合う仲間、一人でも欠ければ完成はあり得なかった。

Q 設計を通じて社会に向けて発信したいメッセージ

大いなる自然循環の一断面を体感するような建築を提案したい。空間遷移とともに一繋ぎの水循環の中で生きているということを自覚し、循環の過程で米が栽培される様子を目の当たりにし、風景が移り変わる喜びを得る。これらを実現できるのが棚田である。

Q 修士修了後の進路と10年後の展望

某成某設某計部。10年後も、水のことを考える。修士設計でつくった模型は捨てない。建築への愛をもち、チーム全員のことを想う、恩師、郷田先生のような人を目指す。

設計展 **藤村龍至賞**

入院して、転職する

一義的な建築における空間の多義性の獲得

鈴木麻夕
Suzuki Mayu

東京理科大学大学院
理工学研究科　建築学専攻
西田司研究室

単一機能でつくられる建築を一義的建築とすると、用途から連想される建築のイメージがある。そうした建築は人々の行為に自制的な制限を与えているように感じる。建築がもつイメージをつくり出す慣習や偏見といった「見えないルール」からの解体を試みる。

「身体の修理工場」と呼ばれる現代の病院建築は見えないルールがつくり出した「神話」で日常がつくられている。調査分析で得た4つの手法を用いて病院の「神話」を変換し、病院建築を再構成することで行為の抑圧から解放される空間を目指す。

人間の知識や知恵は年齢を重ねるほど高まる結晶性知能であり、縁もゆかりもない人々が機能的に集められる病院は「知識の集合体」であると捉えた。意外な用途の複合により病院に転職をかけあわせ、多義性が増すことで病院建築が纏う強い空間の秩序を崩す。すると病院は単に身体の修理工場ではなく「人生の循環を整える場」として新たな役割を担うようになる。

どこに建てても同じ形

上下の繋がり無し

頻繁に病室が変わる

差し入れの友情

外に出られない

ベッドは安全地帯

行動のブレーキ

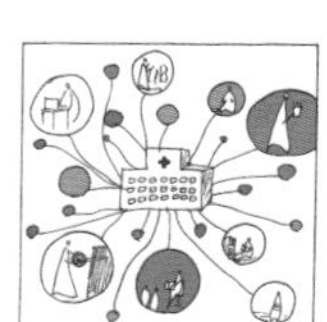
知識の集合体

人生一旦休止

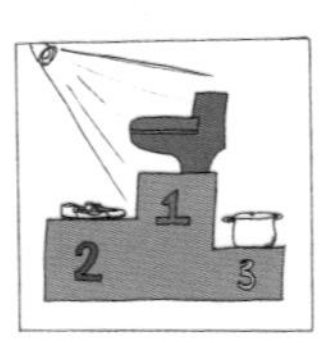

トイレに行けることが大切

カーテンは虫眼鏡

設備空間 6 割

廊下は道路

医者は神様

繰り返しの生活

入るのに勇気がいる

病院の神話

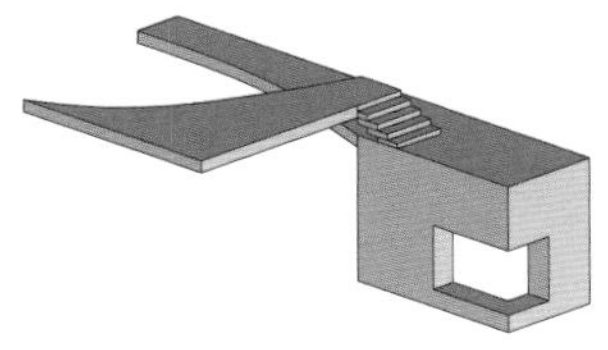

エレベーター前集合

雨宿りカフェ

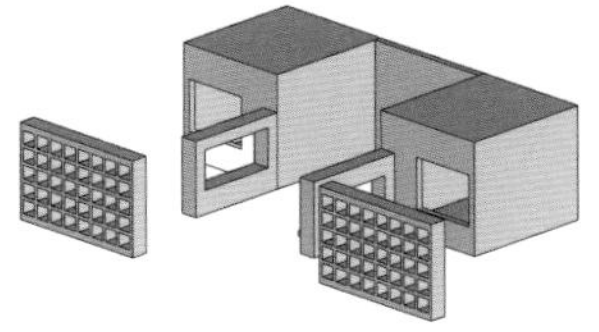

針と糸

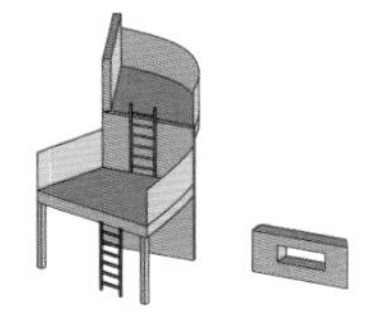

立体教室

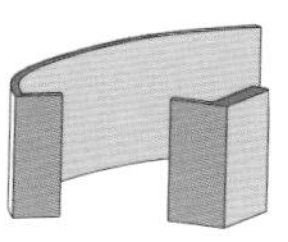

曲線の勧誘

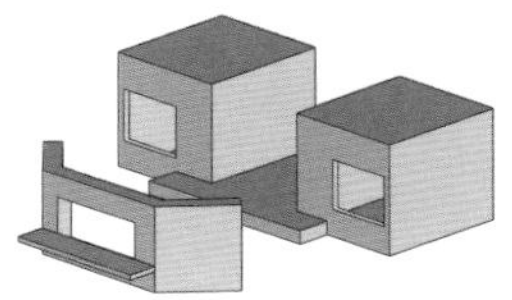

点滴音楽隊

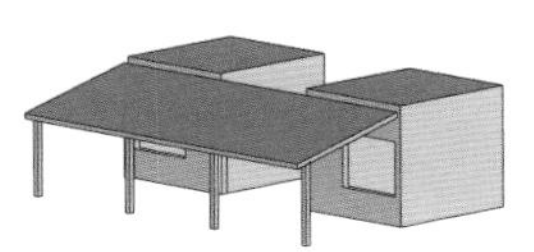

病室横会議

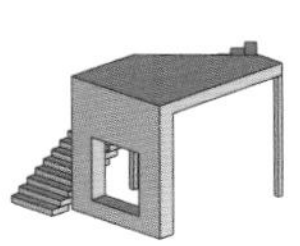

吹き抜けの誘惑

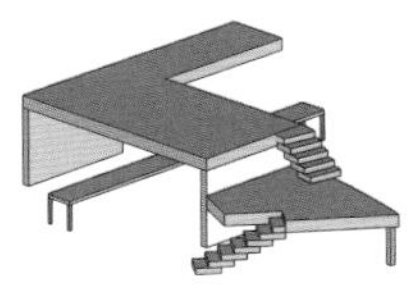

長机で DIY

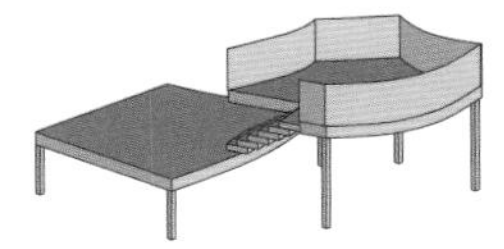

植物のお医者さん

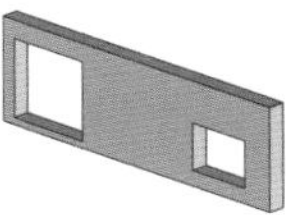

イスカベ

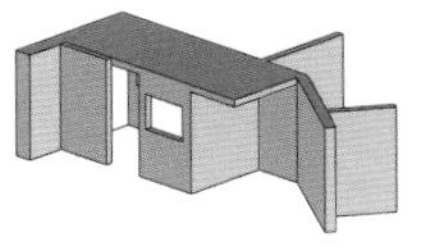

スタッフステーション

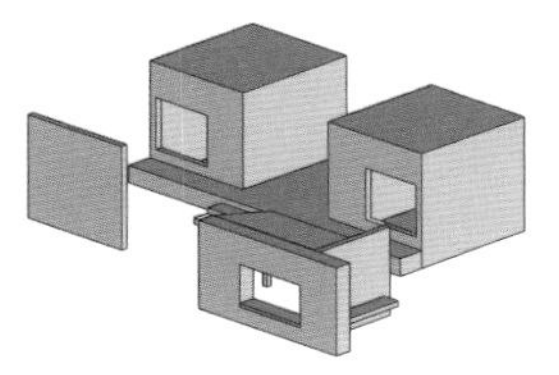

コワーキングブース

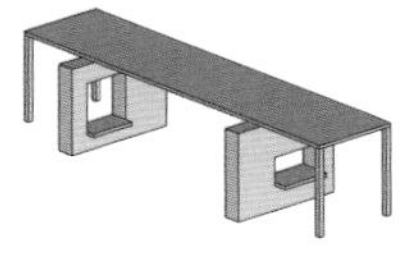

診察待ちの友達

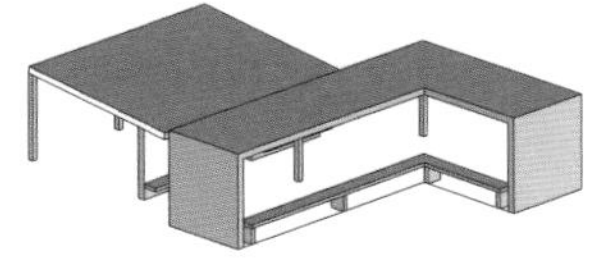

好きに食べさせて

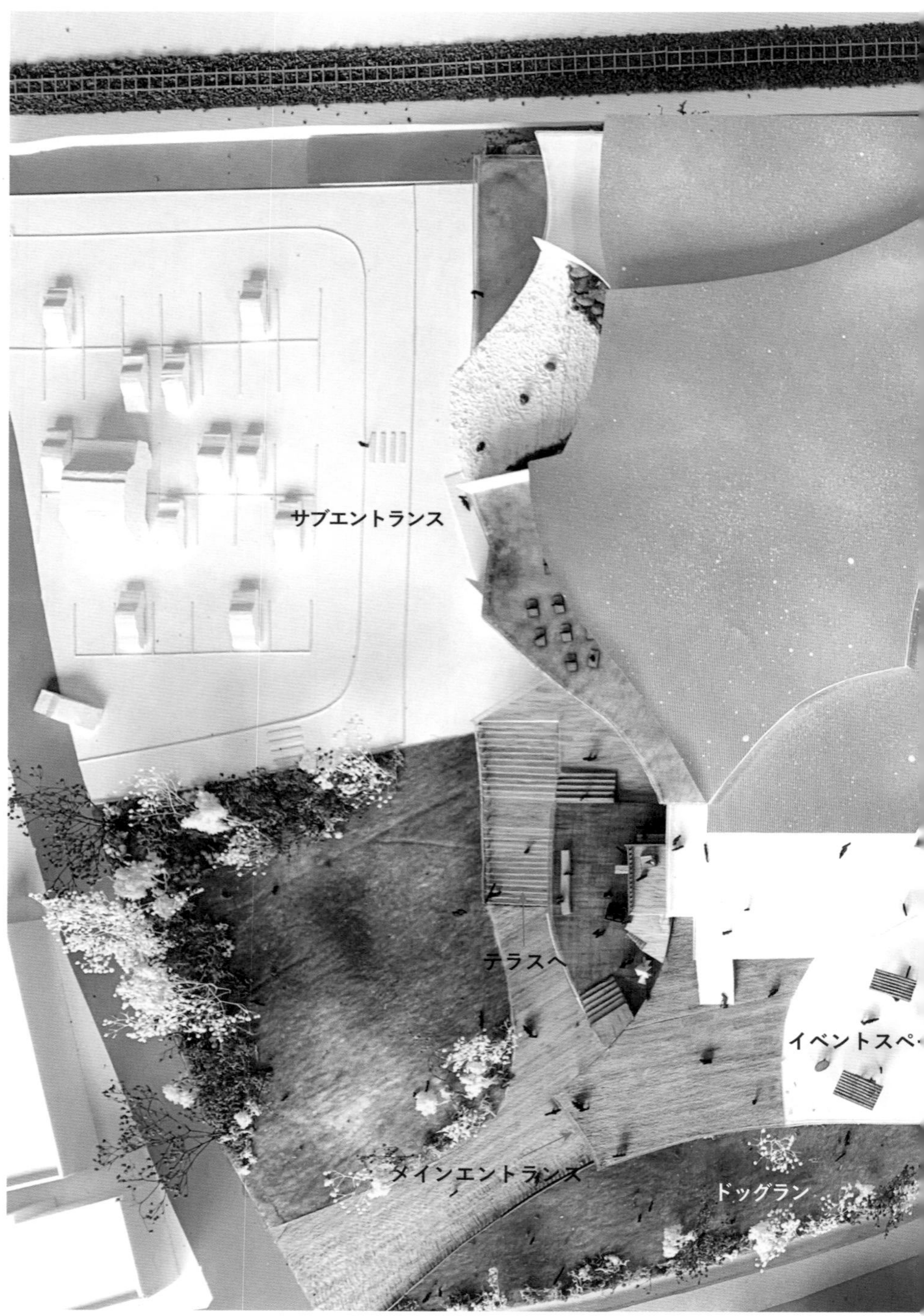
サブエントランス
テラスへ
イベントスペ
メインエントランス
ドッグラン

平面俯瞰。外部空間と建築の交わりが地域性を獲得。外部空間を地域に開放することで地域活動の拠点のひとつに病院が位置付けられる。

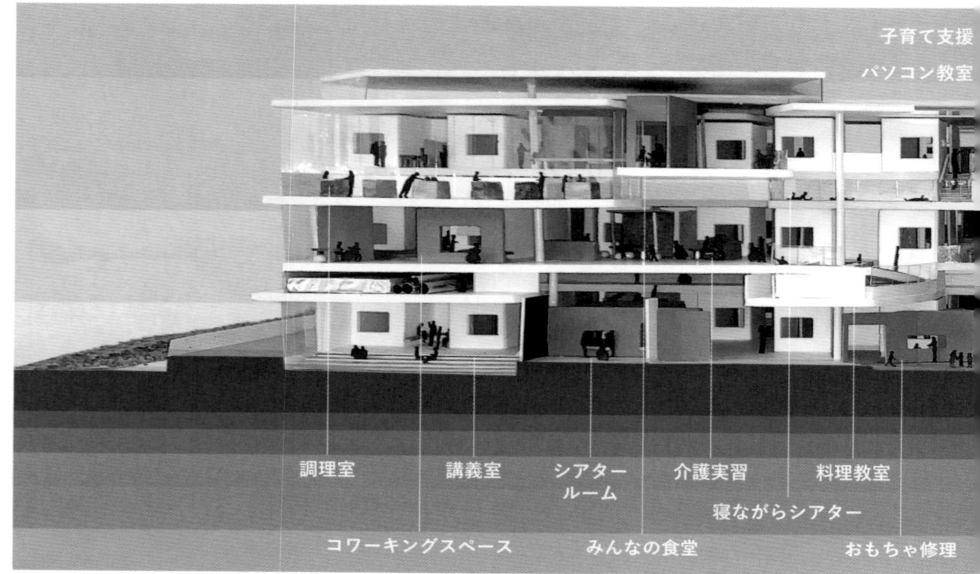

断面写真。転職の機能空間が秩序をもった病室に付随することでストリート状に並び、職業訓練としても従来にない選択肢がある学び方ができる。

DIYブース。患者の身体レベルに合わせた家具をつくったり、自宅に欲しい家具をつくれる。家具づくりを学ぶ人たちと掛け合わさることで患者自身がデザイナーとなれる医療家具マーケットが展開される。

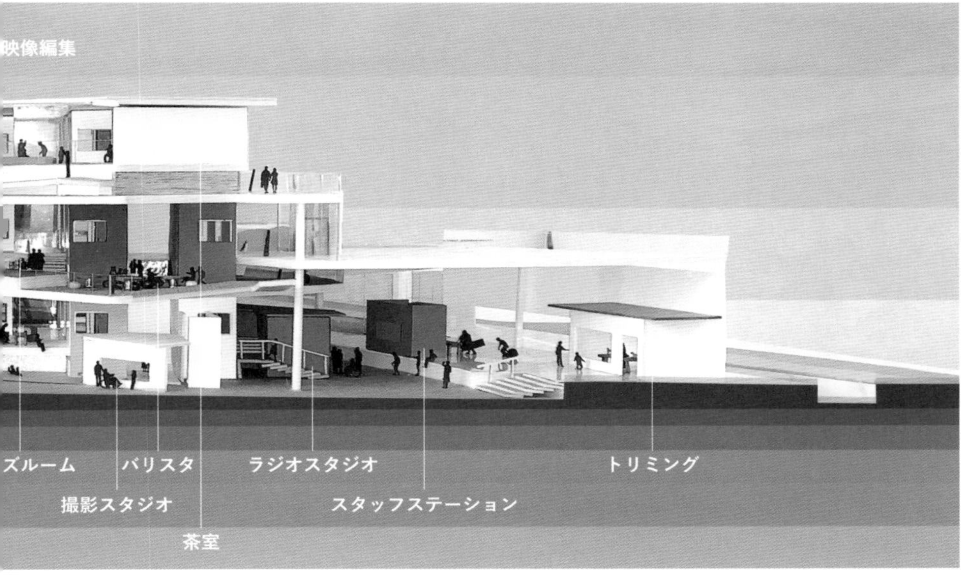

料理教室。スケールアウトした空間で生まれる多様な活動が見渡せる。他の活動を見ることが行動の原動力ともなる。

造園テラス。多義性が増すことで場のヒエラルキーが変化し、内部に植物が入ってくるような、見えないルールに支配されない建築になる。

マルチルーム。教室になったり、本屋になったり、コミュニティの場として柔軟性をもつ。断面のつながりが豊かなシーンを創造する。

撮影スタジオ。高い天高と白い背景をスタジオに読み替えた。職業と趣味の境界なく学べる。人生100年時代の職とは単純にお金だけが対価ではなくなるのではないか。

出展者コメント ── トウキョウ建築コレクションを終えて

Q このテーマを選んだ理由

修士時代にさまざまな病院を訪れる機会があり、そこで患者や看護師の関わりなどに違和感を覚え病院建築がとても無力に感じました。人生100年時代の到来に医療の進歩と反して病院内での日常に明るい印象がないことに問題意識をもち、病院建築を考えたいと思いました。

Q 修士設計を通して得たこと

身体機能を回復させることも転職することも起業することも、普通建築自体が応えなければいけない課題ではありませんが、そうした今まで建築の課題として扱われていないことに建築で応えてみたいという思いが強くなり、社会に出てから挑戦したい目標を得ることができました。

Q 設計を通じて社会に向けて発信したいメッセージ

病院建築は建築計画上難解なビルディングタイプといわれていますが、当たり前を問うことで辛辣な社会問題をポジティブに捉えようと試みました。効率が最優先される時代に建築にしかできない社会の見方があるという事を再認識するきっかけになれば嬉しいです。

Q 修士修了後の進路と10年後の展望

修士課程修了後は組織設計事務所に就職します。10年後に何をしているかはわかりませんが、建築で面白いことをしたいという気持ちはもち続けたいと思っています。

設計展 マニュエル・タルディッツ賞

噺場

oral history spots

須藤悠果
Suto Yuka

東京藝術大学大学院
美術研究科　建築専攻
中山英之研究室

いつのまにか築地がなくなり、ザハ案が却下され、首都高が地下化されるらしい「東京」に、古典落語の舞台で噺を聴けるスポットを設計する。

東京は私たちの意識の外で日々複雑さを増してゆく。利害や権利が絡み合う都市空間に居場所を見つけるのは難しく、息苦しい。しかし、ふとしたきっかけで東京の見方がまったく変わってしまうようなときがたまにある。たとえば落語のような、都市を舞台にする物語を知ったとき、その場所はたちまち愛着のある私の場所になる。古典落語の江戸の日常と現代の日常が重なり、それぞれの人が別の次元に跳べるジャンプ台のような建築、そしてそこで噺を聞いたり話したりしてoral historyが紡がれるような場所を提案する。

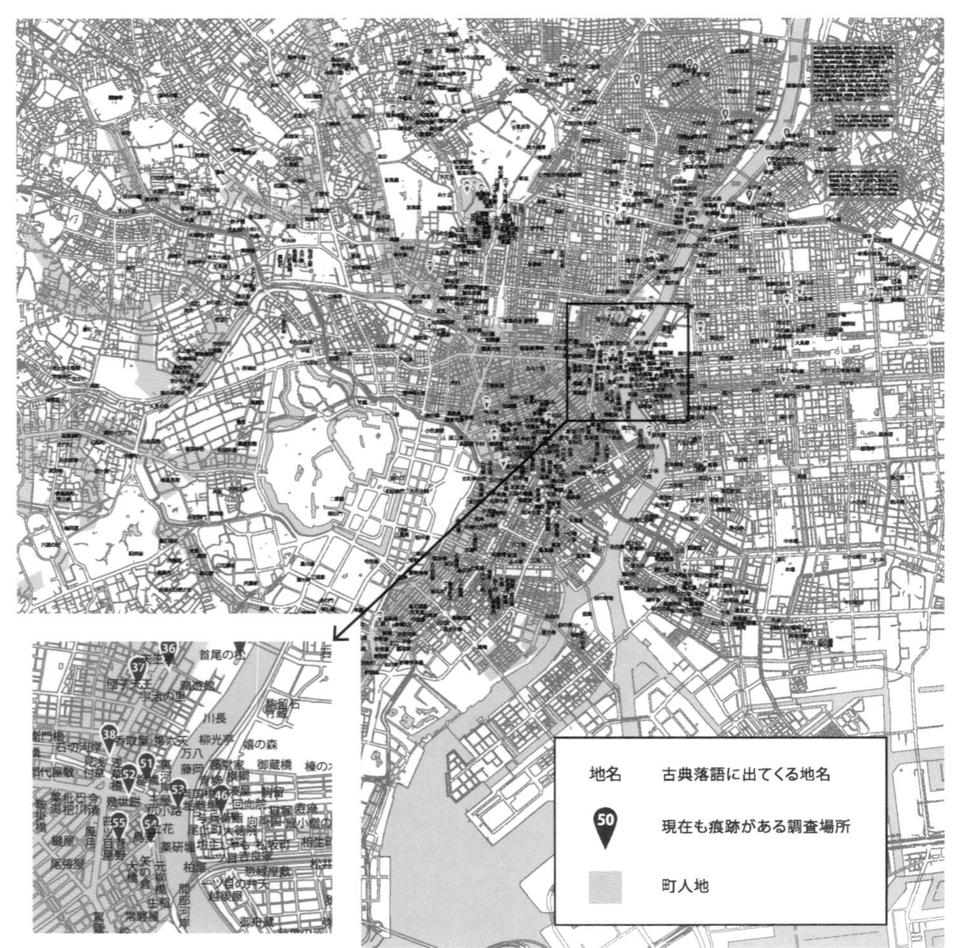

落語で語られた地名マップ［出展：国土地理院発行の電子地形図1:25,000に筆者加筆／参考：北村一夫『江戸東京地名辞典』(講談社、2008年)、河合昌次『江戸落語の舞台を歩く』(東京地図出版、2013年)］

1. 見返り柳

明烏・首ったけ・紺屋高尾・付き馬・松葉屋瀬川…

幕府公認の遊郭があった地域。日本堤から吉原大門へ下る衣紋坂の角にあった柳。舞台になった落語は枚挙にいとまがない。帰り道に名残惜しんで後ろを振り返ったことから。

2. お歯黒溝

首ったけ・つきおとし・子別れ…

当時の堀の石垣が一部だけ残る。水が真っ黒で汚かったことから、遊女がお歯黒を流しているのではないかとついた名前。遊女の逃亡も防ぎ、一度落ちるともう戻れないほど深い。

53. 両国橋

たがや・擬宝珠

当初は大橋と呼ばれていたが、武蔵の国と下総の国をつないだので両国橋となった。川開きの日にはごった返し、そこを無理に通った武士の首が花火と共に空を舞った。

実際に赴いた落語の舞台の現在（抜粋）

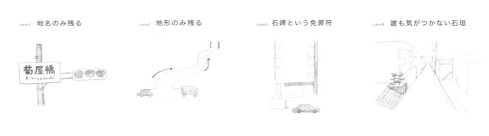

case1 地名のみ残る

case2 地形のみ残る

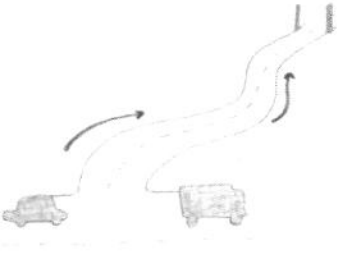

case3 石碑という免罪符

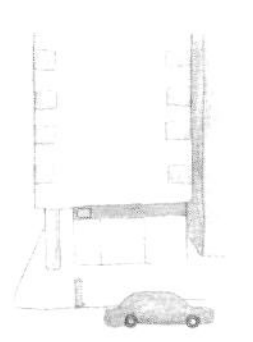

case4 誰も気がつかない石垣

落語の舞台は石碑などで免罪符的に処理され都市に飲み込まれている
しかし江戸のわずかな痕跡もあり、過去の日常と現在の日常が重なっている

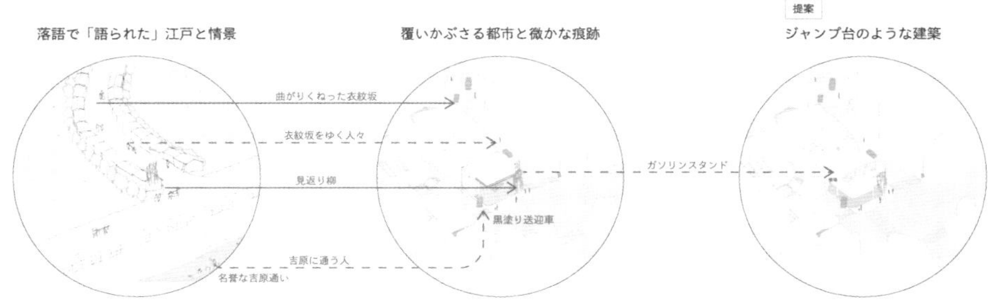

現在の東京の見方が変わる
oral history が紡がれる

敷地や噺は6つの提案でそれぞれだが、共通する設計態度について説明する。落語の噺の情景とそのときの江戸という都市、その「語られた」舞台に覆いかぶさる現在の都市機能とわずかに残る江戸の痕跡、そのどちらも否定せず、現在の都市機能のまま噺場に設計しなおす。それは現在の都市からかつての情景に飛ぶジャンプ台のような建築であり、一度そこで噺をすると、その周辺の都市への見方も変わってしまうような体験である

吉原のガソリンスタンド——明烏

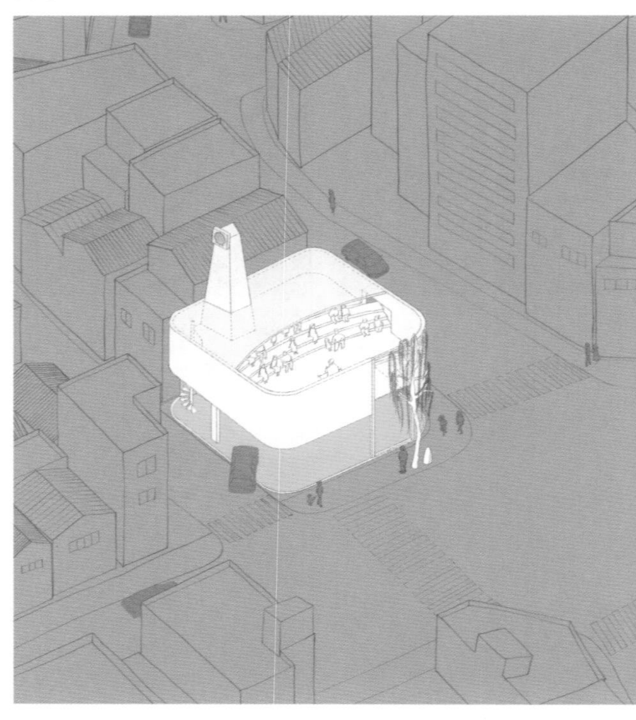

売春防止法施行まで営業を続けた吉原遊郭は、現在は当時の痕跡をほとんど残さない。しかし数店の高級ソープ店がひっそり営業しており、そこに来る黒塗り送迎車の往来が激しい。以前は誇りだった船や馬での吉原通いも、今ではスモークガラスに隠れる後ろめたいものになった。

そんなわけでかつての吉原のメイン通りに、吉原への車通いのためのガソリンスタンドが鎮座している。目の前で柳が揺れる。何人もの男が振り返って吉原を惜しんだ「見返り柳」だ。その脇から吉原大門へと登る道が衣紋坂で、中が見えないようカーブしている。

かつての煌びやかな吉原の情景と現在の吉原の日常が重なるこのガソリンスタンドを、小さな劇場付のものに設計しなおした。

揺れる柳の枝葉を背景に、明烏を代表とする廓噺が始まる。衣紋坂を望む出窓からは大門は見えないが、風が屋根の切れ端へと抜ける。そこからスカイツリーの夜景が顔を出している。観音様の裏っかわ、今では押上の方かもな。眼下を行き来する車たちが、なんとなく帰るのを惜しんでいるように見えてくる。

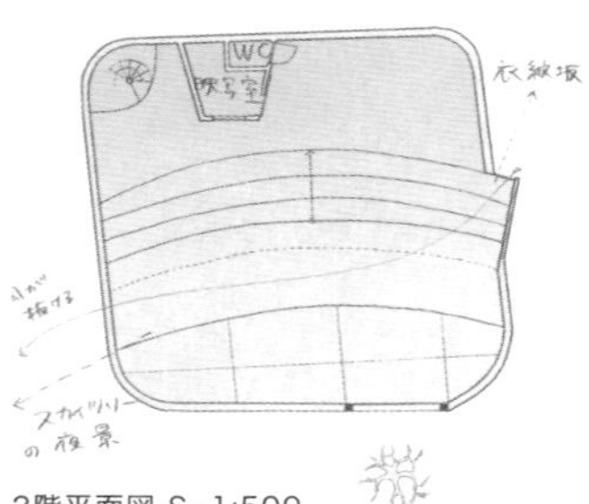

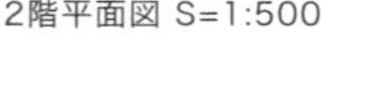
2階平面図 S=1:500

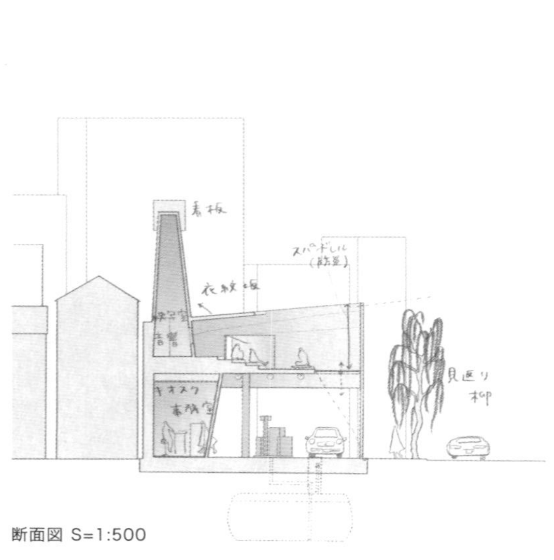

断面図 S=1:500

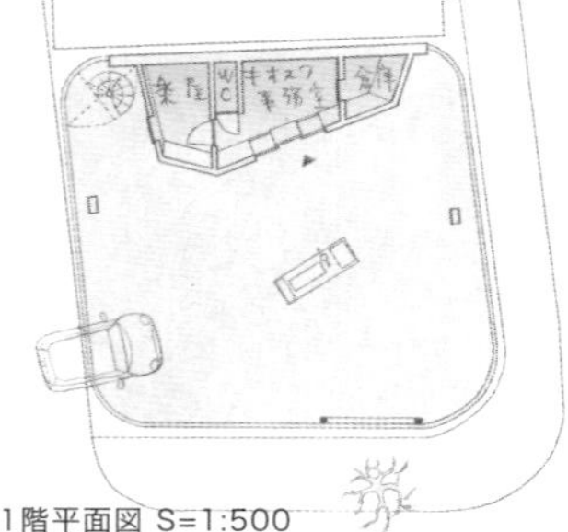

1階平面図 S=1:500

吉原の半地下住宅――首ったけ

今ではほとんど痕跡のない吉原だが、四角い区画が少し高く盛られた地形はそのまま残っている。遊女が逃げないよう四角く堀がまわされ、その深さと汚さは、逃げようとした遊女は必ず死んだと言われるほどだ。遊女がお歯黒を流しているからこんなに黒いのではということで巷では「お歯黒溝」と呼ばれた。

今ではすっかり埋められて道路になったが、一部だけ当時の石垣が残っている場所がある。誰も気がつかないこの石垣を見に、たまに団体ツアー客が溢れていたりする。

この静かな住宅街に残る石垣を見ると、その前の道がかつての堀であったことがわかり、急に吉原側と隔絶された気持ちになる。火事が多かった吉原、半鐘が鳴ると普段は通れない堀にパーンと跳ね橋がかかり、身支度もままならない遊女がてんやわんやで飛び出してくる。

この石垣の向かいの家の主人が落語好きだったら、半地下にバーをつくるだろう。お歯黒溝の幅の9mに合わせてセットバックした窓から、石垣を見上げる。カウンター越しにどんどん沈んでいく遊女の噺を聴けば、もうこの道は底のない真っ黒な溝にしか見えなくなってくる。

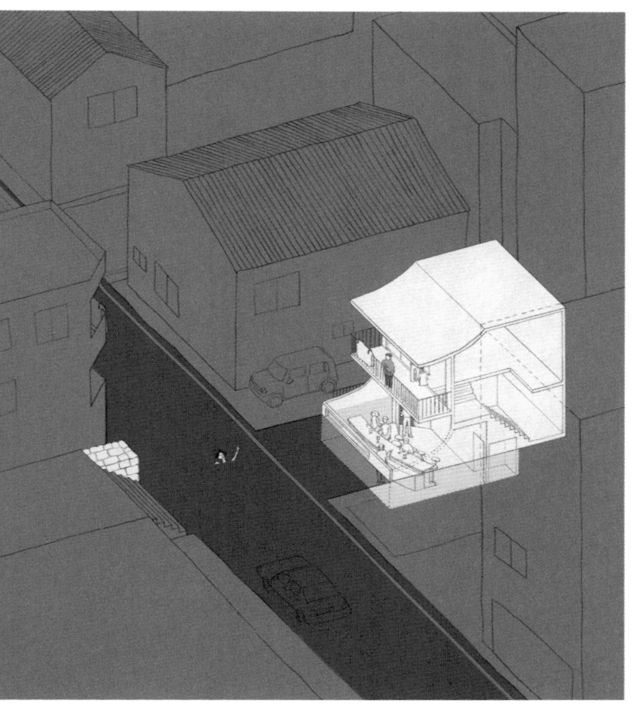

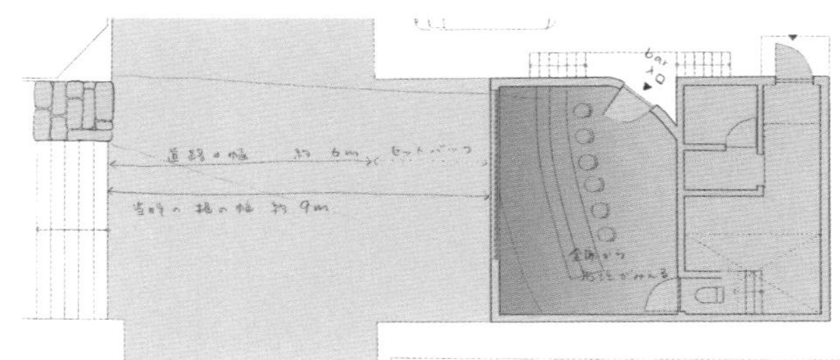

1階平面図 S=1:250

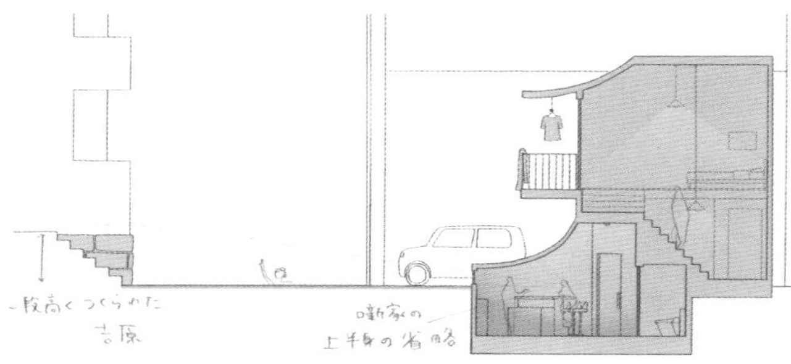

断面図 S=1:250

両国橋と隅田派出所——たがや

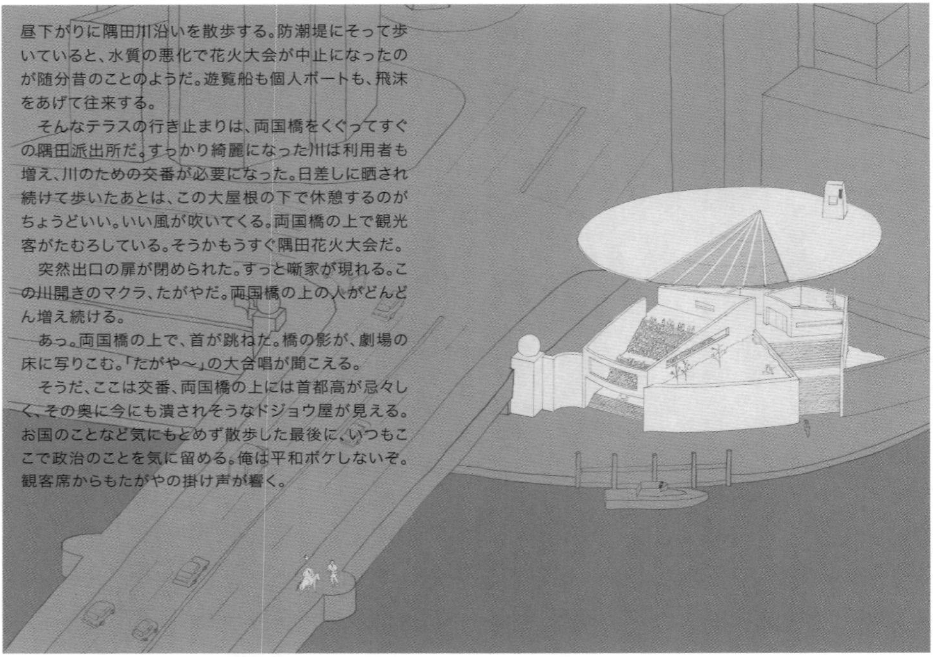

昼下がりに隅田川沿いを散歩する。防潮堤にそって歩いていると、水質の悪化で花火大会が中止になったのが随分昔のことのようだ。遊覧船も個人ボートも、飛沫をあげて往来する。

そんなテラスの行き止まりは、両国橋をくぐってすぐの隅田派出所だ。すっかり綺麗になった川は利用者も増え、川のための交番が必要になった。日差しに晒され続けて歩いたあとは、この大屋根の下で休憩するのがちょうどいい。いい風が吹いてくる。両国橋の上で観光客がたむろしている。そうかもうすぐ隅田花火大会だ。

突然出口の扉が閉められた。すっと噺家が現れる。この川開きのマクラ、たがやだ。両国橋の上の人がどんどん増え続ける。

あっ。両国橋の上で、首が跳ねた。橋の影が、劇場の床に写りこむ。「たがや〜」の大合唱が聞こえる。

そうだ、ここは交番、両国橋の上には首都高が忌々しく、その奥に今にも潰されそうなドジョウ屋が見える。お国のことなど気にもとめず散歩した最後に、いつもここで政治のことを気に留める。俺は平和ボケしないぞ。観客席からもたがやの掛け声が響く。

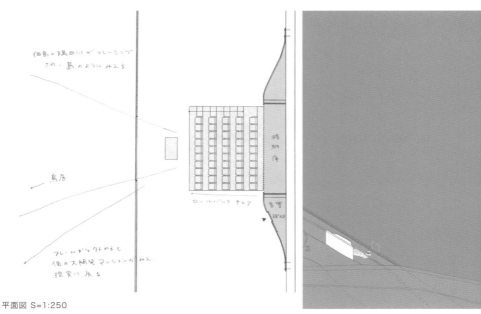

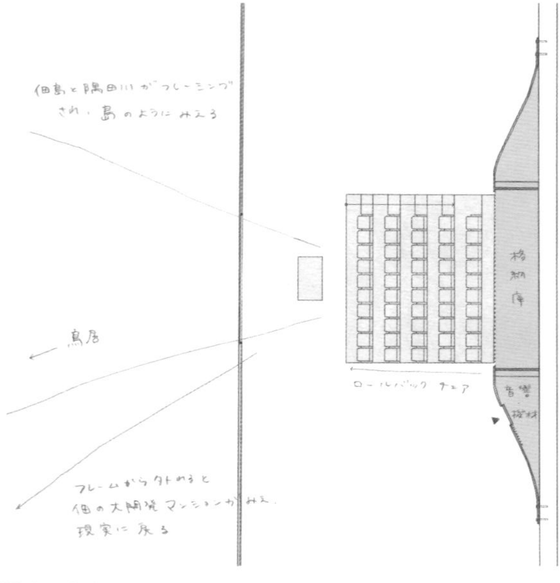

平面図 S=1:250

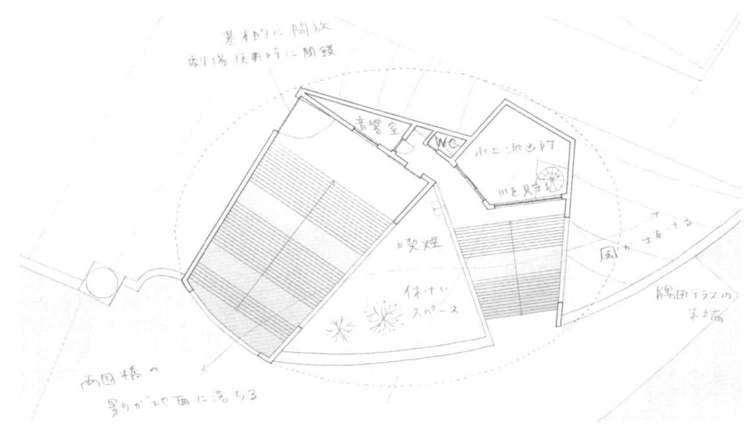

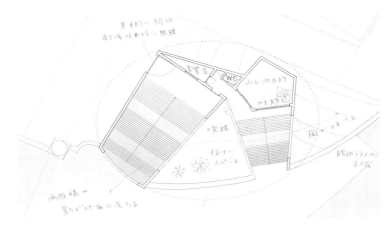

1階平面図 S=1:500

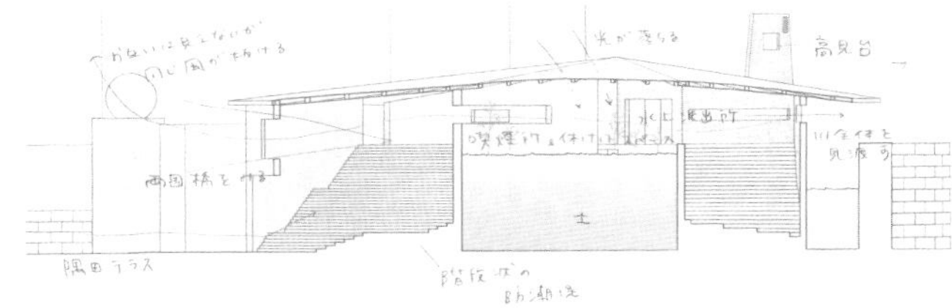

断面図 S=1:500

佃の防潮堤──佃祭

「神輿深川 山車神田 だだっ広いが山王様」とはよくいったもので、江戸っ子は生粋の祭り好きだったらしい。その中でも佃祭は島の祭りなので、今の終電と同じように最終の船はとんでもない人だったようだ。隅田川越しに佃島を拝むと、その真ん中で大勢の江戸っ子と沈む仕舞船が見えてくる。

落語とは面白い文化で、同じ噺を色んな落語家が繰り返し演じる。時と演者によって噺の細部は変幻自在になる。

ここでは、隅田川を挟んで両岸で同じ噺を同時に聴ける場所を考えた。普段は防潮堤のふりをしている壁から、すっとロールバックチェアが引き出される。向き合った劇場の間には沈む仕舞船、あっち岸の「佃島」がどんな様子かはわからないが、こっち岸ではもう次郎兵衛の葬儀が勝手に執り行なわれたところだ。

ついこの間まであった佃の渡しもなくなり、佃島が島だったのもいつのことやら。でもこの噺の間だけは、フレームの中で佃島が島のように見える。噺が終わると目の端に佃島の巨大マンションが映り現実に戻る。振り返ると劇場はなく、川沿いに防潮堤がただ続いていく。

芝浜の公園——芝浜

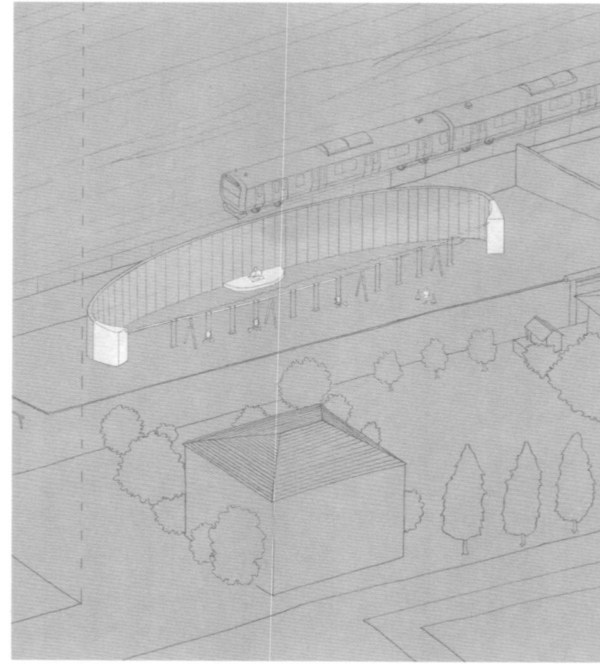

田町駅周辺、東京随一のオフィス街はサラリーマンで溢れ、歩道を歩くのもやっとだった。そんな高層ビルが立ち並ぶ隙間に、本芝公園がある。線路に沿った細長い公園では、ベンチでサラリーマンがスマホを覗き、子供達がその横を駆ける。何本も並んだ線路の上をひっきりなしに電車が通り、目の前の人との会話もかき消されるほどだ。

終電が近い。顔を赤らめたサラリーマンが一斉に駅を目指す。中には早々に諦めてコンビニでもう一杯買い足す人もいる。最後の電車が通り過ぎると、行くあてのない人々が缶ビールを片手に公園に集まってくる。子供の笑い声も、電車の騒音もなくなって、嘘のように静かな空地にツンと冷たい風が吹く。

静かに揺れるブランコに腰をかけると、突然、噺家が現れ、噺が始まった。よっ、芝浜だ。熊が財布を拾った海岸はすっかり線路になったけど、夜明け前の海岸線とそこを行き交う船が俺にも見える。夜と朝の狭間で静かに揺れながら芝の雑魚場にいる俺は、夢か現実か…？

空が白んできて、最初の電車の影が芝浜を通り抜けた。今日ぐらいは、酒を抜いてみよう。

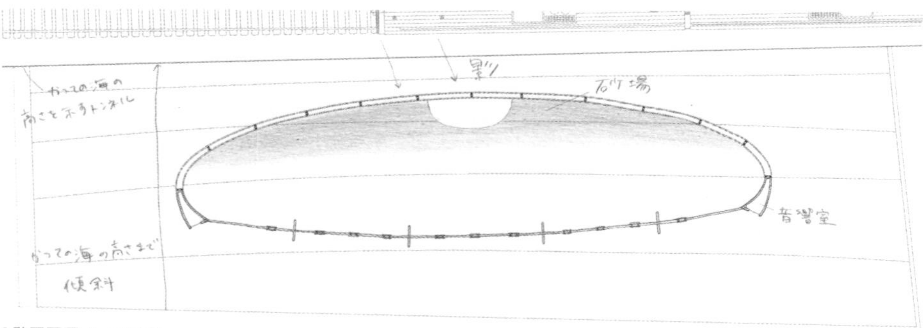

1階平面図 S=1:500

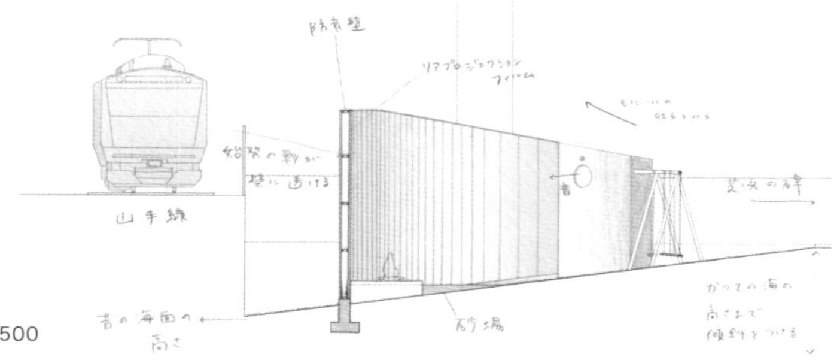

断面図 S=1:500

高輪新駅コンコース──ちきり伊勢屋

さまざまな開発が繰り返されてきた東京だが、いま最も注目される大開発は高輪ゲートウェイ駅周辺だろう。その開発の真横、大通りに少し食い込んで巨大な石垣が鎮座している。これが高輪大木戸で、かつては通りの反対側と付であった。東海道からやってくる人々の江戸の入り口として機能していて、高輪「ゲートウェイ」という名前はこの大木戸からきている。しかし大開発はこの石垣の存在を完全に無視して進んでいく。ここを敷地とし、大開発から取り残される貴重な石垣を守りたい。

付となる部分に地下鉄の泉岳寺駅を計画する。時代は変われど大木戸の間をたくさんの車が行き来し、地下へ人が流れ込む光景は、かつての江戸の入り口とつながるものがある。

その光景をまさに目撃しながら階段に腰をかけると、そこは噺を聴ける劇場になる。かつて占い師がいたように、交通拠点で色んな立場の人がうろうろする少し怪しい雰囲気を許容したく、車椅子の人がそのまま踊り場で噺を聴けたり、喫煙席があったり、帰宅途中の酔っ払いが涼めるテラスや朝ごはんを食べられる牛丼屋もある。

景色が激変する大開発の中でも、日常と場の質は簡単には変わらない。

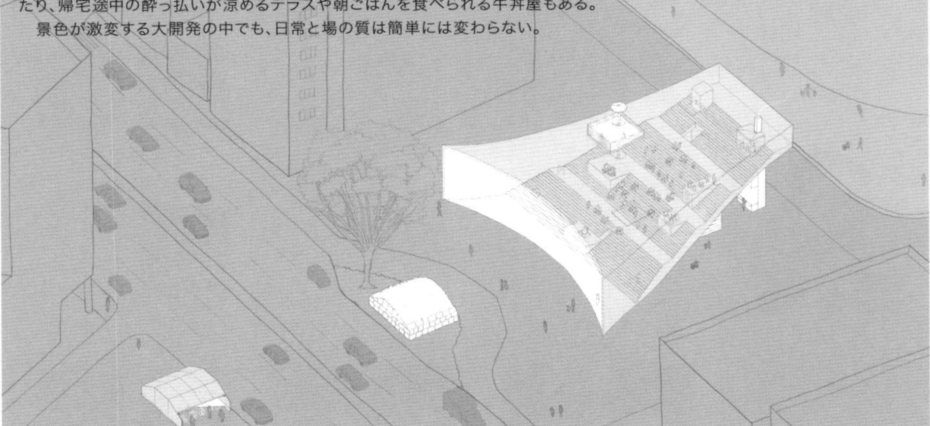

出展者コメント ── トウキョウ建築コレクションを終えて

Q このテーマを選んだ理由

全体が捉えづらい東京を、自分なりに理解し直したかった。

Q 設計を通じて社会に向けて発信したいメッセージ

考えることや妄想することをやめないことが、良いモノや良い未来につながる(と信じたいです)。

Q 修士設計を通して得たこと

今目の前に見える世界と、日々降り積もる言葉や生活との乖離は大きくなる一方だけれど、そこをつなぐものこそが私たちのイマジネーションなのだと気がつけたこと。

Q 修士修了後の進路と10年後の展望

意匠設計をします。いつか自分の事務所をもちたいです。

tunnel03
(3000,4000,7000)

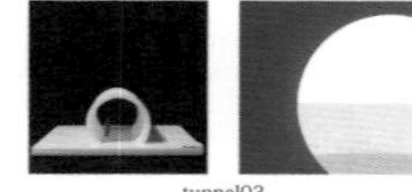
tunnel03
(2831,4500,7169)

tunnel03
(2585,5000,7415)

tunnel03
(2279,5500,7721)

設計展

the space

建築空間論研究
認知心理学による両眼視差モデルを用いて

菅原功太
Sugawara Kota
早稲田大学理工学術院
創造理工学研究科　建築学専攻
古谷誠章・藤井由理研究室

tunnel02
(0,10000,10000)

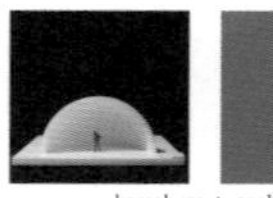
kamakura_tunnel01
(0,5000,10000)

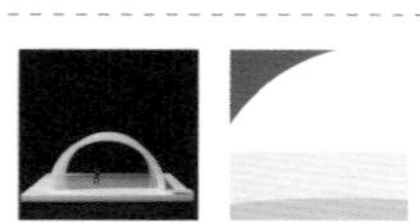
tunnel01
(0,5000,10000)

kamakura_arch
(1834,4000,8162)

kamakura_arch
(1127,6000,8873)

kamakura_arch
(528,8000,9472)

arch
(1834,4000,8162)

arch
(1127,6000,8873)

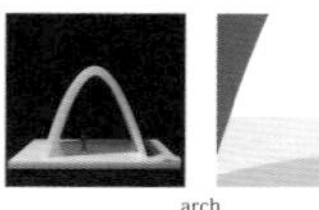

arch
(528,8000,9472)

delta roof
(0,10000,10000)

delta roof
(0,7500,10000)

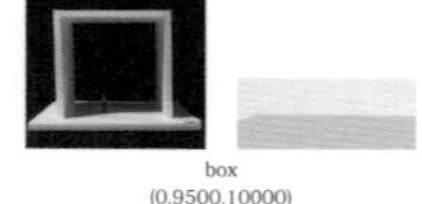
box
(0,9500,10000)

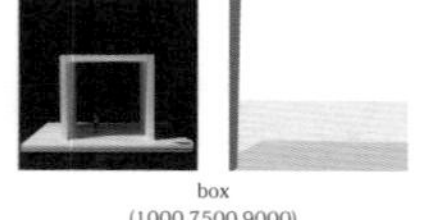
box
(1000,7500,9000)

box
(2000,5500,8000)

box
(2750,4000,7250)

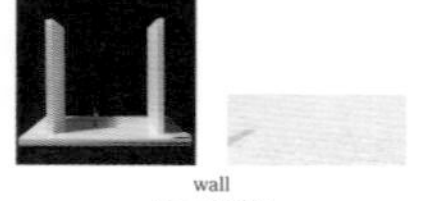
wall
(0,∞,10000)

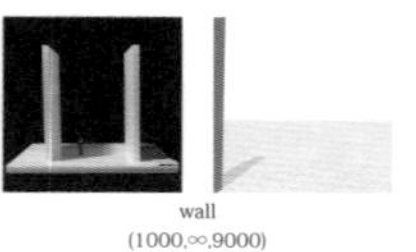
wall
(1000,∞,9000)

wall
(2000,∞,8000)

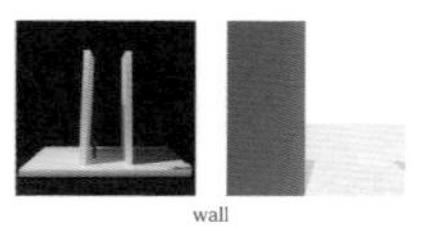
wall
(2750,∞,7250)

tunnel03
(1500,8500,8500)

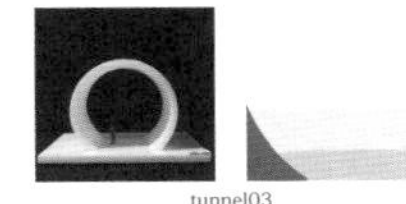
tunnel03
(2000,8000,8000)

tunnel03
(2500,7500,7500)

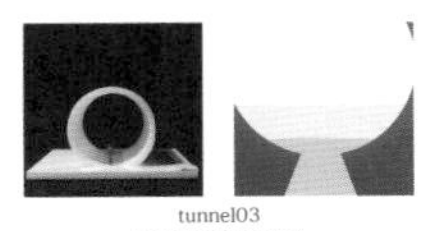
tunnel03
(3000,7000,7000)

tunnel02
(2000,6000,8000)

tunnel02
(2500,4000,7500)

tunnel02
(3000,5000,7000)

kamakura_tunnel01
(2000,3000,8000)

kamakura_tunnel01
(2500,2500,7500)

モデル	人からの見え

モデル名
(a,b,c)

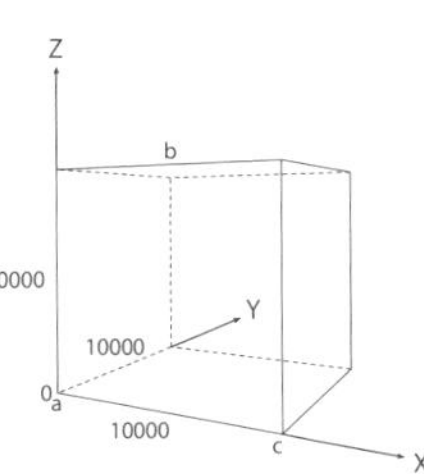

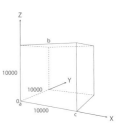

(a,b,c)
a: X 軸上の点
b: ac 間の Z 軸方向の点
c: X 軸上の点 (c=10000-a)

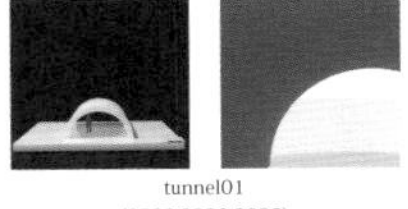
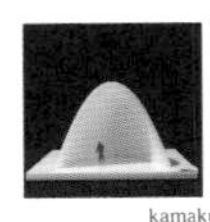

tunnel01
(2000,3000,8000)

tunnel01
(2500,2500,7500)

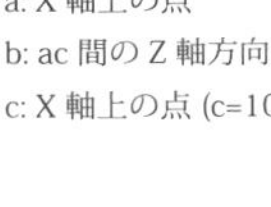

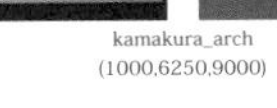

kamakura_arch
(0,7500,10000)

kamakura_arch
(0,6250,10000)

kamakura_arch
(1000,6250,9000)

kamakura_arch
(1000,5000,9000)

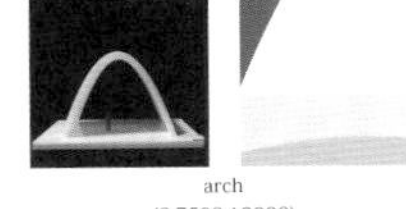
arch
(0,7500,10000)

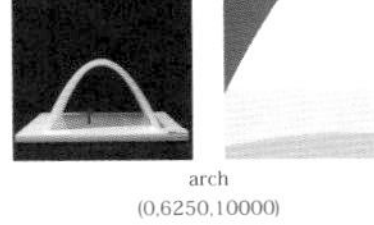
arch
(0,6250,10000)

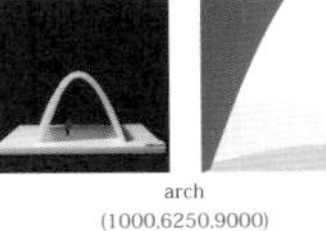
arch
(1000,6250,9000)

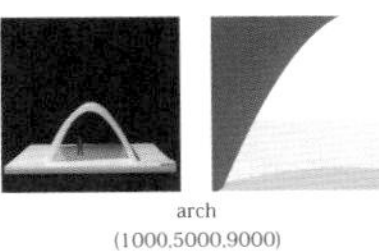
arch
(1000,5000,9000)

delta roof
(1000,6250,9000)

delta roof
(1000,5000,9000)

box
(3250,3000,6750)

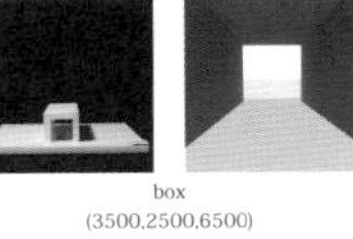
box
(3500,2500,6500)

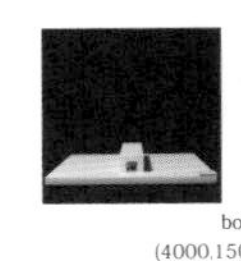
box
(3750,2000,6250)

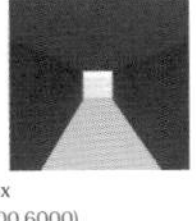
box
(4000,1500,6000)

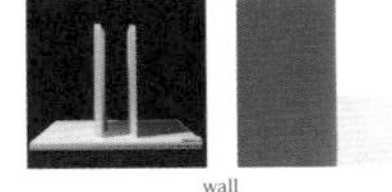

wall
(3250,∞,6750)

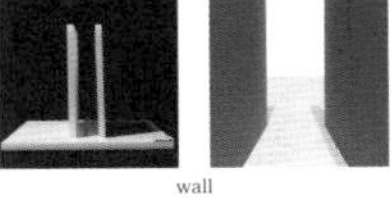
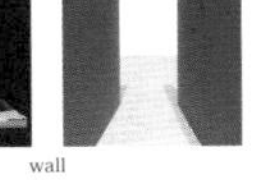
wall
(3500,∞,6500)

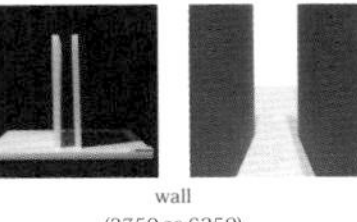
wall
(3750,∞,6250)

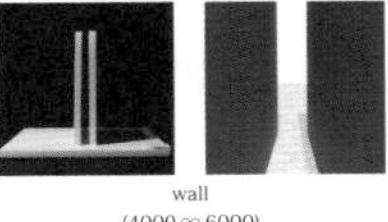
wall
(4000,∞,6000)

現代の建築は壁、屋根、床など明確な定義がされて空間が成り立っている。しかし、元来人の住む空間にそれらの要素は明確に定義されていなかったはずである。また、日本、とくに東京は敷地が狭く限られているため、スクラップアンドビルドを繰り返している。そのため本研究では、壁、屋根、床の分化によらない建築空間と、その建築自体のあり方を再考し、評価することを目的とする。

我々が空間を認知するまでのプロセスとして、まず物理刺激を感覚として捉え、次に形状を知覚し、最後に自らの経験等を含めて認知することにより評価を行う（感覚→知覚→認知）。一般的に五感と呼ばれるような感覚のうち、視覚に着目する。手法として、視覚の情報処理による形の知覚、そこから空間を認知するまでの過程を分解し、知覚における両眼視差の情報処理構造により空間を分析する。その際、建築の要素単体及び混じり合ったものを考える。次に、魅力を感じる空間のエッセンスを抽出し、またそれらの組み合わせにより、従来とは異なった空間を探求する。

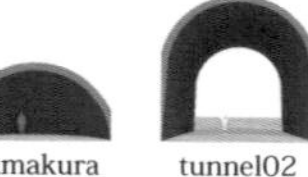

両眼視差モデル：まず壁、屋根、床といった要素に分化しているものから考え、次にそれらが融合していく空間を分析する。

両眼視差モデルの足し合わせ：archとtunnel01の奥がそれぞれのkamakuraにより閉じられる。

	box	delta roof	arch
box			
delta roof			
arch			
tunnel 01			
tunnel 02			
tunnel 03			

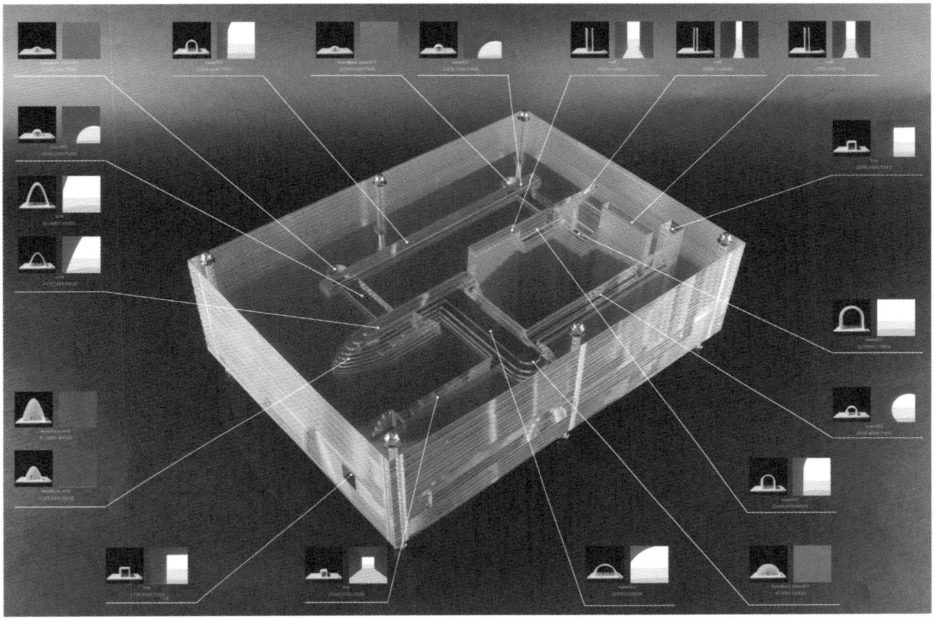

それぞれの両眼視差モデルを組み合わせることで全体ができる。

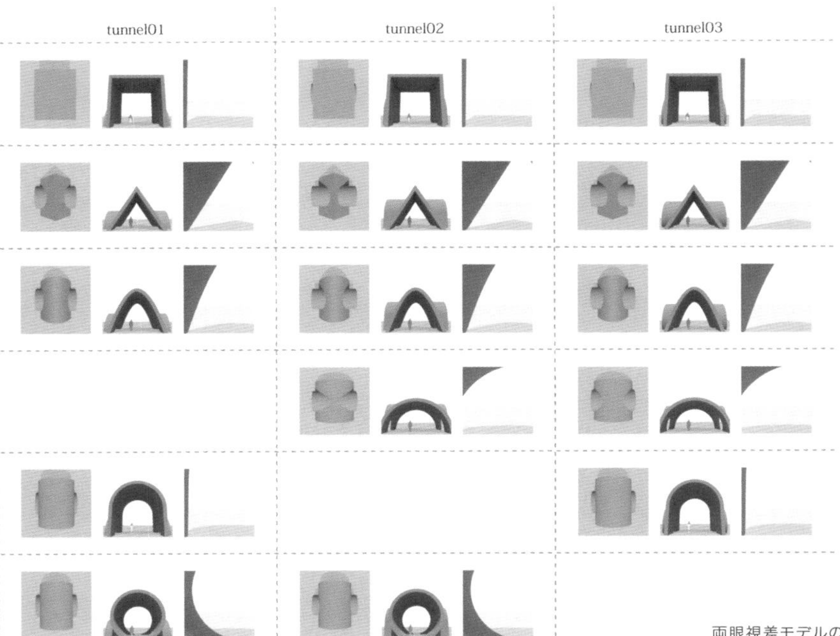

両眼視差モデルの掛け合わせ

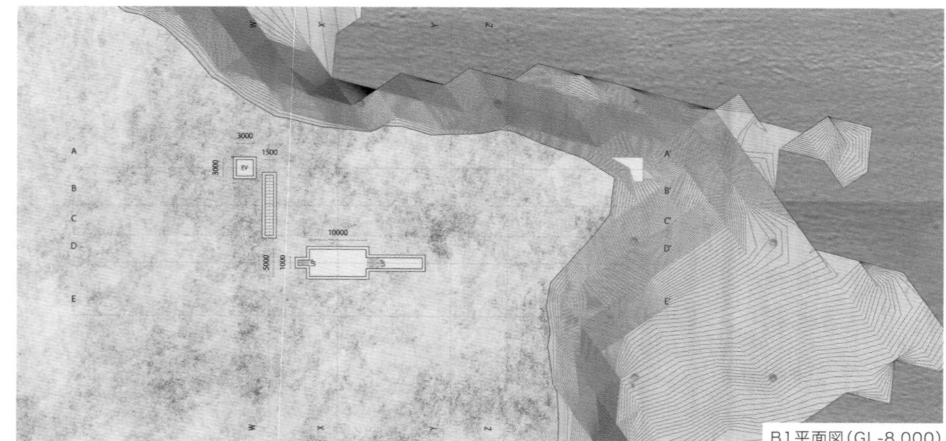

B1平面図(GL-8,000)

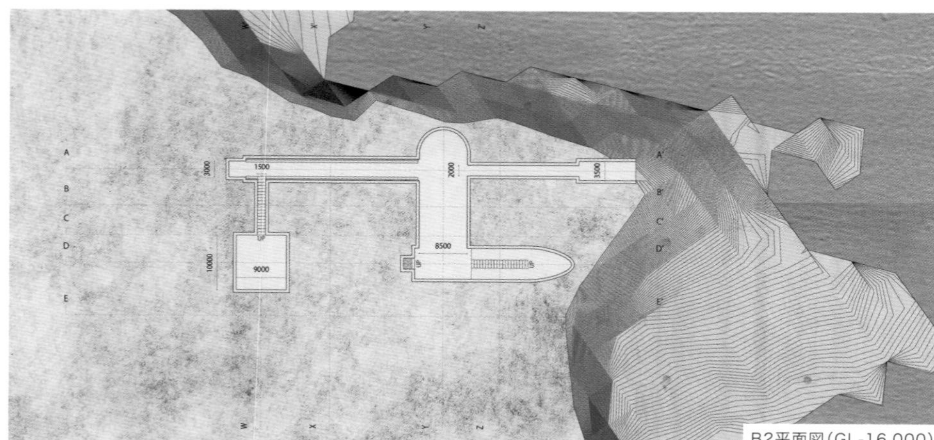

B2平面図(GL-16,000)

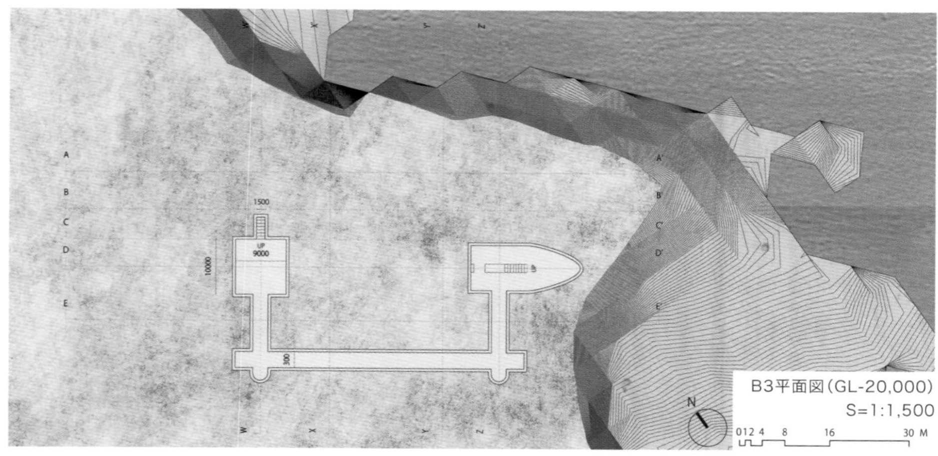

B3平面図(GL-20,000)
S=1:1,500

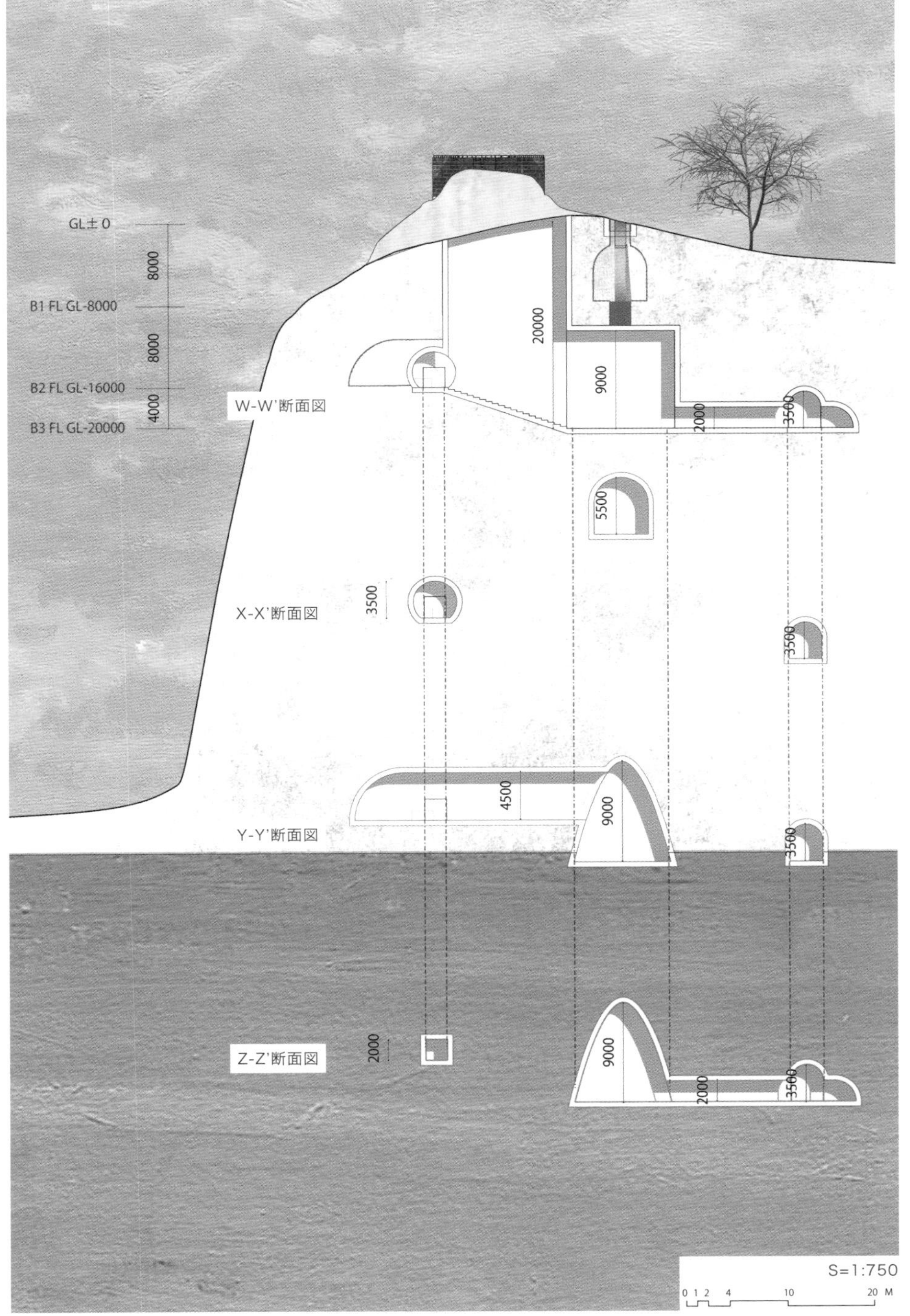
GL± 0
8000
B1 FL GL-8000
8000
B2 FL GL-16000
4000
B3 FL GL-20000
20000
9000
2000
3500
W-W'断面図
5500
3500
X-X'断面図
3500
4500
9000
Y-Y'断面図
3500
2000
Z-Z'断面図
9000
2000
3500
S=1:750
0 1 2 4 10 20 M

建築が地下に埋没しているため、急勾配の敷地(高知県土佐清水市足摺岬)にも設計可能になる。

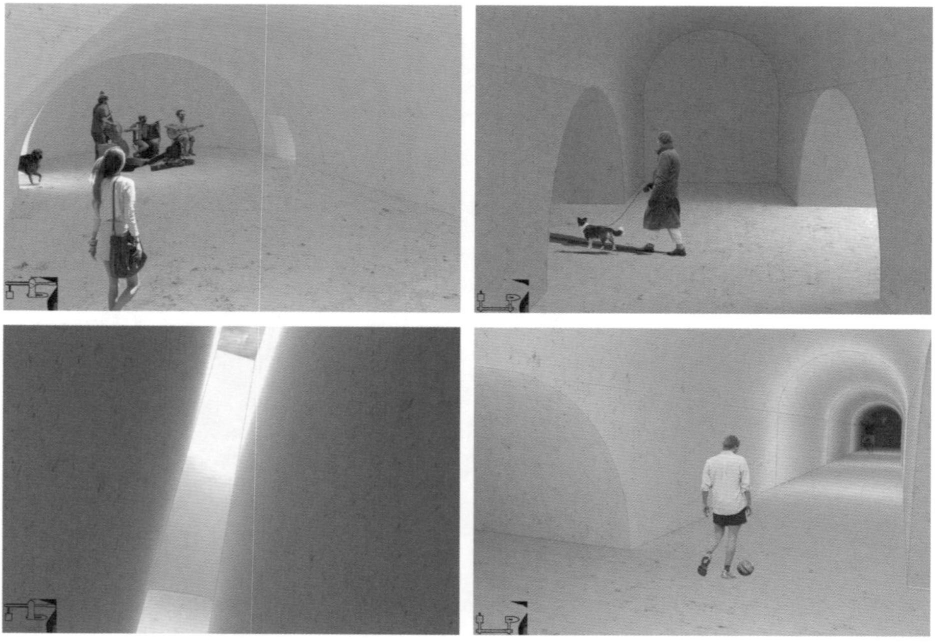

内部とも外部ともいえない、従来とは異なった空間。

単純な操作の組み合わせで、多様な空間が生まれる。

出展者コメント —— トウキョウ建築コレクションを終えて

Q このテーマを選んだ理由

建築とは何か、空間とは何か、そして美しい空間とはそもそも何かを知りたいと思ったから。そこで空間を認知する仕組みから探ることで、そうした空間を感じる共通項が見えてくるのではないか、また従来とは異なった空間が生み出せるのではないかと思ったため。

Q 修士設計を通して得たこと

今まで当たり前と思われていることに疑問をもち、探求し、壁にぶつかってもめげずに貫くこと。そして一緒に戦ってくれる後輩を得たこと。彼らがいなければ私はここに立てなかったと思う。とくに伊藤丈治、宋金璇、木村一暁、輪嶋優一には大変感謝している。

Q 設計を通じて社会に向けて発信したいメッセージ

今までは自分の思い描く空間をただ具現化していたため、社会を特別には意識していなかった。これからは、自分のやりたいことが社会とどう関係しているか、結果的に社会にどう影響を与えるかといったように、自分と社会との関係を考慮しつつデザインしたい。

Q 修士修了後の進路と10年後の展望

修了後はアトリエに進む。今回は求めていたことの1/3程度しか達成できなかったため、そこで続きを学んでいきたい。3年前に修士を修了した学部時代の同期たちに少しでも追いつけるように精進し、10年後には自分の名前で世界と戦えるようなきっかけを掴んでいたい。

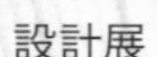
設計展

都市からの手紙

街の記憶を継承する都市建築の提案

中村篤志
Nakamura Atsushi

千葉工業大学大学院
工学研究科　建築都市環境学専攻
今村創平研究室

故郷が常に奪われていく感覚に襲われる。都市化が進むにつれて生活の水準は向上したが代償の伴わない開発など存在しない。地域住人にしか知り得ないような景色は、破壊の一途をたどっている。本修士設計では、建築のもつ恒久性に対して批判的立場をとりながら、風景を未来に継承するための装置としての建築の可能性を探っていくことを目的とする。

本提案では、地域性を纏った遺産を「街の記憶」と定義し、計画エリアの中で3個選定。それぞれがまったく異なる質をもつことから、ケースに応じた記憶の継承を行っていく。共通要素として、RC造と木造の混構造で構成を行い、RC造部分を永続的に残る骨格、木造部分に時代とともに移り変わる機能を担保させる。何十年たち、木造部分が朽ちても、骨格を手紙とした新たな木造という記憶が未来に向けて綴られることを期待する。

環境ノイズエレメント

環境ノイズエレメントとは、風景の秩序に生じた「ほころび」のことである。本来、現代都市の景観というのは計画によって形成されるものだが、その「計画」より以前にその場所に存在する「街の記憶」が新しく発生する計画に対して何かしらの形で影響を与えている現象のことである。

01.京成線ジャイアントスラローム
Trace
新京成線の松戸～津田沼間をつなぐ蛇行の激しい線路。元は旧日本軍の鉄道連隊が敷設した線路であり演習用にも使用されていた為、幾つもの激しいカーブと直線で構成されている。戦後、線路は京成電鉄に払い下げられ、蛇行を多少解消しながら、現在の新京成線になった。蛇行する線路は結果として、千葉の僻地に駅を作り、活性化を促している。

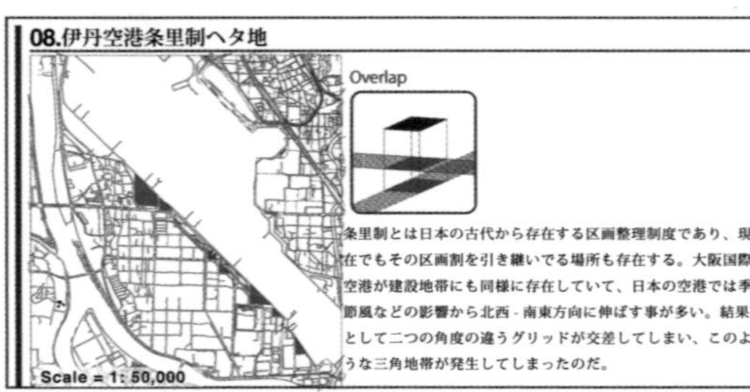

08.伊丹空港条里制ヘタ地
Overlap
条里制とは日本の古代から存在する区画整理制度であり、現在でもその区画割を引き継いでる場所も存在する。大阪国際空港が建設地帯にも同様に存在していて、日本の空港では季節風などの影響から北西 - 南東方向に伸ばす事が多い。結果として二つの角度の違うグリッドが交差してしまい、このような三角地帯が発生してしまったのだ。
Scale = 1: 50,000

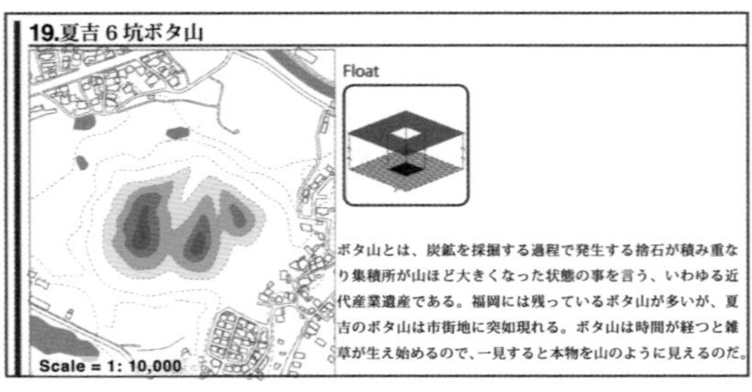

19.夏吉6坑ボタ山
Float
ボタ山とは、炭鉱を採掘する過程で発生する捨石が積み重なり集積所が山ほど大きくなった状態の事を言う、いわゆる近代産業遺産である。福岡には残っているボタ山が多いが、夏吉のボタ山は市街地に突如現れる。ボタ山は時間が経つと雑草が生え始めるので、一見すると本物を山のように見えるのだ。
Scale = 1: 10,000

01. 京成線ジャイアントスラローム
02. 荒玉水道道路
03. 目黒区元競馬場通り
04. 海軍行田無線基地跡リンク
05. 日立製作所専用線工場廃線トレインハウス
06. 旧東海道線廃線敷トレインアパート
07. 東京メトロ日比谷線
08. 伊丹空港条里制ヘタ地
09. 小石川車両基地ヘタ道
10. 神戸市須磨区タンク山
11. 新吉原遊郭塀跡
12. 三吉橋
13. 高輪低空架橋道
14. 菅原橋11叉路
15. 平和台オクタゴン
16. 千里ニュータウン
17. 神戸水道道ジェットコースター
18. 西明寺高速道路上空参道
19. 夏吉6坑ボタ山
20. 戸井線廃線跡道路
21. 五新線廃線跡駐車場
22. 品川第4台場跡海岸線
23. 首都高新宿線代々木PA
24. 荒木町すり鉢路地
25. メルカロード宇治川
26. 天下茶屋I丁目ロータリー跡
27. 旧宝塚尼崎電気鉄道未成線踏切ゴースト
28. 千里山「立体駐車場」
29. 宝塚歌劇「花の道」
30. 今里ロータリー跡
31. モヒカン山
32. 實弘寺墓地
33. 旧神戸競馬場跡東門街S字カーブ
34. 水域無残
35. 富田茶臼山古墳ヘタ駐車帯
36. 木塚ロータリー跡
37. 円覚寺参道踏切
38. 祟りの大岩中央分離帯
39. お土居切断

敷地

[出典(上3点):©2020 Google]

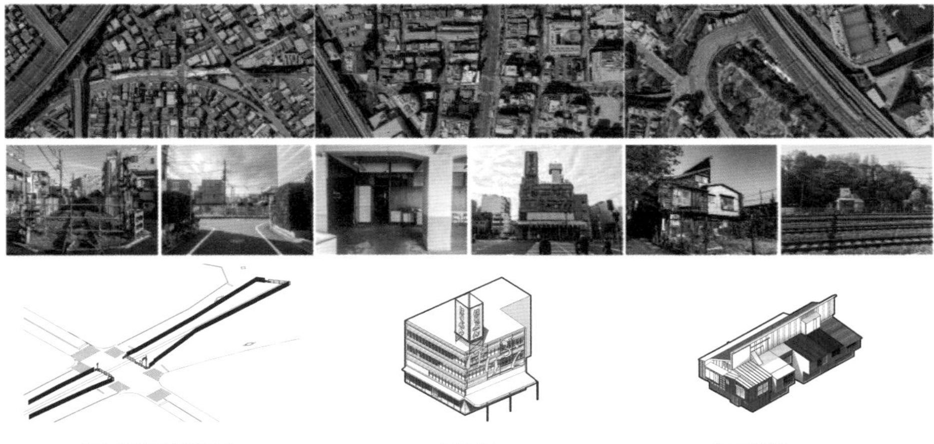

王子製紙貨物線廃線　　ほりぶん　　さくら新道

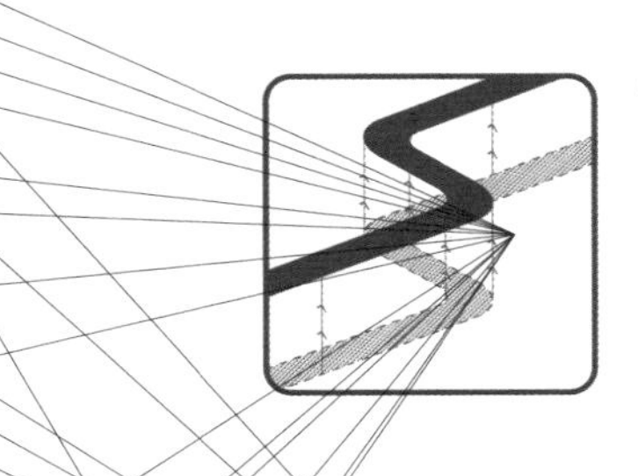

Trace

先行した計画をなぞるように新たな計画を行う事で生まれるパターン。これは利便性や効率化により発生する事が多くみられる。効率化や再利用などが生成過程の背景に見られる場合が多い。

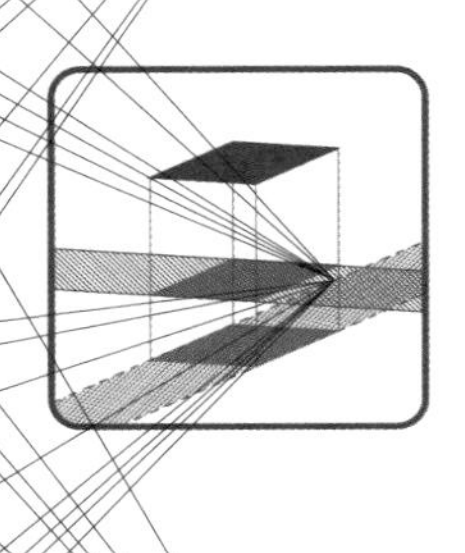

Overlap

先行した計画に対して新たな計画に重なる部分が偶然的に発生し、風景に歪みが生じるパターン。時代の変化による制度の変化や、場当たり的な開発による場合が多い。

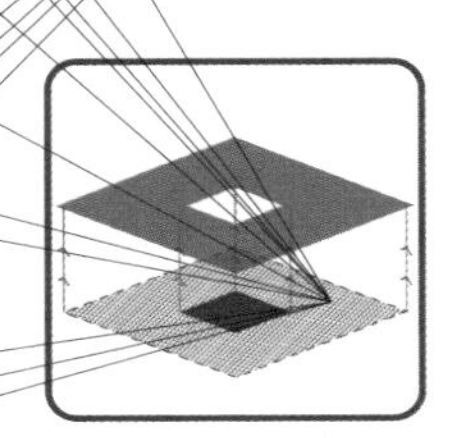

Float

先行した計画の周囲に新たな計画が発生した事により、時代に取り残された風景。開発反発で発生する事が多いが文化遺産や産業遺産が先行している場合に発生する事が多い。

計画敷地01_王子製紙貨物線廃線

周辺状況から、交通の利便性の向上と視覚的障害のクリアランスを行うことで、長く使われ続ける建築が提案できると考えた。そこで敷地南端の上空にある陸橋と北端にある公園を接続するような歩道橋を計画する。

計画敷地02_ほりぶん

ほりぶんの特徴的なファサードを未来に残すべく、既存のファサードを細かい要素に分解し、新たな建築エレメントに変換していく。RC部分は骨格として機能し、木質部分が朽ちた後でも繰り返しファサードを再現することが容易となる。プログラムは展望台と公民館。この街には大晦日になると毎年敷地西側を練り歩く祭りが開催される。そのために機能する展望台を設計する。

計画敷地03_さくら新道

敷地の地下を流れる暗渠を利用した給水槽と足湯待合所を計画する。バラック建築がもつ形態ではなく、環境に応じた増改築という形式を未来に残していくために、既存建築のバラック部分を補強するような形で壁式RC造の骨格を挿入する。この骨格は再び新たなバラックを建築するための基盤となり、保存されるバラックに倣いながら、架構が再現されていくことを狙いとする。

出展者コメント —— トウキョウ建築コレクションを終えて

Q このテーマを選んだ理由

建築家という職能を考えたとき、創造される景色についての責任と一個人として地域景観への介入することについて疑問を感じました。設計者の恣意性【デザイン】を残していきながら、長い時間をかけて街に溶け込む建築の可能性を探ってみたくなったことが原点です。

Q 修士設計を通して得たこと

恣意性と客観性の接続。設計物とリサーチ、プレゼンテーションの距離が密接であるほど作品としての完成度が高くなるということ。修士設計という舞台に限らず、建築という分野においては常に付き纏うことだと思います。

Q 設計を通じて社会に向けて発信したいメッセージ

自分が生まれ育ったまちを素敵だと思わせてくれるような建築が必要であると思います。そういった建築はまちという共同体のなかで受け継がれていき、やがてまちの遺産となる。ただ残るだけでは意味がないのだと思います。

Q 修士修了後の進路と10年後の展望

大学院修了後は組織設計事務所に勤務しています。やがては資格をとり建築家として独立、欲を言えば母校に教育者として籍を置ければ嬉しいとは考えています。

設計展

void urbanism guide

不安定な都市の暴露と建築のふるまい

福嶋佑太
Fukushima Yuta

東京理科大学大学院
理工学研究科　建築学専攻
伊藤香織研究室

高密な都市に人知れず存在する空き地や未利用地などの「土地断片」に目を向けてみると、取り巻く環境などの問題に対して一つひとつ回答をしているような明快さをもっていた。私は、そうした日常的な変化に意識的に目を向けることで多くの発見や知恵を得ることができると考えている。

本修士設計は、不完全で開かれた都市の本質的な価値を提示するために、都市で生活する人間をはじめとした動植物の観察を通し、埋没しているもう一つの公共性の価値を見出すことで、自発的公共性が生まれるようにまちを転換させる試みである。都市に散在するvoidを「点」として捉えるのではなく、つながりのある「線」や広がりのある「面」として捉えることができる。そうした俯瞰的視点をもった新たな社会基盤となる「void urbanism」を都市空間に構築していくための、9つの建築群を提案する。

urban void research
人間・動植物・人工物の日常的な連関から学ぶ

中高層ビル・フェンスに囲まれた空き地。ブランコの型枠だけ取り残され、型枠内の地面には自然が侵食している。しかし、ブランコの型枠外の地面はある程度整備されている不思議な空間。

フェンスが超えられた形跡が残る高架下の空き地。広々とした空間内でダンスの練習などの振る舞いが見られた。コンクリートの柱が奥まで整列する様子を見てると、現代につくられた神殿のように見える。

トタン造りの古い家に隣接する空き地。生活景から取り残されたような物干し台が印象的であり、通過する電車を背に洗濯物を干す住人の姿が目に浮かぶ。乾いた砂利の地面から植物が生い茂っている。

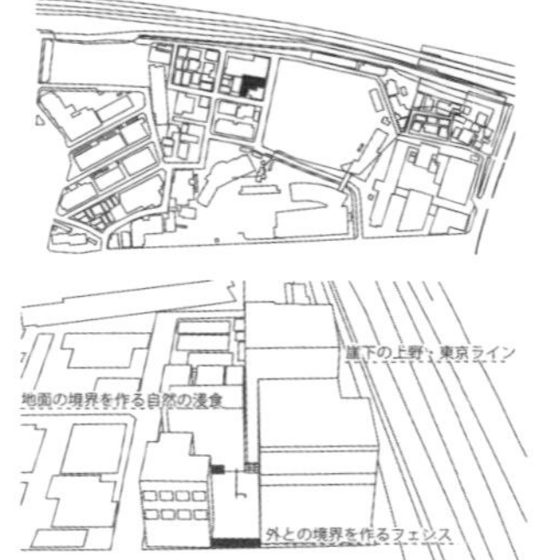

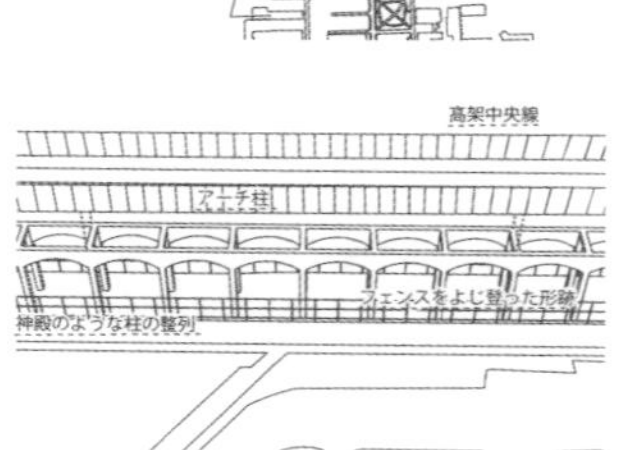

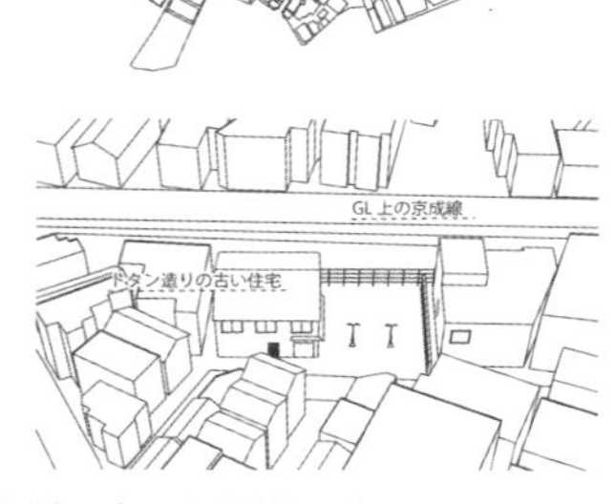

土地断片の調査を1年間行い、小さな摩擦によって生まれた都市の間での人間の自発的な振る舞いや動植物のダイナミックな動きを発見した。そうした発見を一つひとつ記述していくと、人間・動植物・工作物が等価に置かれており、さまざまな主体の生活リズムが私たちの環境を取り巻いていることに気づかされた。これは土地断片をアクソメと鳥瞰パースを用いて、構成と履歴のリサーチから無自覚で日常的な連関をまとめ、それを一部抜粋したものである。

無自覚に環境に順応する9つの建築群

■Case1/ テントウムシの物見台

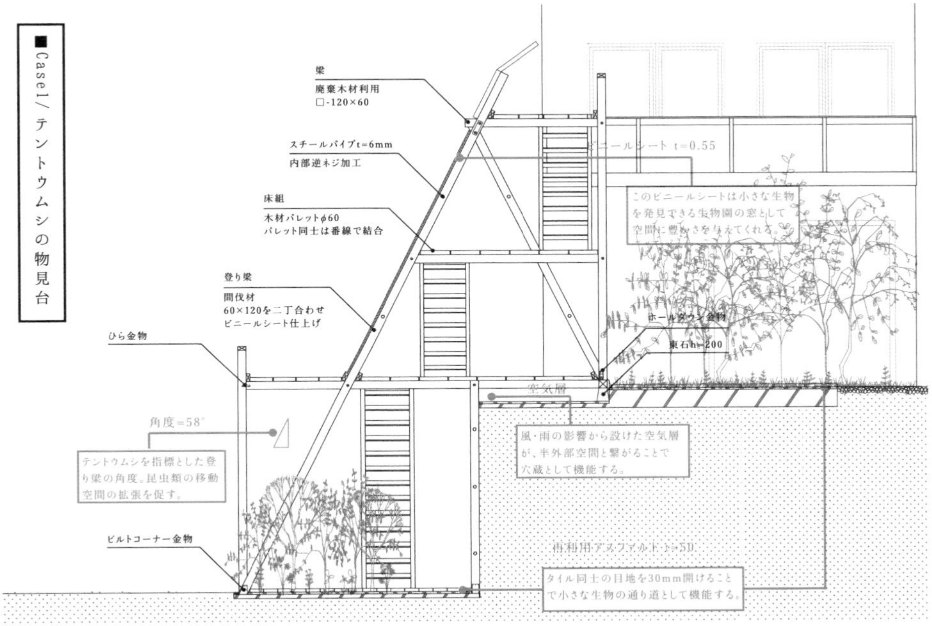

梁
廃棄木材利用
□-120×60

スチールパイプt=6mm
内部逆ネジ加工

床組
木材パレットφ60
パレット同士は番線で結合

登り梁
間伐材
60×120を二丁合わせ
ビニールシート仕上げ

ひら金物

角度=58°

テントウムシを指標とした登り梁の角度。昆虫類の移動空間の拡張を促す。

ビルトコーナー金物

ビニールシート t=0.55

このビニールシートは小さな生物を発見できる生物園の窓として空間に豊かさを与えてくれる。

ホールダウン金物

束石h=200

空気層

風・雨の影響から設けた空気層が、半外部空間と繋がることで穴蔵として機能する。

再利用アスファルトt=50

タイル同士の目地を30mm開けることで小さな生物の通り道として機能する。

■Case2/ 小鳥の休憩所

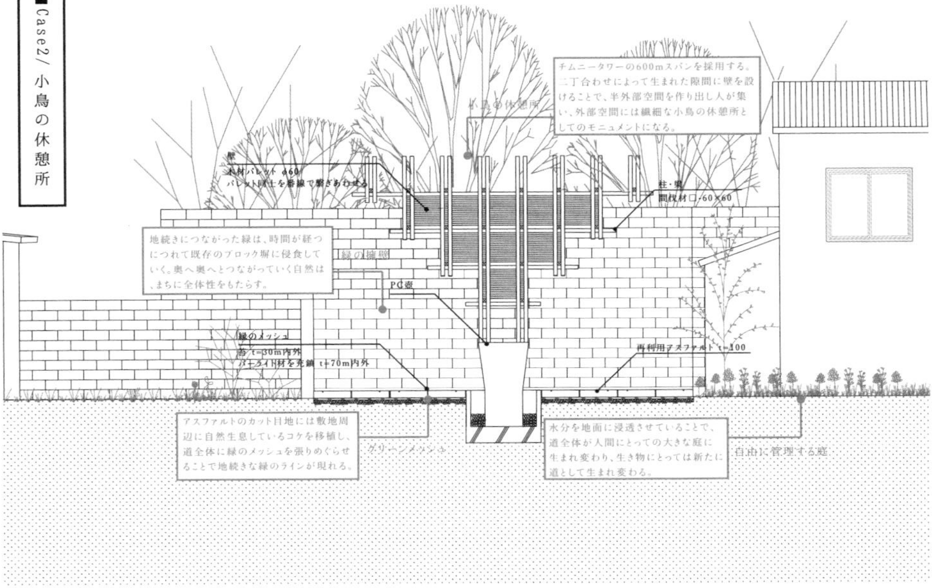

小鳥の休憩所

チムニータワーの600mスパンを採用する。二丁合わせによって生まれた隙間に壁を設けることで、半外部空間を作り出し人が集い、外部空間には繊細な小鳥の休憩所としてのモニュメントになる。

壁
木材パレット φ60
パレット同士を番線で繋ぎあわせる

柱・梁
間伐材□-60×60

地続きにつながった緑は、時間が経つにつれて既存のブロック塀に侵食していく。奥へ奥へとつながっていく自然は、まちに全体性をもたらす。

緑の擁壁

PC壺

緑のメッシュ
苔 t=30m内外
パーライト材を充鎮 t=70m内外

再利用アスファルト t=100

アスファルトのカット目地には敷地周辺に自然生息しているコケを移植し、道全体に緑のメッシュを張りめぐらせることで地続きな緑のラインが現れる。

グリーンメッシュ

水分を地面に浸透させていることで、道全体が人間にとっての大きな庭に生まれ変わり、生き物にとっては新たに道として生まれ変わる。

自由に管理する庭

■Case3/ バッタの畦道

アニマルパス
奥に存在する緑地と手前の既存空き地の緑地をつなげるためのパスを設ける。高さは樹木のスケールを採用。
屋根
ガルバリウム鋼板小波板 t=0.4
垂木:間伐材□-60×60
ビス止め
屋根
ビニールシート仕上げ
ビス止め
ひら金物
柱
廃棄木材利用
□120×60
六角ボルト M2-195
床
木材パレットφ60
パレット同士は番線で結合
バットレス
廃棄木材利用 □-120×60
外壁を与えず構造を露わにすることで、座下に存在する既存のビオトープを暴露させる。
ホールダウン金物
高床式
捨て石 h=250
地面に接する部分を最小限にすることによる生物との共生、座下の雨水確保、風の抜けの観点から高床式を採用する。
拾った石

■Case4/ 笑う門には蜂来たる

アンカーボルト M2-195
養蜂小屋
蜂が一旦飛び上がり花蜜へ下降する習性から、既存建物の最高高さ以上に配置することで近隣住民との共生を図る。
床
木材パレット　φ60
パレット同士を番線で繋ぎ合わせる
空洞的住処
竹材の空洞はカワセミ巣営ブロックのスケールと同様で、新たな住処として生まれ変わる
柱
竹材 φ100
結束バンドで固定
壁
竹材 φ100
竹駒いで繋ぎあわせる
廃棄木材利用 □-250×60
朽ちる竹枠
竹同士の節の凹部分からら苔・地衣類が発生していき、時間が経過するに連れて植物の根による侵食が進む。
ホールダウン金物
捨て石 h=250

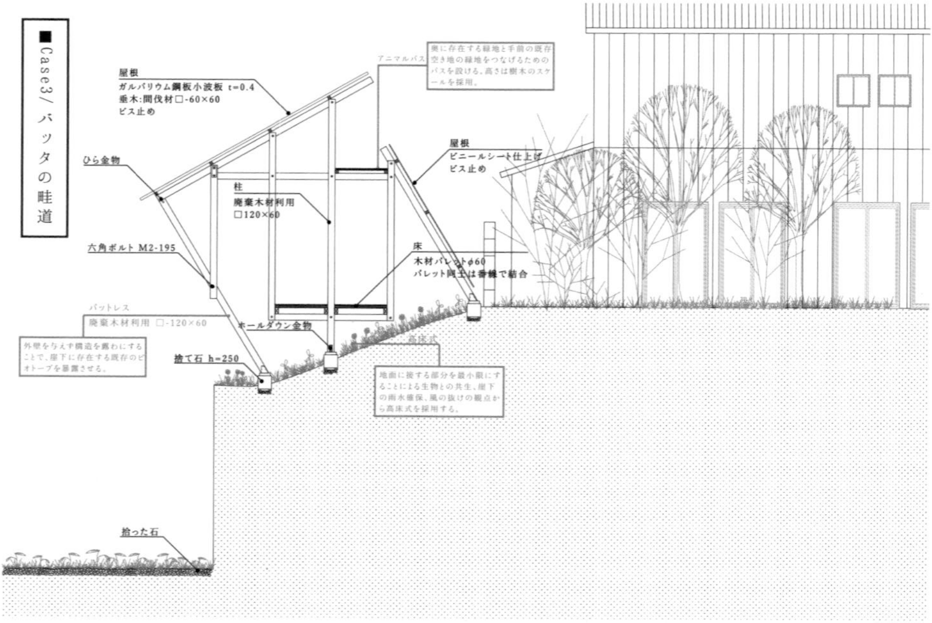

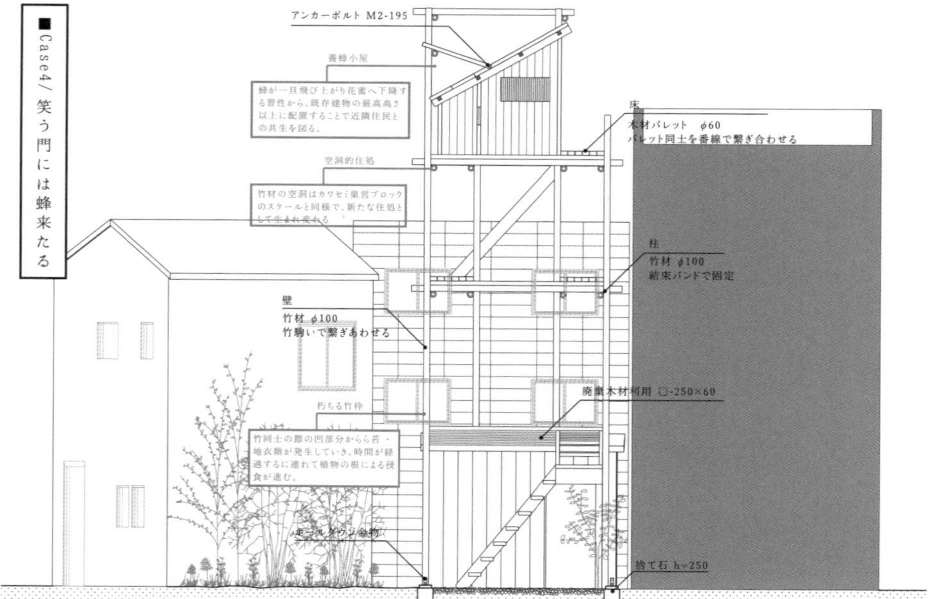

■Case5/ コウノトリのゆりかご

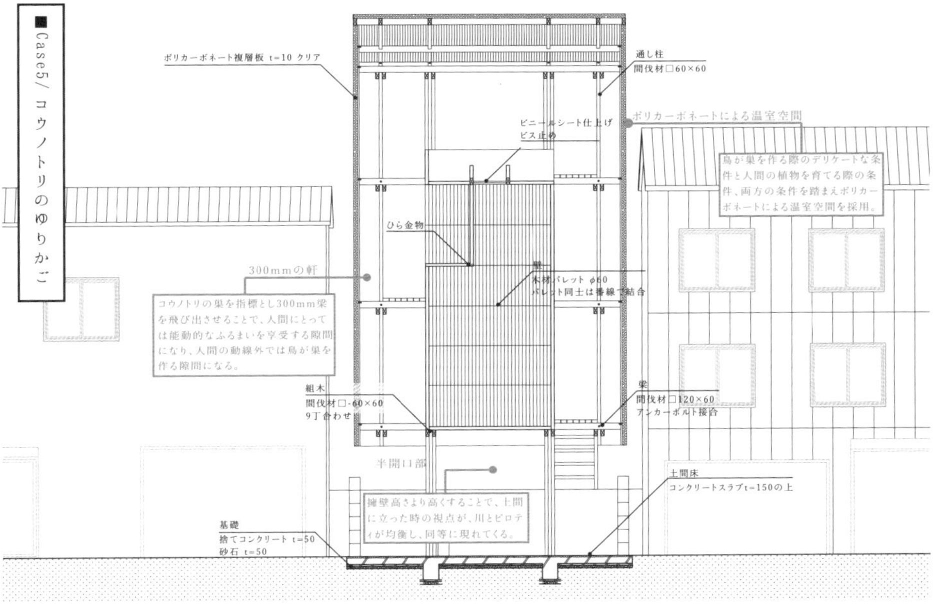

ポリカーボネート複層板 t=10 クリア

通し柱
間伐材□60×60

ビニールシート仕上げ
ビス止め

ポリカーボネートによる温室空間

鳥が巣を作る際のデリケートな条件と人間の植物を育てる際の条件、両方の条件を踏まえポリカーボネートによる温室空間を採用。

ひら金物

300mmの軒

コウノトリの巣を指標とし300mm梁を飛び出させることで、人間にとっては能動的なふるまいを享受する隙間になり、人間の動線外では鳥が巣を作る隙間になる。

床
木材パレット φ60
パレット同士は番線で結合

組木
間伐材□-60×60
9丁合わせ

梁
間伐材□120×60
アンカーボルト接合

半開口部

擁壁高さより高くすることで、上間に立った時の視点が、川とピロティが均衡し、同等に現れてくる。

土間床
コンクリートスラブt=150の上

基礎
捨てコンクリート t=50
砂石 t=50

■Case6/ 渡り鳥の待合所

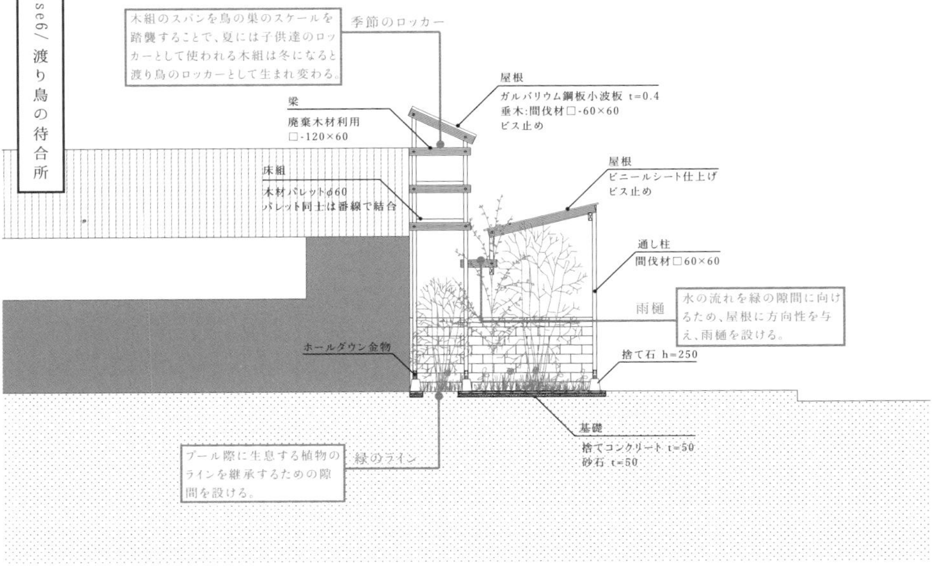

木組のスパンを鳥の巣のスケールを踏襲することで、夏には子供達のロッカーとして使われる木組は冬になると渡り鳥のロッカーとして生まれ変わる。

季節のロッカー

屋根
ガルバリウム鋼板小波板 t=0.4
垂木:間伐材□-60×60
ビス止め

梁
廃棄木材利用
□-120×60

床組
木材パレットφ60
パレット同士は番線で結合

屋根
ビニールシート仕上げ
ビス止め

通し柱
間伐材□60×60

雨樋

水の流れを緑の隙間に向けるため、屋根に方向性を与え、雨樋を設ける。

ホールダウン金物

捨て石 h=250

基礎
捨てコンクリート t=50
砂石 t=50

プール際に生息する植物のラインを継承するための隙間を設ける。

緑のライン

■Case7/ カエルの秘密基地

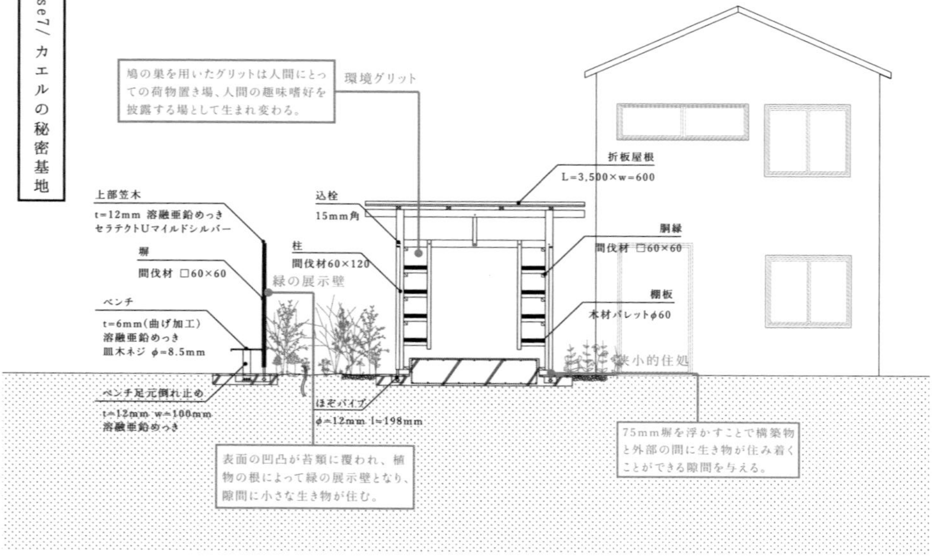

鳩の巣を用いたグリットは人間にとっての荷物置き場、人間の趣味嗜好を披露する場として生まれ変わる。

環境グリット

折板屋根
L=3,500×w=600

込栓
15mm角

上部笠木
t=12mm 溶融亜鉛めっき
セラテクトUマイルドシルバー

柱
間伐材60×120

胴縁
間伐材 □60×60

塀
間伐材 □60×60

緑の展示壁

棚板
木材パレットφ60

ベンチ
t=6mm(曲げ加工)
溶融亜鉛めっき
皿木ネジ φ=8.5mm

矮小的住処

ベンチ足元倒れ止め
t=12mm w=100mm
溶融亜鉛めっき

ほぞパイプ
φ=12mm l=198mm

75mm塀を浮かすことで構築物と外部の間に生き物が住み着くことができる隙間を与える。

表面の凹凸が苔類に覆われ、植物の根によって緑の展示壁となり、隙間に小さな生き物が住む。

■Case8/ 湯上り下がり

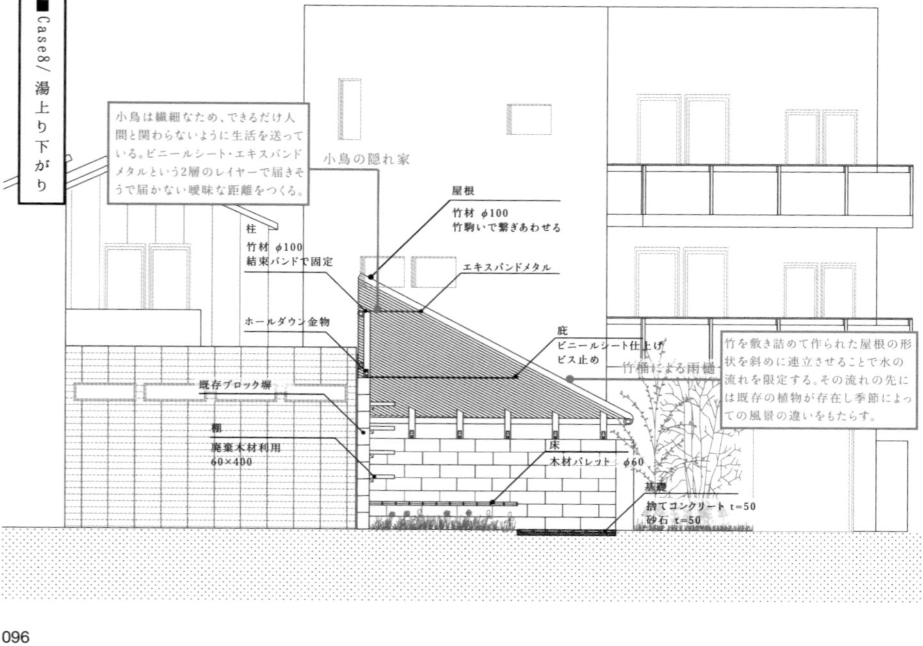

小鳥は繊細なため、できるだけ人間と関わらないように生活を送っている。ビニールシート・エキスパンドメタルという2層のレイヤーで届きそうで届かない曖昧な距離をつくる。

小鳥の隠れ家

屋根
竹材 φ100
竹駒いで繋ぎあわせる

柱
竹材 φ100
結束バンドで固定

エキスパンドメタル

ホールダウン金物

庇
ビニールシート仕上げ
ビス止め

竹樋による雨樋

竹を敷き詰めて作られた屋根の形状を斜めに連立させることで水の流れを限定する。その流れの先には既存の植物が存在し季節によっての風景の違いをもたらす。

既存ブロック塀

棚
廃棄木材利用
60×400

床
木材パレット φ60

基礎
捨てコンクリート t=50
砂石 t=50

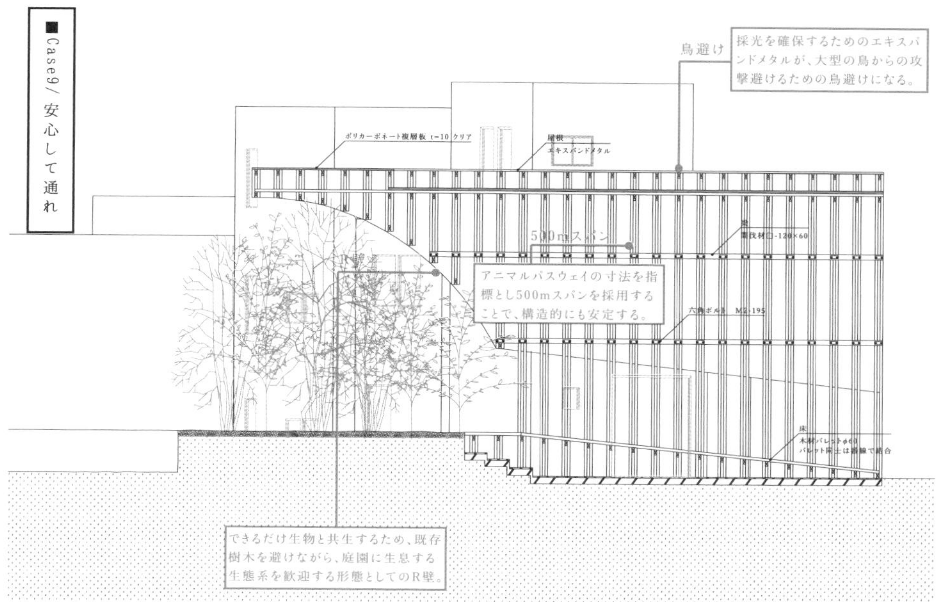
■Case9/安心して通れ
鳥避け
採光を確保するためのエキスパンドメタルが、大型の鳥からの攻撃避けるための鳥避けになる。
ポリカーボネート複層板 t=10 クリア
屋根
エキスパンドメタル
500mスパン
アニマルパスウェイの寸法を指標とし500mスパンを採用することで、構造的にも安定する。
床
できるだけ生物と共生するため、既存樹木を避けながら、庭園に生息する生態系を歓迎する形態としてのR壁。

出展者コメント —— トウキョウ建築コレクションを終えて

Q このテーマを選んだ理由

人混みがあまり好きではなく、都市の中でも何かと解放感のある場所を探し歩いていた。そうして見つけ出しきた場所群に、アイデンティティや永続性、そして公共性の凝縮された空間としての可能性を感じ、このテーマを選んだ。

Q 修士設計を通して得たこと

個人の理論を他者に伝えるために必要な熱意と意欲、または否定されても曲げずに自分を信じる力、手を動かすことの大切さ。

Q 設計を通じて社会に向けて発信したいメッセージ

あらゆる事物が制限されている現代都市において、「void urbanism guide」は共同体の居場所を再編し、少しずつゆっくりと地域社会に広がっていく。そしてこの建築群を通すことで都市空間に対する視点と、生活することへの意識を再認識させたかった。

Q 修士修了後の進路と10年後の展望

某総合建設業の都市計画部に所属する。
10年後には自分の理論を具現化していくための土地を購入し、その場所にお世話になった人たちを招き、コーヒーを飲みながら、語り合いたい。

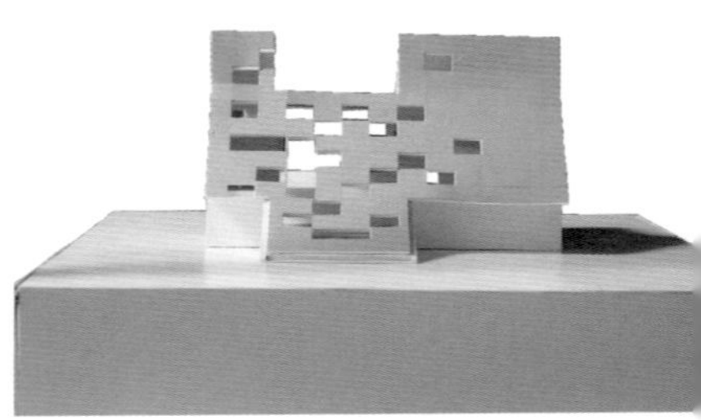
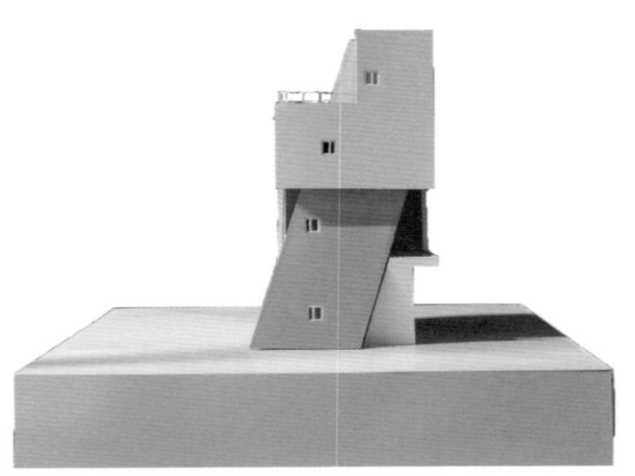
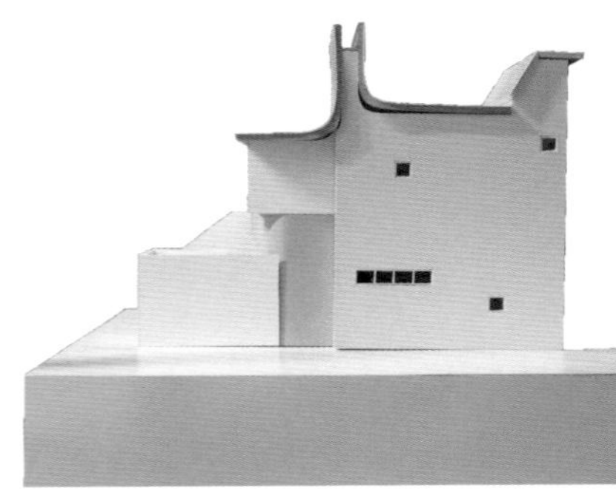

設計展

解釈の探求

フランツ・カフカ作品における einsinnigな叙述描写を通して

堀井秀哉
Horii Shuya
早稲田大学理工学術院
創造理工学研究科　建築学専攻
古谷誠章・藤井由理研究室

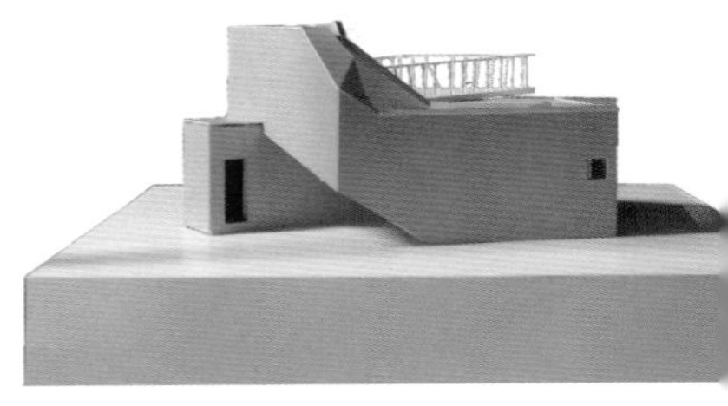

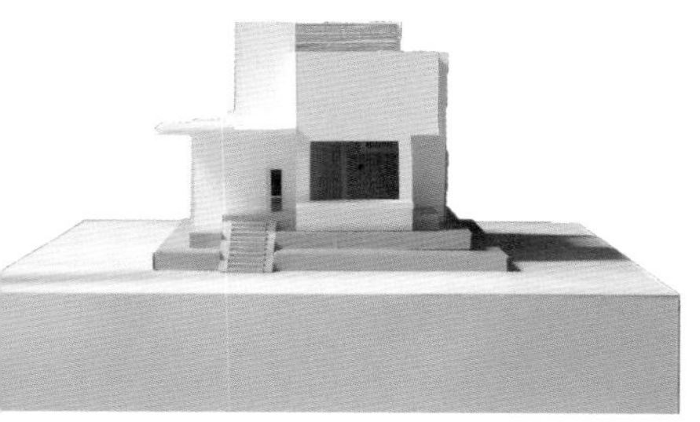
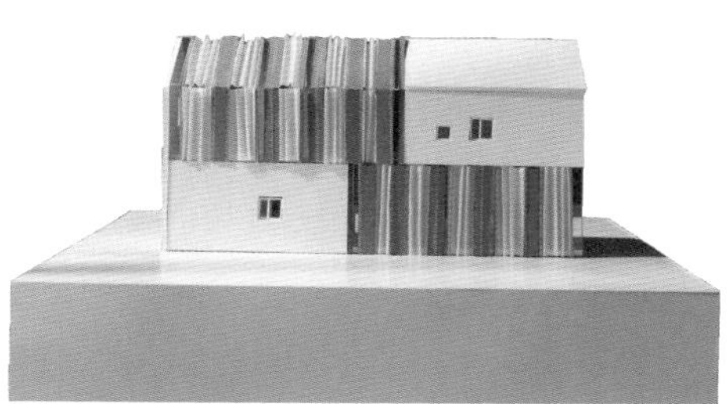

建築環境工学の発展により、私たちが普段感じているさまざまな要素は量的に捉えられ、快適性や環境の改善に役立てられるようになった。そのように身体的な快適性が基準化される一方、精神的な快適性はその場の状況や個人の心理状況で変化し、個々人によって異なるため基準化されていない。本計画では精神的な快適性に焦点を置き、個々人の感性や状況によって異なる空間の解釈をフランツ・カフカの einsinnig な叙述描写から分析

解釈を生む11の空間手法

空間手法	光と闇	移ろい	スケールの錯綜	リズムの規定	届かない地点
カフカの表現技法	対照的な２人が光と闇に例えられ、両者が接点を持つ時に光と闇も交わり合う	同じ場所に立っているのにこれまでとは違う感覚に陥る	人ではない異質に変化し、日常のあらゆるものに対して違和感を感じる	規則的な配置によって気持ちが落ち着く、または異質なものがより際立つ	進めど進めど目的の地点にたどり着かず、堂々巡りを繰り返す
↓	↓	↓	↓	↓	↓
手法の操作	1. 隣り合う光と闇の空間が互いに影響し合う 2. 光の中の影、闇に射し込む光	1. 歩いていく中で徐々に空間の質が変化していく 2. 変化を様々なレベルから俯瞰的にみる	1. スケールの異なる空間同士を対比的にみせる 2. 自身を様々なスケールの妄想に落とし込む	1. 規則性によって空間にリズムを与える 2. 異なるリズムの同居により、同じ空間に対し、見方次第で感じ方が異なる	1. 二分化された空間が干渉し合うが、空間自体は交わらない 2. 一方は傾斜を付けて、一方はそれを囲むように計画される
手法模型					

解釈が多様化する空間操作

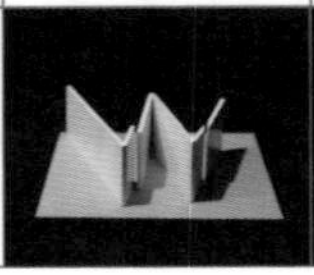

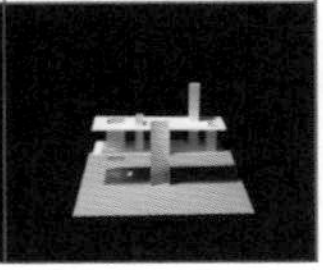

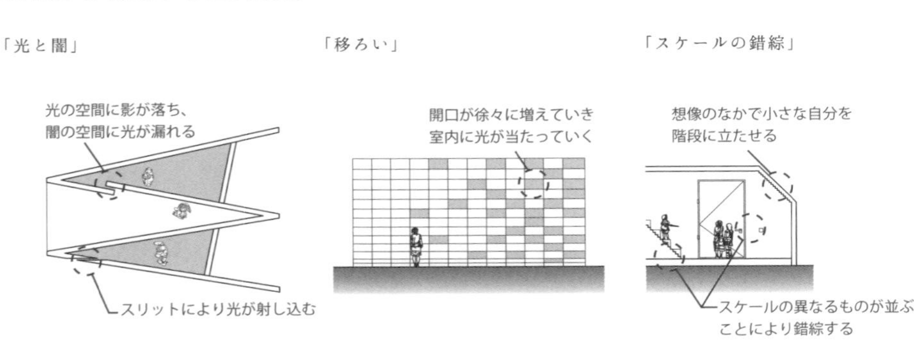
「光と闇」
光の空間に影が落ち、
闇の空間に光が漏れる
スリットにより光が射し込む
「移ろい」
開口が徐々に増えていき
室内に光が当たっていく
「スケールの錯綜」
想像のなかで小さな自分を
階段に立たせる
スケールの異なるものが並ぶ
ことにより錯綜する

する。カフカの単一の視点による物語は、現実の個人の体験による精神的な空間認識の解釈を広げる方法論に焼き直し可能であると考え、フランツ・カフカが文学世界で示した事象を空間として構造化し、建築体験に定着させる。空間体験のベクトルは定めるが解釈に選択の余地を残す手法によって、登場人物の選択による差異が生まれる。個々人の体験や置かれている状況からその都度変動する精神的な快適性に寄り添った計画の一助となる。

希望への誘導	境界に立つ	不可視の可視化	中心のある空間	表層と実体	霧のなか
選択を迫られた時、より安心感を得る方に導かれる	外に出た時にこれまで自分がいた場所が空気が重かったことに改めて気づく	閉じこもっている主人公が周辺の状況から妄想によって他者の行動を想像する	絶対的権力に支配されるように人々が暮らし、それに不信感を覚える主人公	見た目で思っていたことと実際の性質が対局的な性格を帯びている	不条理に晒された主人公が霧の中に包まれ、束の間の浮遊感のあと終末を迎える
↓	↓	↓	↓	↓	↓
1. 射し込む光や傾斜、曲面によって部屋に導かれる 2. 遠回りをする動線計画によって気持ちを切り替える	1. 厚い境界を越えることで空間の差異を認識する 2. 境界面の開閉によって領域の大小を変化させる	1. 視覚で認識できない空間を他の五感を頼りに可視化する 2. レベル差によって視線は交わらないが空間は一体とする	1. 全体の中心とは違う様々な場所に自由に中心を見出す 2. 意識の中心性を見出し、空間の中心とのギャップが生じる	1.～という表層をもつものが実体は～とは対局の位置にある 2. 厚みが一様でない壁により内部にギャップが生じる	1. 奥に進むごとに深さがます空間計画 2. 階段を少し降りると、天井が予想よりはるかに高くなる

「リズムの規定」

異なるリズムが並ぶことで
空間に二通りの見方を及ぼす
等差数列のリズム
等比数列のリズム

「届かない地点」

斜めの空間を囲むが
両者が交わることはない
斜めの空間に干渉を受ける

「希望への誘導」

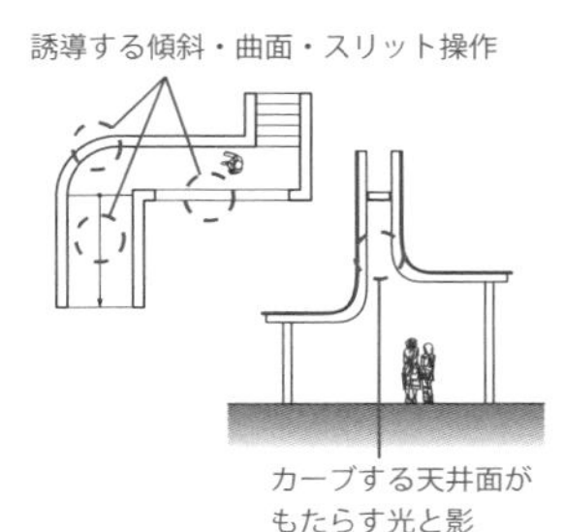
誘導する傾斜・曲面・スリット操作
カーブする天井面が
もたらす光と影

「境界に立つ」

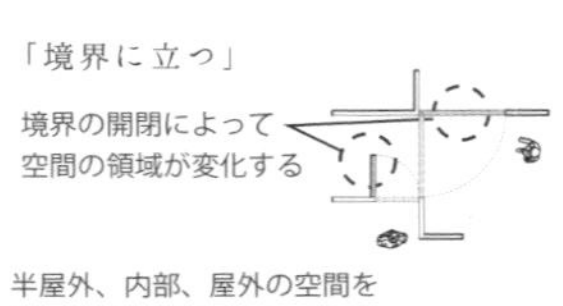
境界の開閉によって
空間の領域が変化する

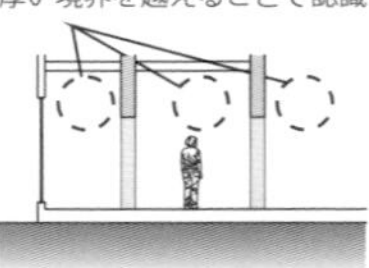
半屋外、内部、屋外の空間を
厚い境界を越えることで認識

「不可視の可視化」

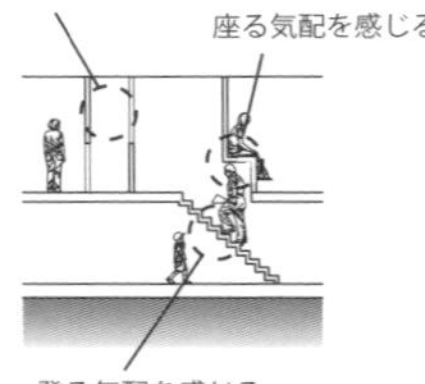
壁の切り欠きにより視線は
遮断されるが音は通る
座る気配を感じる
登る気配を感じる

「中心のある空間」

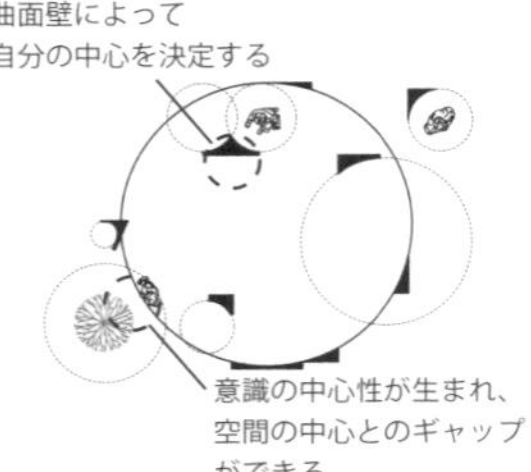
曲面壁によって
自分の中心を決定する
意識の中心性が生まれ、
空間の中心とのギャップ
ができる

「表層と実体」

一様な厚みでない壁によって
外観と実際の内部空間との
ギャップができる

壁の厚みによって
開口部の長さも変化する

「霧のなか」

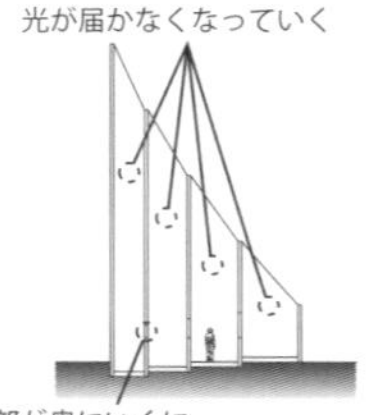
奥にいくにつれて深みが増していき
光が届かなくなっていく
開口部が奥にいくに
つれて小さくなる

計画：解釈を生む11の居場所

光と闇

光と影の対象的な関係性で住空間をつくることを考えた。光から闇を見るか、闇から光を見るかによってその解釈は多様化する。

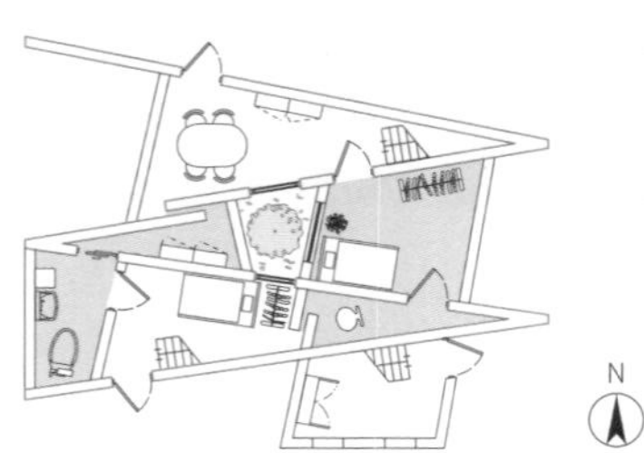
N

1階平面図 S=1:300

移ろい

開口部の増減によって移ろいを感じる住空間。太陽の動きを通してコントラストの変化が生まれる。住人はそれをあらゆるレベルから眺め、解釈する。

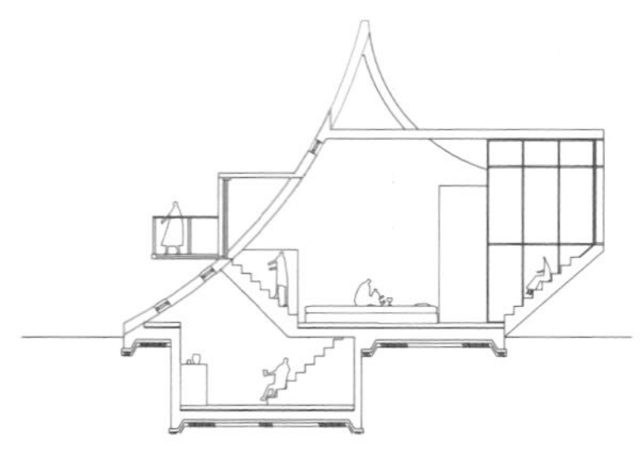

断面図 S=1:300

スケールの錯綜

日常空間を形作る要素の中からスケール・エラーを誘発するものを見出し、空間のある部分をみつめることで妄想や自己との対峙体験にふける。

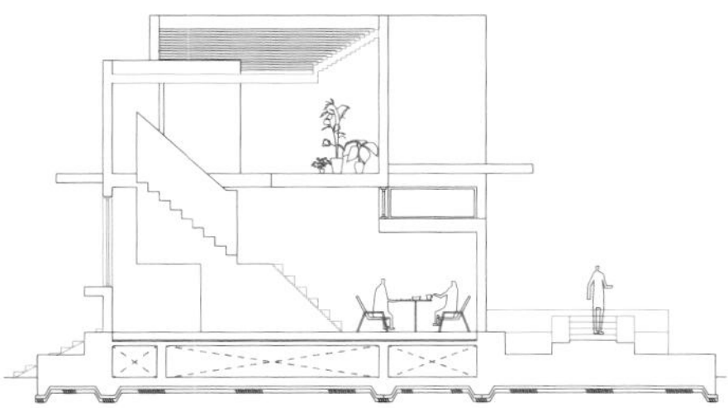

断面図 S=1:300

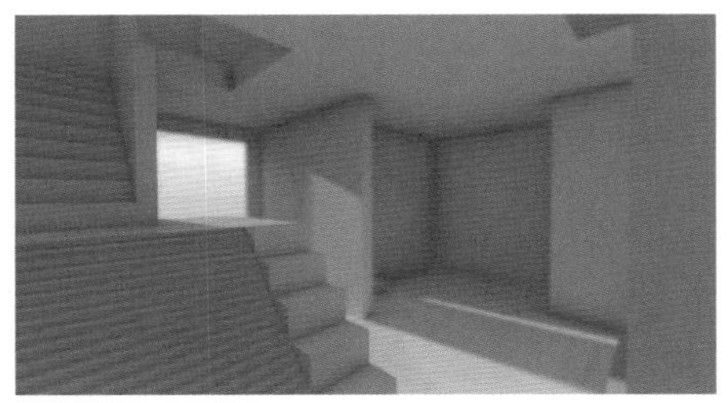

リズムの規定

等差と等比、リズムの異なる空間。等差と等比の差による感覚と空間のずれを住宅で表現した。注目するリズムによって空間の解釈が変化する家。

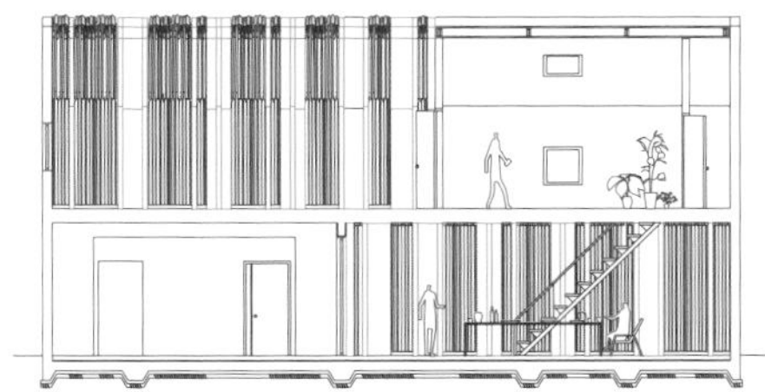

断面図 S=1:300

届かない地点

斜めのボリューム、垂直のボリューム。互いの空間が干渉し合いながら立ち上がるが、交わることはない。受動的か能動的か、捉え方で解釈が変わる家。

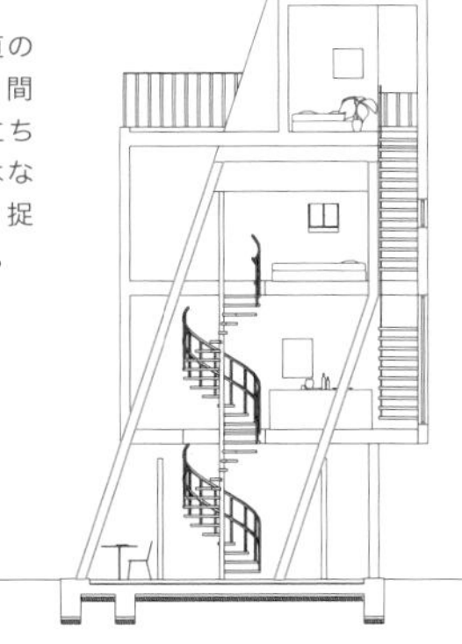

断面図 S=1:300

希望への誘導

リビングから自室に、遠回りをして気持ちを切り替えてから行きたくなることがある。様々な誘導によって個人は遠回りを促される。遠回りの家。

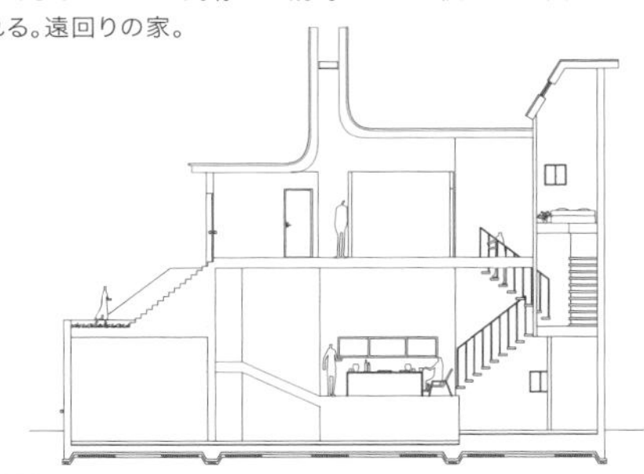

断面図 S=1:300

境界に立つ

場と場を対比的に見て、空気感を感じる家。境界を際立たせることにより場の空気感に気づき、自分の好きな空間を境界面操作によって拡張していく。

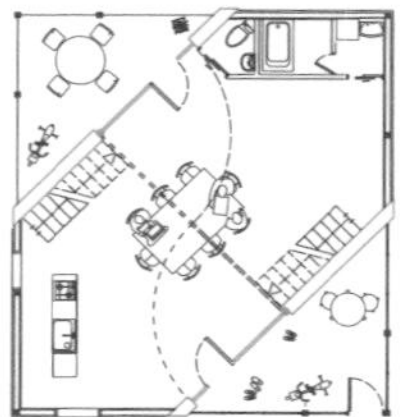

1階平面図 S=1:300

不可視の可視化

姿は見えないが、存在は感じる。見えないものを可視化する手法を住宅で表現した。

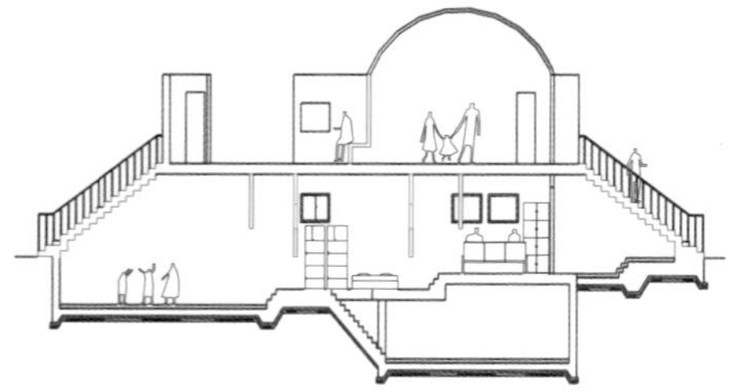

断面図 S=1:300

中心のある空間

個人は自分の好きな場の曲面壁を頼りに中心を見出す。また、木に向かって意識の中心を見出す。中心の解釈を多様化する家。

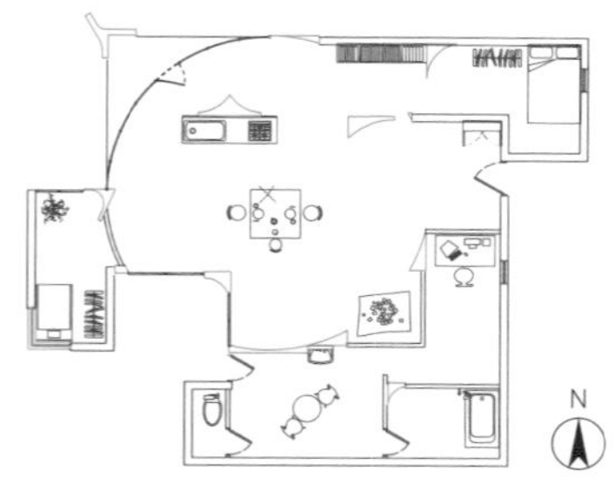

1階平面図 S=1:300

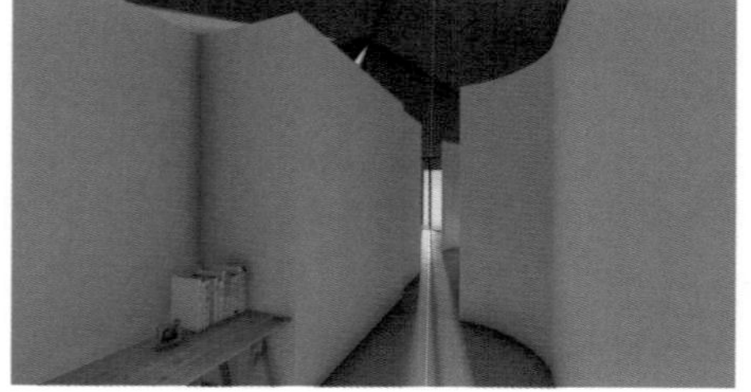

表層と実体

厚みが一様でない壁によって、外観(表層)から想像した内部と実体としての内部が対局なものとなる。形態に対する解釈を多様化させる家。

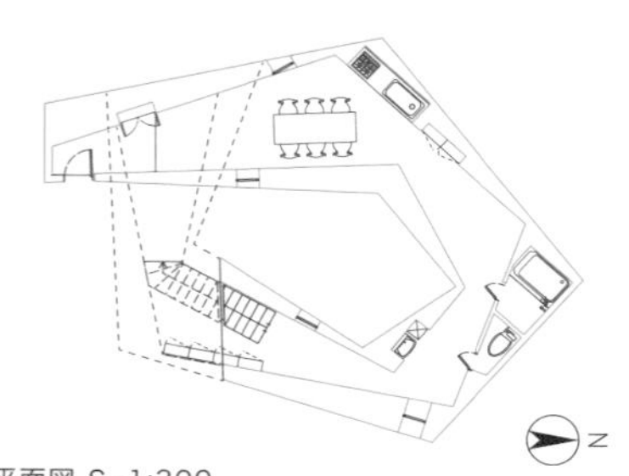

1階平面図 S=1:300

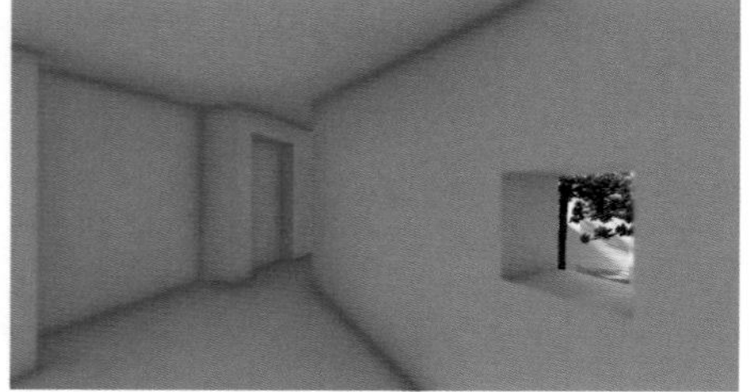

霧のなか

深くなるにつれて上下方向を鈍くするため、階段を２段下るのに対し、天井高がスケールアウトする。奥行きの解釈を多様化させる家。

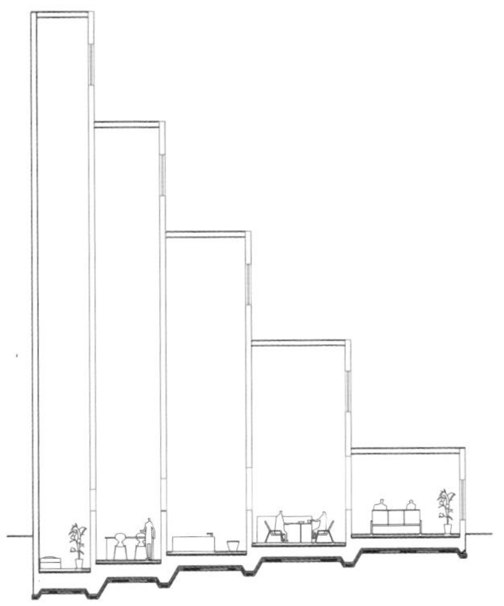

断面図 S=1:300

出展者コメント ── トウキョウ建築コレクションを終えて

Q このテーマを選んだ理由

文学には、普段は見えない空間の魅力を登場人物の心情にのせて魅せる場面が多くあります。そしてのその場面に対する読者の受け取り方もさまざまです。そのような如何様にも変化する空間の読み取り方を追求したいと思い、このテーマを扱いました。

Q 修士設計を通して得たこと

建築はさまざまな分野に精通しなければいけないことを改めて実感しました。逆に言うと、建築はいろいろな分野とつながる無限大な学問であるとも思いました。

Q 設計を通じて社会に向けて発信したいメッセージ

私たちが普段なんとなく過ごしている日常にも面白い空間がたくさん眠っていると思います。文学者はそれを見つけて私たちに発信してくれています。皆がそのような空間を面白いと思い、残して伝えて行くことが一番大事だと思います。

Q 修士修了後の進路と10年後の展望

修士修了後は安井建築設計事務所に入社し、建築設計に励んでいきたいと思います。10年後には自身が設計した建築で人やまちを元気にすることが目標です。

設計展　次点作品

雑木ビルの設計

越智 誠
Ochi Makoto

神戸大学大学院　工学研究科
建築学専攻　遠藤秀平研究室

近い将来、「コンピュータが制御するモノとモノ、あるいは場と場の新しい相互関係によってつくられ、人間とコンピュータの区別なくそれらが一体として存在する」と考えるような新たな自然観である「デジタルネイチャー」が到来すると言われている。また、環境問題への関心の高まりやマシンランドスケープの台頭は建築の中心がもはや人間のみに留まらないことを示している。本設計では、機械・動植物・地球環境を人間と等価なものとして考える新たな倫理観の中で、「雑木林」のように渾然一体と「雑居するビルディング」と定義した「雑木ビル」の計画を、先端技術・シェアリングエコノミー・メディアアートに焦点を当てることで試みた。

設計展　次点作品

Audio Townscape

森本 遼
Morimoto Ryo

The University of Sheffield
MA Archtectural Design

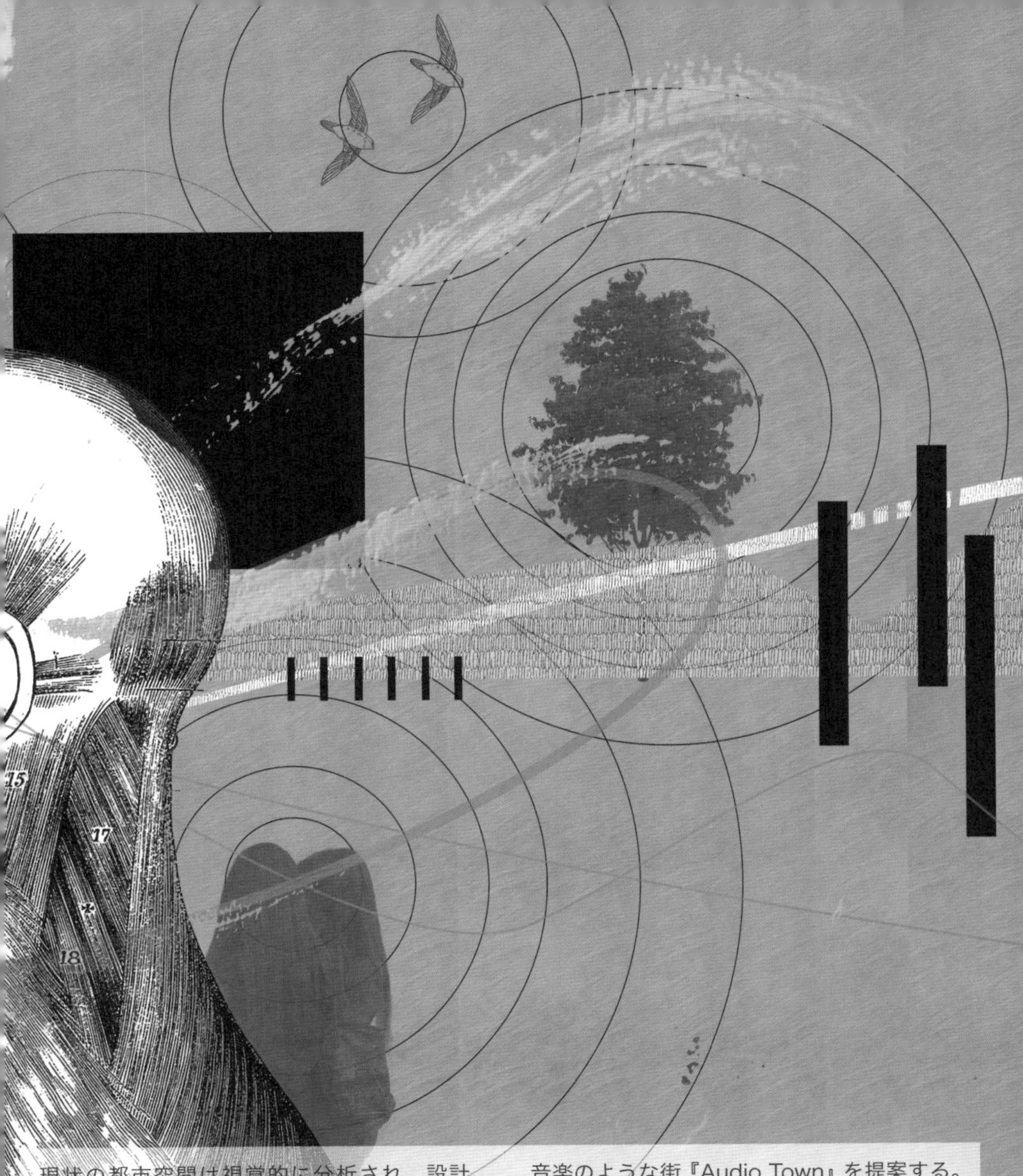

現状の都市空間は視覚的に分析され、設計されている。しかし、「音」と都市空間は密接な関係があり、「音」は街において人の感情や空間の印象をつくっている。この作品は「街の音」という観点から都市空間の音の印象を調べて自らの理論である『Audio Townscape』を定義する。そこから一つの音楽のような街『Audio Town』を提案する。これは「街の音」を楽しめる空間としてだけでなく、街の音環境の改善によって、より快適で安全な街の設計となる。また、研究や設計プロセスにおいて、徹底的に「音」に拘った手法を模索することで、従来の研究、設計アプローチを批評することに挑戦している。

設計展　次点作品

おとぎ世界の建築

建築でなく、建築でなくもない、、あいだの世界

小池翔太
Koike Shota

千葉工業大学大学院　工学研究科
建築都市環境学専攻　遠藤政樹研究室

誰しもおとぎ話のような世界に憧れる。おとぎ話は登場人物や時間、場所や大きさなどが歴史や文化や社会背景などにより自由に交換できる。この構造が読者を物語に入り込むことを容易にする。近代は逆に特殊事例を文化的な文脈の力を借り、必然のように結論づける。現在の建築計画やルールは近代的思考である。

本提案は、2つのおとぎ世界の建築を実装。ナラティブで入れ替え可能な建築おとぎ話と、関心と社会構造を緩やかにつなぐおとぎ世界の地図を記述。おとぎ話を建築化することで設計主体を消しながらテキストと挿絵が交換しながら調和／応答する。大きな社会の流れに対し、小さな流れの接続による大きな世界観を構築する可塑性のある間の建築。

設計展　次点作品

谷戸多拠点居住論

縮減する横須賀谷戸地域における拠点建築の提案

原 寛貴
Hara Kanki

東京電機大学大学院　未来科学研究科
建築学専攻　日野雅司建築設計研究室

近年、シェアリングエコノミーの普及によって「多拠点居住」という流動的なライフスタイルへの関心が高まっている。そこで私は、地形的な要因によって問題を抱える横須賀逸見地域に多拠点居住の拠点となるささやかな「借りぐらし拠点」を提案する。都心で日常生活を送る多拠点居住者と、さまざまな問題を抱えた地方生活者の生活が重なる接点をデザインすることで、互いの不足を補い合うこれからのライフスタイルを提案する。やがて、拠点建築の存在によって逸見に散在している空き家はそれぞれが個性をもち始め、そこは都心から人々が移り住み得る環境となる。これまで接することのなかった人々が互いに助け合う今後の谷戸地域のあり方を考える。

湯治拠点

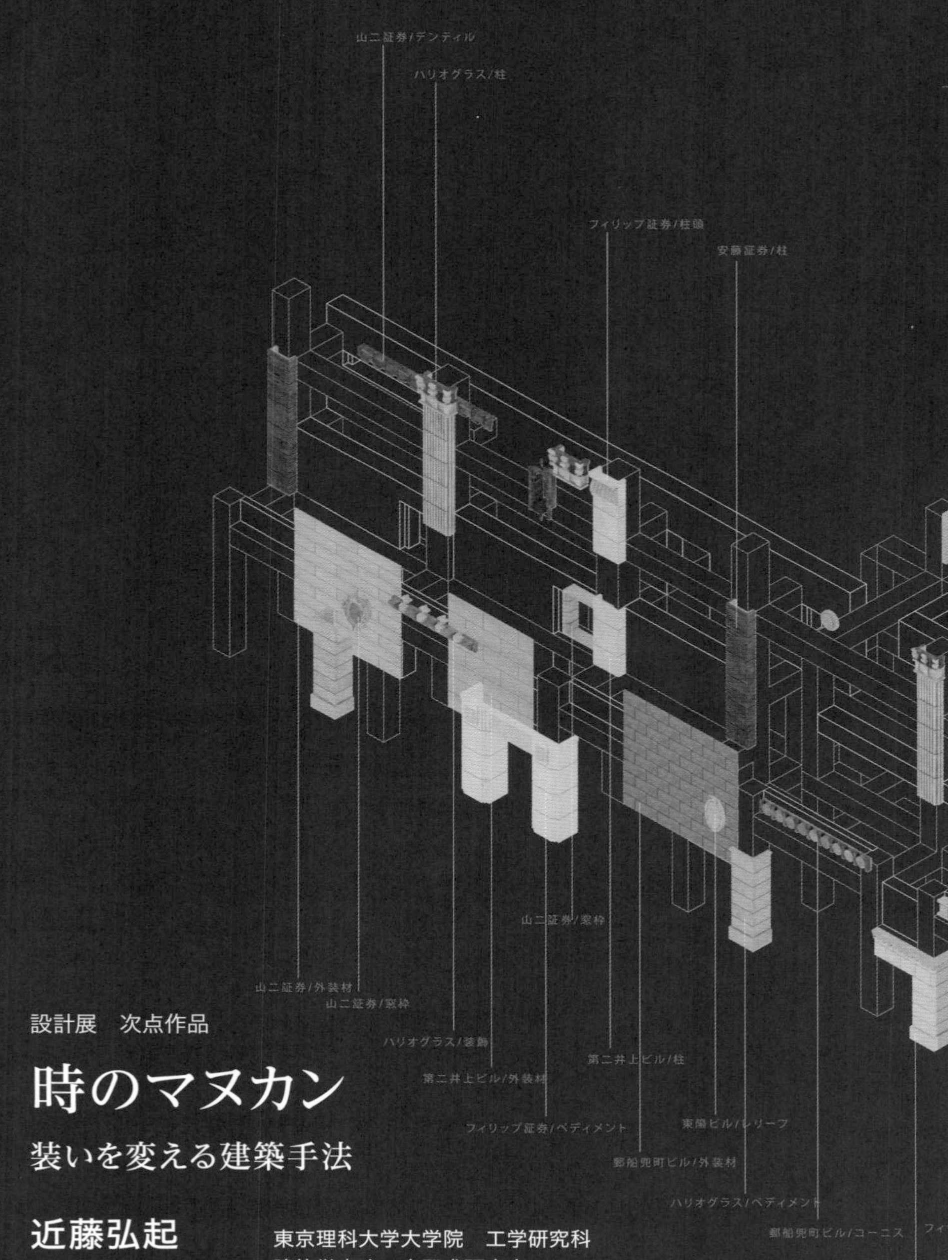

設計展　次点作品

時のマヌカン

装いを変える建築手法

近藤弘起
Kondo Hiroki

東京理科大学大学院　工学研究科
建築学専攻　宇野求研究室

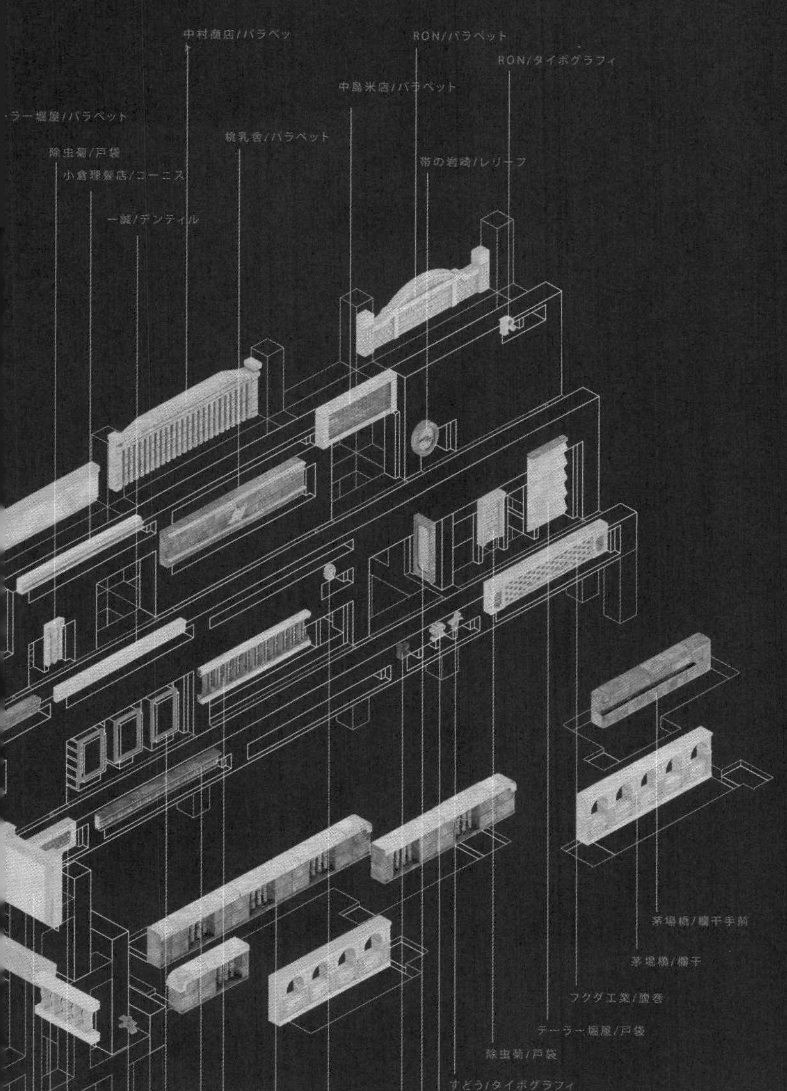

歴史あるエリアではあらゆる時代の断層がいたるところに堆積している。たとえば東京の日本橋地区は震災・戦争・祭典を経験し、その痕跡が建築土木の意匠や植栽などに表れている。多くは解体され廃棄物となるが、都市の財産として停滞に向かう風景を動かす因子でもある。解体により敷地から解放された装飾などの遺構エレメントを装うマネキンのような建築を都市の中に設計する。都市の形態の維持と更新をアルド・ロッシは著書の中で都市的創成物に見出した。本研究はスケールを下げ、装飾にその可能性を見出し、既存の装飾から建築・都市を構成する装置を提案する。

設計展　次点作品

心地よい雑然さ

境界の干渉から考える空間の多様性

杉沢優太
Sugisawa Yuta

芝浦工業大学大学院　理工学研究科
建設工学専攻　堀越英嗣研究室

機能性を重視したモダニズム以降の建築は空間を単位に計画を行ったため、単調になってしまった。

このプロジェクトは現代建築が抱える新しい建築ヴォキャブラリーを発見・確立することを目的としている。

そこで、下町のアノニマスな建築の「心地よい雑然さ」ともいうべき敷地の形状や周辺とのせめぎ合いなどが生み出す複雑さによる空間の多様さを境界の干渉という視点で分析を行い建築設計ヴォキャブラリーへと昇華し東京都中央区八丁堀にワークプレイスを提案する。

本計画はネガティブに捉えがちな敷地をあえて選定し、周囲の雑然さを取り込むことで、ポジティブなものへと転換するものである。それは移動することが楽しい、そんな建築である。

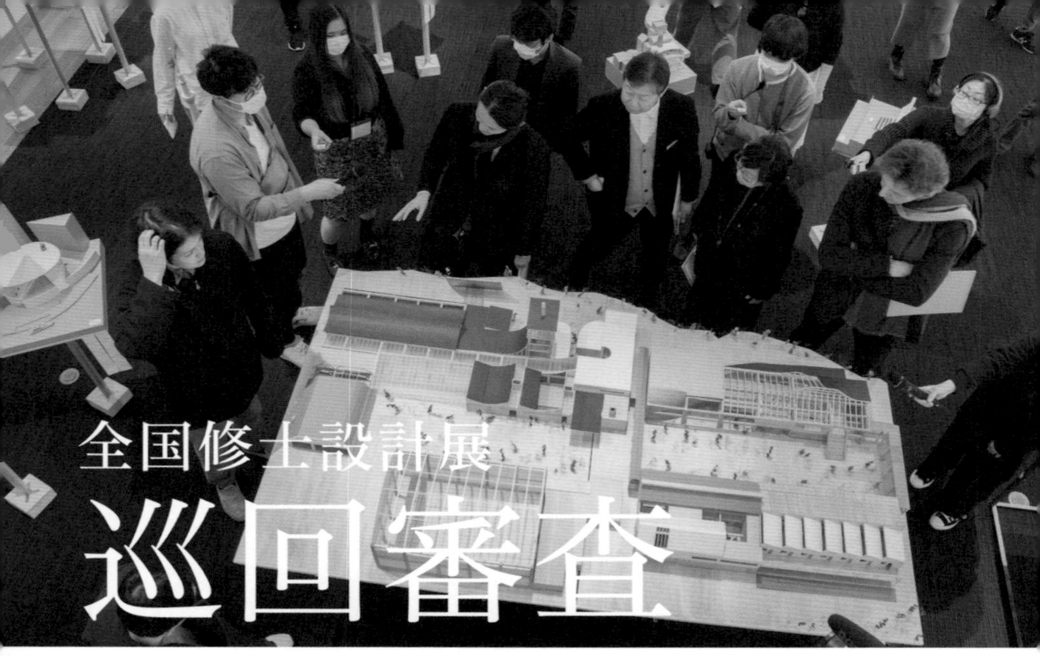

全国修士設計展
巡回審査

審査員：
長谷川逸子（審査員長）／能作文徳／早部安弘／藤村龍至／マニュエル・タルディッツ

「解釈の探求」
（堀井秀哉、p.98）

早部：これは、カフカの文学を参照しないと出てこないのでしょうか。

堀井：今回の設計では、身体的な快適性を逃れ、精神的な快適性を提起するものでした。僕はカフカの特徴を、不条理のなかで精神的な快適性を担保しているところに見ていて、そのためこの建築をつくるにはカフカを参照することが必要でした。

能作：その個人的なカフカ解釈を建築の構成にダイレクトに結びつけるのが理解できませんでした。

　それに、身体と精神ってそんなにきっぱり分けられる問題じゃないですよね。カフカはデカルトの二元論などを批判的に捉えているように思います。

藤村：心身が可分か不可分かというのは、20世紀の哲学思想が繰り返して来たことですよね。この模型の色分けを見てもわかるように、堀井さんは基本的に、二項対立的な思考をされているのだと思います。

長谷川：批判は読み込めないですね。ただカフカの小説自体は、見えるものと見えないものとか、実態と虚像とか、まだ二元論のようなものを使って、たしかに批判的に書かれていると私も解釈してます。

藤村：堀井さんの立論は二元論なんだけど、最終的には11の建築を設計していて、マトリクス的な解法をしているとも言えますよね。

早部：模型の白い部分の必要性がわからないのですが、これの形が変わったり、これがなくなってピンクの部分だけになっても成立するのでしょうか。

堀井：形態的には白い部分は補助的に見せていますが、二項対立的な設計を展開しているので設計主旨

としては必要ですし、やはり形態もこれである必要があると考えています。

長谷川：なんか、無国籍な形態の羅列が面白くはありますよね。

藤村：ざっくり言うと、これは自閉的な形式論ですよね。それが必ずしも悪いわけではなくて、そこに深さがあればいいかなと思っています。こういったスタンスをとることで何を批判したいのかとか、何を宣言したいかとか、そのあたりをもうちょっと言っていただきたい。たとえば、コンテクスチュアリズムはもう違うんだ。あるいはインクルーシブな建築とは違うんだといったことでもいいので、何かメッセージを発してほしい。

堀井:一番のメッセージは個人の解釈によって空間は変わるということです。住む人によって空間を変化させるような住宅を、これから建築家が設計することが重要だと思っていて、これを設計をしました。

「水の現象を享受する棚田の建築」

(勝山滉太、p.44)

藤村：今回はカフカオタクや棚田オタクのようなオタク型が多くて、対象を深く理解して設計をする態度はわかりました。ですが、話を聞いていると、「棚田」というモチーフを扱う態度が結構曖昧で、主張を留保しているように思いました。棚田というモチーフを用いて何を示したかったのでしょうか。

勝山：まずはこの美しい棚田の風景を残したいという思いがありました。ただ、現状としてはかなり荒廃してきていて、都市の人を招きながらランドスケープを守っていけなくなってきている。そのため、こうした建築をつくりつつ、米も栽培しながら、都市の人を招く場所にしていきたいと考えています。

能作：なぜ棚田の中に建築をつくらければいけないのかがわからないです。そのままの風景を残すほうがよっぽどいいと思うのですが、棚田の外側に建築をつくる選択があったのではないでしょうか。民家のように風景に馴染むものをつくる選択もあったと思います。

勝山：棚田の中に建築をつくることで、棚田自体が空間になることがいいことだと思いました。そうすることで、棚田の中の地形や水の流れ、植物を間近に感じることができて、本当の意味で棚田を体験できるんじゃないかと思っています。

　また、棚田の中に建築をつくることについてはかなり考えましたが、やはり新しい建築をつくる価値があると思います。たとえば、これは稲架掛けをファサードに用いることで、もともと田園風景にあった要素を使って建築をつくろうとしています。

能作：少し内部空間にこだわりすぎてるんじゃない

かな。稲架掛けも内部空間はないけど建築だと僕は思うんですよね。

藤村：棚田を主題に考えれば能作さんの指摘の通りですが、これはあくまで建築設計が主題で、棚田はモチーフだということですよね。設計が主題なのはいいのですが、じゃあその棚田性のようなものがどう建築設計に反映されているかが重要ですよね。

長谷川：設計をするとき、その敷地のもっている素材や機能をどれくらいうまく活かせるかが建築家の勝負どころです。私も棚田を歩いたことはありますが、ここにたくさんの建築をつくってしまうと、やっぱり棚田はきれいに見えないですよね。いっそのこと土の中に埋めてしまったほうがいいと思いました。

勝山：素材や模型によってかなり自立的に見えてしまうかもしれないのですが、中央に位置する建築は地面と一体的につくって水盤と一体化させ、端に位置する建築だけ遊びのあるデザインにするなど、敷地の中でバランスを見て設計しています。

タルディッツ：棚田自体も人間がつくったものなので、良し悪しは別にして、ここ全体が人工的な風景になっているわけですよね。でもやはり棚田と建築は異なるものなので、分けて計画をしたほうが良かったですね。今は建築家しかいませんが、建築家じゃない人から見たらもっと意見が出ると思います。

早部：勝山さんはきっと棚田を環境装置として捉えているんですよね。水が入った棚田、水が抜かれた棚田、刈り取り終えた棚田それぞれの環境を引き込んで見せたいのではないのでしょうか。

勝山：はい、そこで起こる現象を体験することこそが大事だと思っています。

藤村：もう少しアイレベルのプレゼンテーションがあるとそれが伝わったかもしれませんね。

「void urbanism guide」

(福嶋佑太、p.90)

藤村：福嶋さんのとられている態度は共感するのですが、「介入する」というのがすごくバーチャルっぽいですよね。地域社会についても語っていましたが、もう少しスタンスを教えてもらえますか。

福嶋：僕もこの魅力的な場所に建築的介入をすべきかどうかとても悩みました。その後にフランスでヴォイドがコミュニティガーデンなどとして人々に開かれていることを目にして、日本人との意識の差に驚きました。それでこうした介入が日本人の意識を変えるきっかけになるかもしれないと思い取り組みました。

藤村：日本はフランスに比べて私有地のヴォイドが多いと思いますが、その点はどう考えていますか。

福嶋：フランスでは私有地のフェンスを壊して公有地と一体化しているケースも結構あったんですよ

ね。日本は私有地が多いですが、フェンスはあまりなく、法的な問題を除けば人間が介入しやすいと思いました。むしろ、本当はすごい価値がある場所なのに放置されている、もったいない場所に建築的行為を図ることによって、もっと新しい都市空間が創出できないかと考えています。

長谷川：かつての日常生活で高齢者や子どもが使っていた空き地とは違って、現代の東京という都市が生み出した隙間、空き地なので、こういうところにいろいろ提案してもあまり身近に感じられません。使う人が見えないのがその理由で、もう少し生活がにじみ出るような空き地をつくらないと、今住んでいる人たちがいなくなるとすぐ崩壊してしまいます。そこが今の東京の空き地の虚しいところで、それを拾い上げたところでどうなのかと思います。

福嶋：一応リサーチを通して、周辺の日常生活に求められている機能をもたせています。たとえば、機能としては地域住民の近道になるような構築物をつくりつつ、脇にある共同管理のビオトープに視線を誘導する仕組みをつくり、ビオトープとともに共同管理のコミュニティを築くことを考えています。

長谷川：そうした装置をつくるだけで、共有性というものが、簡単に生まれるものなんですかね。

タルディッツ：最近、日本ではこうしたマイクロアーバニズム、小さな都市計画がよく見られますね。大きなジェスチャーじゃなくて、小さく都市に介入して、我々のまちをもうちょっとうまく使いましょうという、市民的なアプローチです。ただ「ヴォイド」という言葉は意味が広いので、「パブリックスペース」「プライベートスペース」「共有空間」といった言葉を使ったほうがいいと思います。

また、選んだ敷地のステータスはそれぞれに違うはずで、それによって使われ方や運営のされ方が変わると思います。なので、分析のなかで所有形態によって敷地の種類を整理することも必要だったでしょう。設計はうまく、模型もきれいですが、建築設計をして終わりだと、後はボロくなっていくだけで、面白いものにはなりません。多少堅く思うかもしれませんが、誰の敷地で、誰のためにつくり、誰が管理していくのかという、社会的な側面の設計も必要です。

藤村：我々は震災以後、少しリアリストになっているので、逆に福嶋さんの設計した「かわいさ」の形式論をプレゼンテーションしても良かったかも知れないですね。無防備に機能だけをさわやかに言ってしまったことで、どっちつかずになってしまった。

能作：市民のためだけでなく、プロジェクトの名前に「ハチ」とか「バッタ」のような生き物の名前が付いているように、都市の中に他の生物種を入れたいということが根本にあるんですよね？にもかかわらず、ほとんどが人間のための建築に見えます。人間以外の生命から立ち上がる建築を見てみたかった。

「陶芸と建築」

(福田晴也、p.34)

長谷川：土って焼くこともできるし、生で土壁をつくることもできるし、非常に優秀な素材ですよね。篠原一男先生は粘土を使って、まるで彫刻みたいにスタディをしていました。「未完の家」をはじめとする名作はそうしてつくられたんです。それまで、スチレンボードやバルサ材などのペラペラの板で模型をつくっていた私にとって、土でできた空間の迫力に驚きました。篠原先生も彫刻がうまいわけではないので、しょっちゅうつくっては壊しを繰り返していましたけどね。近代化によって実際の建築もみんなパネル化していくなかで、土でできた模型の力強さはいいものだと思いました。ですが、篠原先生でも模型から実際の建築にするにはいろいろと変更があって、「粘土の模型のままの空間はできないのだろうか」と私は思っていました。福田さんの建築も模型としてとても面白いと思いましたが、実際の建築にする際はどのようなイメージをもっていますか。

福田：そこがこの設計をしているなかでもっとも格闘した部分でした。模型は1/30ですが、1/1にするときには別の素材でつくることを考えざるを得ませんでした。しかし土とコンクリートでは、同じヴォリュームを表現できても、やはり重さや音の響き方、触覚的な部分に違いが出てしまう。この答えはまだ出ていないのですが、もとの「土らしさ」を1/1でも残せる部分があるという可能性を感じました。

藤村：篠原先生の使った土は油粘土で、福田さんの使っているのは焼いた土なので、またそれの違いもあると思います。

最初に陶芸家のリサーチをしてから、その特徴を一般化して形態操作に持ち込んだところが一番の肝だと思います。陶芸から得た変形の概念が、たとえば現代のパラメトリックアーキテクチャの批評になっていたりすれば面白いと思いました。

現在、ザハ事務所の代表を務めるパトリック・シューマッハは、パラメトリシズムという概念を唱えていて、コミュニケーションのネットワークにおいてのみ建築の形態は生成されると言っています。あなたの設計はその逆で、手でひねる身体性こそが重要だと言ってしまうことで、ある種のリアリズムを獲得できると思うんですね。今後あらためてこの形態操作を分析して、そうした結論が導かれることを期待します。

タルディッツ：ルドルフ・シュタイナーやピーター・ズントーのように、海外でも土を使って空間をつくる人たちはいます。福田さんの設計は、日本の茶の世界から来ている土の空間で面白いと思いました。ただ、まだ超えられていない感じがします。建築の要素は入ってはいますが、まだ建築にはなっていな

い。一応機能は当てているようですけど、もう少し建築空間の現れ方を説明してほしかったですね。

早部：日本にある土の建築って土蔵がありますよね。でも、この形態を考えるとやっぱり実際つくるとなるとコンクリートになるんですかね。

能作：この提案の欠点はテクノロジーがないことだと思いました。今、土にファイバーを混ぜて自立させる研究もされていますし、本気で土で建築をつくりたいのであれば技術的アプローチがないと、土の性質が建築に反映できないのではないかと思います。

「入院して、転職する」

(鈴木麻夕、p.54)

藤村：これは今までの人たちみたいにモチーフがなくて、ざっくりとした「病院」というフレーミングのなかで展開されています。それはそれで面白いのですが、本当の主題はどういうとこなんでしょう。病院に対する提案なのか、機能を掛け合わせるということが提案なのか、それとも働き方への提案なのでしょうか。

鈴木：建築がもつルールというものから、どれだけ距離を飛ばして設計できるかっていうことを主題としています。今ある建築にどうしても付随してくるのがお金や管理の問題で、それが年々狭まってきているために、テクノロジーが発展しても建築が変わっていかない。なので、もう少し建築自体のルールを読み替えることで、新しい建築をつくりたいと思い、とくにルールの強い病院を取り上げました。私は建築のもつ力を強く信じていて、建築でどれだけやれるかに挑戦しました。

早部：いろいろな機能を詰め込んで複合施設化するのって、卒業設計・修士設計によくあるタイプだと思います。ひとつのまち的なものをつくろうとしている意図はわかるのですが、このように病院の横に就業支援施設があるのがいいことなのかは疑問があります。たとえば、今話題の新型コロナウィルスのようなものが流行れば、病院へ行くことが制限されてきますが、これだとその切り分けができないですよね。そういうことを考えれば、もう少し切り分けできる形式にする可能性もあったと思います。

藤村：他の修士設計がモチーフを設定して、徹底的にリサーチをしてから設計をするのに対して、良くも悪くも卒業設計っぽい大胆さがある。もちろんリサーチはあったとは思うのですが、もう少しそういった方法論的な話があっても良かったと思います。

鈴木：デザインに対して方法論的なものを語っていないのは、自分がそれを語ることでまた新しいルールを決めてしまうことになってしまうので、それは違うなと思い、プレゼンでは説明しませんでした。私が考えていたルールは、まず病院として機能するための動線は確保したうえで、そのまわりに自分

が病院を観察して得た感覚や医療関係者へのヒアリングをもとに設計した「小さい建築」を用いて空間を構成しました。

タルディッツ：病院設計では単位空間の設計が重要になりますから、その説明をまずすべきでしたね。また、完成した建築の個々の空間がどれくらい魅力的なのか、あるいはどういった使われ方をするかを語ることが、建築理論にとっては重要だと思います。

長谷川：病院や集合住宅は、これからさまざまな人種で溢れかえり、多様化する時代が目の前にきています。なので、そのときにきちんとベースとなる建築のあり方がないといけなくて、私にはこの提案は何かが足りなく見えます。ごちゃごちゃと人が住んでいても大丈夫なまちや空間のあり方って、今後の建築の課題だと思いますよ。

能作：現在の病院施設の傾向には、病院が住宅化する方向と、住宅が病院化する方向があって、あなたの設計は前者だと思います。僕にはこの建築は大きすぎるように見えてしまって、持続性や可変性を考えると、後者のように住宅に医療機能が着脱できる時代がくると思っています。そもそもそうした傾向の分析と是非についても語るべきだったと思います。

「都市からの手紙」

(中村篤志、p.82)

藤村：「環境ノイズエレメント」も、先ほどの「ヴォイドアーバニズム」と同じで、ある時代に発見された都市空間や理論を発展的に使おうというものだと思います。今回の提案における新しさはどういったところでしょうか。

中村：既存のまちに対して建築を仕掛けていくとき、環境ノイズエレメント的に設計するだけだと、人に使われないのではないかと思いました。そのため、たとえば「ほりぶん」では、既存のRCラーメンフレームは残し、木造のスラブや屋根を加え、人に使われる建築に組み替えていく設計をしました。

長谷川：なぜここの記憶を残したいのですか。

中村：「王子製紙貨物線廃線」の場合、廃線になってしまった線路は製紙工場の貨物を運ぶためにつくられたもので、このまちの発展の象徴でした。この廃線をただ残す選択肢もありますが、すでにところどころ消えていっていて、記憶を残すためにはマッスなものをどこかにつくる必要があると思い、こうした提案をしています。

早部：もともとは線路しかなかった場所で、オマージュ的に線形を立体化して、高架橋をつくったということですよね。でもその操作がとても大げさに見えてしまいました。

タルディッツ：ある意味で、これはフェイクということですよね。模型としては残された遺跡に見えるけども、そうではない。

長谷川：経済的に考えると、その復元の仕方、記憶の残し方が良いとは思えないですね。

藤村：他の2案では先にラーメンフレームという先行形態があって、それに形を付加するということだったと思うのですが、それについてももう少し説明してもらえますか。

中村：「ほりぶん」のような建築の場合、ファサードを残すというのがストレートな方法だったと思います。しかしここでは、ファサードは取り払い、ラーメンフレームを残すことで記憶を残すことを提起しました。また、「さくら新道」の方では、バラックの形式を捉え、既存の建築を残しつつ、バラックの形式を用いた建築をRCでつくりました。

タルディッツ：先ほど私は「フェイク」と言いましたが、どちらかというと「フェティシズム」ですよね。まちの記憶と言いながら、遺跡的なものを大胆につくっている。そこにあまり理由はなくて、デコラティブです。できた模型に魅力は感じますが、もとの意味がどうかなと思います。

長谷川：廃線跡は全長200mなんですよね？そうしたら、200mのすごい長い建築つくったら面白かったかもしれないですよね。

タルディッツ：そうそう。半端に造形的で機能があまりないのでフェティシズムに見える。

中村：少し暴力的にも見えるインフラ土木にした理由は、長く使われてほしいということと、かつ、このまちの東西方向の交通の便を良くするためで、まちにとっては需要のあるものだと思います。

藤村：実際のプロジェクトでも何でもかんでも復元することが増えていて、そういう意味でフェティッシュな社会はすでにあるのかもしれないですね。

一同：(笑)

藤村：でももう少し一般化しないと、好き勝手やってるように見えてしまいます。

タルディッツ：私もフェティシズムを決して悪い意味では使ってないですよ？（笑）

「the space」

(菅原功太、p.74)

能作：基本的に、設計よりもリサーチに重きをおいたプロジェクトだと思いますが、認知心理学のどういったものを参照したのですか。認知心理学の具体的な話がひとつもなかったので、何が重要かがよくわからなかったです。今回のリサーチで得た新しい知見とか、自分でつくった知見はあるのでしょうか。また被験者はいるのでしょうか。

菅原：まず分析では、輝度、色、テクスチャ、運動、両眼視差という5つの視覚情報処理のための表面特

徴から、両眼視差という奥行きの部分だけを取り出して、それのみで空間を評価しています。また、今回は被験者はおらず、自分で評価しています。

藤村：これも認知心理学そのものはモチーフで、設計が主題だということですよね。それで、そのできた最終形が地下空間なので外形もないし、すごいつかみづらいのですが、モデルの統合の仕方についてもう少し説明をお願いします。

菅原：分析から得た空間の断片を、こういう空間だったら面白いんじゃないかという基準で積み重ね、設計をしました。

藤村：一般的なアルゴリズムでは、空間の断片を生成した後に評価をして淘汰するのですが、この場合は淘汰のアルゴリズムが分析的でないので、恣意的にぱぱっとやってる感じに見えちゃいますね。

早部：最後のプレゼンテーションでは、連続したシークエンスがなく、トンネル一つひとつのワンシーンしか見えていないですよね。ひとつの建築に落とし込むなかで、分析した部分部分が組み合わさって、どんな新しい空間ができるのかがわかりませんでした。

藤村：それが修士設計の難しさなのかも知れないですね。研究に力を入れると最終形がただの集積になってしまうし、設計に力を入れると卒業設計のように恣意的に見え、単純にものが魅力的かどうかという話になってしまう。

タルディッツ：これはゲシュタルトのひとつの方法ですよね。空間の要素としては、高さ、幅、素材、色、光の他いろいろなこともありますが、ここでは素材も、光も、色も、いろいろなものを抜かして、形のみを追求している。ただ、それだけだと結論が出にくい。このままだと倍のスタディをしても難しいので、その点をふまえて詰めていったほうが良かったですね。

長谷川：洞窟というのはもっといろいろな素材でできていたり、ちょっとした変形がたくさんあって、それによって空間や音が変わってくるところが面白さでしょう。それなのに形を単純化して洞窟的な空間をつくるというのは安直じゃないでしょうか。

菅原：結局、僕自身が洞窟が好きなのですが、その理由を探る意味で、形だけに特化した意味があったと思います。その一方で、できれば両眼視差だけでなく、テクスチャにも取り組みたかったのですが、今回はここまでで終わってしまいました。

藤村：3D CADとVRが出てきた今、内観を追求する設計がやりやすくはなったと思います。ですので、それらを駆使して、もっとマニアックな構成をひたすら提示し続ける方向性もあるような気がします。

「滲み合うアンビエンス」

(中山陽介、p.24)

藤村：実施プロジェクトということですが、これ全

部手がけられることになっているのですか？

中山：もう確定している部分と、おそらくできそうな部分と、まだ提案止まりの部分とが混在しています。全体の完成には10年ちょっとくらいを見積もっています。

藤村：それもあってか、実務ほど現実的でないし、修士設計ほど研究的でないので、評価が難しいです。逆に言えばもっとも総合的なプロジェクトで、その意味では一番レンジの広い案だと思いました。

タルディッツ：全体でひとつのプロジェクトだと思うのですが、それぞれのボキャブラリーが唐突に見えます。なぜこのようにしたのでしょうか。断片的なデザインをしている方法論を教えてください。

中山：たとえば、中心に位置している白い建物は学生が使う図書館なのですが、ボキャブラリーを変えたほうが学生に使ってもらえるのではないかと思い、他とは変えています。

藤村：いやいや、聞いていることはそういうことではなくて、中山さんは「アンビエンス」と言っていろいろな水準で検討してるじゃないですか。それをエコロジーの問題として統合しているので、デザインもバラバラだということだと思うのですが、その統合の方法論を聞きたいということです。

中山：基本的には敷地全体で環境的な意味での村をつくろうと考えていて、建物の見た目的な統合は図っていません。あたたかい場所もあれば寒い場所もあるというように、いろいろな場所をつくろうとしています。昼は南から北に向かって風が流れて、夜はまた別の方向に風が流れます。そうした風の通り道や、生態系の通り道をつくる設計をしています。

能作：いろいろなことに配慮されてるのは、非常にいい点だと思うのですが、修士設計で主張したいことが、実施のプロジェクトに絡めてる分見えにくくなっていますよね。プロの設計者のやってることをほぼトレースしてるように見えて、それ以上先がちょっと見当たりません。

中山：修士設計としては、直接フィールドワークすることで得られた「経験」と、計量的に把握のできる「実験」を等価に扱ったことが新しいことだと思ってます。

能作：それは建築家もやっていることで、ごく一般的なことではないでしょうか？

中山：僕の場合、2カ月半の間ずーっとここに入り浸って、この場所のためのリサーチだけをしました。プロだとなかなかそこまでの時間を割けないと思うので、修士設計だからできたことだと思います。

能作：建築の設計は観察に時間をかけたからいいというものではなく、独自の着眼点が重要です。

長谷川：もっと研究の内容が模型に表現されているといいと思うのですが、今はあなたの説明がないとわからない。もっと環境づくりの方法論の読める

建築、模型になっているといいですよ。

中山：少し補足をすると、この建築は閉じきっていると何も起きなくて、たとえば利用者が窓を開けるなどのアクションをすることで環境が動くようになっています。

藤村：あ、なるほど。使われ方によって自然環境が動くということが設計の主題だったんですね。

中山：フィジックスに設計はしていなくて、アクティビティがないと環境に接続できないようになっています。

「噺場」

(須藤悠果、p.64)

能作：まず、なぜ寄席をつくらなければいけなかったのでしょうか。歴史を掘り起こしていくのは面白いと思ったんですけど、寄席をやるということとうまくかみ合ってないような感じがしました。

須藤：まず落語の舞台となったまさにその場所で寄席を聞く体験が面白いと思って、そのために私は寄席をつくりたかったんです。と同時に、ここで噺が行われていなくても、通りがかったときに気づきを与える建築というのも考えていて、今回の修士設計にはその2つの意味が含まれています。

能作：このプロジェクトは、落語のストーリーから読み解いた歴史が感じられるように表出させるだけでいいんじゃないかなと思いました。

須藤：つくる理由としてもうひとつ考えていたのが、今の東京をどうするかということです。シェアリングシティみたいなことも意識していて、寄席の機能に加えて、映写機などの劇場として使える機能も備えています。そうすることでさまざまな人がここを利用し、その利用料が管理費に回せないかということを考えています。

長谷川：じつは私も大学生のときに、落語家の人たちと一緒にまちを歩きながら、その場所にまつわる落語をしてもらったことがあるんですよね。そうしてると自然と人が集まってきて、知らない人と一緒になって聞いたりしたのですが、こんなおおげさな場所でやったら恥ずかしくてできないですよ。こんなのつくらなくたって、ちょっとしたベンチや寝転べる板が張ってあれば十分じゃないですか。建築家ってすごくおおげさだから客席や音響設備をつくってしまうけど、そこまでやらずにもっとかわいくやれば良かったと思います。

藤村：いや、だけどこのおおげさな建築装置もひとつのアイロニーなんじゃないですかね。

須藤：東京の現状へのアイロニーでもあります。たとえば「佃島」であれば座席を全部しまってしまえば普通の都市機能の一部になるのですが、造形としては違和感を感じるくらいの存在感を目指しました。

能作：アイロニーって言ってしまうと、全部そういうふうに見えてしまうのであまり良くないと思いますよ。

タルディッツ：普通、落語は室内で集中して見るものなので、こんな屋外でやるととても聞きづらいと思います。でもこうした都市のなかで落語をするという新しいことをするのであれば、自分なりに落語を理論化したり、新しい落語を提起できるといいと思いました。

須藤：最近では寄席以外の場所で聞く落語というのが、じつはすでにたくさんあるんです。たとえば、喫茶店で落語をしたり、立ったまま落語をしたり、寄席で聞くのとはまったく別の体験としてあります。そうした文脈のなかで、私はその噺が起こった地面の上で聞くことで、現代都市が急に噺の空間になってしまうような、展開の鮮やかさみたいなものを設計したくて、こういう提案をしました。

「田中一村美術館」

(池上里佳子、p.12)

タルディッツ：この塔はどういう意図で設計されたのでしょうか。

池上：美術館へアプローチする道から見える美術館の目印的なものを意図して設計しました。

タルディッツ：塔にするということはそういう意図だと思うのですが、頂部から光が入るような設計になっていたり、ここの内部から見えるフレーミングがどう設計されているのかということがよくわからないですね。なんとなくアイデアが反復されてるだけに見える。

藤村：フレームの設計そのものはわかったのですが、フレーム以外の部分のバリエーションのつくりかたが場当たり的で、少しランダムに見えるということですよね。

能作：歩いているときの体験を一番強く意識しているのでしょうか。

長谷川：オブジェ的でもありますよね。

ひとつ質問したいのですが、コンクリートでできたフレームから実際の植物を覗くことと、田中一村が描いた絵を見ることとの間にはすごくギャップがあるでしょう。絵には作家の力とか感性、感情が込められていて、生命力がある。自然を見るだけなら普通に島内を巡れば良くて、あえてフレームをつくる意味があまりないと思います。

池上：奄美大島には一村の美術館はすでにあり、これは分館として設計したのですが、その既存の美術館が自然とはかけ離れた場所にあり、一村の絵と奄美の自然を結びつけづらい状況にあるんですよね。なので、一村が見ていた自然をすぐ近くで体験してほしいと思い、この美術館を設計しました。

能作：僕は1次審査のときに高得点を入れたのですが、そのときは美術館っていう施設をランドスケープに解体して見せたところを評価しました。ですが、今日のプレゼンを聞いてみたら、フレームに少し縛られすぎているように思いました。フレーミングすることが絵画の面白さでもあると思うのですが、それに合わせて建築をつくりすぎてて、建築がフレーム以上の意味をもてていないように思いました。

藤村：フレームを建築的な方法論に一般化してできれば良かったのですが、美術館建築の方法論にはつながっていないんですよね。経験としては面白いかもしれないですけど。

能作：今の話とはまた逆のことではあるんですが、一般化しない、方法化しないで建築をつくっている点はすごいなと思いました。逆に言えば、他の人は方法を導き出そうとしすぎて、物事を非常に短絡化しているように思えてしまった。

藤村：それは先ほど挙がった修士設計のジレンマですよね。これは卒業設計的で、池上さんの宣言ではあるけれど、あまり分析的ではない。そのために、他にはない力強い表現になっているのかもしれません。

能作：本当は、分析して、短絡しないで制作につなげる方法を考えなければいけないと思うんですよ。

藤村：まあ、それが修士設計の目標ですよね。

全国修士設計展
公開審査会

審査員：
長谷川逸子（審査員長）／能作文徳／早部安弘／
藤村龍至（モデレーター）／マニュエル・タルディッツ

修士設計らしさとは何か

藤村：それでは、公開審査会をはじめたいと思います。さて、まずは点数を発表したいと思いますが、この後の議論次第でグランプリの行方が変わります。仮に0票だった人も逆転のチャンスがまだありますので、積極的にアピールしてください。

各先生には、ご自分の選ばれた3名を挙げていただき、選んだ理由を話していただければと思います。まずは審査員長の長谷川さんからお願いします。

長谷川：私は、「陶芸と建築」（p.34）の福田晴也さん、「噺場」（p.64）の須藤悠果さん、「田中一村美術館」（p.12）の池上里佳子さんを選びました。

これまで建築はたくさんつくられ過ぎてきて、これから建築をつくるときには、つくる根本がよりしっかりしている必要があると思います。皆さん若いんですから、未来の社会をもっと真剣に考えて設計をしてほしい。そうしたことを基準に3つ選んでいます。

池上さんは、美術館の概念を壊そうとしているように思えました。須藤さんは、設計したものは少し過大に見えたのですが選びました。建築というのは思想みたいなものが原点にあって、考えることから立ち上がってくるものです。分析や解析をしている間に、そうした思想が見えなくなってしまうものも多いのですが、これはまだそれが残っていたように思います。福田さんは最初から評価していて、やはり土のもっている空間の質はとても魅力的だと思うんです。篠原先生の模型を見たときから、土の建築には何か可能性を感じるところがあって、これを選びました。

藤村：ありがとうございました。では次は能作さん、お願いします。

能作：まずは票を入れなかった作品の説明をしたいのですが、卒業設計や修士設計では、何かリサーチをして要素や手法を抽出して、それを使って設計をする人が多いんですよね。でも建築設計ってそうではなくて、もっと建築の根拠とか、本当に建築がそこに必要なのかどうかとか、手法を超えたところにあるんです。今日はそこまで考えている人を評価したいと思っていたのですが、正直に言うと、そこまでのプロジェクトはほとんどなかったので、悩んだ末に3人選びました。

「void urbanism guide」(p.90)の福嶋佑太さん、「滲み合うアンビエンス」（p.24）の中山陽介さん、池上さんの3名です。私の興味とも近いのですが、生態学な視点をもって設計に取り組んでいる点を評価しました。

藤村：ありがとうございます。続きまして、早部先生お願いします。

早部：私が票を入れたのは、「水の現象を享受する棚田の建築」(p.44) の勝山滉太さん、福田さん、池上さんです。構造設計、つまりエンジニアリングに携わっておりますので、やはりでき上がった形に一番興味があります。修士設計では、リサーチから方法論を取り出し、建築をつくるわけですが、私はこの研究部分からどのようにして最後の形ができるのかを評価しました。

勝山さんの建築は、いわゆる環境建築で、こうした装置としての建築があってもいいのではないかと思いました。福田さんは、つくり方に大きな課題があると思うのですが、どうやってつくればいいのだろうといろいろ考えていました。結局はRC造にならざるを得ないかもしれませんが、造形的な力強さに魅力を感じました。池上さんは、形のない建築ですよね。舞台建築でいえばプロセニアムだけの建築と言えます。空間を定義するものがなくても、枠だけで建築をつくれていると思い1票入れました。

他の方も悪いわけではないのですが、とくに木を使った提案は、華奢すぎるとか、接合部がおかしいとか、構造的な問題がはっきり見えてしまって、形へ至るプロセスに問題があるように思いました。

藤村：ありがとうございます。タルディッツさん、お願いします。

タルディッツ：今日は一次審査で選んだかどうかは抜きにして、まっさらな気持ちでもう一度見ていきました。一次審査はポートフォリオだけだったのですが、今日来て模型を見てみるとまた印象がかなり変わりましたし、皆さん模型に力が入っていて良かったと思います。そのうえで、福嶋さん、中山さん、須藤さんの3名を選びました。

福嶋さんの案は、勝山さんや「都市からの手紙」（p.82）の中村篤志さんの案と似た方向性をもっていたと思います。設計したものを説明するとき、論理と作品に多少なりともズレがあるものですが、私はこれがなるべく少ないほうがいいと思っています。その点で、3つのなかから福嶋さんの案を選びました。中山さんのものは、実施案にしては断片的なレトリックが少し過剰に見えて、迷いました。ですが、全体の努力や説明の明確さがいいと思いました。あと須藤さんですが、じつは今日の午前中にこのプレゼンテーションがあるのを忘れていて、自宅で落語を見ていたんです(笑)。落語は非常に難しくて、すべてはわかっていないですが、その世界の魅力はわかります。それと、アイデア、形態、空間構成といったもののバランスがとれていたので選びました。

藤村：ありがとうございました。最後ですが、私は勝山さん、福嶋さん、福田さんの案を選びました。

今日たびたび話題に上がりましたが、選ばれた10作品のなかには、修士設計らしいものと、卒業設計らしいものがありました。修士設計らしいものは、必ず何かのオタクになっていて、カフカとか陶芸とか棚田とか、それぞれのモチーフを見つけて、すごい調べる。そこで終わらずにちゃんと形にして、一定の共感を得られていることが素晴らしいと

思いました。逆に、「入院して、転職する」(p.54)の鈴木麻夕さんを筆頭に、中村さん、中山さん、須藤さん、池上さんはちょっと卒業設計っぽいですよね。リサーチと設定まではいいのですが、その後、形にいくときは直感的になってしまっている。

私は、修士論文との対比で、修士設計は自然科学的な作法となるべく近づけてするように、と指導されてきました。なので、形を分析して言語化し、設計言語を定めてからそれを統合した案は——能作さんは批判をされていましたが——、修士設計としては正しい姿にも思えるので、もっとも修士設計らしい3案を選びました。

ですが、先ほども言ったようにあくまでこれは入り口ですので、あとは議論をしながらグランプリにふさわしいものが何か、探っていければと思います。

要素還元派を巡って

藤村：それでは議論に移りましょう。私はつい分類をしてしまう癖があるのですが、それをすると他者規定的だと先ほど、長谷川さんに怒られてしまいました(笑)。最近、お笑いでは全肯定する漫才が流行っていますし、こうした講評でもなるべくいい点や可能性を話していったほうが良いのかもしれません。

といいつつも、先ほど、能作さんからは批判がありましたので、批判された人たち——いわば要素還元派と言えるかもしれませんが、皆さんからなにか反論はありませんか。

菅原：私は学部を卒業した後、少し働いたりてしから修士に入ったので、ものすごく研究がしたかったんですよね。実務ではクライアントが必ずいますので、自分の欲求だけでは設計できません。いわば、修士設計は自分自身と向き合う最後の機会だと思い、ああいった分析的な手法を用いて設計を行いましたし、私はそれを肯定的に捉えています。

中山：修士設計とは、この後卒業して歩む建築家人生のマニフェスト的なものだと思っています。僕の場合、エコロジーのための活動をもっとポジティブなもの、おしゃれだったり楽しいものにしたいということをマニフェストとして出したいと考え、それを常に考えながら設計をしていました。

福田：僕も要素還元派と言われていると思うのですが、分析よりもはじめに、茶碗づくりや模型づくりに対する興味がありました。もしかすると、設計よりも施工に近い部分であり、最後に建築家の手が離れる部分への興味です。僕は必ずしも理論だけでいくつもりはなく、アイデアを遠くに飛ばしてみて、後から理論的な方法や場当たり的な方法を試しながら、新しい発見ができればいいと考えています。陶芸と設計、研究を通して、その両方の難しさを学びました。

藤村：私が福田さんに票を入れたのは、要素還元派のなかでも一人だけ違う感じがしたからです。私自身、工業大学で学び、美術大学で教えている身として、両者をハイブリッドして「手で考える」ような手法ができたら面白いなと考えています。福田さん

の設計は、建築を設計し終えた後に、もう一度分析をできれば、「手で考える」に到達できたのではないかと思いました。

長谷川：先ほども篠原先生が土で模型をつくっていたと言いましたが、つくっている姿を見ていると、「ここを斜めにするとこんな音が聞こえるのか」と感動を口にしていたんですよね。彫刻家のようにテーブルも、ナイフも全部用意して、手も真っ黒にして、毎日毎日感動しながら土を掘ったり切ったりしている姿は、普通の人とは違った。残念ながら、福田さんの言葉からはそういった感動が感じられないんですよね。

福田：その感覚は僕のなかにもあって、普通の模型をつくる時はすでにある図面の線を再現する作業ですが、土で模型をつくっていると、身体の動きに合わせて建築が常に更新されていくんですよね。その感動を確認しながら、身体の動きと造形を定めていくっていうことに、すごい喜びを感じていました。なかなか言葉にしにくい感覚なのですが。

藤村：彫刻は1/1の創作ですが、建築にはスケールがありますよね。絵画派の池上さんからも何かありませんか。絵画も同様に現物が目の前にあって、建築はある種それを再現する試みにも見えます。

池上：なかなか、難しいですね（笑）。私がこの美術館を設計するとき、自生している植物はほとんどそのままにしました。美術館で絵画を見ているときは、切り取られている植物がどういう生態系のなかで生えている植物なのかわからないまま鑑賞してるのですが、この美術館では、植物が生えている状況やまわりにある風景をすべて等価に見ることができます。これによって、一村が体験して感動したであろう風景を追体験できるのではないかと考えています。

タルディッツ：褒めるということでしたが、少し批判的なことも言わせてください（笑）。福田さんの案は、陶芸から空間へ翻訳する手続きが足りなかったと思います。できた模型の魅力はありますが、まるで花瓶のようで、内部空間もよく見えなかった。それが残念でした。池上さんも、場所の魅力は感じたし、フレームの話も面白いと思いました。ただ、私が巡回審査で質問したように建築の部分から、フレームを設定した以上のことが見えなかった。全体の空間構成とか空間ごとのつながりを伝える素材が足りなかったと思います。

リサーチとデザインをどうつなぐか

長谷川：能作さんが中山さんを選んだ理由をもう少し聞かせてもらえませんか。

能作：先ほど藤村さんが、要素還元的だから修士設計っぽいと言われましたが、それは確かにそう思います。だから逆に言えば、私のした批判は教育プログラムの問題でもあり、教員である自らへの自己批評でもあるんですね。要素還元的な修士設計のフォーマットに対してあまり疑いをもたずに入ってしまうと、アウトプットもステレオタイプな修士設計的なものになってしまうし、自分の思考もそのなかに当てはめられてしまう怖さがあるということを、皆さんに気がついてもらいたい。

一方で、「Design as Research」という言葉があるように、僕は設計すること自体がリサーチだと考えています。たとえば、我々も設計するときに問題に直面すると、調べ物をしたりして解決することを繰り返していくわけです。修士設計では、リサーチと設計でパートが分かれてしまっていますが、そこの垣根を取り払って、見つけた法則を都度検証する柔軟なリサーチを設計に取り入れられれば、新しい建築設計の可能性があると思っているのです。

中山さんを評価した理由は、大きな法則性はあまりなく、アクターネットワーク論のように具体的な事物を追跡しようとしている点です。それがすごく新鮮というわけではないですが、丁寧にいろいろな事物を拾い上げて、それを建築に結びつけようというところに誠実さを感じました。

藤村：今能作さんがおっしゃったデザインとリサーチをどうつなぐかというのは、もう1960年代からずっと研究されてきたことでもありますよね。その結果、ヨーロッパではリサーチから設計までを長い期間かけて行うスタジオ型が導入されています。日本では研究室や個人活動が主流で、まだそういう体制はあまり見られないのが現状ですね。

ちなみに、日本の美大教育はデザインリサーチ的で、須藤さんや池上さん、あと美大ではないですが福田さんのとられている方法はデザインリサーチと言えると思います。他方で中山さんのアプローチも別のかたちのデザインリサーチだと思っていて、全方位的に一通り網羅的に調べてから方向を見定めることをしていて、研究と設計の間をやろうとしているんだなと思いました。

私が学生のときは「学生なんだからもっと夢を見なさい」とか言われるのが本当に嫌でした。なぜ学生がリアルを研究してはいけないのだろうと。

能作：僕はそういう意図はないですよ。

藤村：わかってます(笑)。でもまあ、デザインとリサーチの間をやるというのはそういうブリッジがありますよね。

設計者だからこそできるリサーチ

堀井：僕の設計は、これまでのような受動的に空間を感じる時代ではなく、能動的に空間を解釈して選択する自由を獲得する時代を見据えています。その意味で、新しいデザインリサーチなんじゃないかと考えて設計していました。

藤村：すごく、それは共感するところです。堀井さんや菅原さんのリサーチは、計画学の人が絶対にやらないようなリサーチで、意匠のリサーチだと思いますし。だからこそ主体を取り除いて、目的や効果や応用可能性とかを言ったほうが他者に伝わりやす

いと思います。鈴木さんのものもデザインリサーチだと思うのですが、どうでしょうか？

能作：鈴木さんは割と「Design as Researh」に近い視点をもっていると思いました。僕が思い描いている病院の未来像と違ったので票は入れませんでしたが、設計の方法として、好感をもってます。

藤村：病院計画学からは絶対に出てこない提案ですよね。どのようなリサーチを行ったのでしょうか？

鈴木：病院のリサーチは、主に医療関係者へのヒアリングです。空間のリサーチは、病院に限らず、自分が実際に体験したさまざまな建築をもとにしています。とくに、設計者の意図を離れて、利用者が違う解釈をして使っている空間に豊かさを感じて、そうした空間を主にリサーチしました。そこから、ルールが解体され、更新されていることに気がついて、今回の修士設計の方法論につながっていきました。

タルディッツ：私たちの事務所でも病院や老人ホームを手がけてきましたが、これらのビルディングタイプは何年かおきに医療に関する理論が変わり、空間の構成も変わっていきます。ですので、我々設計者としては、強い空間をつくることが大事なんです。鈴木さんの案で足りなかったのは、ユニットの設計がよくわからなかったところ、個室と共有空間の関係性がダイアグラムなどで示されると良かったかもしれません。建築家の役割は通訳で、医療関係者の考える理論を空間に翻訳することです。その通訳をもう少し考えられると良かったですね。

バラバラに建てるという戦略

藤村：少し時間も限られてきたので、まだあまり触れられていない方の話も聞きたいと思います。ちょうど、勝山さん、福嶋さん、中村さん、須藤さんの4名にたまたま共通して聞きたかったことがあったのですが、皆さんはなぜ複数の建築を設計されたのでしょうか？修士設計で複数の敷地にシリーズ的に設計する人って本当に多いですよね。なんとなくスタイルになりつつあると思うのですが、もし皆さんのなかで理論があれば教えてもらえますか。

中村：僕は3つの提案をしたのですが、数にこだわりがあったわけではありません。フィールドリサーチをするなかでこのエリアに8つの環境ノイズエレメントが見つかって、そのなかから消えてなくなりそうなものを選んだら、この3つが残ったというかたちです。たまたま3つとも異なるタイプのものだったので、ケーススタディ的に3つの提案をしました。

須藤：私の場合、語られている場所はいくらでもあって、そのなかで、とくに現代と重なる場所を選びました。なのでスタディ段階ではもっといっぱいあったものが、どんどん絞られていって、最終的に修士設計としては6つの提案になりました。

福嶋：僕の場合は、敷地調査やヒアリング調査を行うなかで出てきた言語を、地図上に還元したときに9つの地域にキャラクタライズできたので、9つの建築群を設計しました。ですので、割と9という数

に意味が込められていると言えるかもしれません。

勝山：僕は最初、分棟で小さく建築をつくるつもりはなくて、もう少し大きくつくりたいと考えていました。ですが棚田という敷地に対して大きくつくると風景を壊すのではないかいう議論をゼミのメンバーとして、スケールを落としながら次第に分棟化していったというかたちになります。

藤村：これで学生には一通りマイクが渡ったので、フェアになったと思います。先生方から、これを聞かないと賞を決められないという質問があればお願いします。早部先生、いかがでしょうか。

早部：私も修士設計って連作が多いなと思っていました。今答えた方以外にも、堀井さん、福田さんあたりも連作系ですよね。そうした方々に対してもつ疑問は、リサーチから導き出した建築が1つだけに絞れないので、複数個つくったのではないのだろうか、ということです。これについてはぜひ反論していただきたいのですが、むしろ連作にすることで強固になる理論があれば伺ってみたいです。

藤村：クリストファー・アレグザンダーが「パタン・ランゲージ」をつくりましたけど、今の連作系の潮流はそこから来ているように思います。パタン・ランゲージと同様に、デザインとリサーチをつなぐことを考えると、デザインパターンをつくって組み合わせる方法が主流になっていくこともわかります。ただそこに無自覚になっていないか、という問いかけをしてみたくなってしまいますよね。誰か答えられる人はいませんか？

長谷川：鈴木さんや中山さんのような大きい建築をまちの中につくることに抵抗があるんでしょうか。

早部：皆さん卒業設計でばーんと大きなものをやって、その反動で修士は小さく緻密に構築したくなるんでしょうかね。

藤村：そうした面もあると思いますが、やはり言語的にやっていくと、バリエーションが必要になってくるのだと思います。誰か答える人はいませんか？逆に大きくつくった中山さんはいかがでしょう。

中山：クリストファー・アレグザンダーと日本で設計をともにした難波和彦さんの弟子の遠藤政樹さんが僕の先生なので、パタン・ランゲージの文脈はわかりますし、そのような手法をとりたいと思っていました。ただ、今回の僕の問題意識はエコロジーであり、ひとつの敷地にそこにあるべき姿の建築をつくるという考えなので、建物自体はいろいろあるのですが、割と大きな建築になりました。

藤村：いいですね、このなかで批評的なポジションをぱっと取った気がします。先ほどタルディッツさんはバラバラに見えると言われていましたが、CFD（動的流体解析によるシミュレーション手法）など方法は統一して敷地全体を計画するという考えはわかりました。鈴木さんはどうでしょうか。

鈴木：今回選んだ病院という施設が、バリエーションに対してあまり効果のないものだったので、大きな建築をつくったというのが一番の理由でした。一方で、ひとつの大きな建築にしたときに建築がもつ力というのもあると思っていて、その点を突き詰めて設計をしていきました。

タルディッツ：理論と設計の間をどう見るかというのは、我々建築家もみんな苦労していると思います。たくさんのデータを受けて、それをどう建築にするかというときに、建築家は大きく2種類に分かれると思います。ひとつは早々と1案に絞っていける人で、もうひとつは複数案を出して時間をかけて絞っていく人。良し悪しではないですが、私は後者のほうが合理的だと思っています。このときに大事なのが、つくった複数案が全然違う提案であることです。似たような案をいくつもつくっても私は意味がないと思います。

中山さんの提案は、私にとってバラバラにも見えるけど、それぞれが微妙に似ていて完全なバラバラには見えない。その半バラバラの状態について、もう少し説明する理論があったら良かったのですが、結局それはあまりわかりませんでした。

建築に批評を内在させよ

能作：ひとつで建てるか、バラバラで建てるかについては、僕はどちらでもいいかなと思うのですが、いわゆる近代主義が求めてきた施設型の建築を解体する、というベクトルはほとんどの方が共有しているんだなと感じました。なかでも池上さんは、美術館を、もはや内部空間すらない状態にまで解体できるということを提示したところが、ラディカルだなと思いました。

ただ、バラバラに建てている他の人たちは、何か既存の制度を疑って解体しているというより、これとこれとこれを建てれば全体像ができるだろう、あるいは都市的な広がりができるだろうと、何となく考えているように見えました。僕は既存の枠組みか何かを解体していくようなところに、批評性を感じました。

藤村：「解体」って1968年の言葉ですよね。そのあとずっとパタン・ランゲージのような方法論の時代があり、言語で戯れるポストモダニズムの時代があった。私が修士学生だった2002年にFOAの横浜大さん橋ができて、もっとジオメトリに戻っていこうというメッセージを発して世界の建築が連続化・大型化していくんですよ。そこからザハも出てくるのですが、世界情勢を見ても、EUができたりして、連帯していく機運が高まっていた時代だと思います。それが今またブレグジットや現在のアメリカの状況のように、分断が進み、バラバラな社会が到来しつつある。

そうした社会背景をふまえつつ、僕らはまた連続していかなければいけないというのも批評性があるし、逆にバラバラでいいじゃんというのもひとつのメッセージなんですよ。皆さんが社会の空気を受けて、どんな提案をしているのかというのを我々は見たいと思っているんですよね。

長谷川：池上さんの美術館は解体を目指してはいますよね。解体することって、すごくたいへんなことなんですよ。最近、知人がニューヨークの美術館を見に行ったのですが、ニューヨークですら今はすごい保守化して、すべてホワイトキューブになってしまっているんです。新しいことができないほどにアメリカの社会、芸術が弱体化してきているということなんです。一時期は抽象画といえばアメリカで、その当時は美術館もギャラリーもものすごい元気だったのに。だから美術館をもっと先に進めるにはどうするか、というのは我々建築家の大きなテーマのひとつです。池上作品が、そうした現代的な問題に対して、ちょっと石を投げるだけでもできたらいいんですよ。

藤村：たとえば、池上さんの言う経験のコンティニュアスとか地形を、今ある建築論の発展の先に位置づけるみたいな批評家的態度があっていいと思いました。その意味でも、皆さんからやっぱり建築の批評があまり感じられないですよね。修士学生なので、やっぱりまずは建築オタクになってほしい。建築としてこれがみたいなマニフェストがあったら聞きたいところではありますが、そういう時代性って議論しないんですかね。

長谷川：すごい惹かれる建築論や建築家の言葉ってありますか？

菅原：私は建築オタクになりきれていないと思うのですが、最近そそられるものがあまりありません。なので、逆に建築とは何か、空間とは何かという問いを自分のなかに抱えて、こういった修士設計を行いました。

藤村：建築とは何か、空間とは何か、という議論は磯崎やピーター・アイゼンマンが1970年代に行っていたことですよね。「建築の解体」からの、「空間へ」です。なぜそうしたことに接続をしないのかというのが、私にとっては不思議なんですよね。自分が興味あることを、なんで自分だけで話してしまうのか。

長谷川：やっぱり、この15年くらい、建築批評家がいないのがこの国の問題ですね。私が建築をつくってる頃は、いろいろな批評家がいて、そういう人たちとディスカッションができた。批評家が建築家を引っ張っていく力になっていて、そういう時代は批評としての建築ができていたと思いますよ。今はそういう人がいないので、自分でいろいろな分野の勉強しないとだめですね。

最近、私の主宰しているNPOのレクチャーで若い大学院生を呼んで議論をしたのですが、彼は今の状況を指して「荒れ地」と言ったんですよね。私にふっかけてきた（笑）。今ある現代建築も、言論も、国土も気に入らないから「荒地」だと言うんです。でもそれは唐突な言説ではなくて、アメリカのレベッカ・ソルニットの作品の根も「荒地」です。戦後の現代詩誌にも『荒地』があります。そういう言葉を探すのは非常に大事ですよね。それは私にとっても、4年続けたレクチャーで一番強烈な印象を残しました。

タルディッツ：先ほども少し言いましたが、菅原さんの建築は、ゲシュタルト――つまり形ですよね。でも、その形のパターンをいつまで試しても建築はできません。ル・コルビュジエもモデュロールという良い形をつくる論理をつくりましたが、それだけでは建築はできません。やはり、そこに他のパラメーター――たとえば、機能、光、色、温度、音な

どをいくつも入れていかないと建築はできない。ゲシュタルト＝空間ではありませんから。今回、そこに到達できたことは面白かったと思いますが、その先には道はないので、気をつけてください。

藤村：歴史的には、空間とは何かが議論された後、複雑性が足らないとなって集落調査や習慣調査が行われ、環境や構造といったパラメータが導入されて、どんどんと多層化してきたわけですよね。そうしたマルチトラック型で建築設計をする、できるようになった現在において、還元的に研究を行うにはそれなりの理論的・批評的な意図がないとだめだということですよね。「私がこれを好きなので」と聞こえてしまわぬよう、伝え方の戦略も練る必要があると思います。

未来を変える人間になる

長谷川：それではグランプリを発表させていただきます。グランプリは「田中一村美術館」の池上里佳子さんです。何か期待できるものが審査員のなかにあって、一番多くの票を集めました。おめでとうございます。それから、長谷川賞は「陶芸と建築」の福田晴也さんに差し上げます。早部先生も入れたかったようですが、今回は私の賞になりました。建築になるまでにはまだ課題がありますが、積極的な試みだったと思います。こうした素材をこれからも取り上げていくっていうことは、建築を先に進めるために大事なことだと私は思っています。おめでとうございました。

藤村：私はまず講評から話します。今日は修士設計の講評をしながら、修士設計とは何かを考えるメタ議論になりました。修士設計は、卒業設計よりお祭りじゃないし、実務より現実的でないし、研究よりもアカデミズムにおいては傍流で、なかなか難しいものです。ただ私も修士設計をしていた頃、自分のなかで方法論を見つけようといった確信はあって、今でも修士設計をやって良かったと思っています。「超線形設計プロセス」のヒントを見つけたのは修士設計のゼミで、発表の際に毎回模型をつくって、「前回の模型からこう変わりました」と説明しているときだったことを思い出しました。作品という成果物の他に、そうした準成果物のようなものがあるはずで、皆さんがそれぞれにその準成果物を見つけて獲得できるかが大切だと思います。また、能作さんが言及された、デザインとリサーチの関係は本質的な問いなので、皆さんこれからもさまざまな乗り越え方に挑戦していってほしいと思います。

藤村賞は、議論を聞いて一番発見のあった「入院して、転職する」の鈴木麻夕さんに贈りたいと思います。一見、卒業設計的なのですが、話を聞くとデザインリサーチ的でもあり、バラバラな建築を大きな建築に内包させて大きな建築をつくる点などいくつかの発見がありましたので、個人賞を贈ることにしました。

タルディッツ：私は「噺場」の須藤悠果さんを選びました。ヨーロッパ人は模型をあまりつくらないし、

つくっても下手な模型ばかりなので、彼女の小さなかわいい模型を見れて嬉しかったです。一緒にきれいな絵もあって、設計だけでなくそういう見せ方を含めた全体的なまとまりを評価しました。

ただし、先ほど巡回審査で使った「アイロニー」という言葉は使い方をもう少し気をつけたほうがいいと思います。私は面白いと思いましたが、落語をしている人たちが「アイロニー」という言葉を聞いたらどう思うでしょうか。必ずしも失礼な言葉ではないですが、そう取る人もいますので。

能作：皆さんの言う「私はこれが好き」という言葉に僕も引っかかったんですよね。社会を主語に話す人より、自分を主語に話す人のほうがいいとは思うのですが、それだけでは弱いと思います。個人と社会はいわば写し鏡のようなもので、社会に対する批評性を、自分を拠り所にして跳ね返すように建築を考えなければいけないと思うんです。グランプリの池上さんは、強い主張こそありませんが、そうした社会の状況を写し返しているところが評価された要因のひとつだと思います。

そのうえで能作賞は、「滲み合うアンビエンス」の中山陽介さんに贈りたいと思います。導入で「エコロジー」を自分なりに考えて反省しようとしている姿と、自分が設計していくなかで問題を発見して少しずつ解いていく姿勢を評価したいと思い、中山さんを選びました。

早部：今日は議論を通じて、僕も修士設計に対する考え方がまた新たになりました。皆さんは修士の2年間で、自分のなかでデザインのバックボーンを築いてきて、それが修士設計に現れていたと思います。それらを見て、私が個人賞に選んだのは「水の現象を享受する棚田の建築」の勝山滉太さんです。多くの方がデザインのパターンやボキャブラリーを追求していくなか、水という移ろいゆくものをリサーチして、それを建築に取り入れたデザインをされていました。これからの建築としては、そうした環境や設備や構造もデザイン言語として取り入れていく必要があると思います。途中、さまざまな批評もありましたが、建築には批評がつきものですから、それでもやはり自分の設計を信じて、これからもがんばっていただきたいなと思います。

藤村：最後に長谷川さんより総評をお願いします。

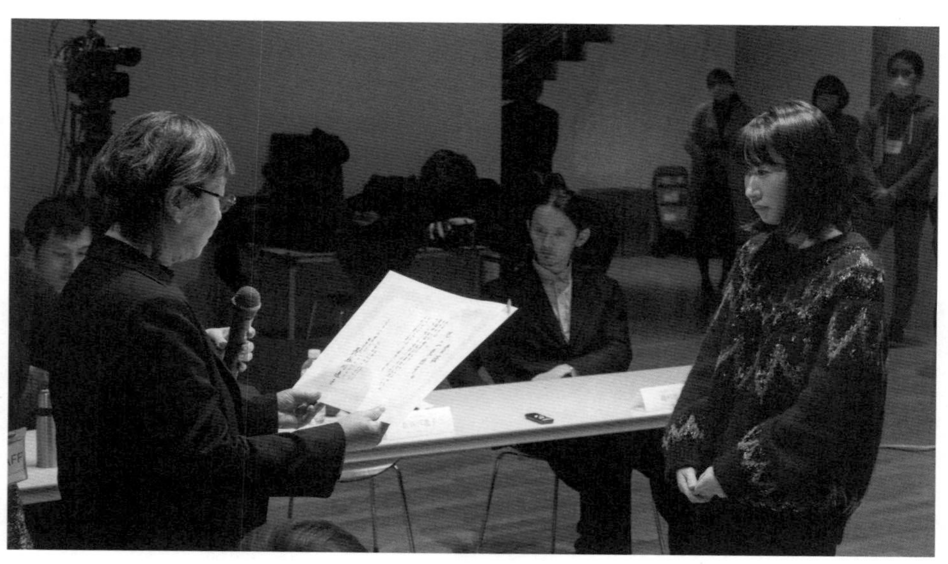

長谷川：今回でこの審査員は3回目ですが、いつも大学院の修士設計はどうあるべきか議論している気がします。ハーバード大学でレム・コールハースと一緒に教えた時は、最初に学生と教員で大学院とは何か議論しました。レムは大学院をとても重要視していて、学生たちはここを卒業したら銀行に勤めるかもしれないし、宇宙船に乗るかもしれないけど、とにかく最先端の能力を活かして社会の中心で活躍すると考えていました。だから時には厳しく全員ノーパス（落第）にして、学生と闘うこともありました。日本の大学院はもっと曖昧な気がしていて、大学ごとでも先生たちにもっと大学院の位置づけをしてほしいと思います。レムの言葉を借りれば「次の時代を担うのはあなたたち」なので、私は大きな期待を寄せていますし、あなたたちには未来を考えていただかないといけない。

海外で設計の仕事をして思うのは、世界は日本以上に複雑な状況だということです。だからあなたたちは、これからのごちゃまぜの様相の先にある建築論を組み立てていかなければなりません。そしてそのために、自分に建築にリアリティをもって進めてください。情報はインターネットに溢れていますが、やはり現地で自分の肌身でリアリティを感じなければわからないことがたくさんあります。

また、これまでは日本人の建築家が世界で重宝されていましたが、今は中国をはじめとして優秀な建築家がたくさん出てきていて、状況は変わりつつあります。彼らは建築だけでなく、環境・社会などさまざまなことを学び、素晴らしい意匠の建築をつくり出しています。これから違う社会がやってくるので、仕事の取り方も私たちのときと変わっていきます。仕事のやり方はもちろん、学習にせよ、設計にせよ、今までと同じやり方ではだめだということを考えておいてください。

今日、皆さんがここに出展したこと、受賞したことをきっかけとして、ここからスタートしていってほしいと思います。繰り返しますが、次の社会の中心を担う一人だと思って、気張ってください。おめでとうございました。

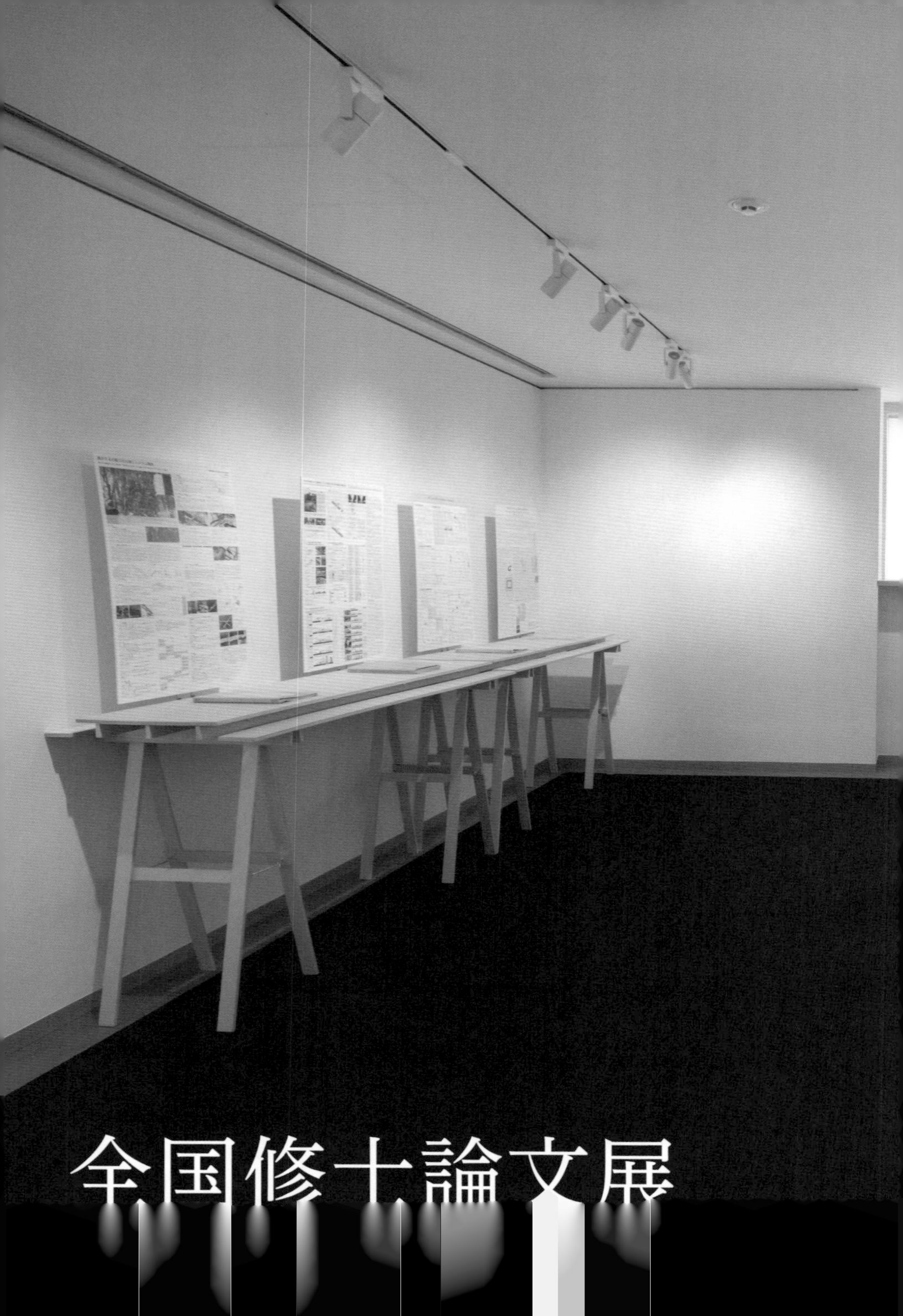

全国修士論文展

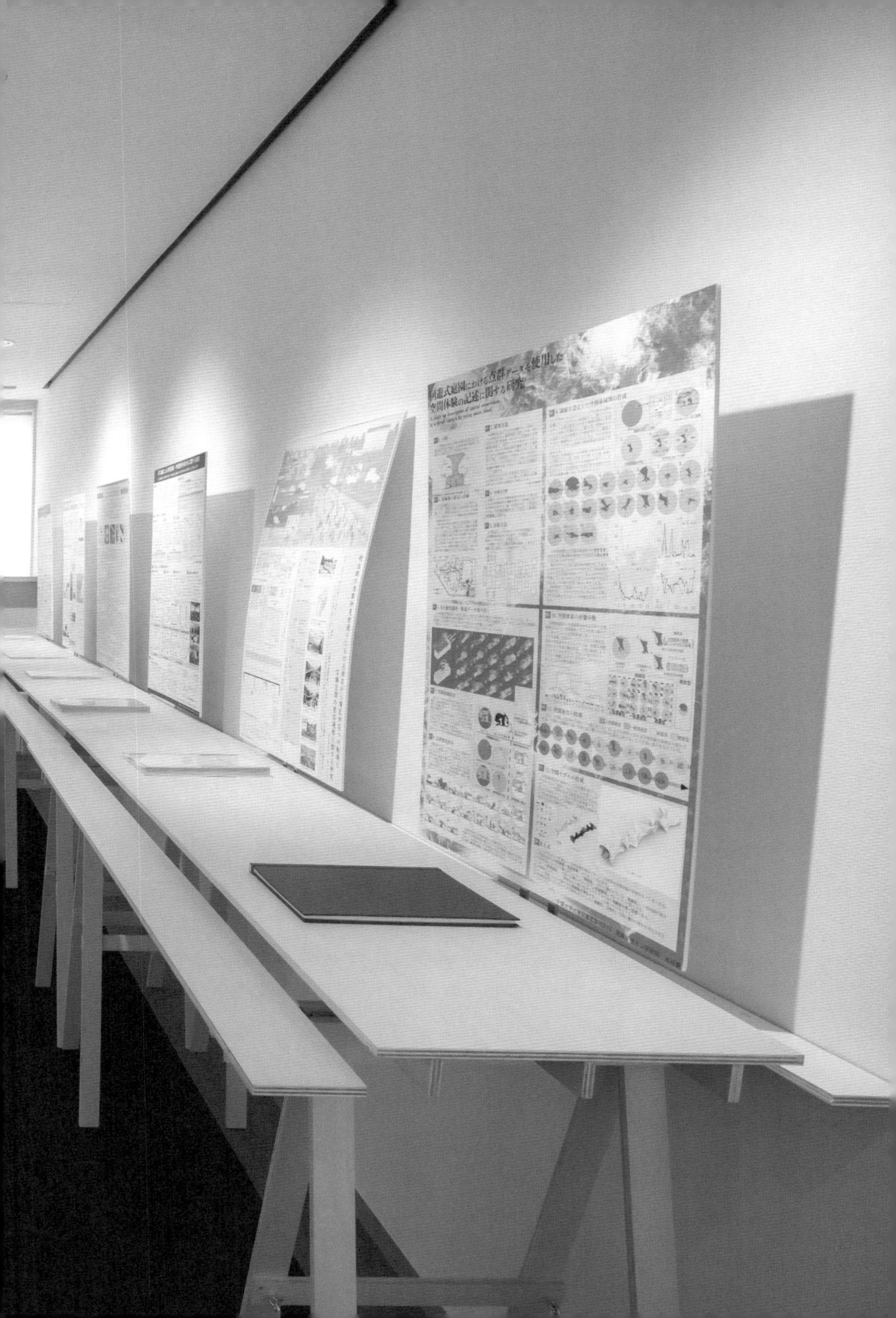

回遊式庭園における点群データを使用した
空間体験の記述に関する研究

「全国修士論文展」開催概要

全国から集められた建築分野全般の修士論文のなかから、審査員による一次審査(非公開)で選ばれた10点の論文の展示、公開討論会、総括セッションを行いました。

ヒルサイドフォーラム内では2月25日(火)–3月1日(日)の期間、一次審査を通過した論文とパネルを展示、2月29日(土)に開催された公開討論会では、建築のさまざまな分野で活躍されている第一人者をお招きして公開討論会を行いました。

論文展の審査基準は今年度のテーマに沿って革新的であり、将来への可能性を秘めている論文を選定しました。学術的な枠組みに囚われることなく、広く学生の立場から建築への問題提起を行うと同時に、建築を学ぶ後輩達への刺激を与える討論会を目指しました。

論文とは書き上げて終わりではなく、その先にある、自分のなかにある思考や価値を見つける手がかりであり、またそれを社会に問いかける手段でもあります。出展者と異なる専門分野の先生方や他の出展者と活発な議論を行うことで、大学や分野ごとに完結してしまいがちであった論文の可能性や、社会のなかでの展開価値について議論がなされました。

なお、本年の公開討論会は新型コロナウィルス感染拡大防止のため無観客で開催し、会の模様をウェブで生配信しました。

トウキョウ建築コレクション2020実行委員会

全国修士論文展審査員

倉方俊輔　Kurakata Shunsuke　○審査員長

大阪市立大学准教授。1971年東京都生まれ。早稲田大学理工学部建築学科卒業、同大学大学院修了。伊東忠太の研究で博士号を取得し、2011年より現職。日本の近現代建築の研究と並行して著作の執筆、メディア出演、日本最大の建築公開イベント「イケフェス大阪」実行委員、Ginza Sony Park Projectメンバーを務めるなど、建築の価値を社会に伝える活動を行っている。主な著書に『東京モダン建築さんぽ』(エクスナレッジ、2017)『建築の日本——その遺伝子のもたらすもの』(建築資料研究社、2018)、『伊東忠太建築資料集』(ゆまに書房、2013)がある。2017年日本建築学会賞(業績)、2018年日本建築学会教育賞受賞。

前 真之　Mae Masayuki　○モデレーター

東京大学准教授。1975年広島県生まれ。東京大学工学部建築学科卒業、2003年東京大学大学院工学系研究科建築学専攻博士課程修了。博士(工学)。2003年日本学術振興会特別研究員として独立行政法人建築研究所に勤務。2004年より建築研究所研究員、同年より東京大学大学院東京電力寄付講座客員助教授。2008年より東京大学大学院工学系研究科建築学専攻准教授。主な著書に『エコハウスのウソ』(日経BP社、2012)がある。専門分野は建築環境工学、研究テーマは住宅のエネルギー消費全般。空調・通風・給湯・自然光利用など幅広く研究テーマとし、真のエコハウスの姿を追い求めている。

山下哲郎　Yamashita Tetsuo

工学院大学教授。1965年兵庫県生まれ。京都大学工学部建築学科卒業後、1991年同大学大学院修士課程修了。同年株式会社巴組鐵工所(現、株式会社巴コーポレーション)入社。鉄骨大空間構造の設計・施工 に携わった後、2007年工学院大学に移籍、現在に至る。博士(工学)。専門は空間構造、鋼構造。主な著書に『シェル・空間構造の基礎理論とデザイン』(共著、京都大学出版会、2019)『ラチスシェル屋根構造設計指針』(共著、日本建築学会、2016)『耐震構造の設計』(共著、日本建築学会関東支部、2012)がある。

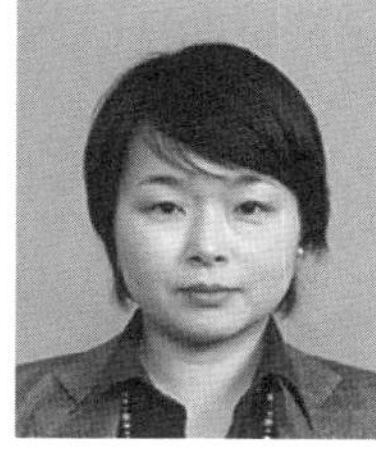

山田あすか　Yamada Asuka

東京電機大学教授。1979年広島県生まれ。2005年東京都立大学大学院工学研究科博士課程修了。博士(工学)、一級建築士。立命館大学理工学部建築都市デザイン学科講師等を経て、2009年より東京電機大学未来科学部建築学科教授。主な著書に『ひとは、なぜ、そこにいるのか——「固有の居場所」の環境行動学』(青弓社、2007)『テキスト 建築計画』(学芸出版社、2010)『建築設計テキスト 高齢者施設』(彰国社、2017)がある。主な受賞に日本建築学会(2018)、第12回関東工学教育協会業績賞(2018)、第8回キッズデザイン賞審査委員長特別賞(2014)がある。

論文展 **グランプリ**

社会変容を背景とした建築家の新職能に関する基礎的考察

米国の事例を題材として

岡本圭介
Okamoto Keisuke

東京大学大学院
工学系研究科　建築学専攻
野城智也研究室

1章　序論

1-1 研究背景と目的

建築空間生産プロセスに関与する一般的ステークホルダーの関係性をデリバリーモデルで表したとき、図1のようなパブリック領域とプロジェクト領域の二側面に分割して考えることができる。建築生産行為による社会奉仕活動を建築家の役割と捉えた場合、統括的な視点に基づき双方の領域をまたぎながら、社会と建築の関係性を調節する職能の社会的意義は、今後高まっていくと考えられる。そこで本研究では、法制度や経済市場において現在起きている変化に相互応答しながら、職能領域をまたいで実際に空間生産を実装している米国の建築事務所に着目した。そしてインタビューを通した実態把握に基づき、デリバリーモデルの変容の現段階における暫定的な様態を捉え、今後の建築家の社会的意義を総合的な視点で考察することを目的とした。

1-2 論文の構成

第1章にて従来の建築家の職能にまつわる論考を整理した後、第2章では設計者と施工者、第3章では設計者と発注者の領域境界で起きている動向の実態把握のために、米国ニューヨーク市を拠点に活動する事業者への直接インタビュー調査を行った。そしてそこで得られた知見と課題をもとに、第4章において現代のファンディングプロセスの変化動向を整理し、それを活用した米国ポートランド市における建築プロジェクトの事例分析を行った。そして第5章では、第4章で登場したP2P型エクイティ投資クラウドファンディングプラットフォームの事業主体についての事例調査を通して、エコシステム構築を目的としたプロトコル設計主体としての新職能の可能性を考察した。最後に第6章で、本調査から得られた仮説としての建築家の新職能を類型化して整理し、今後の展望に言及する構成をとった。各章において、実行した調査の新規性を裏づける既往研究の整理も行っている。

2章　設計と施工

2-1 米国デザインビルド概論

米国の建築調達方式にはDBB(Design-Bid-Build:設計施工分離)方式、CM(Construction Management:コンストラクション・マネジメント)方式、DB(Design-Build:デザインビルド)方式などがある。DBIAによれば、1985年に公共・民間の非住宅建築プロジェクトの10%を占めるに過ぎなかったDB方式の市場占有率は、2018年段階で

44%(CM式が35%、DBB式が19%)と市場で最大規模に至る状況となっている。米国におけるDB方式は通例、請負施工業者主導(Contractor-Led-Design-Build)を指し、発注者の設計関与割合が増えるとともに、その分の建設リスクを施工業者が負担するかたちをとるため建築家の権限が縮小されることが懸念されてきた。

2-2 Architect-Led-Design-Build

Mortimer (1993)は、1990年代頃から見られるようになった米国のデザインビルドに関する研究の中で、主流である施工業者主導のDBと区別するために、建築家主導のArchitect-Led-Design-Build(ALDB)という言葉が出現したと述べている。

既往研究では、Quatmanら(2001)がALDBの情報伝達モデルをリスク配分の仕方に応じて分類しているものなどがある。ALDBは設計事務所が施工管理能力を獲得する際の技術的障壁と、リスクを負うための資本的障壁を含有するため、米国においても事例は多くない。

2-3 インタビューによる実例調査

ニューヨーク市を拠点にALDBプロジェクトを実践しているGLUCK+とLeroy Street Studio (LSS)の2社にインタビュー調査を計画し、各々以下の資料を得た。

(1)GLUCK+

ALDBの有用性と、デザインとの関係性について具体的なプロジェクトベースの情報と、社内共有用のドキュメントとしてMatrix of Responsibility、CD-DDフェイズのディテール素材とコスト、デザイン性検討で用いた詳細図面など。

(2)Leroy Street Studio (LSS)

ALDBの、とくにフローに関する有用性と課題、デザインとの関係性について具体的なプロジェクトベースの情報と、ワークフロー模式図、CPM方式スケジュールデータ。

2-4 調査結果概要

図2はインタビュー調査で得たドキュメントの一部を加筆改正した、ALDBによる設計施工コンカレント型プロセスの情報データフローである。2社の実

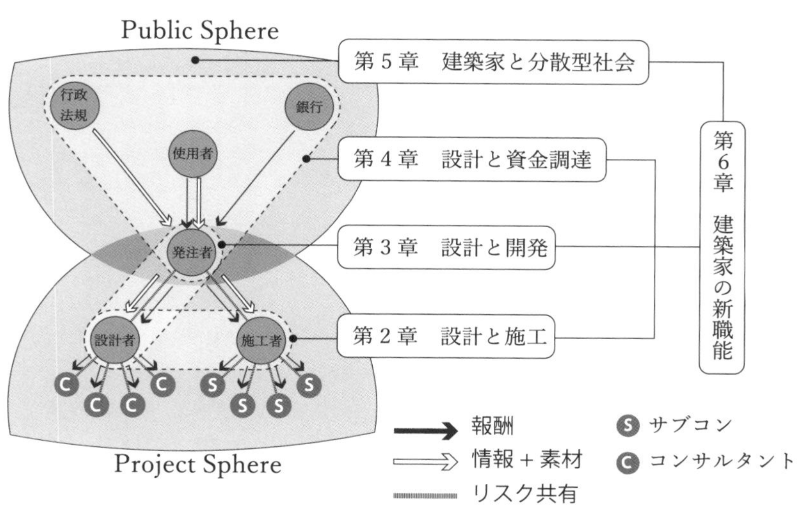

図1 建築生産デリバリーモデルと本論の構成の関係

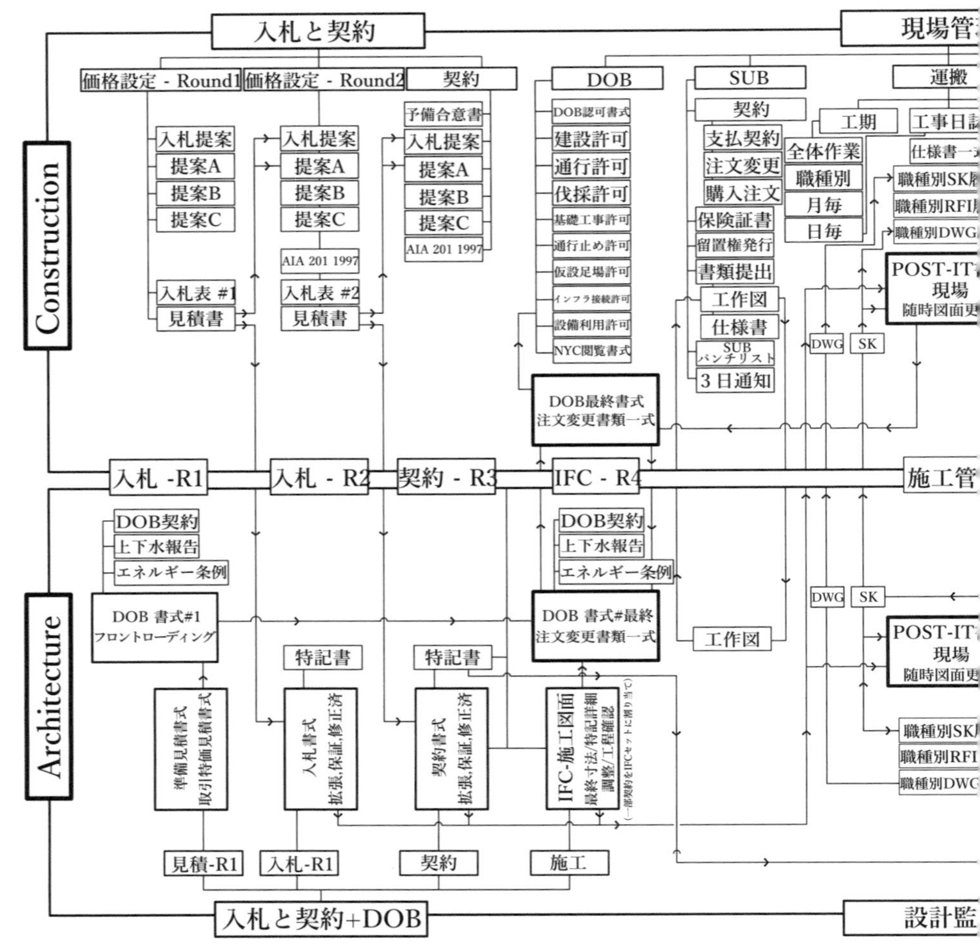

図2 ALDB情報フローダイアグラム(GLUCK+)

例調査によって明らかになったALDBの利点と課題を以下にまとめる。

〈ALDBの利点〉

(1)設計変更のトータルプロセスにおける柔軟性

(2)施工時の予算修正の透明性

(3)従来方式の責任分界点による情報ギャップの補填

(4)対処領域の汎用性によるコストと工期の削減

(5)受注者側の利益率の増加

(6)プロセス初期からの製造業者とのデザイン検討

〈ALDBの課題〉

(1)パブリックマーケット上での制限

(2)発注者との利益相反構造

(3)組織形態の制限と保険コスト

(4)人材取得と社内育成の難易度

2-5 小結:ALDBと発注者

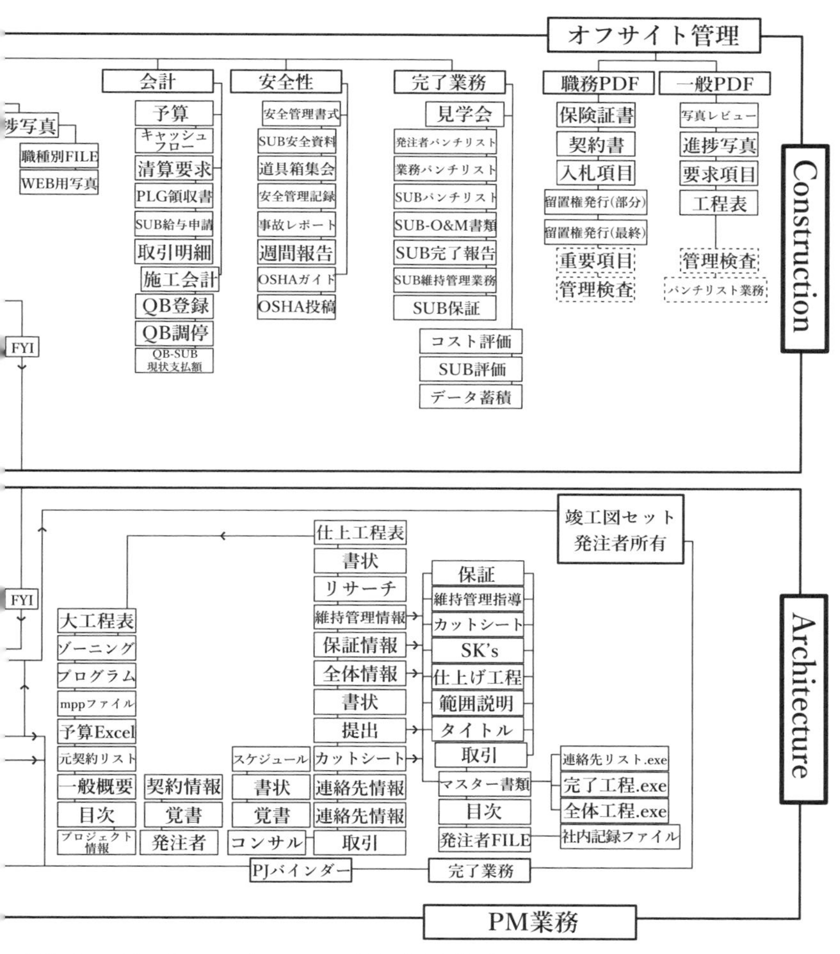

IFC : Issued for Construction
DOB : Department of Building
RFI : Request For Information
QB : Quick Books
OSHA : Occupational Safety and Health Administration
O & M : Operation And Mentenance

調査対象の両事業者の共通認識として、従来の物理的空間要素のみならず、プロセスのような非定型要素ないし市場優位性のような経済的要素も含めてデザインの評価軸に組み込む建築家としてのスタンスが観測できた。ALDBによる建築価値の最大化に向けて、発注者サイド（パブリック領域）との合意形成プロセスの重要性は今後さらに高まっていくと考えられる。

3章　設計と開発

3-1 Architect-Led-Developer

米国では、John Portmanをはじめとして不動産業に関与する建築家は昔から存在した。しかし、近年の金融不動産業界の体制変化を受けて建築設計業務と不動産開発に関わる業務を両方兼ねる新たなロールモデルの価値が議論されるようになってきた。“Architect & Developer”や“Non-Client

Architect"などの言葉が散発的に使われているが、定義明文化された名称は存在しない。本論文においては便宜的に、米国の職能法規定の範囲で建築家とディベロッパーの責任能力(もしくはその一部)の双方を有する個人主体、あるいはそのような個人を意思決定者として含む事業体によるデザイン主導の開発行為をArchitect-Led-Developer(ALD)と呼称することとし、事例調査に基づく実証的考察を進めた。

3-2 米国における実証的考察

James Pettyは、近年活発化しているALD事業を行う建築家へのインタビュー活動や大学機関におけるカンファレンス主催活動を「Architect & Developer(2018)」にまとめ、方法論の体系化を試みている。Pettyの論考を参照したうえで、補足として本人に口頭インタビューを行い、米国におけるALDの実践と課題の抽出と整理を行った。

自己資産を十分にもつわけではない建築家の開発行為を想定するため、リスクがもっとも低いとされている住宅不動産開発に調査対象を限定した。既存の金融体制の中での資金調達の課題や、土地取得プロセスでの建築家の優位性を整理した。

3-3 インタビューによる実例調査

ニューヨーク市を拠点にALD活動を展開しているAlloy Developmentにリモートインタビュー調査を実施し、以下の資料を得た。

職員構成やプロジェクト構成・フィー構成などの情報と社内共有用のドキュメントとしてのMoR(Matrix of Responsibility)、ステークホルダー関係図、同一人物が3役職で署名した発注変更届の一例など。

3-4 調査結果概要

Alloy DevelopmentはALD事業を行うと同時に、第2章で議論したALDBも兼ねるAIOP(All in One Package)型のモデルである。図3はインタビュー調査で得たドキュメントの一部を加筆改正した、ある開発プロジェクトにおけるAIOPモデルによるEntity Matrixを表した図である。

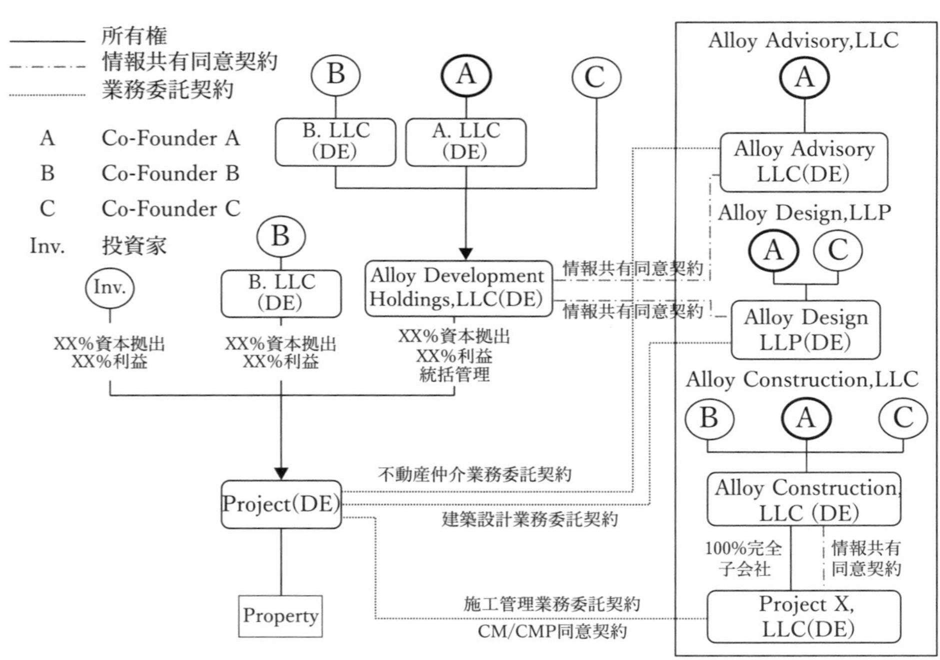

図3 Entity Matrix (Alloy Development)

実例調査で明らかになった事項とALDの優位性と課題を以下にまとめる。

〈Alloy Developmentの特徴〉

(1)インテグラル型の組織内部構造

(2)プロジェクトコミット時間の長期化

(3)拠点地域コミット型のコミュニティ投資スタンス

〈ALDの優位性〉

(1)Sweat Equity

住宅不動産開発において設計業務などの技術能力を金銭の代わりに提供(出資)することで、融資獲得に必要なエクイティ資金に充てられる。

(2)創造的なアクイジションプロセス

従来形状の特殊な敷地選択は、ディベロッパーにとって設計フィーが上昇するリスクとなるが、ALDは効果的に空間設計に接続させることが可能。

(3)機能面でのデザインコントロールの拡張

すべてのステークホルダーと直接関与することで、対象敷地周辺のコミュニティに必要な価値を理解し、ライフスタイルモデルのファイナンスサイドからの提案など、建築の機能面におけるデザイン関与割合が上昇する。

〈ALDの課題〉

(1)低クレディビリティに起因する、リスク忌避傾向のデザイン選択への影響

(2)インテグラル型組織内部構造の持続更新難易度の高さ

(3)施工業者主導のDB事業者の競合優位性(実例ではALDBで対抗)

(4)プロジェクトあたりの関与タイムラインの長さに伴うセトルメントリスク

3-5 小結:既存体制下の資金調達上の課題と住宅開発に求められる公益性

信用力を短期間で獲得するためには、投機的な開発を含んだ収益率重視の開発傾向に陥るリスクが内在する。これに付随するジェントリフィケーションなどの課題に建築家として対処するためには、敷地のコミュニティへのコミットを高めるためでなく、地域経済を循環させるスキームを組み込むなど既存のコミュニティに対する公益性を最大化するファンディングプロセスの設計能力も重要になると考えられる。

4章　設計と資金調達

4-1 オルタナティブファイナンス

不特定多数からプロジェクトベースで資金調達を行う手段に、パブリックファイナンスなどがある。そのなかでもとくに、2012年のJOBS ACT法改正後、インターネット上のオンライン・プラットフォームを通じて資金提供者と資金需要者を直接マッチングさせるかたちで、伝統的な金融システムを補完する複線的な金融システムを構築するオルタナティブファイナンス(以下AF)の市場が急速に拡大している(図4)。このような金融包摂的な資本市場の構造変化傾向には、第3章で議論した建築設計開発における間接金融主体の資金調達上の課題解決への実効性が期待できる。

4-2 エクイティ型クラウドファンディング

AFの一種であるクラウドファンディング(CF)は対価の性質によって表1のように分類が可能である。寄付・購入型CFは調達金額に限界があり、投資型CFは融資型CFと異なりプロジェクトベースにキャピタルリスクを投資家サイドに分配する構造上、プロジェクト情報の透明性がより重要視されている点が特徴である。

4-3 ケーススタディ (Guerrilla Developmentの事例分析)

調査対象のGuerrilla Development (以下GD)は米国ポートランド市を拠点とし、CFを利用した建築プロジェクトを手掛けてきたALDの代表例である。元来は低コストかつ環境配慮型の小規模商業テナントの開発で知られていたが、法改正後積極的にCFを早期から導入し、社会課題解決型のプロジェクトの割合が近年増えてきている。

本論文では公開されている財務情報や図面データをもとに4件の事例各個分析を行った。データソースはGDのウェブサイトで公開されているPro Forma(概算見積もりデータ)と都市リサーチ機構であるUrban Land Instituteの公開している財務情報や図面データをもとに整理した。そのうち1件を以下に示す。

たとえば図5-6は、調達資金の一部を投資型CFによって公募することで開発した社会住宅の一例で

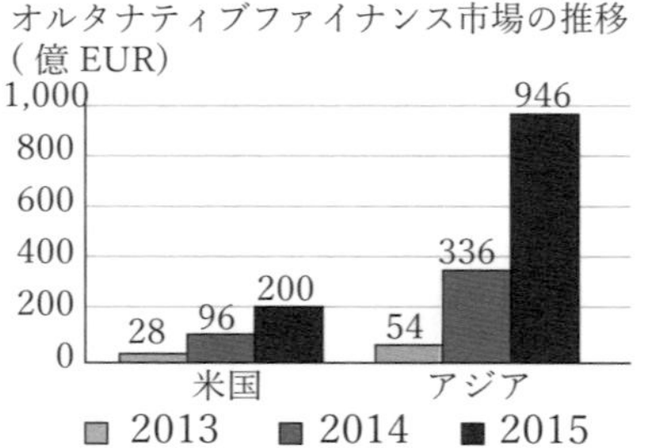

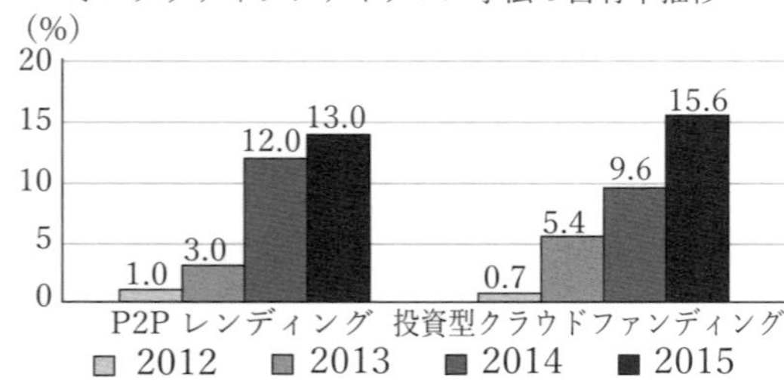

図4 オルタナティブファイナンス市場の拡大傾向

CF類型	対価	適用法(米国/日本)
寄付(Donation)型	氏名の掲示や感謝条などの非財産的価値	無し
購入(Rewards)型	物品・役務などの金融商品以外の財産的価値	Apecified Commercial Act 特定商取引法
融資(Debt)型	負債性のリスク・リターン特性を持つ金融商品	Securities Act of 1993 金融商品取引法/貸金業法
投資(Equity)型	資本性のリスク・リターン特性を持つ金融商品	JOBS ACT(Reg CF など) 金融商品取引法/不動産共同特定事業法

表1 クラウドファンディングの対価による分類

ある。市の補助金で支払える家賃設定と、地元NPO団体と提携してホームレスの雇用を生み出すビジネスモデルを設計している。また、小規模商業テナントを混在させることで、同じ所得層が偏ることによるコミュニティの価値観の偏在化を抑止する設計提案を行っている。資金調達の補助ツールとしてのみではなく、社会課題解決型のコンセプトに包摂される公益性とリスクを、建築空間というアウトプットを媒体としてパブリックに共有するための手段として、CFを活用していることがわかる。

4-4 小結:建築デザインと ファンディングデザイン

投資型CFを活用した不動産開発は歴史が浅く事例は少ないものの、地域公益性とデザイン主導の視点を統括的に内包する点で建築家の現代的なデザイン手法の一つと言える。一方で、現状ではコンセプトデザインの側面が強くGDの場合は設計施工を外注することもある。建築としてのデザイン要素とファンディング要素の接続性の観点からは、将来的にはALDB・AIOPとの接続や事業スケール拡大の可能性も考慮する余地はある。

5章　建築家と分散型社会

5-1 価値交換の類型

パブリック領域における資金調達の要素間での価値交換のネットワーク構造は、CF事業サービスの取引参加者の関係性によって、図7のような類型に分類できる。

5-2 P2P直接金融プラットフォームの実践

鬼頭武嗣(Crowd Realty、CEO)は、資本市場における価値交換の需要供給マッチングの課題解決のための一手段として、図8の投資銀行機能のプラットフォーム事業(Crowd Realty)を創業している。オルタナティブな資金調達手法の提案と実践を事業者として行いながら、新市場における国境を越えた規制構築に寄与するための国際的活動も先導している。今後、小口化された資産ポートフォリオが世界中で拡大していくにつれて、インパクト投資な

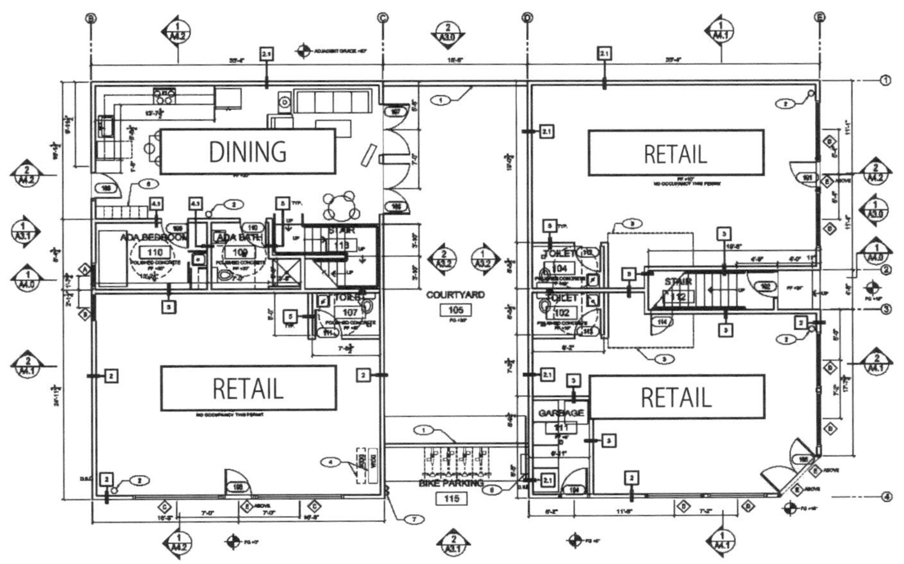

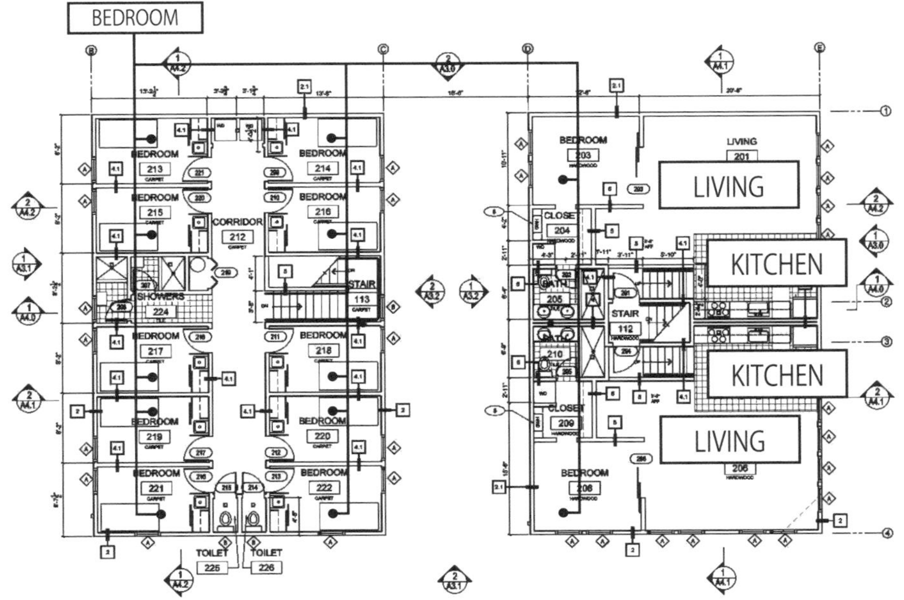

図 5 分析事例の一例（Jolene’ s First Cousin）の平面図

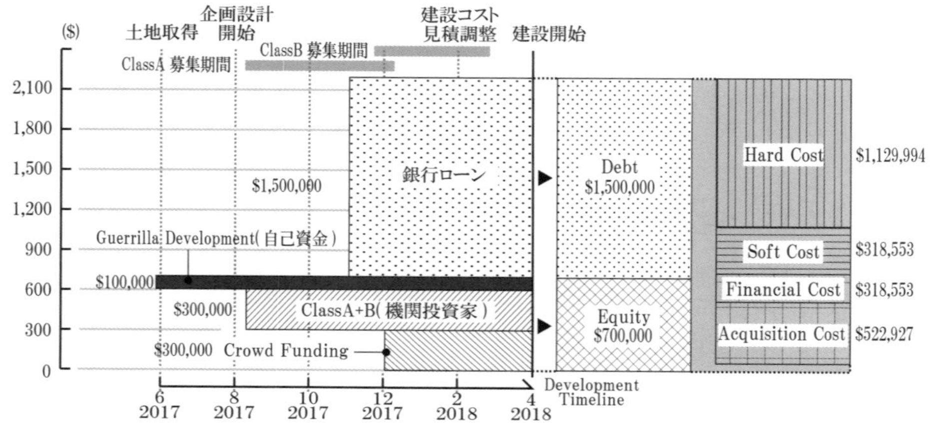

図6 分析事例の一例(Jolene' s First Cousin)のファンディングプロセス

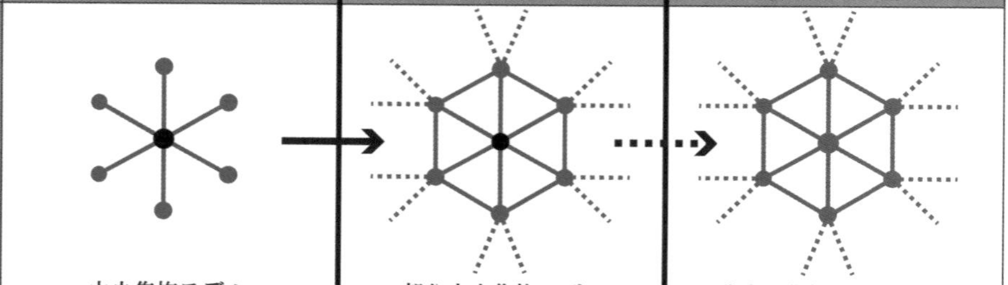

	①B2C 型	②中央集権 P2P 型	③分散 P2P 型
	中央集権モデル	部分中央集権モデル	非中央集権分散モデル
概要	直接・間接を問わずサービス提供者がクラウドファンディングを別に行う事業に必要な資金調達を当事者として行うモデル。	参加者が出資者にも調達者にもなりうるエコシステムにおいて、特定コンソーシアムが管理するモデル。	特定の管理者不在で、一定のアルゴリズムによって自動化されたシステムが参加者自身による管理・監督によって制御されるモデル。
Pro.	サービス提供者が参加者の関係性をコントロールしやすく、スモールビジネスとの相性が良い。	組み合わせは非線形に増加しスケールさせやすい。	中央集権的な管理者が不在で、民主的なエコシステムといえる。改ざんが不可能で、信頼性が高い。
Con.	サービス提供者がシステム上の単一障害点となりうる。	プラットフォーマー自体が単一障害点となるリスクは存在する。 現行の P2P プラットフォーム	取引の承認に時間・コストがかかる。参加者全員がアクセスできるため、セキュリティの課題が残る。

図7 取引参加者の関係性による分類

どによって流れる資金を地域内で循環させる、参加型の経済圏と建築生産プロセスを適切に接続させる主体の重要性が増すと考えられる。

このような傾向は、資金調達プロセスに直接金融スキームを導入することによって、既存体制の主体であった間接金融を部分的に排除する傾向とみることもでき、今後地域当事者による自治管理を想定した持続可能なエコシステムの構築が期待できる。

5-3 小結:建築家と分散型エコシステム

本章ではパブリック領域において、中央集権が存在しない(あるいは部分分散して存在する)分散型エコシステム(図9)を想定した。エコシステム構築のためのプロトコル設計を担うポジションのように、デリバリーモデルのパブリック領域において元来存在しなかった職能も、建築空間の生産行為にまつわる重要な新職能と捉えられる。

6章　結論:建築家の新職能

本論文では、米国の事例に基づき、現代における建築家の社会的意義の変容を実証的に考察した。図10は本論文で明らかになった事例に基づき、デリバリーモデルの変容を類型化したものである。

現状米国で起きている構造変化はプライベートマーケットで起きているものが中心である。本論文で考察したような複合領域をまたぐ建築家としての職能を、パブリックマーケットに見られるような大規模複合型プロジェクトなどにも展開していくためには、実空間の実装を通した実績の蓄積によって、そのデリバリーモデルをデザインする主体としての職能の社会的意義を今後高めていく必要があると考えられる。

なお本研究では、米国における建築契約形態や投資制度にまつわる法規制の変容と建築家活動の応答の相互関係を扱っているため、日本における実例調査や体制との関係性については議論の余地が残る。今後の研究課題としては、グローバルの動向を注視しつつも日本の社会制度の変容との対応関係を実証的に考えていく必要がある。

[註]

*1 資料は「Crowd Realty HP」〈https://www.crowd-realty.com/〉より。数値は「国土交通省第11回不動産投資市場政策懇談会配布資料(2019年8月2日)」より。

[参考文献]

(1)Phillip Bernstein, *Architecture Design Data: Practice Competency in the Era of Computation*, Birkhauser Architecture, 2018
(2)James Petty, *Architect & Developer: A*

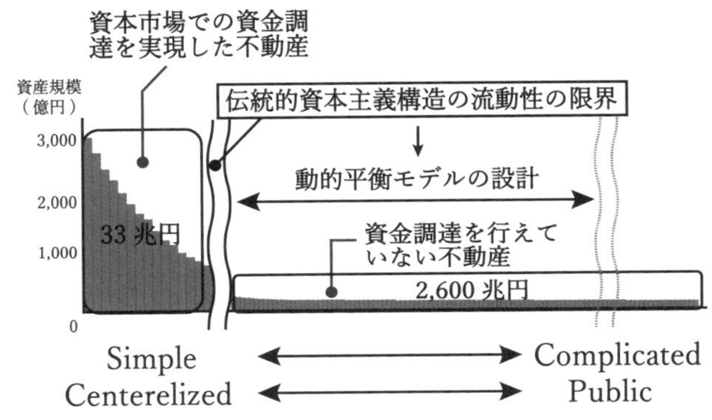

図 8 Crowd Realty のコンセプト*1

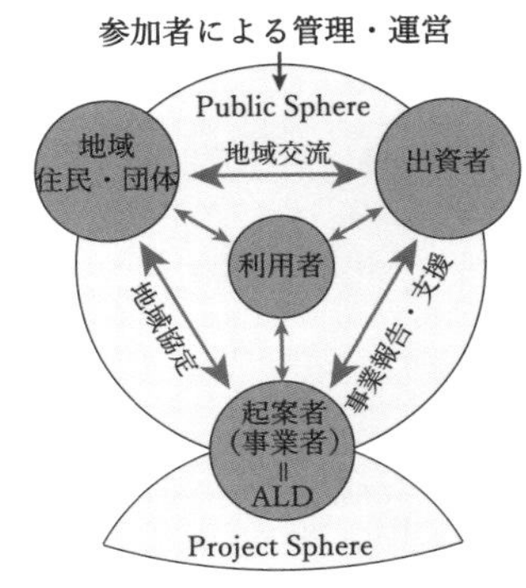

図 9 分散型社会のエコシステム

……… リスク共有 ━━▶ 報酬 ⟹ 情報＋素材 S サブコン C コンサルタント

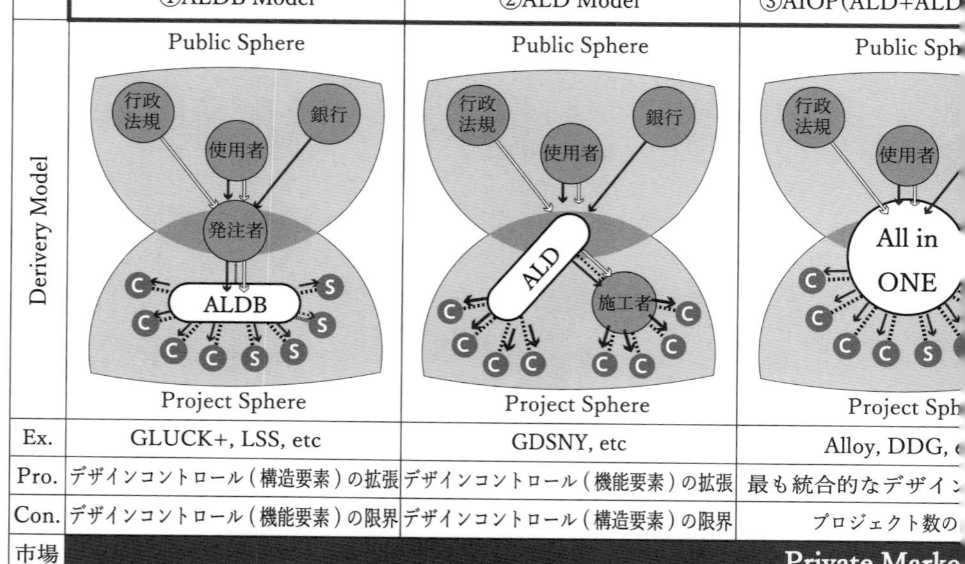

①ALDB Model
②ALD Model
③AIOP(ALD+ALD
Derivery Model
Public Sphere
行政法規
銀行
使用者
発注者
ALDB
ALD
施工者
All in ONE
Project Sphere
Ex.
GLUCK+, LSS, etc
GDSNY, etc
Alloy, DDG,
Pro.
デザインコントロール（構造要素）の拡張
デザインコントロール（機能要素）の拡張
最も統合的なデザイン
Con.
デザインコントロール（機能要素）の限界
デザインコントロール（構造要素）の限界
プロジェクト数の
市場
Private Marke

図 10 デリバリーモデル変容の類型

Guide to Self-Initiating Projects, CreateSpace Independent Publishing Platform, 2018

(3)Peter Brown, *How Real Estate Developers Think: Design, Profits, and Community*, University of Pennsylvania Press, 2015

(4)Design-Build Institute of America(Ed.), *Revisiting Project Delivery Performance 1998-2018*, November 2018

(5)Mortimer, I. *Design Council Building*, Design and Build Supplement, July 1993, p.17

(6)Quatman, G. W. *Design-Build for the Design Professional*, Aspen Law & Business. Geithersburg, 2001

(7)Saskia Sassen, *Expulsions: Brutality and Complexity in the Global Economy*, Belknap Press of Harvard University Press, 2014

(8)Cambridge Center for Alternative Finance, *Sustaining Momentum: The 2nd European Alternative Finance Industry Report*, 2016

(9)Urban Land Institute. Deal Profile: Jolene's First Cousin, "ULI Case Studies website", 2019 〈https://casestudies.uli.org/〉accessed 2020-03-24.

(10)古坂秀三他編『建築生産ハンドブック』朝倉書店、2007年

(11)藤本隆宏他編『建築ものづくり論』有斐閣、2015年

(12)安藤正雄「日本の建築産業の強みと弱み」『変革期における建築産業の課題と将来像——その市場・産業・職能はどのように変わるのか』日本建築学会、2007年

(13)長廻拓史、石垣文、平野吉信「契約書式の分析による建築プロジェクト運営の多様性に関する研究」『日本建築学会中国支部研究報告集』39、pp.909-912、2016年3月

(14)山本正紀『建築家と職能——建築家のプロフェッションとは何か』清文社、1980年

(15)小笠原正豊「設計分業マトリクスを用いた設計プロセスのマネジメントに関する基礎的研究」東京大学博士論文、2017年

(16)鬼頭武嗣「クラウドファンディングプラットフォームを用いた資本市場における課題解決の実践的取り組み」『デジタルプラクティス』10(3)、pp.539-549、2019年7月

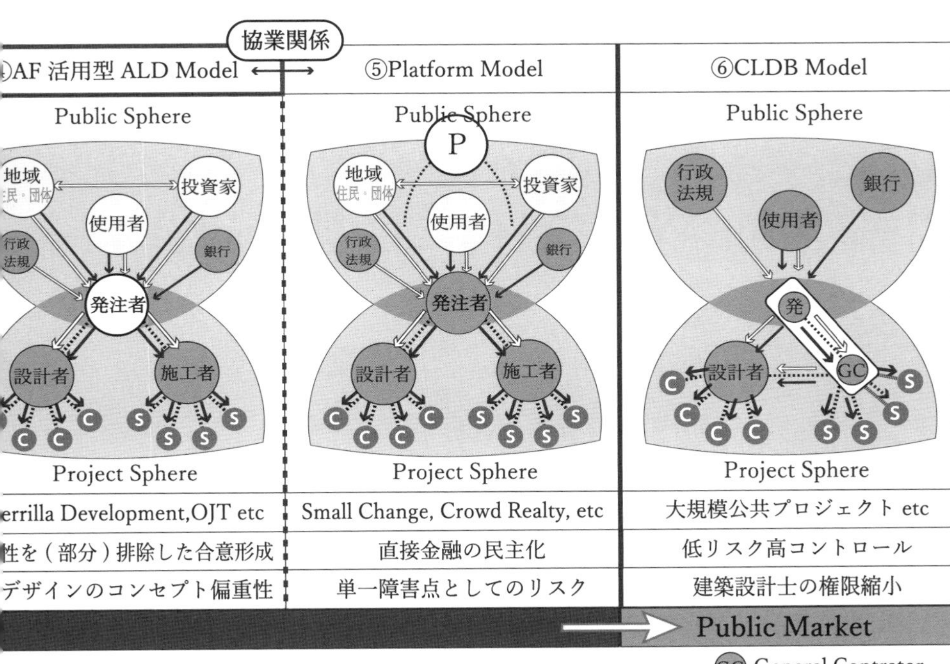

出展者コメント ── トウキョウ建築コレクションを終えて

Q このテーマを選んだ理由

もともとデザインとビジネスを二項対立的に考えるフレームワークに違和感があって、経済と生活の結びつき方が日本と異なる米国ニューヨークという場所で一年間働きながら考えたことから始めて、帰国後論文という形で部分的にまとめました。

Q 修士論文を通して得たこと

自分の論文はまだまだ手探りで、やっとスタートラインに立つ準備ができたというのが正直なところです。ただ、国や専門領域をまたいでできたつながりは一生モノだと思っています。

Q 論文を通じて社会に向けて発信したいメッセージ

建築は負けてなどいない。

Q 修士修了後の進路と10年後の展望

自分にできることをまずは愚直に形にしたいので、竹中工務店設計部で修行します。10年後は海外を舞台に提案できるよう力をつけていきたいです。

明治期の浅草仲見世通りにおける掛店から煉瓦仲店への転換と店舗空間の変容過程に関する研究

増子ひかる
Mashiko Hikaru

東京理科大学大学院
工学研究科　建築学専攻
伊藤裕久研究室

1章　はじめに

江戸最大の民衆娯楽地として発展してきた浅草寺(せんそうじ)境内地は、1871年に東京府により公有地化され、「浅草公園」となった。なかでも江戸時代から存在し、現在も観光地として賑わう浅草仲見世通りは、当時は木造の仮設店舗(掛店(かけみせ))*1が子院*2の土塀沿いに並んでいた(図1)。1885年、浅草仲見世通りは景観美化、衛生・防火対策、道路幅拡張を目的として、東京府により「煉瓦仲店」(図2)へ建て替えられる。しかし双方の建物・営業形態については十分に解明されていない。

本研究では、近世に成立し、明治中期まで持続していた「掛店」という伝統的な商業空間が、公園内に建てられた公共施設としての「煉瓦仲店」へ、いかに建て替えられたのか、また、それが関東大震災で崩壊するまでどのような空間であったかを明らかにすることを目的とする。

研究史料は、東京都公文書館所蔵の「浅草仲見世関係史料」を主に扱うものとする。

2章　掛店時の浅草仲見世通り(-1885年)

2-1 掛店の営業形態

浅草寺を含めた子院は、地代収入を得るため、仲見世通りとの境界(塀)で掛店の経営を盛んに行った。土地の所有者は子院であり、掛店の建物は営業人自身で建てていた。また西日の影響で、掛店による子院の平均収入は、西側より東側の方が月あたり1銭ほど安かった。

図3は子院と掛店の推定復原図であり、東京府が煉瓦仲店建設のために掛店借地人らに返地させた土地の大きさを示している*3。1885年時点で掛店は113戸存在し、間口、坪数の中央値はそれぞれ11尺、2.82坪であった。

2-2 掛店営業人の種類

掛店営業人には、掛店の借地権をもつ「床持層(とこもち)」(前述:掛店借地人)と、そこで実際に働く「出稼層」の二層構造が存在したことが判明した。複数の掛店の借地権をもつ床持層も多く、隣接した掛店を集積する者や、飛び地で集積する者などが存在した。

2-3 借地人の居住形態

掛店借地人(床持層)と床店(とこみせ)*4借地人(計98人分)の居住地を見ると、25%が浅草区以外、60%が馬道町1・2・3丁目以外の浅草区、残りの15%が掛店の後背地である馬道町1・2・3丁目(子院境内地)であった(1885年)。このことから床持層の多くが遠

図1 掛店(明治初期)[出展:日本仏教協会『実写奠都五十年史』大正6年]

図2 煉瓦仲店竣工時(1885年)
[出典:『東京市史稿 遊園篇7』(臨川書店、1973)をもとに著者作成]

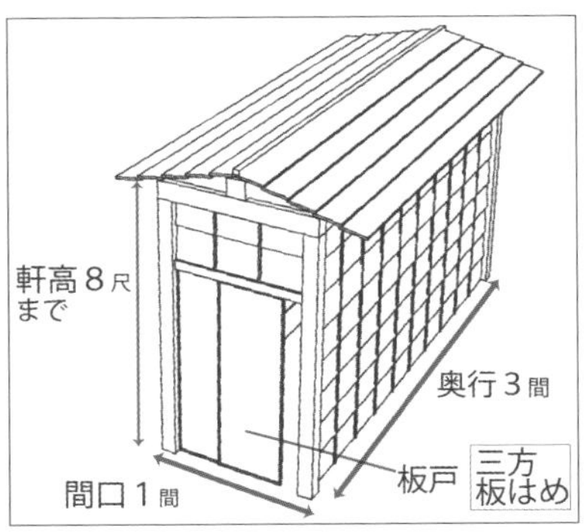

図4 仮営業の建物

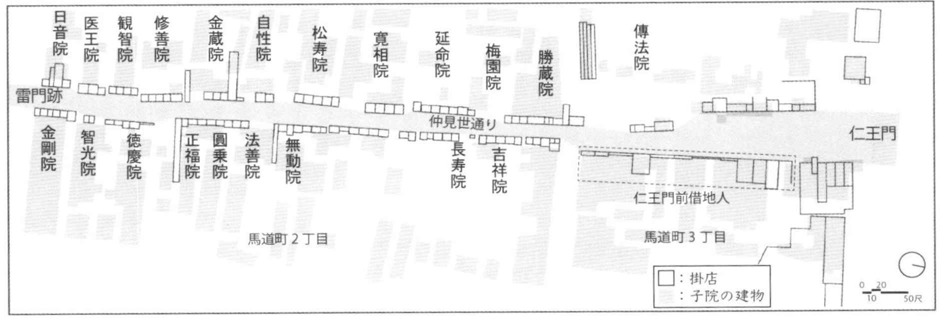

図3 子院と掛店の推定復原図(1885年5月)

西棟								
建設当初（火災前）				1903年以降（火災後）				
棟番号	棟の桁行（尺）	店舗番号	奥行（尺）	棟番号（推定）	棟の桁行（尺）	店舗番号	間口（尺）	奥行（尺）
1号	79	1	9	1号	77.4	1	8.6	9
		2	9			2	8.6	9
		3	9			3	8.6	9
		4	9			4	8.6	9
		5	9			5	8.6	9
		6	9			6	8.6	9
		7	9			7	8.6	9
		8	9			8	8.6	9
		9	9			9	8.6	9
2号	26.5	10	9	2号	26.5	10	9	9
		11	9			11	8.5	9
		12	9			12	9	9
3号	48	13	9	3号	37	13	9.25	9
		14	9			14	9.25	9
		15	9			15	9.25	9
		16	9			16	9.25	9
4号	66.7	17	9	4号	66.7	17	9.74	9
		18	9			18	9.74	9
		19	9			19	9.74	9
		20	9			20	9	9
		21	9			21	9	9
		22	9			22	9.74	9
		23	9			23	9.74	9
5号	99.6	24	9	5号	90.9	24	9.2	9
		25	9			25	9	9
		26	9			26	9	9
		27	9			27	9	9
		28	9			28	9.5	9
		29	9			29	9	9
		30	9			30	9.1	9
		31	9			31	9	9
		32	9			32	9	9
		33	9			33	9.1	9
		34	9	6号	98.55	34	10.7	9
6号	56.2	35	9			35	9	9
		36	9			36	9	9
		37	9			37	9	9
		38	9			38	10	9
		39	9			39	11	9
		40	9			40	10	9
7号	96	41	9			41	10	9
		42	9			42	10	9
		43	9			43	9.85	9

西棟								
建設当初（火災前）				1903年以降（火災後）				
棟番号	棟の桁行（尺）	店舗番号	奥行（尺）	棟番号（推定）	棟の桁行（尺）	店舗番号	間口（尺）	奥行（尺）
7号	96	44	9	7号	128.744	44	9.008	9
		45	9			45	9.008	9
		46	9			46	9.008	9
		47	9			47	9.008	9
		48	9			48	9.008	9
		49	9			49	9.008	9
		50	9			50	9.008	9
8号	46.6	51	9			51	9.008	9
		52	9			52	9.008	9
		53	9			53	9.008	9
		54	9			54	9.008	9
		55	9			55	9.008	9
9号	23.2	56	9			56	10.32	9
		57	9			57	10.32	9
				番外	96	番外1	12	15
						番外2	12	15
						番外3	12	15
						番外4	12	15
						番外5	12	6.833
						番外6	12	6.833
						番外7	12	12
						番外8	12	12

表1 煉瓦仲店の建物詳細（火災前と火災後）

東棟								
建設当初（火災前）				1903年以降（火災後）				
棟番号	棟の桁行（尺）	店舗番号	奥行（尺）	棟番号（推定）	棟の桁行（尺）	店舗番号	間口（尺）	奥行（尺）
1号	79	1	9	1号	79	1	8	9
		2	9			2	9	9
		3	9			3	9	9
		4	9			4	9	9
		5	9			5	9	9
		6	9			6	9	9
		7	9			7	9	9
		8	9			8	9	9
		9	9			9	8	9
2号	58	10	9	2号	58	10	11	9
		11	9			11	9	9
		12	9			12	9	9
		13	9			13	9	9
		14	9			14	9	9
		15	9			15	11	9
3号	82	16	9	3号	82	16	9.5	9
		17	9			17	9	9
		18	9			18	9	9
		19	9			19	9	9
		20	9			20	9	9
		21	9			21	9	9
		22	9			22	9	9
		23	9			23	9	9
		24	9			24	9.5	9
4号	27.6+36 =63.6	25	3.5	4号	63.2	25	9.2	3.5
		26	3.5			26	9.2	3.5
		27	3.5			27	9.2	3.5
		28	9			28	8.9	9
		29	9			29	8.9	9
		30	9			30	8.9	9
		31	9			31	8.9	9
5号	13.6	32	9	5号	13.6	32	13.6	9
6号	40.5	33	9	6号	40.5	33	10.13	9
		34	9			34	10.13	9
		35	9			35	10.13	9
		36	9			36	10.13	9
7号	44.5	37	9	7号	44.5	37	8.9	9
		38	9			38	8.9	9
		39	9			39	8.9	9
		40	9			40	8.9	9
		41	9			41	8.9	9
8号	65.7	42	9	8号	65.7	42	8.85	9
		43	9			43	8	9

東棟								
建設当初（火災前）				1903年以降（火災後）				
棟番号	棟の桁行（尺）	店舗番号	奥行（尺）	棟番号（推定）	棟の桁行（尺）	店舗番号	間口（尺）	奥行（尺）
8号	65.7	44	9	8号	65.7	44	8	9
		45	9			45	8	9
		46	9			46	8	9
		47	9			47	8	9
		48	9			48	8	9
		49	9			49	8.85	9
9号	25	50	9	9号	24.999	50	8.333	9
		51	9			51	8.333	9
		52	9			52	8.333	9
10号	30.9	53	9	10号	30.9	53	10.3	9
		54	9			54	10.3	9
		55	9			55	10.3	9
11号	48	56	9	11号	51	56	8.5	9
		57	9			57	8.5	9
		58	9			58	8.5	9
		59	9			59	8.5	9
		60	9			60	8.5	9
		61	9			61	8.5	9
12号	152.7	62	9	12号	152.78	62	9.08	9
		63	9			63	9	9
		64	9			64	9	9
		65	9			65	9	9
		66	9			66	9	9
		67	9			67	8.9	9
		68	9			68	9	9
		69	9			69	9	9
		70	9			70	8.7	9
		71	9			71	9	9
		72	9			72	9.1	9
		73	9			73	8.6	9
		74	9			74	9	9
		75	9			75	9.4	9
		76	9			76	9	9
		77	9			77	9	9
		78	9			78	9	9
13号	35.8	79	9	13号	32.8	79	8.2	9
		80	9			80	8.2	9
		81	9			81	8.2	9
		82	9			82	8.2	9

＊1903年以降の棟の桁行は「煉瓦仲店継続借家願」(1903-20) に記してある表間口の合計で求めた。
＊着色部は火災被害を受けた箇所を示している。

方に住んでおり、後背地に住んで掛店営業を行った者は少なかったとわかる。

3章　煉瓦仲店建設時の詳細（1885年）

3-1 掛店の取り壊しと仮営業

1885年5月31日に掛店が取り壊され、同年12月25日に煉瓦仲店が竣工した。その間8カ月に仲見世営業人は東京府へ要請し、仮営業を行った。仮営業には床持層（43人）と出稼層（91人）の計134人が申請しており、仲見世通りから少し離れた場所に、床持層が出資して仮営業の建物（図4）を建てた。またその仮営業を通して、出稼層のうち1割が床持層と同様、東京府から煉瓦仲見世の借家権を得たことがわかった。

3-2 掛店から煉瓦仲店への割当て

東京府は、掛店の間口が5間未満の場合は煉瓦仲店を1戸貸渡し、5間以上の場合は2戸貸渡した。また、掛店の複数所有者は、それらの合計間口で判断された。結果大半が1戸貸渡しとなり、つまり掛店時代の間口・坪数の大小は煉瓦仲店への割当てにほとんど考慮されなかったと推定できる。このことは、掛店時に存在していた格差が是正されたことを意味する。割当てられる煉瓦仲店の位置については、当初は東京府により抽選で決められる予定であったが、掛店営業人の反発により従来の掛店位置を基準として決定され、結果並び順は基本的には変化しなかった。

4章　煉瓦仲店の建築的復原

4-1 仕様書の内容

1885年に全22棟、139戸の煉瓦仲店が竣工した。同年に計画書として作成された「浅草公園地中店改造仕様書」には、各棟の桁行、奥行、軒高、屋根勾配や各部材の寸法、構法が書かれている。つまり、東京府は当初、煉瓦仲店一戸あたり間口9尺×奥行9尺の2.25坪、家賃は3,818円と、全戸統一させる予定であった（図2）。

4-2 浅草公園七区（馬道町1・2丁目）火災

1890年12月25日、日音院（馬道町1-2）から火災が発生し、2,487坪が焼けた。なかでも煉瓦仲店は、東12号棟（店舗番号：62-78）と西5-9号棟（同：24-57）が被害を受けた（表1着色部分）。

西5-9号棟については東京府によって棟の数が減らされ、西5-7号棟に建て替えられた。西は棟の数が全部で9棟から7棟に減ったが、店舗数は57戸と変化はなかった（表1）。

4-3 煉瓦仲店の間口

煉瓦仲店の実際の建物について明記してある史料により、計画時には統一されていた借家料が、実際には間口の大きさによって決められていたこと、そして間口も9尺だけではなく8-13.6尺まで幅広く分布していたことが判明した（表2）。加えて「9尺（計画

西棟		東棟	
間口(尺)	戸数(戸)	間口(尺)	戸数(戸)
8.5	1	8	4
8.6	9	8.2	4
9	13	8.333	3
9.008	12	8.5	6
9.1	2	8.6	10
9.2	1	8.7	1
9.25	4	8.85	1
9.5	1	8.9	2
9.74	5	9	23
9.85	1	9.08	1
10	4	9.1	3
10.324	2	9.2	1
10.7	1	9.4	1
11	1	9.5	1
12	8	10.125	0
15種類	65	10.3	3
		11	0
		13.6	0
		18種類	64

表2 煉瓦仲店の間口分布（1903年～）

時の間口基準値)×139戸(掛店営業人に振り分ける際に必要な戸数)=1,251尺」と「仕様書での棟の桁行合計1,217.5尺」に差があることからも、東京府は計画段階から9尺はあくまで基準であり、実態ではなかったことを示している。

また、表1より棟ごとの各店舗間口の割り方が大きく3つに類型化されることがわかった。うち2つは、火災被害がない棟で確認できる「等分方式」(東4・6・7・9・11、西1・3号棟)と「端で調整する方式」(東1・2・3・8、西2・4号棟)である。前者は棟の桁行を9尺に近い値で等分して間口を設定したものであり、後者は棟の桁行を9尺に近い値で等分し、その際に生まれた端数を両端で調整したと考えられる。間口や桁行寸法は芯々で示されているため、後者は外壁(壁厚:煉瓦1枚半)と中仕切りの差を考慮していると窺える。なお、中仕切りは煉瓦中仕切り(煉瓦1枚)と木造中仕切り(5寸) の2種類が存在する。最後の1つは規則性がなく、それは火災被害を受けた棟(表1着色部分)で確認できる。棟によって1店舗ずつ間口を戸別で決めたと考えられる場合や、火災以前の間口を継承しているとされる場合などさまざまである。

4-4 煉瓦仲店推測復原図

表1より火災の被害を受けていない棟は、1885年での各棟の桁行(計画段階での数値)と、1903年以降の各棟の桁行(実際の数値)がおおむね一致

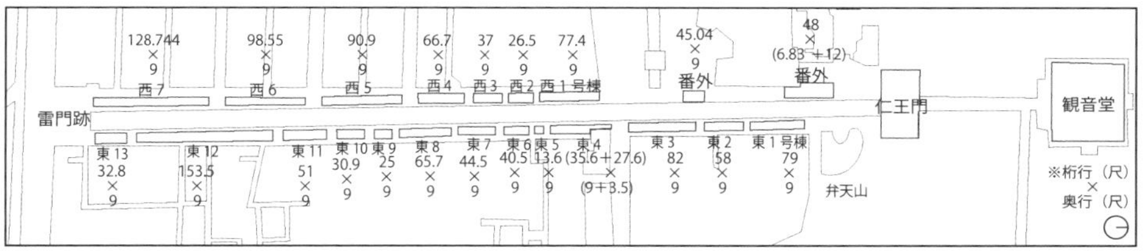

図5 浅草公園平面図(1920年)

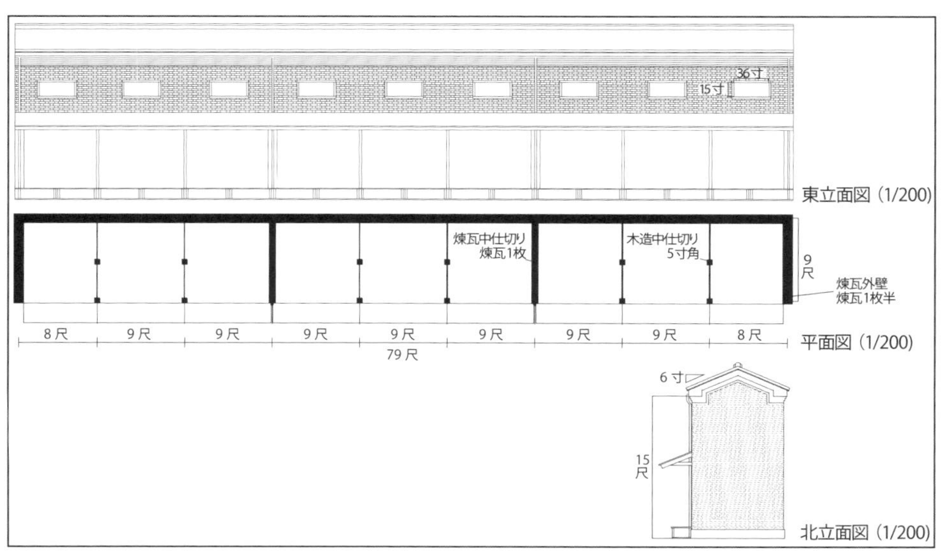

図6 煉瓦仲店東1号棟 推測復原図(建設当初)

している。そのことから煉瓦仲店が仕様書（計画）の通りに建設されたと推定できる。前述の史料に加えて、写真、地図史料（図5）、店舗改修史料（7-3）を参考に、煉瓦仲店の建物を復原した（図6）。ただし、写真史料からは煉瓦の数（土台上から軒下蛇腹（じゃばら）まで62個）や2階窓寸法等を参考として、軒や揚縁（あげえん）（縁側）や煉瓦1個の寸法を推定した。また、ここでは火災を免れた棟のうち、東1号棟を例とした。

5章　煉瓦仲店の営業形態（1885年-）

5-1 煉瓦仲店の借家料

4-1より、仕様書（1885年）の借家料は、東棟・西棟ともに1戸（2.25坪）あたり3,818円（1,696円/坪）とされた。しかし実際には東西の棟で差があり、東棟については計画時よりも安くなっていた。これは、掛店時に西日の影響で東側の掛店の地代が安かったことが影響していると考えられる。

また借家料は、東京府により類似した商業地区（日本橋など）や又貸し賃料（5-2）を参考に決められた。

5-2 煉瓦仲店の又貸し

2-2より、掛店営業人に「床持層（借地権をもっている層）」と「出稼層（実際に営業をしている層）」の二層構造が存在したことが判明した。それに次いで、煉瓦仲店でも「仲店賃借本人（借家権をもっている層）」と「又借り人（実際に営業をしている層）」の二層構造があったことがわかった。ここでいう「床持層と仲店賃借人」「出稼層と又借り人」は、それぞれ本質的には同一である。以上より、掛店時からの又貸し、つまり床持層と出稼層の二層構造が、仲店賃借本人と又借り人として煉瓦仲店にも受け継がれていたことがわかる。1906年時点（全147人）で又借り人は延べ64人存在した。

又貸し賃料は営業場所により大きくバラついており、東棟の方が又貸し賃料の平均が1円程高くなっている。しかし、当時の東京府による正規の仲店借家料は東の方が安くなっていることから、又貸し賃料は東京府による借家料の大小にかかわらず、煉瓦仲店営業人が独自に設定していたと推察できる。なお、この又貸し賃料が煉瓦仲店営業場所の実際の価値を表しているといえる。具体的には、雷門寄りと仁王門寄りが中央部より又貸し賃料が高く、仲見世通りの両端の人気（価値）が高かったと推定できる。

また、又貸しは東側が82戸のうち43戸と半分以上で行われていたのに対し、西側は65戸のうち20戸と1/3に満たず、東西で差があった。

又貸しが横行する状況を懸念していた東京府は、1915年に従来まで黙認していた「又貸しの禁止令」を出した。東京府は又借り人が退いたうえで借家人本人が営業するか、新たな借家人が増えることを望んでいた。しかし、実際には新たな借家人は5人しか増えず、一時空き店舗も目立った。また、掛店から煉瓦仲店への割当て時と同様に、又借り人から仲店賃借本人（借家人）への繰り上がりも確認できた。

1戸/人　2戸/人　3戸/人　4戸/人　5戸/人　6戸/人　7,8,10,14,15戸/人

年									
1920	60	36	9	12	10	12	8		
1918	60	34	12	12	10	12	7		
1916	64	30	6	12	10	18	7		
1915	60	30	3	8	20	12	14		
1912	58	16	9	12	15	6	8	9	14
1909	58	22	6	12	15	12	7	15	
1906	60	18	3	12	20	12	7	15	
1903	69	14	12	4	15	18	15		
1900	70	20	6	8	15	14	14		
1897	77	18	18	4	10	12	10		
1894	81	22	15	15	6	10			
1891	84	20	12	8	15	10			
1888	82	30	9	12	6	10			
1885	78	38	6	12	5				

表3 複数借家店舗

6章　煉瓦仲店営業人の移り変わり

6-1 店舗の複数借家

煉瓦仲店には店舗を複数借家している者も多くおり、その方法としては「従来からの店舗に隣接する店舗の集積」（隣接型）と「点在した店舗の集積」（分散型）の主に2つである。煉瓦仲店借家人1人あたりの借家数は、初年度の複数借家は最大5戸だが最盛期（1909年、1912年）には15戸である。最盛期は又貸し禁止令（1915年）の直前であり、そのこと

からも実際に又貸しが行われていたことが裏付けられる。つまり1915年以前の煉瓦仲店継続借家願には、一部に又貸しを行っていた形式的な借家人が、以降には実質的な借家人が書かれていると推定される。

表3は煉瓦仲店全体の、複数借家を行っていた割合を示すものである。これより、当初は「1戸/人」が煉瓦仲店店舗の過半数を占めていたが、1915年には1戸/人は半分にも満たず、そこから一部の有力営業人の台頭と又貸しの拡大が見て取れる。また、又貸し禁止令発令後(1916年)、4戸/人と14戸/人は1人ずつ減っているが、3・4・6戸/人については増えている。それは又貸しは消えたが、有力営業人による複数借家の傾向は減少しつつも、継続されたことを意味する。

このような又貸しや店舗集積は、掛店の格差を是正するための措置であったはずの煉瓦仲店に新たな格差をもたらしたといえる。

6-2 営業継続年数

煉瓦仲店竣工から倒壊までの38年間で、21年以上(半分以上)継続して営業しているのは、東側が82戸のうち39戸、西側は57戸のうち45戸存在し、なかでも30年以上は、東側18戸、西側26戸であった。このことから煉瓦仲店は全体的に営業人の定着率が高く、とくに西側においては、火災(1890年)被害が大きかったにもかかわらず、半数が30年以上継続して営業している。このことから火災を契機とした撤退は少なかったと考えられる。

6-3 営業種目の移り変わり

1903-20年の営業種目は小間物、菓子、玩具、袋物等、観光客を対象とした土産用の商品が大半を占める。掛店では西日の影響で東側での小間物営業は避けられていたが、煉瓦仲店では東西による営業種目の差は見られない。

17年間営業種目が変化しなかったのは、東側39戸、西側40戸であり、営業人同様、西棟の方が継続年数が長いことがわかる。ただし17年間営業種目が変化していない間にも営業人は数回変化するなど、営業種目の転換時期と営業人の転換時期は必ずしも一致しない。

6-4 煉瓦仲店営業人の居住形態

煉瓦仲店営業人の居住地を見ると、まず第一に、掛店時と比べて後背地である馬道町1・2・3丁目に住む者が大幅に増えたことがわかる。1903年(又貸し禁止令前の、形式的な借家人)では6割、1916年(又貸し禁止令後、実質的な借家人)では8割が後背地に住んでおり、1915年の又貸し禁止令を経て徐々に増えたことがわかる。対して又貸し禁止令の前後で、東西ともに馬道町2丁目の居住者数が倍増していることから、営業場所に関係なく多くの出稼層が馬道町2丁目に住んでいたと考えられる。

7章　店舗空間の増設と改修

7-1 煉瓦仲店番外

煉瓦仲店計画時、東京府は火災を懸念し、建物の煉瓦造化の他、仁王門周辺を火除け地として設定した。煉瓦仲店建設直後、その地の借地願が多く提出されたが、東京府はそれを不許可とした。しかし1889年、美観に徹することや建てた煉瓦仲店を東京府に献納したうえで家賃を納めること等を条件に、仁王門前に10年期限で東側5戸、西側8戸の番外煉瓦仲店の建設を許可した。1890年には美観を保つため、後背地に弁天山(図5)が位置する東側の番外煉瓦仲店5戸は取り壊され、西側は3戸増えたことがわかる。また西側8戸の番外煉瓦仲店の奥行は6.83、12、15尺と、従来の煉瓦仲店とは一致せず、間口もすべて12尺と広くなっている(表1)。このことから東京府による煉瓦仲店への規制の緩和が窺える。

7-2 仲店煉瓦家屋貸渡規則

煉瓦仲店の建設と同時に、東京府により全13条の仲店煉瓦家屋貸渡規則が作成され、それは時代を追うごとに変化した。たとえば煉瓦仲店竣工時の規則では、「借家人の都合による改修は禁する」とされている。しかしその4年後には「許可を取れば改修は認める」と改訂されている。その変化の過程は年ごとの改修願や明治後期や大正期の写真(図7)を見ても明らかである。各店舗にランプ燈が取りつけられると、夜間営業時間が延びるなど、時代に沿った東京府の対応が見て取れる。

7-3 店舗空間の改修事例

店舗空間の改修は、主に宣伝・設備整備・中仕切り撤去などである。竣工時から4年はその内容によらず、ほとんどの改修が不許可とされていたが、1889年の仲店煉瓦家屋貸渡規則の変化とともに、その申請が許可されていった。

電気燈は1902年、ガス燈は1904年、電話機は1918年から盛んに取りつけられている。浅草公園に電気が通ったのは1890年からと、東京市のなかでも比較的早く、煉瓦仲店はいち早くそれを取り入れたといえる。

中仕切り撤去については木造中仕切りだけでなく、煉瓦中仕切りを一部取り除く工事も見られた。これは「隣接型の店舗集積」が広まったことが要因と考えられる。

以上により、このような1戸ずつの改修は、当初は外観がすべて統一されていた煉瓦仲店に対し新たに個性を生み出したといえる。

8章　結び

本研究では、掛店と煉瓦仲店の空間構成について具体的に復原した。

掛店から煉瓦仲店への転換は、間口規模などの掛店の商人格差を是正して平等に再配分するプロセスであったが、実際の間口にはバラつきがあり、棟ごとに商人による調整がなされていた。また、掛店時の床持層と出稼層の二層構造は、煉瓦仲店では借家人と又借り人として継続された。それと同時に煉瓦仲店では店舗集積や長年の営業継続も起こり、これについては東西の棟で差が見られた。当初は禁止されていた店舗の改修も許可され、これにより均一化されていた店舗にも個性が出てきた。

以上により、近世の伝統的商業空間である掛店に存在した格差を平等化するための措置であったはずの、近代の公共施設としての煉瓦仲店に、新たな格差が生まれたことがわかった。

[註]

＊1 子院の塀に付随した仮設的な木造の露店。

＊2 浅草寺境内にあり、それに付属する小寺院。なかでも仲見世通り沿いの子院は各々の境内での借地・借家経営が盛んであった。

＊3 明治18年理事録彙第一類 庶務課公園部「公園返地届」、「東京市史稿遊園篇5付図」、「五千分一東京図測量原図」(1884年)を用いて作成した。

＊4 掛店が塀に寄生するような形で存在しているのに対し、建築的に独立して存在している木造仮設店舗を指す。

[参考文献]

(1)東京都公文書館所蔵「浅草仲見世関係史料」『東京市史稿 遊園篇5、6』

(2)田中公敏「明治期に建設された煉瓦街における権利形態と街の存続性の相関性に関する考察——銀座煉瓦街、柳原煉瓦街、浅草煉瓦仲店の比較を通して」『日本建築学会大会学術講演梗概集(中国)』

(3)光井渉『近世寺社境内とその建築』中央公論美術出版、2001年

(3)初田亨『都市の明治——路上からの建築史』筑摩書房、1981年

(4)上坂倉次『門前町繁昌記——あさくさ仲見世史話』浅草観光連盟、1985年

(5)東京都台東区『台東区百年のあゆみ 台東叢書 第4集』東京都台東区、1968年

(6)小沢健志、鈴木理生『保存版 写真で見る　江戸から東京へ』世界文化社、2001年

(7)『古写真に見る明治の東京「浅草区編」』日本カメラ博物館、2012年

(8)鈴木健一、市古夏生編『新訂 江戸名所図会 6 —巻之六 揺光之部』筑摩書房、1997年

(9)石黒敬章『明治・大正・昭和——東京写真大集成』新潮社、2001年

図7煉瓦仲店(大正期)[出展:『東京風景』(小川一真出版部、1911)]

出展者コメント —— トウキョウ建築コレクションを終えて

Q このテーマを選んだ理由

浅草仲見世通りがもつ、江戸から現代まで多くの人を惹きつける魅力とは何なのかに気になったのがきっかけの1つです。また、和のイメージが強い浅草に建っていた「西洋風の煉瓦造の建物」がどのようなものであったかに興味をもちました。

Q 修士論文を通して得たこと

歴史研究とは何か、今も100%の理解に至らないままここまで来てしまいました。論を組むことの難しさ、そしてそれを人に伝えることの大切さを学びました。お世話になった先生、先輩、同期にとても感謝しております。

Q 論文を通じて社会に向けて発信したいメッセージ

煉瓦仲店の38年間は管理者である東京府と、実際に働く商売人との攻防の歴史です。そのような切磋琢磨も、仲見世通りが今に続く賑わいを保つために必要な要素であったと考えます。持続可能性を考える際、一度その歴史を振り返るきっかけとなれたら幸いです。

Q 修士修了後の進路と10年後の展望

研究では都市の過去を見ていたので、仕事では都市の未来を考えてみたいと思い、4月からはまちづくりに携わる職に就く予定です。10年後には、自分の設計した家に住むという夢に少しでも近付いていられればと思います。

長野市における既存活用型高齢者施設の室構成の変化

有田一貴
Arita Kazutaka

信州大学大学院
総合理工学研究科　工学専攻
寺内美紀子研究室

1章　序

1-1 研究の背景と目的

今日、空き家や建物内の空き室を地域の有益なストックとみなし、福祉的な機能、サービスに活用する「福祉転用」が注目されている[*1]。既存ストックを利用する福祉転用は、新築に比べ軽費であるだけでなく、地域に馴染んだ場所で活動ができる点や住民の理解を得やすいなどの利点があり、地域づくりの点からも注目されている。一方で、既存活用型高齢者施設は用途・規模ともさまざまな施設が増改築され、活用前後で室の用途や構成が変化していると考えられるが、その実態は明らかになっていない。こうした室構成の変化を把握し、空間改変の手法を導くことができれば、今後の既存ストックを活用した施設整備に有効と考えられる。

そこで本研究は、長野県長野市内において既存施設を高齢者施設に転用したものを対象とし、増改築前後での室構成の変化を分析することで、既存活用型施設に特有の空間的課題を明らかにし、今後の施設整備における有効な知見を得ることを目的とする。

1-2 既存活用型高齢者施設において求められる空間

既存活用型高齢者施設には提供するサービスの違いに応じて施設区分があり、介護保険法に必要諸室と面積[*2]が規定されている（図1）。施設区分としては有料老人ホーム、認知症高齢者グループホームなどの利用者の入居を前提とする入所系、数時間の滞在を前提とするデイサービスセンターなどの通所系、これらの混合である混合系の3種である。

一方これらに求められている空間は共通して、リハビリや食事などを行う食堂および機能訓練室（以降、機能室）、個人や少人数での休息や就寝のための居室や静養室[*3]（以降、居室）を主とし、管理部門として事務室、浴室やトイレ、キッチン等の水回り設備室が付随する。

高齢者施設に転用されるうえで事務室の確保と設備の更新およびバリアフリー化は必ずあり、施設ごとの特徴が現れるのは機能室と居室と考えられる。これらは利用者が一日の大半を過ごす大切な空間であり施設整備上重要な要素である。両者のあり方や関係性を捉えることが既存活用型高齢者施設の室構成を捉えるうえでもっとも重要と考え、本研究の分析の主眼としてゆく。

長野市における既存活用型高齢者施設の施設区分

＜入所系＞	＜＜混合系＞＞	［通所系］
有料老人ホーム	サービス付き高齢者向け住宅	老人デイサービスセンター
認知症高齢者グループホーム	小規模多機能型居宅介護	
老人短期入所施設（ショートステイ）		
介護老人保健施設		

入所系及び混合系

食堂及び機能訓練室	室数基準なし 利用定員 ×3.0 ㎡以上※1
居室	室数基準なし 面積 13 ㎡以上 / 人 ※1
水回り設備室	室数・面積基準なし※1
事務室	室数・面積基準なし※1

※1 有料老人ホームにおける面積基準

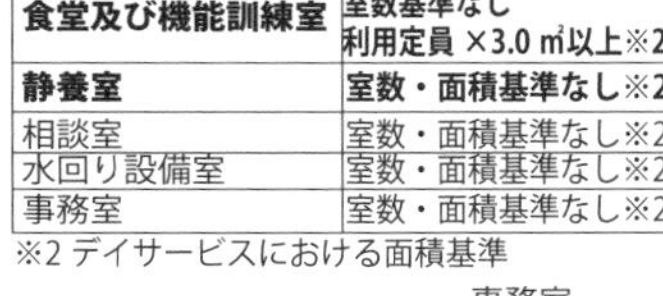
通所系

食堂及び機能訓練室	室数基準なし 利用定員 ×3.0 ㎡以上※2
静養室	室数・面積基準なし※2
相談室	室数・面積基準なし※2
水回り設備室	室数・面積基準なし※2
事務室	室数・面積基準なし※2

※2 デイサービスにおける面積基準

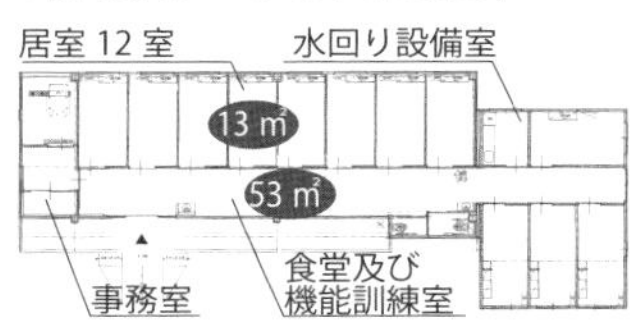

例：定員 13 名有料老人ホーム（No.45）

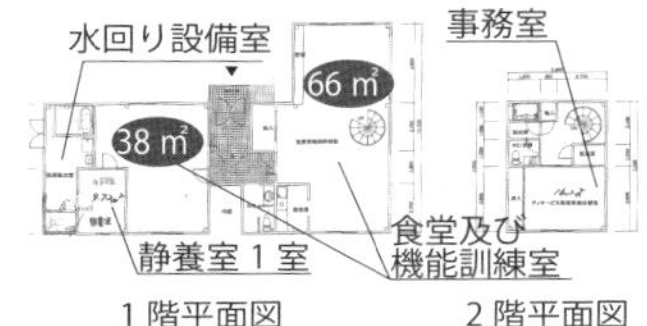

例：定員 19 名デイサービスセンター（No.46）

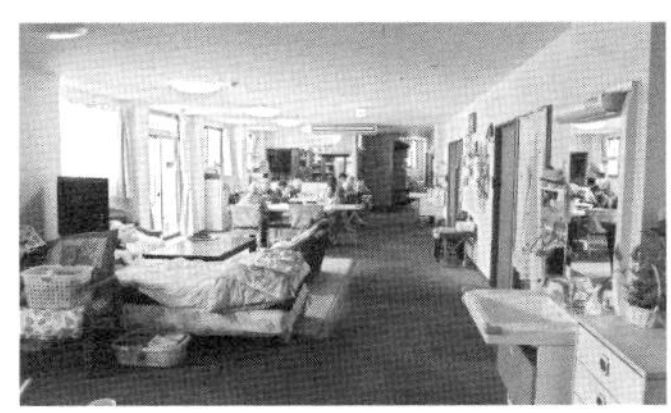

図1 施設区分と必要諸室（写真左 食堂および機能訓練室、写真右 居室または静養室）

2章 研究概要

2-1 調査方法と分析対象

まず事前調査として市内全446施設（2019年4月現在）の高齢者福祉施設の各運営主体に問い合わせ、そのうち既存施設を活用した79施設を抽出した（図2）。次に建物の一部の活用や訪問看護ステーションなど施設を直接利用しない事務所等を除き、建物全体で高齢者施設の用途に供するもののなかから実測調査、ヒアリング、図面の提供依頼を行い、増改築の前後の状態を把握できた全49施設を分析対象とした（表1）。

次にこの49施設の基礎情報として、前用途や面積等を整理し、実測・ヒアリング調査では開設の経緯、改築箇所、改築の問題点などの聞き取りを行った。前用途は民家（26施設）、倉庫等[*4]（13施設）が多く、また施設区分は通所系（34施設）入所系（13施設）混合系（2施設）であった。

2-2 分析方法

No.45（図3）は、現在1階建ての住宅型有料老人ホーム（入所系施設）である。増改築前はコンビニエンスストアで、全体の中でもっとも大きい売り場1室と、トイレなどの設備関係室、バックヤードとしての倉庫、従業員の事務室の計4室の構成であった。住宅型有料老人ホームに変更するためにまず3室の間仕切りが撤去され、新たな間仕切りで全体が分割され、さらに北側に増築されている。次に増改築後を見るとリハビリや食事などを行う機能室が南北に長く配置され、それらに接続して、個人や少人数での就寝のための居室が一列に並んでいる。元の施設で最大であった売り場が機能訓練室および居室に

事前調査　2019/2/9〜5.30

詳細調査　2019/2/9〜2020/1.14

既存活用型施設の抽出

長野市内全 446 高齢者福祉施設（2019 年 4 月現在）から既存活用型施設の抽出

詳細調査 49 施設

・基礎情報の整理
・実測・ヒアリング調査
・図面の提供依頼・図面の作成

建設状況

施設数

10　20　number

前用途

民家　26
倉庫系　13
集合住宅　6
その他　4

▮通所系（34）
▮入所系（13）
▮混合系（2）

ヒアリング項目

定員・送迎の範囲・土地建物所有形態・利用者の層・開設の経緯、建物の建設年・改修年・面積・構造・改修箇所・使っていてのメリット、デメリット・地域との関わり方

図2 調査概要

No.	許可	施設名称	区分	前用途	定員	前面積	後面積	後構造	前図面	後図面	調査日
1	H15	宅老所NO	通所系	工場	18	378	223	鉄骨	○	○	2019/7/5
2	H15	デイサービスセンターRK	通所系	コンビニ	21	160	235	鉄骨	△	○	2019/7/2
3	H16	ショートステイAS	入所系	倉庫	32	411	1167	RC	△	○	2019/6/20
4	H16	デイサービスTG	通所系	民家	25	238	238	木	○	△	2019/9/17
5	H17	宅老所SK	通所系	倉庫	15	415	196	鉄骨	○	○	2019/9/9
6	H17	デイサービスYW	通所系	整体	15	90	158	RC	△	○	2019/7/10
7	H17	宅幼老所NK	通所系	民家	10	107	107	木	△	○	2019/9/18
8	H17	宅老所AS	通所系	民家	14	91	91	木	△	△	2019/7/3
9	H17	宅幼老所WB	通所系	民家	9	77	82	木	△	○	2019/9/17
10	H18	KB（デイサービス）	通所系	民家	12	98	98	木	△	△	2019/7/10
11	H18	ND（デイサービス）	通所系	民家	10	89	90	木	○	○	2019/9/17
12	H18	宅老所YM	通所系	民家	10	97	97	木	△	○	2019/7/1
13	H18	宅老所TT	混合系	民家	25	100	150	木	△	○	2019/7/8
14	H19	グループホームTY	入所系	倉庫	18	221	520	RC	○	○	2019/9/10
15	H19	デイサービスセンターFR	通所系	社員寮	10	175	175	鉄骨	○	○	2019/11/4
16	H19	デイサービスセンターWK	通所系	民家	10	165	165	木	△	○	2019/9/17
17	H20	グループホームKY	入所系	民家	6	135	198	木	○	○	2019/9/16
18	H20	宅老所NM	通所系	民家	10	156	156	木	△	△	2019/7/3
19	H20	デイサービスTP	通所系	テナント	15	103	113	木	○	○	2019/11/4
20	H21	HI（有料老人ホーム）	入所系	社員寮	18	530	530	RC	○	○	2019/7/10
21	H21	デイサービスHD	通所系	民家	10	108	108	木	△	○	2019/9/17
22	H21	デイサービスセンターOZ	通所系	民家	8	125	125	木	△	○	2019/11/5
23	H21	OW（デイサービス）	通所系	民家	8	60	60	木	△	○	2019/7/2
24	H22	SYデイサービス	通所系	社員寮	25	493	493	鉄骨	×	○	2019/7/10
25	H22	FI（デイサービス）	通所系	民家	8	89	89	木	△	○	2019/7/3
26	H23	グループホームFK	入所系	倉庫	9	225	225	鉄骨	○	○	2019/6/26
27	H23	YW（有料老人ホーム）	入所系	民家	8	176	186	木	△	△	2019/7/9
28	H23	グループホームMW	入所系	工場	29	806	885	鉄骨	△	○	2019/6/24
29	H23	デイサービスMM	通所系	民家	14	126	126	木	△	○	2019/7/11
30	H23	宅老所NZ	通所系	民家	10	95	102	木	△	○	2019/7/5
31	H24	NA（デイサービス）	通所系	スーパー	70	949	949	RC	△	△	2019/1/14
32	H24	デイサービスPK	通所系	民家	10	101	101	木	○	○	2019/7/3
33	H24	SHデイサービス	通所系	民家	10	117	117	木	△	○	2019/6/28
34	H24	デイサービスOH	通所系	民家	10	56	56	木	△	○	2019/9/9
35	H24	OTデイサービスセンター	通所系	賃貸住宅	10	119	119	RC	△	○	2019/9/7
36	H25	宅老所AM	通所系	診療所	10	360	360	RC	△	○	2019/6/17
37	H25	DK（デイサービス）	通所系	コンビニ	15	184	184	RC	△	○	2019/6/25
38	H25	FN（デイサービス）	通所系	賃貸住宅	10	73	88	鉄骨	△	○	2019/7/3
39	H25	LN（デイサービス）	通所系	テナント	10	99	99	鉄骨	△	○	2019/9/9
40	H25	デイサービスHM	通所系	民家	10	104	104	木	△	○	2019/6/18
41	H26	YH（有料老人ホーム）	入所系	民家	9	196	196	木	△	△	2019/7/9
42	H27	HD（有料老人ホーム）	入所系	民家	8	176	176	木	△	○	2019/9/17
43	H27	SA（デイサービス）	通所系	テナント	14	243	219	木	○	○	2019/9/10
44	H28	IW（有料老人ホーム）	入所系	**オフィス**	29	1090	1153	RC	○	○	2019/2/9
45	H28	IK（有料老人ホーム）	入所系	コンビニ	13	183	260	鉄骨	○	○	2019/2/9
46	H28	デイサービスEW	通所系	オフィス	19	159	159	RC	○	○	2019/2/9
47	H28	KT（サ高住）	混合系	社員寮	40	1932	1962	RC	△	○	2019/5/21
48	H29	SN（有料老人ホーム）	入所系	民家	6	120	120	木	△	○	2019/6/27
49	H30	FS（有料老人ホーム）	入所系	民家	8	84	283	木+鉄骨	△	○	2019/7/8

増改築前後図面　○:図面入手　△:ヒアリングと実測調査による作成　×:実測調査による作成
許可とは介護保険法に基づく居宅サービス事業所、介護予防サービス事業所、介護保険施設を行うための申請が県の指定・許可を受けた許可（届出）年を指す

表1 長野市における既存活用型高齢者施設

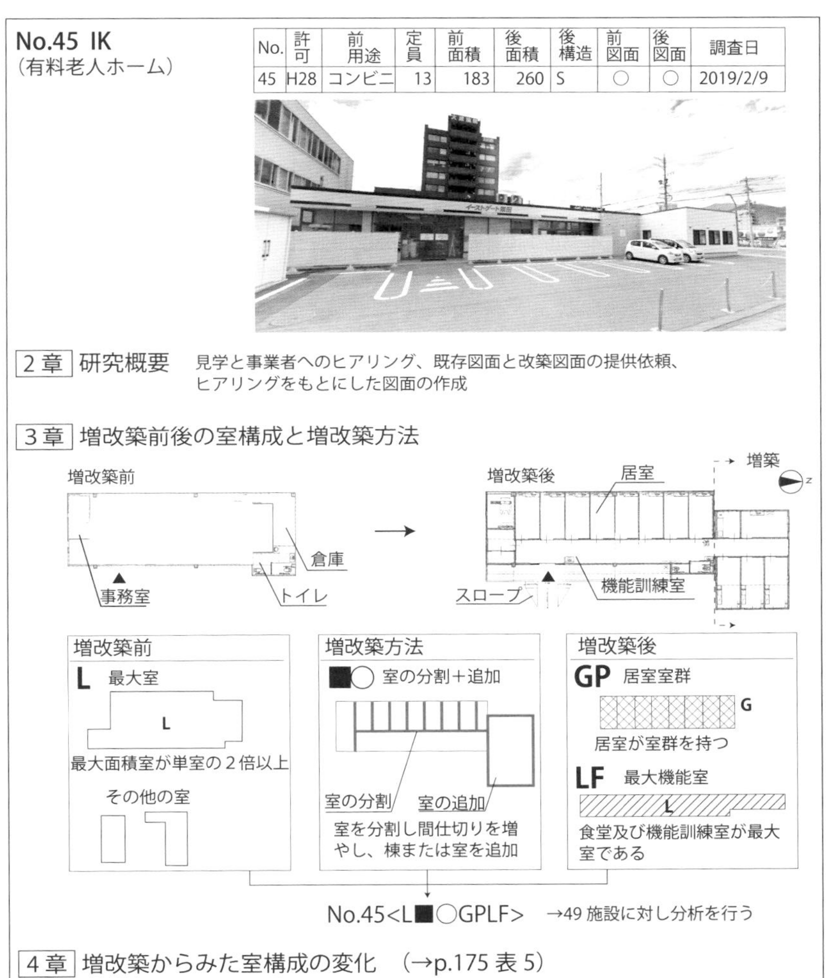

図3 分析例

変更され、増築もされている。

こうした増改築による室構成の変化を捉えるために、[増改築前][増改築方法][増改築後]の3段階で分析を行う。既存施設の用途が何であれ、それらがもつ相対的な室の大きさや数が増改築の方法や増改築後の室構成に影響を与える。また、増改築方法は分割して室を増やすか、逆に室を統合してより大きなまとまりとするかといったいくつかの操作の組み合わせで捉えられる。そして増改築後は、増改築前に捉えられていた室の性格が、機能室および居室に与えられているか否かといった視点から捉える。こうした3段階の分析を49施設に対し行う(3章)。

続く4章では、それらを増改築前後の室構成の比較から、どのような増改築方法で室構成の変化が起きたのか分析し、こうした既存活用における空間的課題を明らかにする。

3章　増改築前後の室構成と増改築方法

3-1 増改築前の室構成

増改築前の室構成を分析する(表2)。一般的に水回りを除く室は大きさや数、動線上の位置によって使い方が定められる。したがって1室の構成を捉えるには相対的に大きな室があるかどうか、あるいは高齢者施設の居室になり得るような同程度の室が複数あるかどうか、といった観点が有効である[*5]。同規模で同じ並びに2室以上ある場合を室群あり、最大面積室が他の室の平均面積の2倍以上ある場合を最大室ありとした。室群あり(G)は15/49施設、最大室あり(L)は15/49施設と以上の2種が4種の中ではやや多いが大きな偏りはないと捉えられる。

3-2 増改築の方法

次に、増改築前後の室構成の比較から増改築の方法を分析する。既存施設を増改築し高齢者施設として活用するにあたり、さまざまな種類の増改築が複合的に行われており、室構成の変化が起きた部分を抽出し表3に図示した。

49施設における増改築の方法は、室の分割(■)、室の分割＋追加(■○)、室の追加(○)、室の統合＋追加(□○)、室の統合(□)、変化なし(—)の6種であった。これらより、室の統合を選択する増改築がもっとも多く、室の分割が次に多くみられた。つまり最大室を得るための改築と、既存施設の中で相対的に大きい最大室を分割する改築が多いといえる。

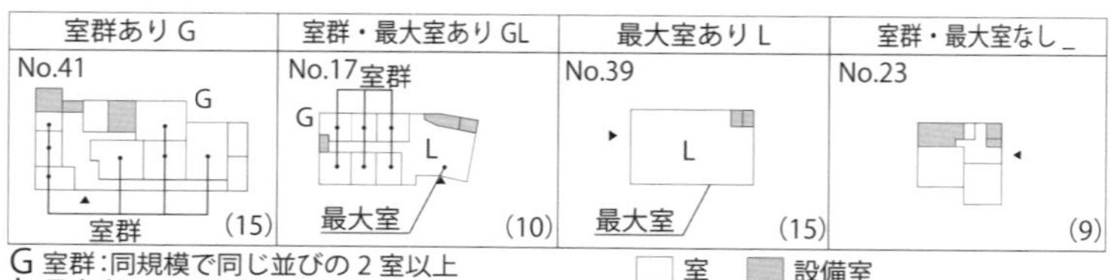

G 室群：同規模で同じ並びの 2 室以上
L 最大室：最大面積室 / 他の室 ≧2
(　) 内の数字は施設数を表す

室　設備室
L 最大室　G 室群　0　10m

表2 増改築前の室構成

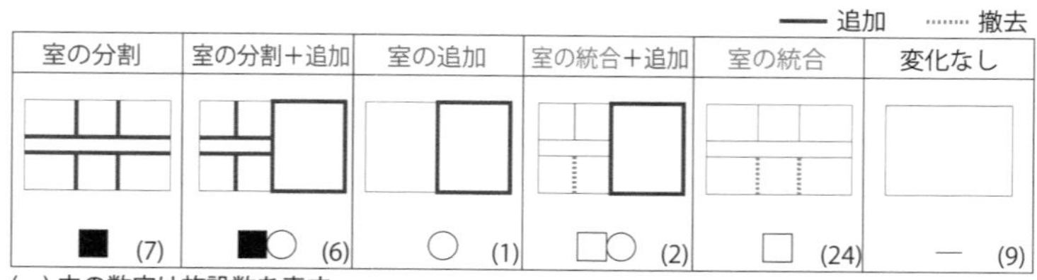

(　)内の数字は施設数を表す

表3 増改築方法

居室室群あり GPF	居室室群・最大機能室あり GPLF	最大機能室あり PLF	居室室群・最大機能室なし PF
No.41 G 居室室群 (2)	No.17 居室室群 G L 最大機能室 (21)	No.39 L 最大機能室 (23)	No.23 (3)

GP居室室群：同規模で同じ並びの 2 居室数以上　居室 P　最大機能室　設備室
LF 最大機能室：機能室面積 /居室平均面積 ≧2　機能室 F　G 居室室群　事務室
(　) 内の数字は施設数を表す
0　10m

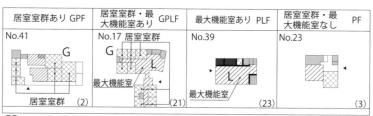

表4 増改築後の室構成

3-3 増改築後の室構成

さらに増改築後の室構成を分析する。高齢者施設においては居室と機能室が重要である。増改築前の室構成を、室どうしの相対的な大きさの差や同程度の大きさの室群の有無によって捉え、増改築後に、居室が室群となる構成になるのか(以降、居室室群)、機能室が最大室となる構成になるのか(以降、最大機能室)など、居室および機能室と室群あるいは最大室との対応関係を分析した。その結果、居室室群あり(GPF)、居室室群・最大機能室あり(GPLF)、最大機能室あり(PLF)、居室室群・最大機能室なし(PF)の4種が導かれた(表4)。

また図4には[増改築前の室構成][増改築方法][増改築後の室構成]の3段階に応じた分析を49施設すべてにおいて図示し、増改築の方法ごとにまとめた。増改築後の室構成は最大機能室あり(PLF)の構成がもっとも多く(23/49施設)、次に居室室群・最大機能室あり(GPLF)の構成が多くみられた(13/49施設)。増改築前には比較的多くみられた室群あり(G)が増改築後には少ない(2/49施設)ことや、増改築後は居室室群・最大機能室なしの構成(PF)は少ないことから増改築後は最大機能室の確保が優先される傾向にあるといえる。

4章　増改築からみた室構成の変化

本章では増改築前後の室構成の比較からどのような変化が起きたのかを2軸で表し、増改築の方法、施設区分を記載した。その結果、室構成の変化に共通性をもつI-Vのまとまりが抽出された(表5)。

既存活用型高齢者施設において、既存の室構成がそのまま高齢者施設に転用されるならば、室の用途が変わるのみで室構成の変化はなく、転用前後で同じ室構成をとることになる(表5アミ掛部)。しかし、それだけではない増改築がなされていることが表5から読み取れる。これは既存活用型高齢者施設が増改築の前後で室構成を変化させていることを示している。その要因となる増改築の方法を踏まえて抽出したI-Vのまとまりを考察する。

Iは、増改築前に室群ありの室構成(G)から、増改築後は居室室群・最大機能室ありの室構成(GPLF)になる変化である。増改築方法としては室の統合(□)がこの中では多くみられ(4/6施設)、室群を最大機能室へと改築し、残りを居室室群としている。施設区分としては、3/6施設において通所系施設で3/6施設が入所系施設への転用であった。No.4では増改築前の室群を解体して、機能訓練室以外にも機能訓練室に準する室が設けられている。

IIは、増改築前に室群・最大室ありの室構成(GL)から、増改築後は居室室群・最大機能室ありの室構成(GPLF)になる変化である。増改築方法としては変化なし(ー)がこの中では多くみられ(4/8施設)、室群は居室室群に、最大室は最大機能室に転用されていることから、No.36のように増改築前の室構成が活かされているとわかる。施設区分としては、8施設のうち4施設において通所系施設、3施設において入所系施設、1施設において混合系施設への転用が確認された。増改築前に室群と最大室の両方をもっていることが用途変更に有効であると推測できる。

IIIは、増改築前に最大室ありの室構成(L)から、増改築後は居室室群・最大機能室ありの室構成(GPLF)になる変化である。増改築方法としては室の分割＋追加(■○)が多くみられ(4/5施設)最大室は最大機能室を確保しながら室に分割され居室室群となり、さらに増築し室の追加が行われている。施設区分としては、5施設すべてで入所系施設への転用が確認され、比較的居室数の多い入所系施設への転用であった。この場合No.3のように外周に居室が並び、内側に機能訓練室を設ける配置となり、採光条件など配慮すべき事項があると思われる。

IVは、増改築前に最大室ありの室構成(L)から、増改築後は最大機能室ありの室構成(PLF)になる変化である。増改築方法としては室の分割(■)が多くみられ(7/10施設)、最大室に居室がとられながら相対的に最大の室が機能室となっている。施設区分としては、10施設すべてにおいて通所系施設への転用であった。

Vは、増改築前に室群・最大室なしの室構成(ー)

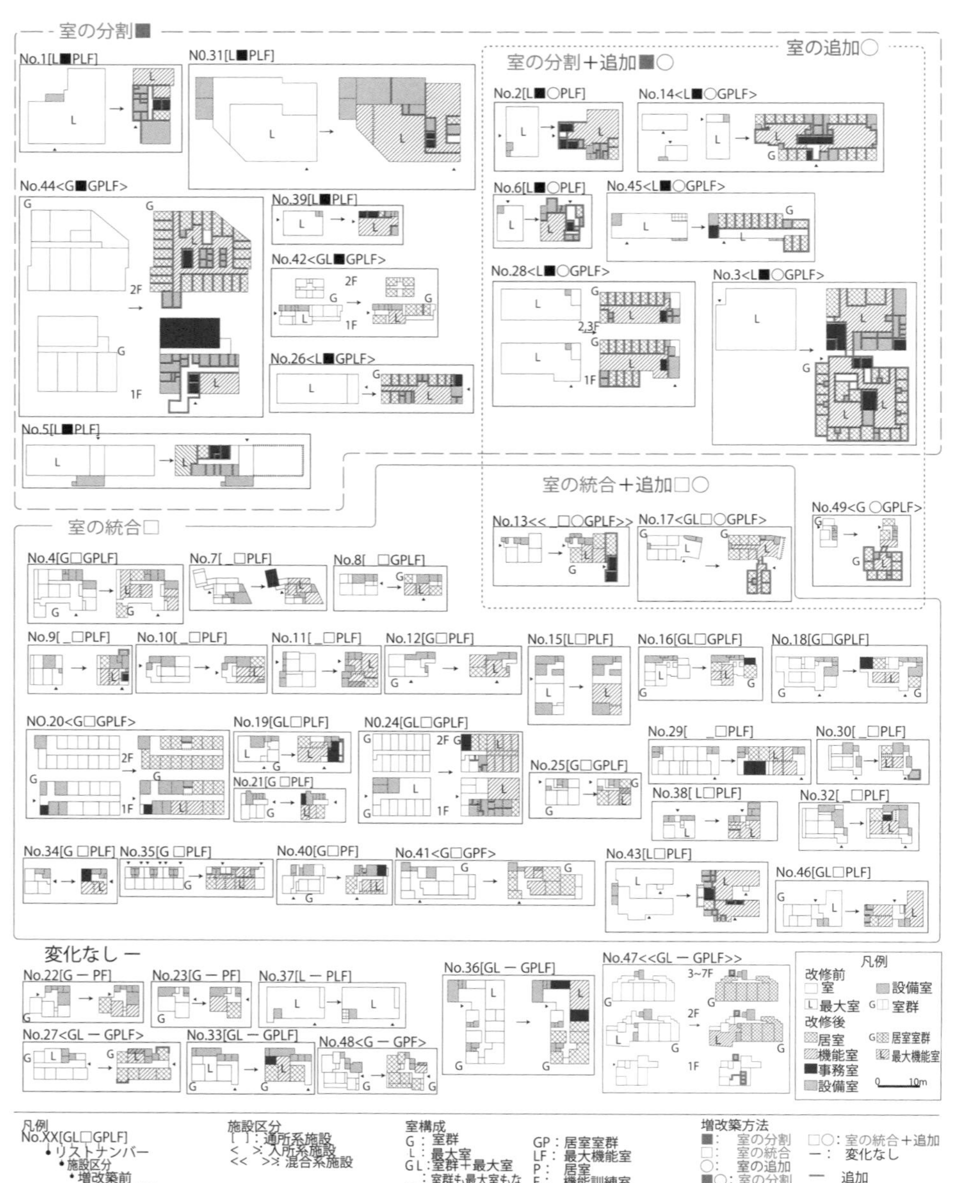

図4 49施設の増改築内容

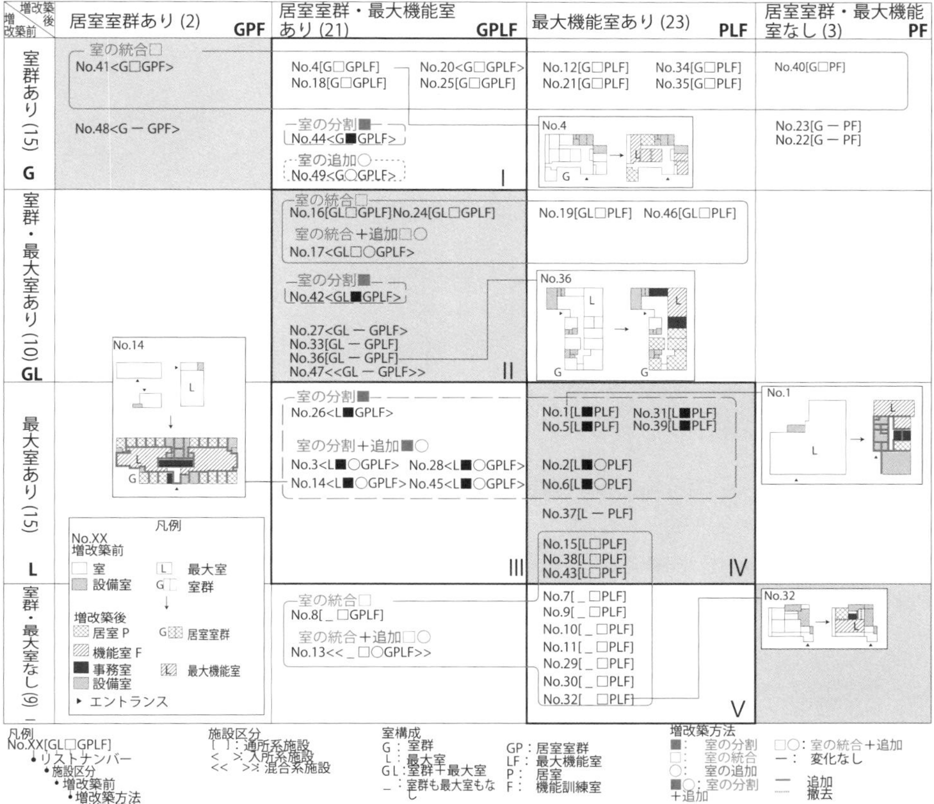

表5 増改築前後の室構成と増改築の方法

から、増改築後は最大機能室ありの室構成(PLF)になる変化である。増改築方法としてはすべて室の統合(□)のみで、複数の室を1つの最大機能室へ変更している。施設区分としては、7施設すべてにおいて通所系施設への転用が確認された。ほとんどが民家の間仕切りの取り外しのため、この規模の既存施設を通所系施設に転用する際の典型的な増改築と考えられる。小規模なため、No.32のように機能訓練室と静養室が続き間になるものがあり、個室としての居住性を保ちにくい傾向にある。

以上のI-Vを増改築前、増改築方法、増改築後の流れに沿って位置づけたものが図5である。この流れをみると既存施設の室の特性が活かされて高齢者施設に変更されることが理解される。高齢者施設において重要な居室は既存施設に室群があればそれが活かされ居室群となる(I、II)か、室群のない場合は追加して居室群が整備される(III)のに対し、機能室は既存がどのような状態でも室の統合(I、V)あるいは室の分割(III、IV)、そのままの転用(II)で整備されている。このことは、高齢者施設の場合施設区分と関係なくさまざまな機能室が設けられているという結果であり、前述の採光性や個室としての居住性など配慮すべき空間的課題を想定させる。増改築においては居室だけでなく、機能室に求められる居住性能の議論が今後必要になると考える。

5章　結

以上、本研究では、長野県長野市において既存施設を活用し高齢者施設に転用したものを対象とし、増改築前後の室構成の比較をし、増改築の方法からも考察することで既存活用型高齢者施設の室構成の変化を明らかにした。

まず事前調査として長野市内全446施設の中から79の既存活用型高齢者施設を抽出した。その中で詳細調査を行うことができた49施設において[増改築前][増改築方法][増改築後]の3段階で分析を行った。増改築前の室構成においては大きな偏りはみられず、増改築の方法としては、室の統合、室の分割の順に多くみられ、既存施設の中で相対的に大きい最大室は分割される改築が多いことを把握した。また、室の追加との複合的な増改築も確認できた。さらに、増改築後の室構成としては高齢者施設において重要となる居室および機能訓練室と室群、あるいは最大室との対応関係から分析し、結果として居室室群・最大機能室ありと最大機能室ありの室構成がほとんどを占め、増改築後は最大機能室の確保が優先される傾向にあることを把握した。

次に、増改築前後での室構成の比較より、室構成の変化に共通性がみられた5種のまとまりを抽出した。その結果、既存活用型高齢者施設において既存の室構成がそのまま高齢者施設に転用される場合のみでなく、室の分割あるいは統合により既存の構成から変化する増改築がなされているものを把握した。

こうした増改築の流れに沿ってみると、室群をもつ場合、それらを活かして居室群に転用されるが、機能訓練室は最大であることを優先され、どのような既存施設でも整備されることから、事例によっては配慮すべき居住性の課題があることを示唆するものであった。

以上のことより、既存活用型高齢者施設における室構成の変化は既存施設の室の特性を活かしながら増改築が行われ、居室と機能訓練室が整備され

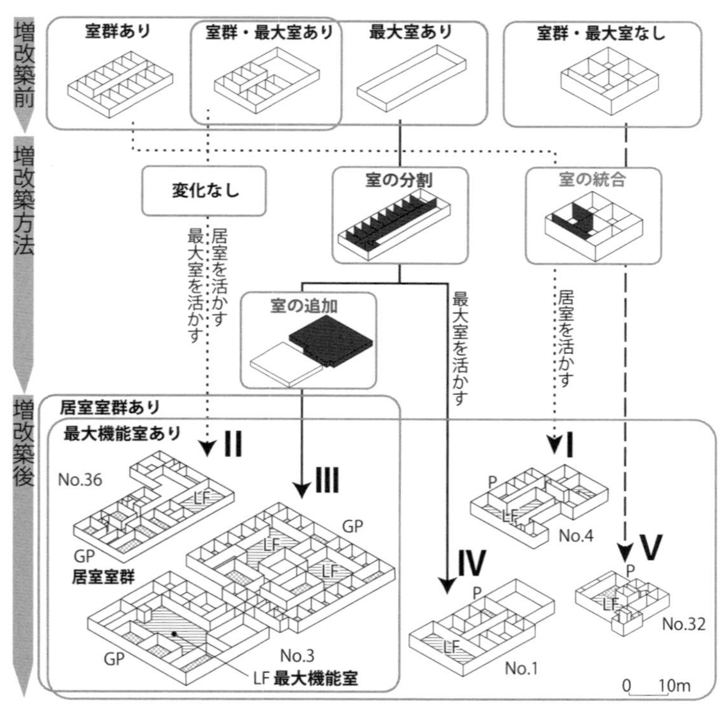

図5 室構成の変化の流れ

ることが明らかとなった。また今後の福祉転用による増改築では居室だけでなく、機能訓練室双方の居住性能の議論が必要となると考える。

[註]
＊1 参考文献(1)より
＊2 面積、必要諸室は、介護保険法第四十二条第一項第二号並びに第七十四条第一項および第二項の規定に基づき定められた、「指定居宅サービス等の事業の人員、設備および運営に関する基準」より定められている。居室の面積基準が異なり有料老人ホームは13m²/人であるのに対し、認知症高齢者グループホームは7.43m²/人と異なるが本研究の対象とする全施設において13m²/人以上の広さで確保されていることが確認された。また機能訓練室の面積基準は施設区分によらず利用定員×3m²であり、全施設において満たされていた。
＊3 居室と静養室はともに就寝を目的とした室で、入所系施設では基本的に個室、通所系施設では複数人用の室が設けられている。マンション形式と呼ばれるトイレ、キッチンなど水回りの設備が取り付けられた居室は本研究の対象施設には1施設を除き他になく、設えの点でも入所系居室と通所系静養室は同様であった。したがって本研究では役割の共通した室と捉え分析を行っている。
＊4 倉庫のような大きな一室の空間をもつものは、他に工場、コンビニ、テナント、スーパーマーケットがあり、これらを倉庫等としている。
＊5 参考文献(2)より

[参考文献]

(1)日本建築学会『空き家・空きビルの福祉転用——地域資源のコンバージョン』学芸出版社、2012年
(2)坂本一成他、日本建築学会編『建築設計資料集成 空間配列とプログラム』丸善、2001年

出展者コメント —— トウキョウ建築コレクションを終えて

Q このテーマを選んだ理由

現在暮らしている長野市で起きている高齢化問題と空き家空室問題は、福祉への転用をすることで解決できるのではと身近に想像できたのでテーマを選択しました。また、現在学校をあげて共同研究を行っている「介護の未来研究会」とも連携しています。

Q 修士論文を通して得たこと

まず、指導教諭の寺内先生には論文の基礎から教えていただきました。また、調査ではいろいろな方にヒアリングを行い、福祉の職の奥深さや事業者の信念を聞くことができ、論文を通じて人にわかりやすく一番大事なことを伝えることの大切さを得ました。

Q 論文を通じて社会に向けて発信したいメッセージ

この論文は福祉転用する際の室構成のタイプを示しており、不動産でのマッチング資料として使うことができます。しかし、環境設備や構造への配慮は薄いが、表5のように室構成のタイプとして浮かび上がっているものがあり、現状ではそれらが施設を支えていることを知ってもらいたいです。

Q 修士修了後の進路と10年後の展望

修了後は組織設計事務所で働きます。そこでは医療福祉部門や改修部門も力を入れているので、研究を通して得られた知見を活かしていきたいと考えています。10年後はそれが専門職になるくらいに独り立ちしたいです。

曲がり木の組手仕口加工システム開発

増村朗人
Masumura Akito

慶應義塾大学大学院
政策・メディア研究科　政策・メディア専攻
松川昌平研究室

0章　はじめに

本研究は、曲がり木と呼ばれる湾曲形状を有した木材の組手接合を3Dスキャナーやロボットアームといったデジタル・ツールを用いて加工するシステムの開発と、そのシステムの有効性を検証するものである(図1)。

1章　序論

1-1 研究背景

1-1-1 曲がり木の利活用問題

間伐材の活用方法は、バイオマスエネルギーとしての利用や、合板など多岐にわたる。しかし、市場価値に対して間伐から出荷にかかる費用が高く、放置されている人工林は少なくない。とくに間伐された木材の中でも、地形や気候等の生育環境の影響を受け湾曲した形状をもつ曲がり木(図2)のような材は、従来の方法で製材しても小径で歩留まりが悪いなどのデメリットが強く認識されており活用されていない。

そのような現状に対し、林野庁では間伐材の有効活用を推進している。これまでチップ材等に用途の限られていた状況から変化の兆しがみられつつあり、社会の中でも曲がり木の活用法が注目されてきている。

1-1-2 湾曲した形状の設計・加工

(1)湾曲した形状について

伝統技術には、現代において活用の少ない曲がり木のような自然に湾曲した形状を活用したさまざまな事例が存在している。具体的には、湾曲した曲がり木の形状を船体に当てはめていくような事例や、建築においては「ちょうな梁」(図3)や「曲がり梁」(図4)等が挙げられる。

「ちょうな梁」は、多雪地域に多く見られる事例である。雪によって根っこから湾曲した木材の形状を活用して、民家の上屋と下屋の高さの異なる梁をつないでいる。湾曲した形状を活かし、屋根の圧縮荷重を受ける際にも合理的な形である。

「曲がり梁」は、茅葺き屋根の民家などで見られる事例である。大空間を支える、真っすぐで長く太い材を入手することが困難なことから、その地域で得られる材を有効活用しようとしたところから生まれたとされている。

このように、現代では価値が低いとされている曲がり木も、歴史の中では構法によってうまく工夫することで有効活用されてきたのである。また、曲がり木の湾曲した形状を可能な限り製材せずに、そのまま使用することにも利点がある。加工によって材の

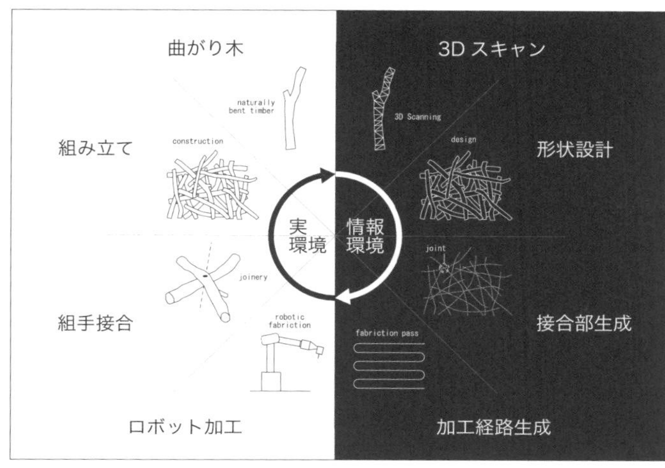

図1 システム概要

図2 曲がり木

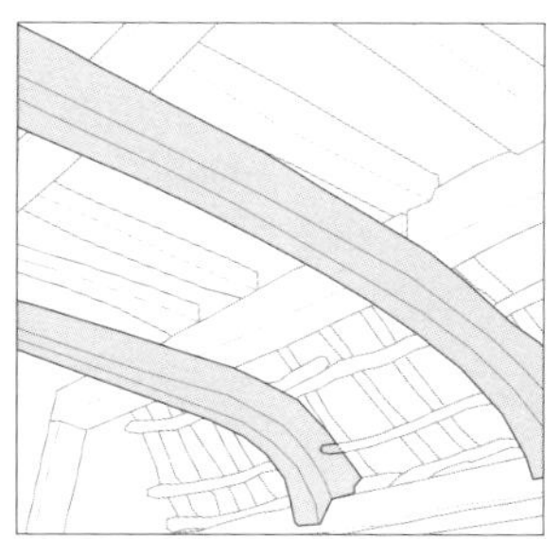

図3 ちょうな梁

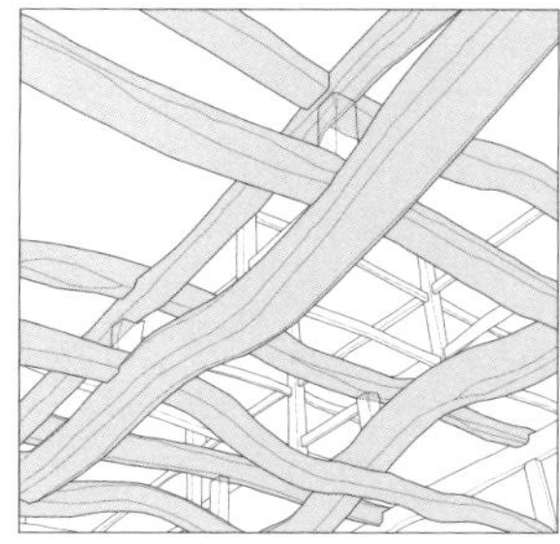

図4 曲がり梁

繊維を無駄に破損させることなく、材の断面をできるだけ効率的に扱うことができる点からも、湾曲した形状をそのまま活用する意義は大きい。

(2)湾曲した形状の設計と加工について

曲がり木には、前述したような利点が存在する。しかし、湾曲した形状に対し目視や人の手だけで効率的な接合方法や加工方法を導出することは困難である。湾曲した不揃いな形状を取り入れた設計図を作成することは難しいのである。

さらに、現在の規格化された木材市場では、曲がり木のような非整形な材は価値が低く、流通に乗らないため、設計した形に対して適当な湾曲した形状をもった材を検索・使用することは難しい状況がある。それゆえ伝統技術の中で使われてきたような曲

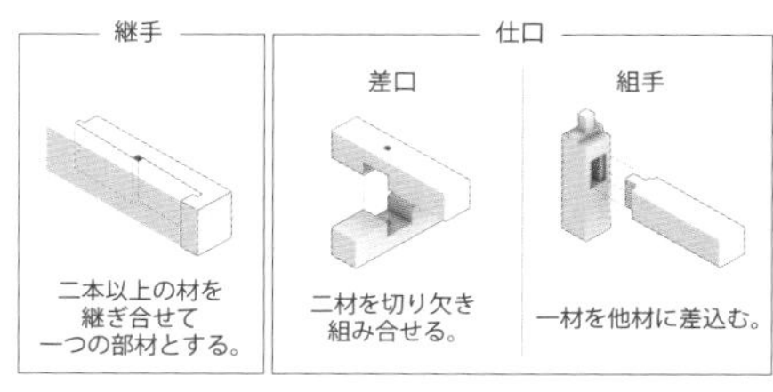

図5 継手・仕口分類図

がり木の使い方を現代に活かすためには、その流通から設計方法までの工夫が必要であるといえる。

また、曲がり木の湾曲形状を活かしながら加工するには、非整形な形状に個別対応する必要がある。その加工には昔から「木組」の技術が中心的に用いられ、木組の接合部では「継手・仕口」加工が施され

てきた(図5)。継手・仕口の性能は加工精度に影響を受け、職人の手による高度な技術を要する。そのため従来の大量生産の加工システムで、その湾曲形状を活かした加工は難しいとされている。

1-1-3 デジタル・ツールの可能性

近年、情報技術を活用したモノづくりが盛んになってきている。とくに3Dスキャンによる実環境に存在する形状の情報環境での解析や、産業用ロボットを用いてコンピュータ上で制作したものを実環境において再現する加工など、非整形な形状に対してもそれぞれに適当な処理を行いモノづくりを行うことが可能になってきている。

1-2 既往研究

1-2-1 7xCabin robotic log processing

ETH ZurichにおいてMAS CAADプログラムの学生が2014年に行ったプロジェクトである。丸太材を用いて小屋がつくられている(図6)。

1-2-2 Biomass Boiler House

Architectural Association School of Architecture(AA School)のHook Parkにて、2015年に行われたプロジェクトである。曲がり木を利用した壁面を制作している(図7)。

1-2-3 Tree Fork Truss

AA SchoolのHook Parkにて2016年に行われたプロジェクトである。枝分かれした木材を利用してアーチを制作している(図8)。

1-3 研究の位置づけ

既往研究と本研究を5項目より考察し表にまとめ、本研究の位置づけを行った(図9)。

1-4 研究意義

研究意義を以下に述べる。

(1)個々に形状の異なる曲がり木をスキャンし、情

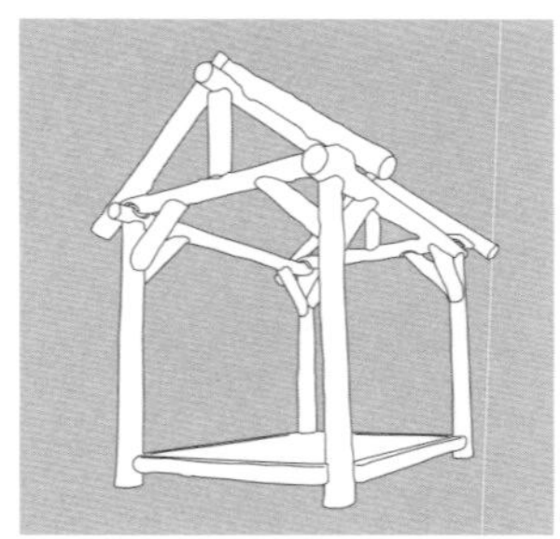

図6 7xCabin robotic log processing

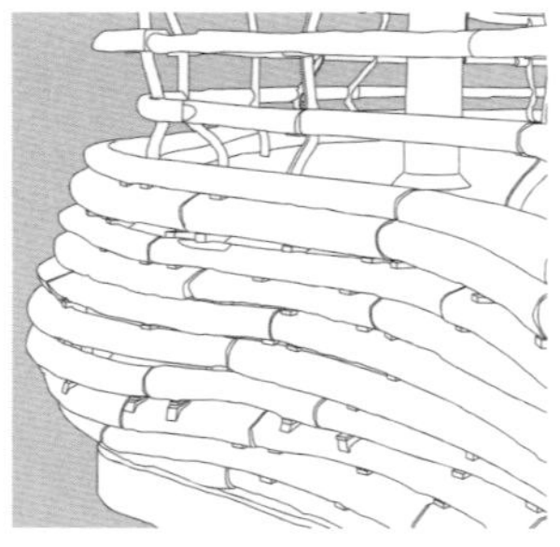

図7 Biomass Boiler House

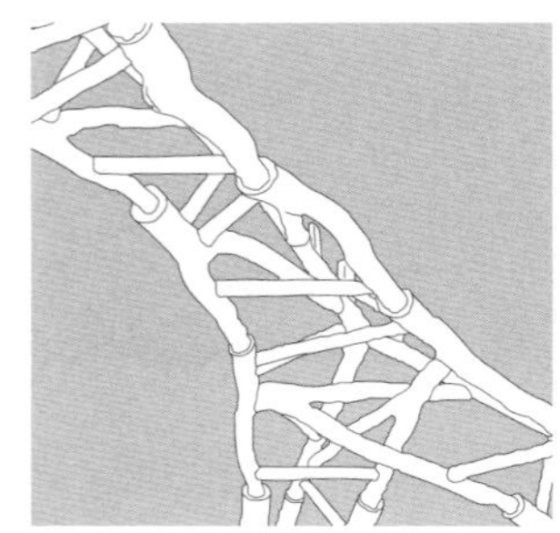

図8 Tree Fork Truss

研究の位置づけ		7xCabin robotic log processing	Biomass Boiler House	Tree Fork Truss	Our Reserch
(1)スキャンによる情報環境上での木材管理		×	○	○	○
(2)設計されたかたちに対する木材検索		×	○	○	○
(3)接合方式	差口	○	×	○	×
	組手	○	○	×	○
(4)接合部の自動生成		×	×	○	○
(5)ロボットによる木材加工の自動化		○	×	○	○

図9 研究の位置づけ

報環境で管理することで、材を効率的に扱うことを可能にし、曲がり木の活用機会の増加を促す可能性を高める。
(2)曲がり木の設計が木材検索によって容易になることが考えられる。その形状ならではの利点が認識される可能性をもつと考える。
(3)差口とは異なった主従の生まれない接合によって、木材同士が相互に支え合うレシプロカルフレームのような形を、情報環境から実環境に再現することが可能となる。
(4)曲がり木のような非整形な形状をもった材は、接合部を個別に設計する必要がある。それを手動で設計することは、非常に労力がかかるため、形から自動で生成することによる意義があると考える。
(5)ロボットアームを用いることで、湾曲した形状に対応して一つひとつ形状の異なった接合部の加工を多量に行えるようになると考える。

1-5 研究目的

本研究の目的は以下の3点である。
(ⅰ)曲がり木をスキャンし情報環境での管理を行い、設計された形に適した木材を検索する。その後、形を実現する組手仕口を自動で生成し、ロボットによって木材の加工を行う。これら一連のシステムの開発を行う。
(ⅱ)開発するシステムの適当な制御方法の検討
(ⅲ)開発するシステムの精度検証

2章　手法

2-1 組手仕口加工システム

本研究で開発するシステムの全体像を示す(図10)。なお本研究で開発するシステムを「組手仕口加工システム」と呼ぶ。

2-1-1 組手仕口加工システムフロー

システムは、実環境と情報環境で情報のやり取りを行い各処理が行われていくため、フロー図は大きく縦に二分され、左が実環境での処理、右が情報環境での処理を表す図となっている。

2-1-2 システム分類

本研究で開発する組手仕口加工システムは、4つの「個別システム」からなる。各個別システムは以下のとおりである。
【固定システム】
実環境と情報環境、スキャン時と加工時ともに木材を固定する。
【走査システム】
木材を3Dスキャンによって情報環境に取り込み、管理する。
【生成システム】
設計された形から情報環境で適した木材を検索し、形に対して木材を配置する。また、形を成立させる接合を生成する。
【加工システム】
実環境でロボットアームを用いて情報環境で生成された木材の接合部の加工を行う。

3章　実験・評価

3-1 実験目的

実験では、2種類の実験を行う。
〈個別システム実験〉
組手仕口加工システム内にある固定システム、走査システム、生成システム、加工システムの4つの個別システムのそれぞれの適当な制御方法を実験によって検討する。
〈組手仕口加工システム実験〉
4つの個別システムを総括し、本研究で用いる適当な個別システムの制御方法を決定したうえで組手仕口加工システム全体を実行する。実験では、3本の木材を用いたレシプロカルフレームの制作を以ってシステムの有効性の検証を行う。

3-2 実験環境

〈個別システム実験〉〈組手仕口加工システム実験〉に共通する実験環境について説明する。

3-2-1 使用木材

本研究では開発加工環境付近より木材の採取を行い、十分に乾燥していない木を使った場合に発生する「割れ」「ねじれ」「収縮」を抑えるため、採取した木材の乾燥を行う。

3-2-2 使用機材

本研究において扱う6軸産業用ロボットアームマシンは「KUKA KR16-3」を使用する。また本

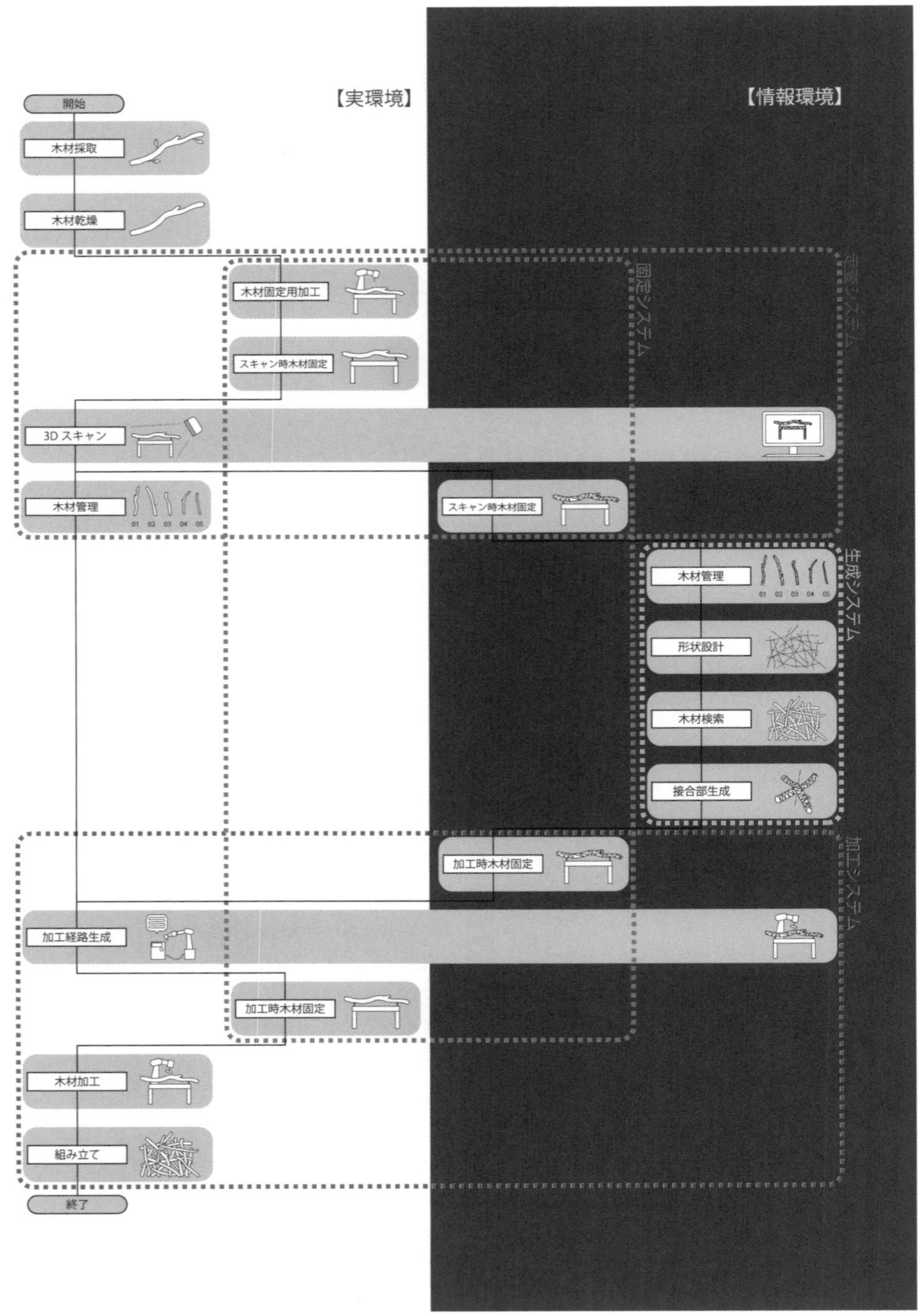

図10 組手仕口加工システムフロー

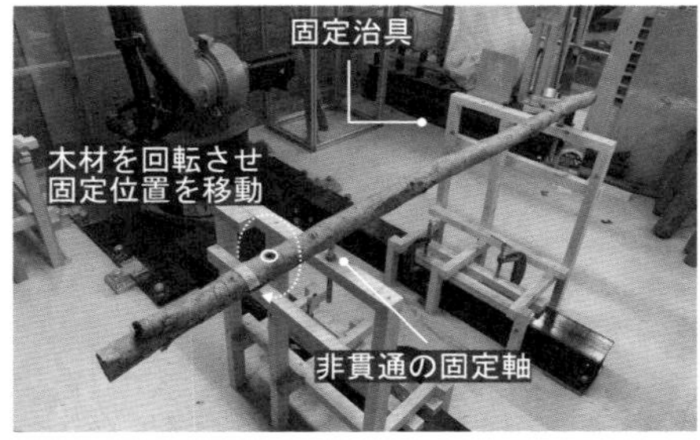

図11 固定システム実験

図12 走査システム実験

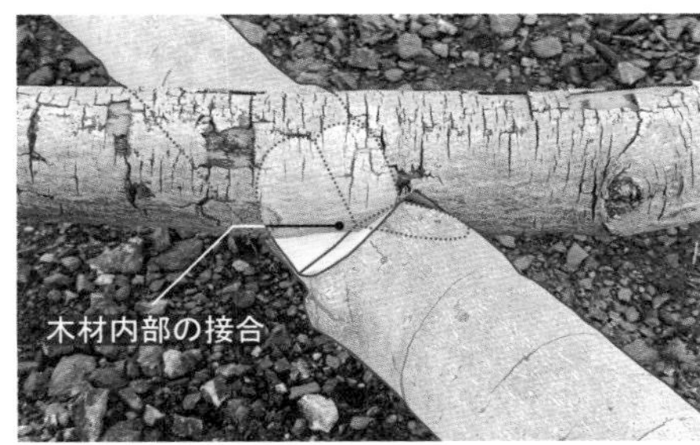

図13 生成システム実験

図14 加工システム実験

研究では、Rhinocerosをプラットフォームとして、PythonやRhinocerosのプラグインであるGrasshopperを用いて開発を行った。KUKAの制御で用いるCAMに関しては、Grasshopperのインターフェース内で操作可能なKUKA PRCを用いている。

3-3 個別システム実験

3-3-1 固定システム実験・考察

(1)実験概要

スキャン時と加工時における木材の固定方法を、木材を固定する治具:「固定治具」の仕様、固定部分の軸形状:「固定軸」、加工域の問題解決をする固定方法の3つから比較する。

(2)考察

固定治具と固定軸において、位置合わせの目印として認識できる部分と、三次元空間上の一点で必ず固定される状況を設計する必要がある。加工域問題解決方法では、加工する対象をすべて加工範囲内に置くことにより、加工中の位置移動を発生させない方式が優れていることがわかった。(図11)

3-3-2 走査システム実験・考察

(1)実験概要

スキャン機材の種別と3Dスキャンの方式を、スキャン精度、スキャン時間の観点から比較する。

(2)考察

スキャンの精度に関しては、高性能な機材であるEinScanPro+のスキャンであっても3mm程度の誤差が認められた。スキャンにはどうしても実環境と情報環境で幾らかの誤差が生じてしまうことから、あらかじめどの程度の誤差までであれば許容できるかの数値を定めておく必要がある。スキャン時間に関しては、Kinect V1を固定しスキャンを行う方式が早いことがわかった。(図12)

3-3-3 生成システム実験・評価

(1)実験概要

情報環境で設計された形を実環境で再現することのできる接合形状の検討を行う。木材表面での接合と木材内部での接合を比較する。

(2)考察

木材表面で接合を行おうとすると、実環境と情報環境の間に誤差があった場合、誤差を修正するために接合する木材それぞれの位置を移動させる必要がある。一方で木材内部に接合点を設けた場合、情報環境と実環境の木材状況に多少の誤差が生じていても、接合位置の誤差は生じないため、情報環境での形状を実環境に再現することが可能である。(図13)

3-3-4 加工システム実験・評価

(1)実験概要

接合方式に適した、加工方法とその加工において用いるツールの検討を行う。本実験では、ドリルやエンドミル、チェンソーと丸鋸を比較する。

(2)考察

加工システムの制御方法においては、生成システムにおいて木材内部に接合点を生成する組手接合としたため、木材内部に面を加工できる制御方法であることが求められた。そのことより、本研究で用いるロボットアームのスピンドルに取り付けることが可能な丸鋸を用いた切断加工を行う制御方法が望ましいと考えた。(図14)

3-3-5 個別システム実験総括

個別システム実験より採用した各制御方法と、採用しなかった制御方法の実験ケースを示す。(図15)

3-4 組手仕口加工システム実験

3-4-1 組手仕口加工システムの詳細

個別システム実験より採用した制御方法に合わせた、組手仕口加工システムの詳細部分の説明をする。

(1)木材管理

固定システム	固定治具		固定軸		加工域解決方法	
	~~非同一治具~~	**同一治具**	~~貫通~~	**非貫通**	~~治具形状~~	**位置移動**
走査システム	スキャン機材		スキャン方式			
	~~Kinect V1~~	**EinScanPro+**	**ハンド**		固定	
生成システム	接合形状					
	~~木材表面の接合~~		**木材内部の接合**			
加工システム	接合方式		ツール			
	組手	差口	~~ドリル~~	~~エンドミル~~	~~チェンソー~~	**丸鋸**

図15 個別システム実験総括

図16 木材管理

実環境において木材は、「Timber_スキャン日時_番号」と、スキャンした日時とその日のスキャンした材の番号を振り分けた情報をマーキングして管理される。情報環境においてはメッシュデータで取得された木データから、木材の断面半径、中心線、サーフェスデータ、材の長さ、材の端部同士の直線長さのデータを入手し、csvデータと3dmデータにそれぞれ保存され実環境同様にマーキングし管理する。(図16)

(2)形状設計

形状設計では、形の概形をRhinoceros上でラインを用いて設計する(図17)。その際、ライン同士の接合する距離:「接合距離」と接合する角度:「接合角度」は、採取しスキャンされた木材の径によって算出される数値の範囲内で設計を行う。採取した木材径から算出される接合可能範囲内で形状設計する理由として、本研究で使用するロボットアームとそのツールである丸鋸には加工可能な範囲があり、本研究で使用する接合部を加工することのできない接合距離、接合角度が存在するためである。(図18)

(3)木材検索について

形状設計データの木材同士の接合角度、接合距離

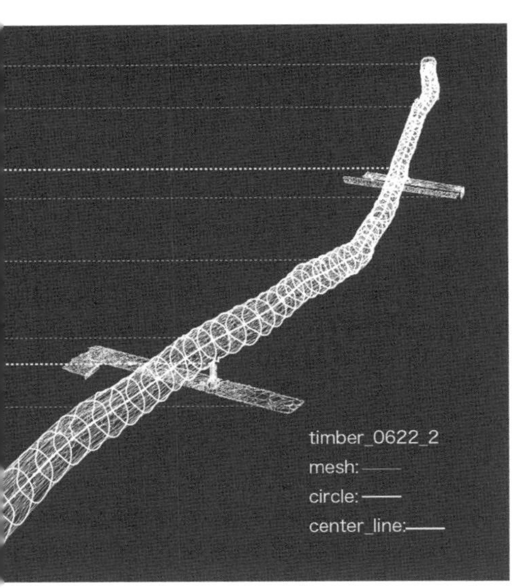

を入手し、管理されている木材の半径を検索することで、加工可能で制作可能な材を検索している。

3-4-2 レシプロカルフレームの再現による実験

個別システム実験より決定された各システムに適した制御を用いて、組手仕口加工システムの有効性を検証する。本実験では、3本の木材を用いたレシプロカルフレームの制作によって行う。(図19)

4章　考察

4-1 組手仕口加工システム実験考察

〈制作物の再現度〉

木材3本を用いたレシプロカルフレームの制作実験の結果、実環境と情報環境の形を比較したところ、おおよその全体形状の再現は行えたと考える。

〈仕口の精度〉

実験の結果、仕口形状の不正確さが認められた。仕口加工位置に0.5mm-10mmの誤差が生じた。固定システムにおけるロボットアームの加工域問題の解決方法によってズレが生じたと考える。(図20)

5章　結章

5-1 結論

本研究では、曲がり木の組手仕口加工システムの開発とそのシステムの適当な制御方法の検討、加えてそのシステムの有効性の検証を目的として、大きく分けて以下の3つの取り組みを行った。

1.実環境と情報環境間での情報の往来を通して、固定システム、走査システム、生成システム、加工システムの4つの個別システムからなる、組手仕口加工システムの流れを開発した。

2.開発したシステム内の、固定システム、走査システム、生成システム、加工システムの4つの個別システムのそれぞれの適当な制御方法を、いくつかの実験を行って検討した。そのうえで、個別システムそれぞれの適当な制御方法の総括を行った。

3.木材3本を用いたレシプロカルフレームの制作を行い実環境において情報環境が再現されているかを確認し、組手仕口加工システムに関する検証を行った。

　本研究における実験環境から固定システムにおいて、加工域の問題を解決するために手動で木材移動

を行った。加工位置に誤差が生じたのはそれが原因と考えられる。しかし、レシプロカルフレームの制作を行い、実環境において情報環境が再現されているかを確認したところ、おおむね再現ができていたことから開発したシステムの妥当性が認められた。以上から、本研究の目的は果たされたと結論づける。

5-2 課題と展望

(1)木材管理・木材検索

本研究で行った木材検索では、材の端点同士の距離と材の半径を利用して検索を行った。しかし、この

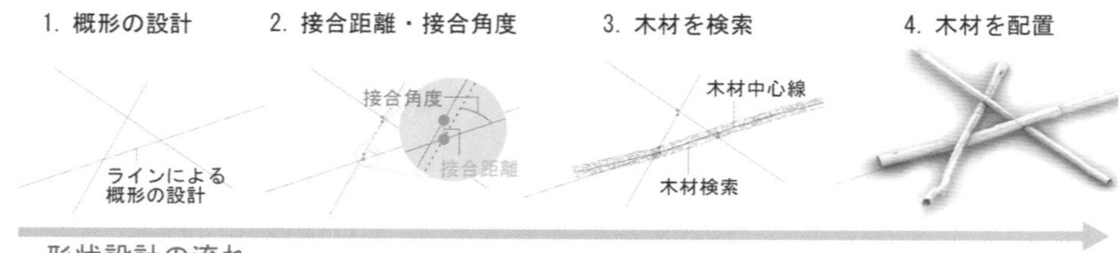

図17 形状設計

図18 丸鋸加工可能範囲

図19 レシプロカルフレームの再現

図20 仕口精度

方法では、曲がり木の有する湾曲した形状を活用できるような検索機能を実装できていないという課題が残った。

(2)木材複数本を用いたレシプロカルフレーム、ないし構造体の実現

材がより複数になった際に考えられる、組み立て時のどこにどの材を用いるのかなどのガイドや、位置番号の作成要件の発生など問題に対処することができていない。実際に複数本の加工を行い発生し得る問題を解決するシステムの制作を今後の展望とする。

[参考文献]

(1)Ludger Hovestadt, “MAS Computer-Aided Architectural Design caad”, *Jahrbuch Yearbook 2015 Department of Architecture ETH Zurich,* p.281, Department of Architecture ETH Zurich, 2015

(2)Sattaveesa Sahu, Yingzi Wang, “AA Design & Make Biomass Boiler House”, Architectural Association School of Architecture, 2015, <https://issuu.com/aaschool/docs/aa_design___make_-_biomass_boiler_h> 2020年1月8日閲覧

(3)Zachary Mollica, Martin Self, “T1ree Fork Truss” Sigrid Adriaenssen, *Advances in Architectural Geometry 2016*, p.138-153, vdf Hochschulverlag AG, an der ETH Zurich, 2016

(4)腰原幹雄、小杉栄次郎、山田敏博、team Timberize『都市木造のヴィジョンと技術』オーム社、2012年

(5)安藤邦広、乾尚彦、山下浩一『住まいの伝統技術』建築資料研究社、1995年

(6)Mario Carpo、美濃部幸雄訳『アルファベットそしてアルゴリズム』鹿島出版会、2014年

論文展

出展者コメント —— トウキョウ建築コレクションを終えて

Q このテーマを選んだ理由

研究室のプロジェクトから始まった研究でした。プロジェクトの目指すべき方向と自身の興味をチューニングしていく中で、本研究のテーマがだんだんと見えてきました。

Q 論文を通じて社会に向けて発信したいメッセージ

未熟な研究ですが皆様の目に留まり、興味を抱いてもらえたら嬉しいです。

Q 修士論文を通して得たこと

モノやツールと向き合い、手を動かして見えてくることと、事後にそれらを論理的に組み立てる方法の一片を学びました。

Q 修士修了後の進路と10年後の展望

建築の設計をします。ひとつひとつのプロジェクトに真摯に向き合い、楽しく生きていきます。

70年代ピーター・アイゼンマンの理論と実践

アカデミズムの系譜と活字媒体・写真による発信

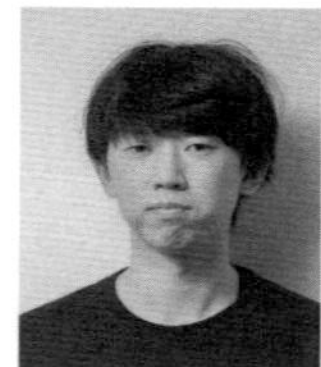

星野拓美
Hoshino Takumi

東京大学大学院
工学系研究科　建築学専攻
加藤耕一研究室

0章　序論

本論文では、アメリカの建築家ピーター・アイゼンマンの1970年代における理論と実践の再考を図る。アイゼンマンは、建築界きっての知的スターとして、アメリカ国内だけでなく日本にも多大な影響を与えてきた。彼はいくつもの実作を残してきたが、その一方でアンビルトのプロジェクトも多い。人々は、彼の理論的な姿勢に魅了されてきたのである。そうしたアイゼンマンの理論を明らかにしようとする研究は、これまで多くされており、また、そうした方向に偏ってもいた*[1]。

しかし、なぜ彼が建築に対して理論的に構えることによって、ここまで大きな影響力をもてたのかはきわめて不可解である。とくに、アイゼンマンが建築界に登場した1970年代において、彼はまだいくつかの週末住宅だけしか設計しておらず、さらにその半分はアンビルトだったのだ。当時の人々の多くは、アイゼンマンがいかなる建築空間をつくり出すのか知らなかったはずだ。それにもかかわらず彼は大きな賞賛をもって建築界に迎え入れられたのである。

1章　近代建築研究の視座

本論文の起点となるのは、2人の女性建築史家、ビアトリス・コロミーナとダイアン・ジラルドがそれぞれ1990年代半ばに発表した研究である。コロミーナの『マスメディアと近代建築』*[2]は、一見すると重要そうに見えないアーカイヴを資料として扱うことでアドルフ・ロースとル・コルビュジエのデザイン戦略にまったく新しい光を当てた。ジラルドの「Eisenman's Bogus Avant-Garde」*[3](図1)は、ジュゼッペ・テラーニの《カサ・デル・ファッショ》を巡るアイゼンマンの建築理論が、政治的な文脈を排したきわめて表面的なものであることを批判するとともに、彼のメディア操作の虚構性を問い直した。

これら2つの研究の対象を、それぞれ、1920年代のル・コルビュジエを1970年代のピーター・アイゼンマンに、ジュゼッペ・テラーニとファシズムをコーリン・ロウとアカデミズムに設定し直し、アイゼンマンの理論的な姿勢を解明しようと試みていた既往研究から一歩引いて、彼が建築界を立ち回るうえでいかに理論的な姿勢を活用したのかという問いを設定する。

はじめに1970年代のアイゼンマンの建築設計に大きな影響を与えたと言われる建築理論家コーリン・ロウの建築論との理論的な整合性を検討する。次に、アイゼンマンが紹介された雑誌、書籍、作品集を取り上げ、彼が世の中に対してどのように発信されたのか、そして、どのような人物関係の中でそうした発信が行われていたのかを検討する。これら2つの検討を通して、問いへのアプローチを試みたい。

2章　コーリン・ロウの建築論

本章では、コーリン・ロウに至るアカデミズムの系譜を概観し、それを踏まえてロウの建築論を解題する。ロウに関する二次文献の整理を通して、19世紀ドイツ語圏の美術史学におけるフォーマリズム論と20世紀アメリカにおける近代絵画と建築の連関という2つの軸を設定した。適宜一次文献に当たりながら、検討を進めていきたい。

2-1 19世紀ドイツ語圏における美術史学の文脈

ヤーコプ・ブルクハルトは、直接イタリアに赴き建築を含む芸術作品を見聞し、そのフォームを即物的かつ詳密な観察によって記述した。『チチェローネ』の中にある《パエストゥムの神殿》に関する記述がその好例である。また、フォームという客観的な視点を通じて、異なった時代の芸術作品の比較を試みた。

バーゼル大学でブルクハルトの指導を受けたハインリヒ・ヴェルフリンは、ブルクハルトの理念と方法に大きな価値を見出した。彼らはフォーマリズム論

Eisenman's Bogus Avant-Garde

Peter Eisenman, the author contends, is a master self-promoter who has assumed an avant-garde persona while maintaining a safe position.

by Diane Ghirardo

The inauguration of Peter Eisenman's Wexner Center in Columbus, Ohio, in 1989 was the confluence of an interesting but not spectacular building with spectacular celebration (P/A, October 1989). This points up the perils of discussing Eisenman's work: so deftly does he operate as a self-promoter that building and persona commingle inextricably. The ratio of production to prestige is seriously distorted, for he holds the distinction of having built only a handful of projects, yet his name, face, and designs regularly grace the covers and pages of everything from architectural to airline magazines.

My first clue to Eisenman's success came 18 years ago when I engaged in a fierce debate with him over the relevance of politics to architecture. In a discussion centered on Giuseppe Terragni's Casa del Fascio, Eisenman insisted that the work should be perfectly understood without any reference to Fascism. He dismissed any but formal considerations as thoroughly irrelevant.

The divorce of architecture from the contamination of the real world has been a constant in Eisenman's work, the precondition for his self-creation as a cultural figure of international repute. There are four essential ingredients to Eisenman's success: his ability to corral a wide range of architects, architectural theorists, critics, and historians into the fabrication of the Eisenman Mystique; the claim that his designs attempt to record the ambiguities and uncertainties of the era; his unerring ability to avoid taking a position on anything of consequence; and an emphasis on formal autonomy to guarantee that though his work may offend visually, aesthetically, or experientially, it will never offend politically. Each ingredient is deftly woven into the full range of Eisenman activities from the design of buildings to publications to personal appearances.

Eisenman learned the art of attaining prominence from the master himself, Philip Johnson. Johnson holds the dubious honor of achieving disproportionately greater success with even more modest talents, to the point of overcoming (without ever renouncing) the taint of his earlier Nazi sympathies. Eisenman is not the sole heir to this tradition: if he is a shrewd Svengali, Daniel Libeskind is the sinister Rasputin of significantly fewer accomplishments. What distinguishes Eisenman is his successful seduction of intellectuals, something that has eluded other media heroes.

The author teaches at the University of Southern California School of Architecture. A version of this article originally appeared in the June 1994 issue of Casabella.

70　P/A　November 1994

A Man on the Make

In the early years of his career, Eisenman's work entailed the elaboration of an autonomous, self-referential architectural language that defied the particularities of site, not to mention the conveniences of daily life. Undeterred by conventions, history, and commonplaces about how people live, he labored to achieve a pure, uncontaminated architecture that would transcend the real. The Cardboard House series (P/A, March 1972, p. 80) involved a sequence of mathematical and geometrical steps, thereby substituting a rational design process for an intuitive one. His Cardboard Houses were architecture, he argued, even when unbuilt, which most were. They were followed, in 1978, by the Cannaregio Project for Venice, in which colors symbolized things (gold for the mysticism of the alchemist, red for the martyrdom of Giordano Bruno), and a grid of Le Corbusier's unbuilt hospital design was superimposed on the irregular contours of Venice's streets. Two years later, another set of imaginary lines – the Mercator grid, 18th-Century walls, and 19th-Century urban demarcations – were devised and overlaid upon one another in order to generate an IBA housing project for a Friedrichstrasse location adjacent to the Berlin Wall (P/A, March 1987, p. 81).

From the early methodology – based on the linguistic work rather than on the political studies by Noam Chomsky – Eisenman moved rapidly through one infatuation after another: excavations, Boolean cube, Moebius strip, DNA, scaling, or what would appear to be randomly piled strips of cooked fettuccini in the Columbus Convention Center (P/A, Feb. 1994, p. 78), each of which promised to give structure, order, and diversity to his designs. They also conveniently substituted rational methodology for creative imagination, something that has also been a constant in Eisenman's projects. Just as stringent design methodologies shaped his designs, Eisenman's masterful public relations work gave shape to his public persona.

More than almost any of his peers, Eisenman's prominence rests on his extraordinary ability not only to advance his own cause with unparalleled skill, but also to convince others to thrust him into prominence. Rarely has a building been inaugurated as was the Wexner Center, where the leading elder statesman of architecture, Philip Johnson, joined some of the current leading lights, Charles Gwathmey, Michael Graves, Richard Meier, Harry Cobb – not to mention representatives of the so-called avant-garde art circuit such as Laurie Anderson, the Kronos Quartet, and Twyla Tharp. They honored Eisenman's first major project in the U.S., presented to the public nude, with no visual art to distract from the building.

A recent Canadian Center for Architecture catalog of his urban excavations projects featured a roundtable discussion on Eisenman by Jean-Louis Cohen, Michael Hays, Alan Balfour, Yves-Alain Bois – and, of course, Eisenman himself.[1] By hook or by crook, Eisenman has enticed an extraordinarily diverse range of architectural critics and the cultural elite to write about his work – from Mario Gandelsonas to Kurt Forster, from Kenneth Frampton to Jacques Derrida. Each participates in the giant public relations game that Eisenman has set up, a smoke screen almost as efficacious as the design methodology concealing a rather plodding approach to building.

[1] Jean-François Bedard, ed., *Cities of Artificial Excavation: The Work of Peter Eisenman 1978-88* (Montreal: Centre Canadien d'Architecture and Rizzoli, 1994).

More Barnum than Disney

The concept that best describes Eisenman's enterprise in general is that of the game, a game with the double objectives of winning and never ending. With a canny talent for showmanship more akin to P.T. Barnum than to Walt Disney, Eisenman in the early 1970s managed to parlay a minuscule design portfolio and a wide range of acquaintances into the New-York-based Institute for Architecture and Urban Studies. In a decade when he designed approximately one small house per year, Eisenman propelled his own name to the forefront of the architectural community through periodic articles in the Institute's journal, *Oppositions*, its monthly magazine *Skyline*, and a regular series of events at the Institute. Even though his reputation as an architectural impresario was at its zenith, he suffered the taunts of those who accused him of being engaged in nothing but the construction of paper architecture. By the early 1980s he abandoned the Institute and entered into a partnership with Jaquelin Robertson in order, as he said, "to get dirty and practice." By the early 1990s Eisenman founded a second institute, ANY, which caters to a new generation of theorists and architects, and also publishes its own books and magazines.

Through it all, Eisenman has displayed an awesome ability to fabricate a new persona – and camouflage the old – for all occasions: to an audience of literary critics, theorists, and philosophers at a conference on Post-Modernism in the fall of 1989, Eisenman was just one of the guys, out there sweating, rolling up his sleeves, and building in the real world. A couple of weeks later, to an architectural audi-

P/A　November 1994　71

図1「Eisenman's Bogus Avant-Garde」[出典:*Progressive Architecture*, November 1994]

の先達とされており、ロウは、彼らのフォーマリズム論が自身の建築論に受け継がれていることを告白している。

ロンドン大学ウォーバーグ研究所においてロウの指導教員を務めたルドルフ・ウィットカウアーはベルリン大学に通っていた頃、ヴェルフリンから美術史学を学んだ。ロウは、ウィットカウアーの指導のもとイニゴ・ジョーンズに関する修士論文を執筆し、ブルクハルトやヴェルフリンらによって積み上げられたフォーマリズム論を継承した。アンソニー・ヴィドラーの研究*4で指摘されているように、ロウが修士論文と同じ1947年に執筆した「理想的ヴィラの数学」は、こうしたフォーマリズム論の正統な継承によって生まれたコルビュジエの建築論であった。

ただし、ロウが修士論文と同時にコルビュジエを主題とした建築論を執筆したことには、彼が建築を学び始めた当初から熱狂的なコルビュジエのファンだったという背景があったことを付言しておきたい。

2-2 20世紀アメリカにおける近代絵画の文脈

フォーマリズムの方法論を継承するとともに、ル・コルビュジエをはじめ同時代的な建築を主題に据えて建築論を執筆していたロウは、コルビュジエの住宅構成を扱ったヘンリー＝ラッセル・ヒッチコックの著作に感銘を受け、ロンドンを離れて彼がいるイェール大学へと移った。当時のアメリカでは、ヒッチコックや彼と親交の深いフィリップ・ジョンソンを中心に、近代絵画と建築を結びつけようとする動向が盛んだった。ヒッチコックの著作『Painting toward Architecture』は、MoMAの展覧会から生まれたものである。

その後、教授としてテキサス大学オースティン校に招聘されたロウは、ジョセフ・アルバースのもとで学んだロバート・スラツキーや後にニューヨーク・ファイヴの一員となるジョン・ヘイダックとともに、テキサス大学のスタジオを再編成した。彼らは当時のアメリカの動向そのままに、機能主義・社会志向から距離を置き、近代絵画と関係が深い視覚意匠を重視する造形へと向かったのである。この時に揃ったテキサス大学の教授陣は、「テキサス・レンジャース」として知られている。

2-3 建築論解題

ロウは、テキサス大学で出会ったスラツキーとともに「透明性：実と虚」を執筆する。ここでは、ウォーバーグ研究所で学んだフォーマリズム論とヒッチコックらの影響である近代絵画と建築を結び付けようとする動向を統合したような建築論が実現していた。はじめにパブロ・ピカソとジョルジュ・ブラックのキュビズム絵画を俎上に載せ、それらを絵画の主題ではなく、描かれた幾何学図形に対する即物的な観察を通して比較する。近代絵画と建築を平行線上に捉えて、キュビスム絵画の観察から得られた知見をヴァルター・グロピウスやル・コルビュジエの建築物へと敷衍していく。このような彼の方法論は、「理想的ヴィラの数学」や「マニエリスムと近代建築」といった最初期の論考群*5から1978年の『コラージュ・シティ』に至るまで一貫して窺える。そして、これらの建築論を通じて、ロウは、知覚によって建築空間を読むことに思いを巡らせていたのである。

3章　ピーター・アイゼンマンの設計法

本章では、アイゼンマンがHouseシリーズで試みた設計法を解題するとともに、ロウの建築論との共通点や相違点を洗い出す。そこで、まずはロウとアイゼンマンの師弟関係のはじまりから掘り下げていきたい。

3-1 ロウとアイゼンマンの接触

コロンビア大学大学院在籍時にケンブリッジ大学のフェローシップを得たアイゼンマンは、そこでロウに出会う。アイゼンマンは、ロウと行ったヨーロッパ旅行で、ジュゼッペ・テラーニの建築作品を題材に、ロウの建築思考を学んだ。ロウの建築論の中でも、彼がとくに感銘を受けたのが「透明性：実と虚」だった。この経験を下敷きにして執筆したアイゼンマンの博士論文『The Formal Basis of Modern Architecture』は、内容だけをみれば、たしかにロウの影響が窺えた。博士論文以降、アイゼンマンが建築雑誌を通して発表した論文*6においてもその影響は続いていた。

3-2 アイゼンマンの設計法

アイゼンマンは、博士論文や建築雑誌を通して発表したいくつかの論文をさらに展開し、建築を分析するためにダイアグラムを描くことから、建築に先立ってダイアグラムを描くことによって建築の設計へとつなげていった。例として《House I》を見てみよう(図2)。彼は唐突に2つの直方体を用意し、重ね合わせる。重ね合わせることででき上がった立体を、A_1:B_1:A_1:A_1とA_2:B_1:A_1:B_2:A_2の2通りで分割し、さらに共通する中間項が重なるように一体化する。アイゼンマンは「空間はいくつもの平面の層状化あるいは格子状化と考え」*7ていた。ダイアグラムにしたがって、エレメントが階層化した状態をつくろうとしていたのである。以降のHouseシリーズにおいても、彼は同様の設計を試みていた。

3-3 ロウとアイゼンマンの相違

こうした試みは、ロウが「透明性:実と虚」において定義した「虚の透明性」をつくろうとする試みともいえる。しかし、ロウとアイゼンマン、両者のテキストを厳密に検討すると、両者には差異が存在することが明らかになる。

「透明性:実と虚」の邦訳版において「重ね合わせ」と訳された単語を原文と照らしてみると、全部で5つの単語が使われており、そのうち「overlapping」と「superimposition」の2つは幾度も登場する。ロウにとってこれら2つの差異を精緻に検証することが「虚の透明性」の概念規定に不可欠だったからである。2つの単語は、それぞれジョージ・ケペッシュの『視覚言語』*8とラースロー・モホリ=ナギの『Vision in Motion』*9からの引用である。前者が当時の絵画やグラフィック・デザインにおいて、不透

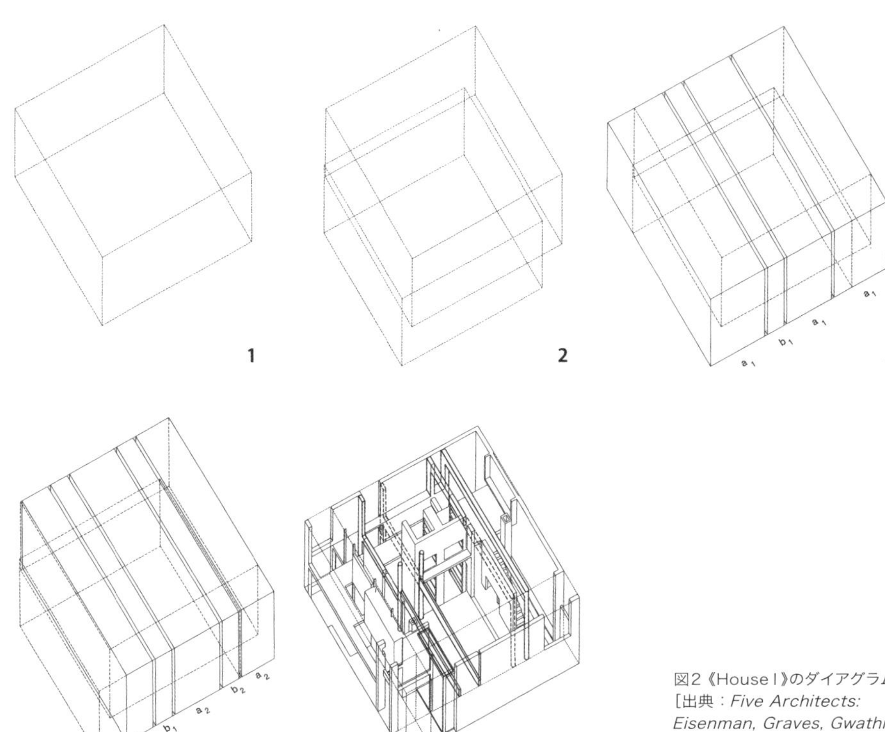

図2《House I》のダイアグラム
[出典:*Five Architects: Eisenman, Graves, Gwathmey, Hejduk, Meier,* New York: Oxford University Press, 1975]

明な画像の組み合わせから、知覚を通して読解する現象的な透明性をつくり出そうとする方法論であったのに対し、後者は、写真における二重露光の方法論として使われていた。二重露光とは、1コマの中に2つの画像を重ね写し込む撮影手法であり、一方の画像からもう一方の画像が透けてみえるのが特徴である。ロウは、前者を「虚の透明性」、後者を「実の透明性」と定義した。

そして、ロウはこの議論を建築に敷衍し、《ガルシュ邸》に「虚の透明性」、《バウハウス》に「実の透明性」を当てはめた。この時、それぞれの透明性をつくり出す層構造を《ガルシュ邸》では「stratification」、《バウハウス》では「layer」と定義し、区別している。「stratification」は、コルビュジエの『建築をめざして』からの引用で、建築での使用は特殊である。先ほど引用したロウの記述と合わせて考えると、「透明性：実と虚」がコルビュジエの建築思考を探求する試みだったことが明らかになってくる。「理想的ヴィラの数学」における主題がコルビュジエだったのと同様に、「透明性：実と虚」においても主題はあくまでコルビュジエだったのだ。

ロウが、「虚の透明性」の概念規定をきわめて精緻に行っていたのに対し、アイゼンマンはロウが「虚の透明性」とは定義しない、むしろロウが「実の透明性」と定義するような書き方で論を組み上げている。《House I》に際して書かれた「カードボード・アーキテクチャー」では、「super-impose」することによって「layer」をつくると述べているのだ。ロウが、19世紀ドイツ語圏の美術史学において発展したフォーマリズム論や20世紀アメリカにおける近代絵画と建築の連関といったアカデミズムの動向に厳密に則っていたのに対し、アイゼンマンはそうしたコンテクストを排し、フォーマリスティックな側面のみを取り出した操作をし、自身の建築を語っていたと言わざるを得ない。

3-4 20世紀アメリカにおける建築の動向

アイゼンマンはなぜこうした設計法を試みたのだろうか。ここでは一つの考察として、当時のアメリカの芸術活動が、輸入されたスタイルや言説をいかにアメリカ風に仕立て上げるかに注力していたことを挙げたい。これは、磯崎新によってもなされている指摘だ[*10]。

雑誌や新聞といったメディアにおいて、アイゼンマンの建築思想と対立する存在として扱われていたロバート・ヴェンチューリもまた、アメリカ的な建築をつくろうとする点ではアイゼンマンと共通していた。こうしたヴェンチューリの態度は、彼の著作『ラスベガス』に表れている。また、彼は当時アメリカ的な写真家として若いうちからMoMAを中心に活躍していたスティーブン・ショアに依頼し、全米を横断してアメリカの風景をカラー写真に収めていくプロジェクトを主導していた。

4章　写真家と依頼主の発信

本章では、アイゼンマンの最初期の作品群であるHouseシリーズが、雑誌、書籍、作品集といった場を通して、いかにフォーマリスティックな側面を取り出して発信されてきたのかを明らかにしていく。

4-1 フランク夫妻とアイゼンマン

リチャード・フランクはアイゼンマンのHouseシリーズの撮影をもっとも多く担当した写真家である。雑誌、書籍、作品集から収集した《House I》の写真25種のうち、内観写真を検討する。アイゼンマンが《House I》の設計に際して書き残したテキストをもとに、白または黒に塗装されたエレメントに着目し、それらがつくり出す層構造を暴いていく。

図3を見てほしい。はじめに、右に写る黒い柱とそこから東に向かって伸びる白い梁を第1層に設定する。すると第1層より南に位置する黒い柱と白い梁が第2層となる。写真左下にトイレとリビングを隔てる白い壁が写っているが、これは第2層よりも南に位置するため第3層となる。その壁よりさらに南側には、2階の廊下に沿ったスクリーンがあり、これが第4層となる。第4層よりさらに南側には窓ガラスを閉ざす白いカーテンが写っており、これが第5層。以上のように、この写真からは、エレメントが5層重なった様子が窺える。そして、これらのエレメントの位置関係は、ダイアグラムによって導かれたものだ。図3の図面に示した5本のラインは、アイゼンマンがダイアグラムによって導き出したラインと一致する。

その他、いくつかの写真の手前には白く塗られた手すりが写っている。図3においてカーテンを閉めることで写真に写る層の数を増やしていたように、手すりを手前にいれることで写真に写る層の数を増やしている。これらの手すりの位置もダイアグラムによって導かれたものだ。

こうした写真から、アイゼンマンがテキストとして書き起こした設計法が具現化されていることを示せた。その一方で、同じ意図をもった写真が散見されることから、翻って、リチャード・フランクの写真がアイゼンマンの設計法を視覚的に説明するものだった可能性も指摘できよう。

リチャード・フランクのパートナーであるスザンヌ・フランクは建築史家であると同時に、アイゼンマンが創設したIAUSのメンバーでもあった。リチャードによる《House I》の撮影は、スザンヌからアイゼンマンへの働きかけによるものだ。フランク夫妻は後に、彼らの住宅《House VI》をアイゼンマンに依頼するほど彼の設計法に陶酔していた。《House VI》の改修時期に合わせてスザンヌが企画・編集・執筆した『Peter Eisenman's House VI: The Client's Response』[*11]もまた、機能やコンテクストを排してフォーマリスティックな側面からアイゼンマンの設計法を評したテキストを集めて構成されたものだった(図4)。この本の中には、スザンヌとアイゼンマンの写真が載っているが、この写真を撮影したのはリチャードである。この写真からは彼らの親密な関係が伺える。フランク夫妻はアイゼンマンの設計法に理解を示し、表面的と捉えられるアイゼンマンの建築設計を強化するようなメディアをつくっていたのだ。

4-2 依頼主の住宅評

続いて、《House III》の依頼主ロバート・ミラーによる住宅評[*12]を検討する。このテキストは1974年5月号の『プログレッシブ・アーキテクチャー』誌に掲載されたもので、同誌の編集者は、建築の専門家による抽象的なデザインの議論ではなく、建築を専門としていない所有者に、《House III》が抱える現実的な問題点を書くよう要望していた。ミラーは『プログレッシブ・アーキテクチャー』誌の期待に半ば応えたものの、現実的な問題点以上に、機能をもたない梁が住宅の体験を魅力的なものにしていることを、アイゼンマンとの対話を引用しながら強調した。これは、アイゼンマンのフォーマリスティックな設計法の礼賛である。さらに《House III》での体験を「モンドリアンの絵画の中に住んでいるようなものだ」と表現しているが、モンドリアンの絵画への言及は、アイゼンマンが度々試みていることであり[*13]、エレメントの階層化によって生まれる建築空間を評価するものだ。このように、ミラーのテキストはアカデミックなコンテクストを除外し、フォーマリスティックな側面を強化するようなものだった。

4-3 アイゼンマンが生んだ写真家

最後に建築写真家ジュディス・ターナーの写真[*14]を検討する。ターナーは、世界各国で写真展を開く建築写真家である。彼女が撮影した《House VI》の写真は、アイゼンマンの建築概念を例示したと言われる。彼女の作品の特徴は、グラフィック・デザイナーとしての経験を活かした表現であり、それは抽象的な二次元構成がつくり出す平面の曖昧性と言えるだろう[*15]。これは、第3章で検討したジョージ・ケペッシュを思い起こさせるものであり、アイゼンマンが間接的に影響を受けたものでもある。もちろん彼女の写真表現は、写真家としての彼女固有の表現である。その一方で、彼女が《House VI》の撮影を行ったきっかけがアイゼンマンからの声がけだったことと、それを機に彼女が建築写真家としてのキャリアをスタートしていた事実は見逃せない。また、《House II》のドローイング担当者の中にはターナーの名前があり、建築写真家としてのキャリアを始める前に、アイゼンマンのもとで仕事をしていたことも明らかとなった。ターナーはアイゼンマンが生んだ写真家だったのだ。グラフィックを学んでいたターナーと自身の設計法の親和性をアイゼンマンが見抜いていた可能性は十分あるだろう。

4-4 Houseシリーズのメディア掲載

以上の検討によって、Houseシリーズのメディア掲載が、フォーマリスティックな側面を強化するようなされ方になっていたことが明らかになるとともに、Houseシリーズの写真を撮影したりテキストを

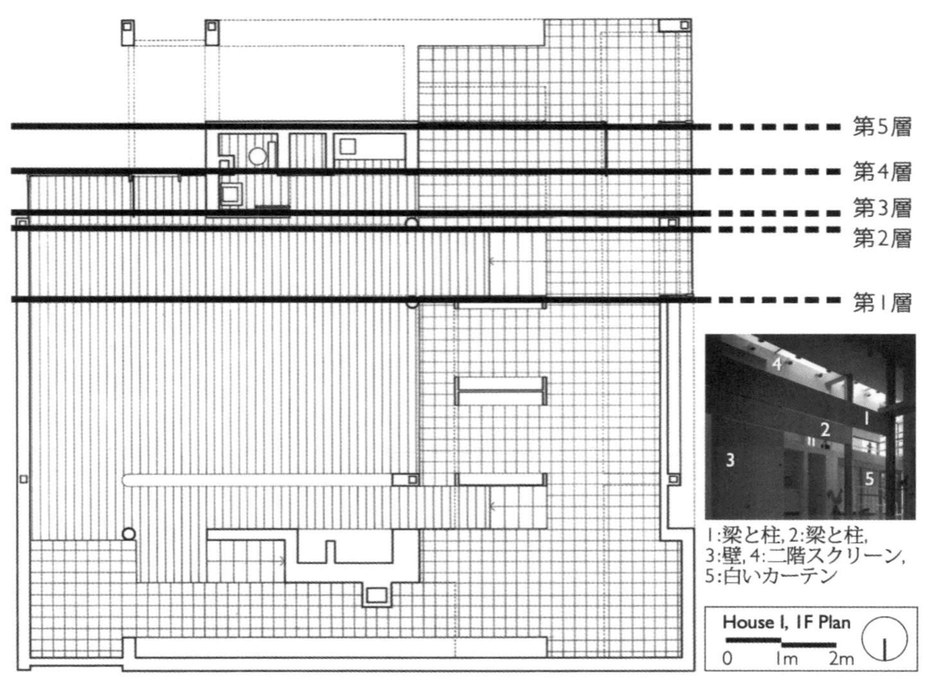

図3 リチャード・フランクによる《House I》の内観写真に写る層構造の図解
[出典:Peter Eisenman, *Houses of Cards*, Oxford University Press, 1987に筆者加筆]

執筆したりした人物とアイゼンマンの交友関係がきわめて密であったことが明らかとなった。こうしたメディア掲載のされ方を、アイゼンマン自身が交友関係の中で巧みにやりくりすることは、十分可能だったはずである。

5章　結論

各章で論じたことは次の3点である。1点目は、1970年代におけるアイゼンマンの設計法が、ロウから影響を受けている一方で、その影響がフォーマリスティックな部分を取り出したに過ぎない、表面的なものだったこと。2点目は、そのフォーマリスティックな部分がメディア掲載によって強化されていたこと。3点目は、アイゼンマンには、そうしたメディア掲載の仕方を巧みにやりくりする環境が十分整っていたことである。

こうした議論をさらに大きく捉えて、建築の理論と実践について考えたとき、あらためてコロミーナの指摘に向き合う必要性に迫られる。それは、20世紀以降の文化を決定するようになったのはメディアであり、近代建築はメディアとの関わりにおいてのみ近代的たり得るという指摘だ。近代以降、建築家の作品は、常に写真や印刷物を通して知られるようになった。建築の生産の場は、「建設された現場だけに位置しているのではなく、むしろますます建築出版や展覧会、雑誌といった非物質的な場所に移行した」*16のだ。しかし、本論文を通して浮かび上がった、共同編集によって建築家像をつくり出す1970年代のアイゼンマンの実践は、コロミーナが描き出したような、1920年代におけるコルビュジエのセルフ・プロ

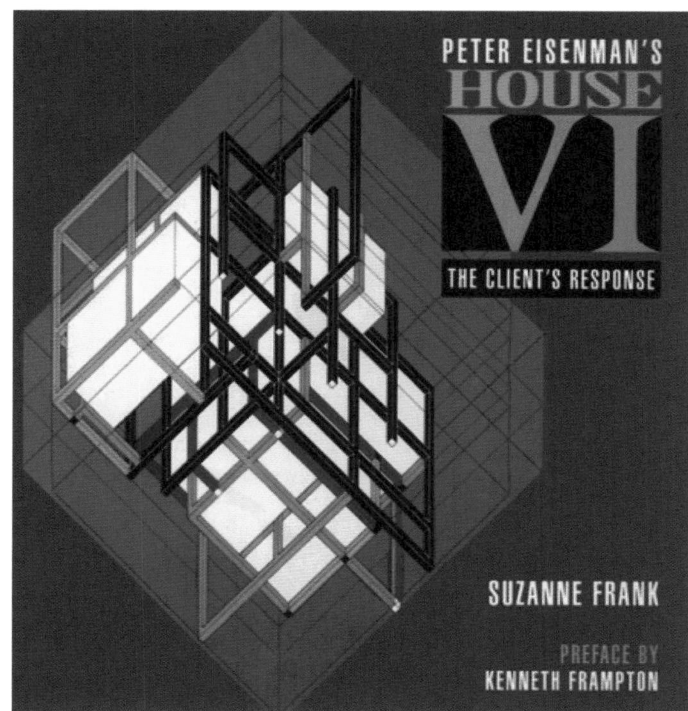

図4『Peter Eisenman' s House VI: The Client' s Response』
[出典:Suzanne Frank, *Peter Eisenman' s House VI: The Client' s Response,* Whitney Library of Design, 1994]

デュースとは異なることも付言しておきたい。

IAUSの設立やその機関誌『oppositions』の創刊からわかるように、アイゼンマンは建築の生産の場を「非物質的な場所」にも見出していた。そして、彼が巧妙だったのは、近代的な建築の生産の場を自らつくることによって、フォーマリスティックな側面を取り出した建築の語りを前提にしたことである。彼がなぜ建築に対して論理的な姿勢で挑むのか、なぜフォーマリスティックな建築を設計する必要があるのかを語らなくとも、彼自身がつくり出した「非物質的な場所」では議論が成立した。こうした実践によって、たとえ彼の建築が実世界でアンビルトに終わろうとも、アイゼンマンの建築は1970年代の人々を熱狂させたのである。

［註］

＊1 最近の研究だと2018年に発表された、Paek Seunghan, "Fold as Non-spectacular Event: The Cases of Peter Eisenman's Rebstockpark Master Plan (1990-1991) and The Aronoff Center for Design and Art (1988-1996)"は、アイゼンマンの2つのプロジェクトにおけるドゥルーズ理論の影響とその展開を検証するものである（Architectural History and Theory, 17.3, September 2018）。日本建築学会においても、1980年代後半から現在に至るまで、定期的にアイゼンマンに関する研究が投稿されてきたが、いずれもアイゼンマンの建築思想を哲学的な解釈を通して明らかにしていこうとする試みだった。

＊2 ビアトリス・コロミーナ、松畑 強訳『マスメディアとしての近代建築——アドルフ・ロースとル・コルビュジエ』鹿島出版会、1996年

＊3 Diane Ghirardo, "Eisenman's Bogus Avant-Garde", Progressive Architecture, November 1994

＊4 アンソニー・ヴィドラー、今村創平沢『20世紀建築の発明——建築史家と読み解かれたモダニズム』今村創平訳、鹿島出版会、2015年

＊5 コーリン・ロウ、伊東豊雄・松永安光訳『マニエリスムと近代建築——コーリン・ロウ建築論選集』彰国社、1981年

＊6 Peter Eisenman, "Notes on Conceptual Architecture Toward a Definition", Casabella, December 1971. Peter Eisenman, "From object to relationship", Casabella, February 1973

＊7 ピーター・アイゼンマン「カードボード・アーキテクチュア」『a+u』1973年11月号、p.187

＊8 ジョージ・ケペッシュ、グラフィック社編集部訳『視覚言語』グラフィック社、1975年

＊9 László Moholy-Nagy, "Vision in Motion", Paul Theobald, 1947

＊10 磯崎 新、浅田 彰編『Any——建築と哲学をめぐるセッション 1991-2008』鹿島出版会、2010年、p.69

＊11 Suzanne Frank, *Peter Eisenman's House VI: The Client's Response,* Watson-Guptill, 1994

＊12 Robert Miller, "I guess you win, Peter", *Progressive Architecture*, May 1974

＊13 たとえば、Peter Eisenman, "From Object to Relationship II: Giuseppe Terragni Casa Giuliani Frigerio", *Perspecta*, 13-14, 1972

＊14 Judith Turner, *Judith Turner Photographs: Five Architects*, Olympic Marketing Corp, 1980. Judith Turner, Seeing Ambiguity: Photograph of Architecture, Edition Axel Menges, 2012

＊15 Joseph Rosa, "Tracing ambiguity: the photography of Judith Turner", Turner, Seeing, op. cit., p.8

*16 ビアトリス・コロミーナ、前掲書、p.26

[参考文献]
(1)Cynthia Davidson, *Tracing Eisenman: Peter Eisenman Complete Works*, Thames & Hudson Ltd, 2006
(2)Peter Eisenman, "Cardboard Architecture: House II", *Five Architects Eisenman, Graves, Gwathmey, Hejduk, Meier*, New York: Oxford University Press, 1975
(3)Peter Eisenman, *Eisenman Architects: Selected and Current Works (Master Architect Series)*, Books Nippan, 1996
(4)Peter Eisenman, *Diagram Diaries*, Universe Publishing, 1999
(5)Peter Eisenman, "The End of the Classical", *Eisenman Inside Out: Selected Writings*, 1962-1988, Yale University Press, 2004
(6)Peter Eisenman, *Tracing Eisenman: Peter Eisenman Complete Works*, Thames & Hudson Ltd, 2006
(7)Paul Goldberger, "Architecture's '5' Make Their Ideas Felt", *The New York Times*, Nov. 26, 1973
(8)ジークフリート・ギーディオン、太田實訳『空間・時間・建築』丸善出版、1955年
(9)チャールズ・ジェンクス、竹山実訳「ポスト・モダニズムの建築言語」『a+u』1978年10月臨時増刊
(10)エイドリアン・フォーティー、坂牛卓・邉見浩久訳『言葉と建築——語彙体系としてのモダニズム』鹿島出版会、2006年
(11)ケネス・フランプトン、中村敏男訳『現代建築史』青土社、2003年
(12)ハリー・フランシス・マルグレイブ、加藤耕一監訳『近代建築理論全史』丸善出版、2016年
(13)ハリー・フランシス・マルグレイヴ、デイヴィッド・グッドマン、澤岡清秀監訳『現代建築理論序説——1968年以降の系譜』鹿島出版会、2018年

出展者コメント —— トウキョウ建築コレクションを終えて

Q このテーマを選んだ理由

もともと20世紀の美術が好きで、ニューヨークを中心としたアメリカ東海岸のインテリ系建築家に興味がありました。初めは建築物や建築家の言葉ばかり追いかけていましたが、20世紀を語るのにはメディアの存在が不可欠だと気づき、最終的なテーマへ舵を切っていきました。

Q 修士論文を通して得たこと

秘密です。ご指導賜りました加藤耕一先生、またゼミでの議論を通してさまざまなアドバイスをしていただきました研究室のみなさま、本当にありがとうございました。この二年間以上に充実した時間を僕はこれまで過ごしたことがありませんでした。大きな財産です。

Q 論文を通じて社会に向けて発信したいメッセージ

公開審査で倉方さんも仰っていましたが、個人のつくり手の活動を論理化・公共化することにもっと価値が見出されてほしいです。多かれ少なかれ誰もが持つオリジナリティを歴史研究によって客観的に拾い上げることは、今の社会で別の個人を尊重することにもつながります。

Q 修士修了後の進路と10年後の展望

修了後は建築専門雑誌の出版社で編集者として働きます。10年後に何か一つでも自分のやってきたことが詰まった企画や誌面を実現できていたら嬉しいです。それから僕よりもさらに若い世代が建築専門誌づくりに魅力を感じてくれるような活動をしていたいです。

貴族社会にみられる図書保存活動の解明

文倉を中心とした保存による平安文化の成立と中世社会の誕生

小野緋呂美
Ono Hiromi

早稲田大学理工学術院
創造理工学研究科　建築学専攻
小岩正樹研究室

1章　はじめに

本稿の端緒は、文化財ではないが価値があるモノを残すにはどうすれば良いかという疑問である。奇しくも2019年は災害によって資料が失われたが、それらはまだ文化財として一般に認められにくい漫画やアニメーションの原画といった新しい宝物であった。保存行為は進化した部分もあるが、1,000年続く資料保存を実証できたのは、紛れもなく古代から中世にかけての保存行為である。

そこで本稿では資料保存の最初の変革期である古代から中世の移行期に注目し、とくに保存や修復が難しいとされる図書類の保存活動を都市・建築的視点から捉え、資料が伝世した背景の社会的な要因を含めて解明することを目的とする。また保存行為の解明によって、当時の平安京の都市構造と邸宅の関係を捉え直し、当時の社会情勢の動きが都市・建築の変化と密接な関わりをもつことが指摘できると考える。

保存行為を分析するにあたり、①図書類の所持、②当時の記録(日記内容)が現存、③当時の保管場所、④管理記録の存在、以上の4点を選定条件とした。対象選定にあたっては、②記録の存在の他に、③文庫および邸宅の位置がわかることが重要であると考え、小野則秋氏の論考[*1]をもとに、①藤原道長(966-1028)/『御堂関白記(みどうかんぱくき)』/土御門殿文殿(つちみかどどののふどの)、②藤原頼長(1120-1156)/『台記(たいき)』/宇治文倉(ふみぐら)、③藤原定家(1162-1241)/『明月記(めいげつき)』/一条京極邸文庫を対象とした。また比較対象として、同時代の貴族の文庫、内裏(だいり)での保存行為も扱うこととする。また、本稿で述べる保存行為を定義するにあたり、神庭信幸氏の論考[*2]、文化庁の資料[*3]、髙畑誠氏の論考[*4]を参考に、「①保存施設:立地と建築計画」「②保存管理:点検と環境管理」の他、当時の平安京では火災などの災害による宝物の劣化、紛失も多く存在しているため、「③有事における対応」を保存行為に組み込み、検討を行う。

2章　古代・中世における図書所有の意義

図書の収蔵施設を所有していた貴族は、日記を中心とした執筆編纂図書と蒐集(しゅうしゅう)図書の両方を所持していたことが判明した。自身で執筆編纂を行った図書は政務と和歌の2種の内容に大別され、作成形態としては個人による執筆であり、とくに日記・次第書は執筆後も個人で所有していたと推測できる。個人の日記は、執筆者自身や後人のために視点の付加を行った公事の先例を残し伝える情報装置であり、保存・伝世ありきで生まれたことがわかる。また、時代を経ると、当時の関心事を記した情報装置へと情報の規模が拡大していくことから、日記自体の価値が次第に高まったともいえ、日記は「祖先の記録」という部分が後年も所蔵される主目的に変化していった。日記以外では、「九条家文書」から確認すると、個人による執筆図書類が譲状に多く記載された。これは図書の制作理由から、編纂図書や複数人による制作は、必ずしも自身が所有していない可能性があることが指摘できる。

個人の蒐集図書としては、①蒐集記録が窺える図書、②図書を執筆編纂した過程で引用した図書、③読書記録がある図書の3種類が挙げられる。図書内容に関しては、貴族個人が各々に興味をもって蒐集した図書と、各々の家にもつべき書が存在し、所蔵経緯に関しては、父祖からの伝来と貸借・写本による入手の2種類が挙げられる。父祖からの伝来では、頼長は一家の長として図書を譲られた一方で、定家は相伝がほぼなかった*[5]が、嫡男・為家へ日記を中心に、歌の家として歌書の相伝も行っている。このように父祖からの伝来では、「図書の相伝＝跡継ぎ」の構図が存在し、家を存続させる行為の一部であるといえる。貸借・写本による入手では、日記を中心として幅広い図書を扱うが、定家のように子孫のために写本を行い、相伝する事例も存在している。写本を行った記録が日記に残るということは、当時の貴族社会では写本や図書を所有することに一定の価値が存在していたといえる。

以上のように図書を保存することは家を存続させる行為の一部であり、一図書が個人の体験を蓄積したものと捉えると、貴族邸宅の保存施設はその家の体験を集積しながら、都市全体の情報も集積しているといえる。

3章　図書類の保存行為の事例分析と図書保存の有効性

保存行為については、①保存施設、②保存管理、③有事における対応、以上の3種類を分析した。まず①保存施設は、使用頻度と目的によって収蔵場所を使い分けたことが判明した。寝殿の一角に収蔵する場合は、とくに使用頻度が高い図書を保管していた。菅原道真紅梅殿では、塗籠が書庫、周囲の庇空間が書斎といった空間利用が指摘できる。独立建物に収蔵する場合は、日常的に使用する貴重書を収蔵した。建物の名称は3種あり、「文庫」は図書収蔵建物全般あるいは家の文書群、「文倉」は倉庫建築、「文殿」は通常、内裏に置かれる文書記録や重要器物を摂関家に収納するための建築であった。また、図書自体に価値がある場合は郊外の倉へ納めた。可動式家具に収蔵する場合としては、政務記録を内裏に持参する書庫として文車が12世紀から登場し、徐々に政務記録以外の収蔵物も納められるようになった。その構造は切妻屋根の屋形車形式で、庭先の寝殿庇に置かれた*[6]。

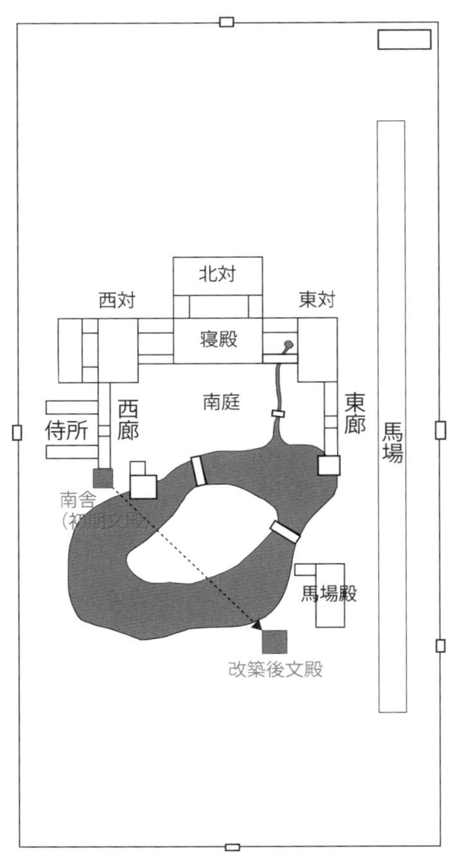

図1 土御門殿文殿の配置（全体配置は太田静六案を採用）

平安京内においては、独立建物が保存に大きな影響を及ぼすと考えられるため、本稿では、藤原頼長の宇治文倉と藤原道長の土御門殿文殿の配置と計画から保存性能の有効性を検討し、当時の保存意識を考察した。

土御門殿全貌は太田静六氏によって復原された[*7]が、文殿配置に関しては『御堂関白記』『小右記』の読解によると太田氏案とは異なり、改築後に移動したことが判明した。初期の文殿配置は大内裏文殿に似せた、西対南の西中門廊の南端の南舎と考えられる。その後、火災により、防火を考慮し、平安京最東端である土御門殿の、さらに東端に寄せた馬場末西に改築された（図1）。改築後の保存施設の環境から、温湿度や防虫は考慮せず、頻繁に人が往来しない場所に配置し、池の畔に配置することで南池を防火水槽としていたと考えられる。また、文殿は、事務作業および倉庫空間から構成され、内裏の官文殿（五間瓦葺）と類似形式であると考えられる。

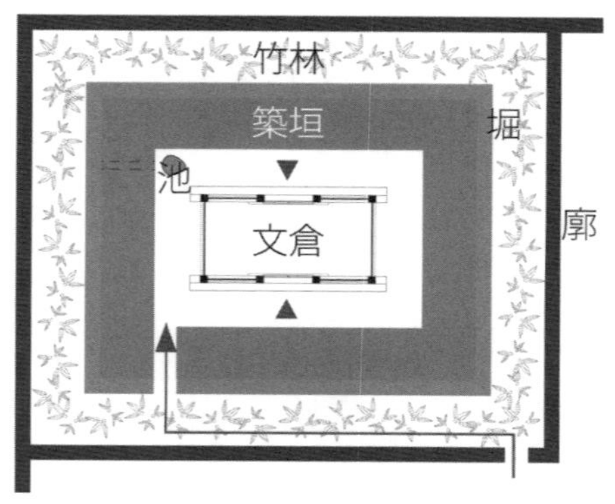

図2 宇治文倉復元配置平面図

宇治文倉は、『台記』久安4年8月9日条に建物の形式が記述される。一尺ほどの高床で、一間三間倉（梁行7尺3寸間、桁行11尺間）、床から軒まで高さは一丈一尺、横はめ板形式の真壁板倉に石灰を塗布して強固な壁体をつくり、戸にも蠣灰を塗布することにより耐火遮蔽性能を上げたと考えられる（図2、3）。文倉周囲にも倉と同程度の高さの竹林や垣を設け、防火・盗難防止策も行い、文殿同様、防火水槽も設けた。棚は東西面に配置され、南北入口付近は払書（曝書）等の作業空間となっていたことが推測される。このように宇治文倉は最上級の防火をしているが、費用面から広くは普及しなかったと考えられる。

②保存管理については、目視点検と環境管理の分析を行った。目視点検としての払書は、図書を日に曝し、風を通すことである。平安時代に古代中国から日本に年中行事として伝わったが、該当期の私日記には九条兼実『玉葉』、藤原定家『明月記』にのみ記録が残される。

ここで、藤原定家の邸宅である一条京極邸に存在した文庫の建築配置の検討から払書方法の再現を行った。一条京極邸全貌は、藤田盟児氏[*8]、加藤伸江氏[*9]の案を採用した。文庫を他建築の配置および庭木記録から比定したところ（図4）、竹林と梅の簡素な庭に面し、居所である北庇にも近いため、定家の生活動線の中に配置したといえる。文庫規模は宇治文倉同様、一間三間倉（7尺間）の両側扉と想定される。竹林の配置は宇治文倉を模し、文庫の目隠しも兼ねていたといえる。払書方法は毎年7月7日に家主主導のもと、臨時に集められた家人によって資

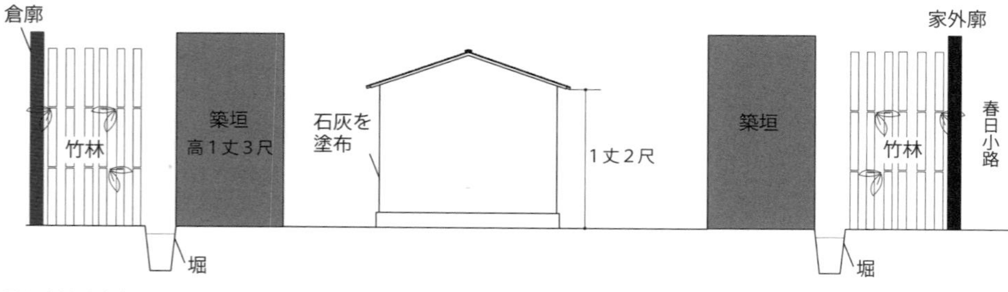

図3 宇治文倉復元立面図

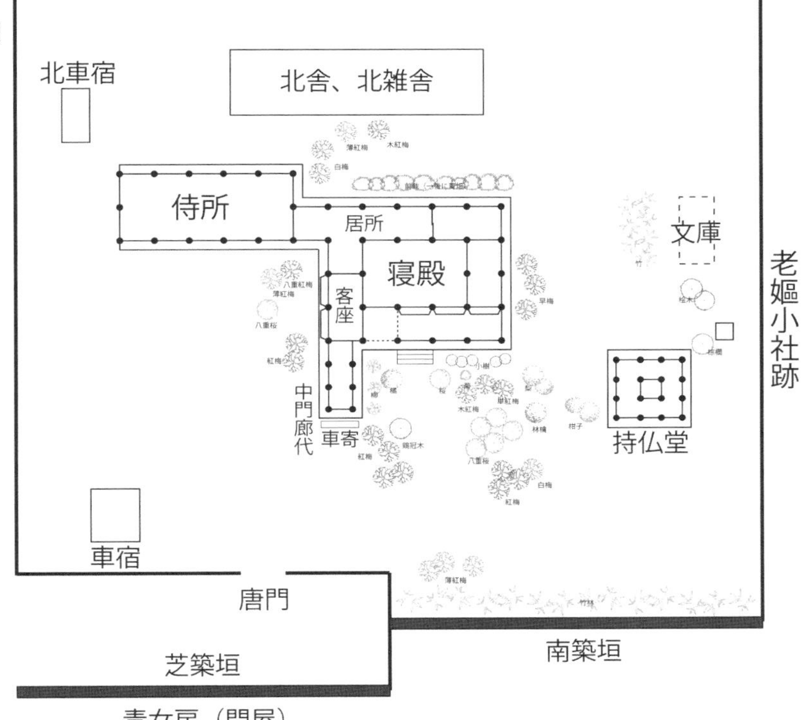

図4 一条京極邸文庫配置案

料の所在や欠損・虫食い確認を行ったことが日記分析から判明した。文庫配置復元により、文庫内扉付近で筵(むしろ)の上に巻子(かんす)を広げて目視点検を行い、扉を開いて図書を風や日に曝していたとも指摘できる。また、一家の長として確立し、自邸の完成を機に始めたことから次世代への相伝の意識が見られ、彼らがいかに図書の保存に関心をもっていたかが窺える。

環境管理は、正倉院や醍醐(だいご)寺など寺院での櫃(ひつ)の管理方法を踏襲し、文書ごとの分類や運び出しを簡便にするため用いた。寺院宝蔵の櫃と『台記』『仙洞御文書目録(せんとうごぶんしょもくろく)』から、文書櫃は各長1尺2寸-1尺5寸程で簡易的な脚がつけられ、大量に櫃を必要としたことから杉材を使用したと考えられる。材質による防虫や防火性能は見込まれないが、上蓋により虫の侵入を防ぐ意図と、脚の設置により底下に空間を設け、風を通したと考えられる。

最後に、③有事における対応を分析すると、当時の貴族たちにとって火事と図書類の損失が密接につながっていたことが、火災記録から指摘できる。そこで文車による避難範囲を検討するため、平安期から鎌倉期における大火の記録[*10]をもとに火災範囲を都市図にプロット（図5）すると、南方への避難が考えられる。東寺や平安京内から文車で火から遠ざけ、鎮火次第、邸宅に戻したことが指摘できる。通常時の文車は邸宅と内裏を行き来するのみであり、一度収蔵された図書類はそのまま保管したことや、文車に入る櫃の数量が15合または22合という記録があったことから、有事には通常の図書に加えて、文倉内の貴重書も入れた可能性も考慮すると相当な重量であったと考えられ、文車で遠隔地まで運び出した可能性はきわめて低いといえる。東寺では中世に入り文車収納の空間が計画され、平安末頃か

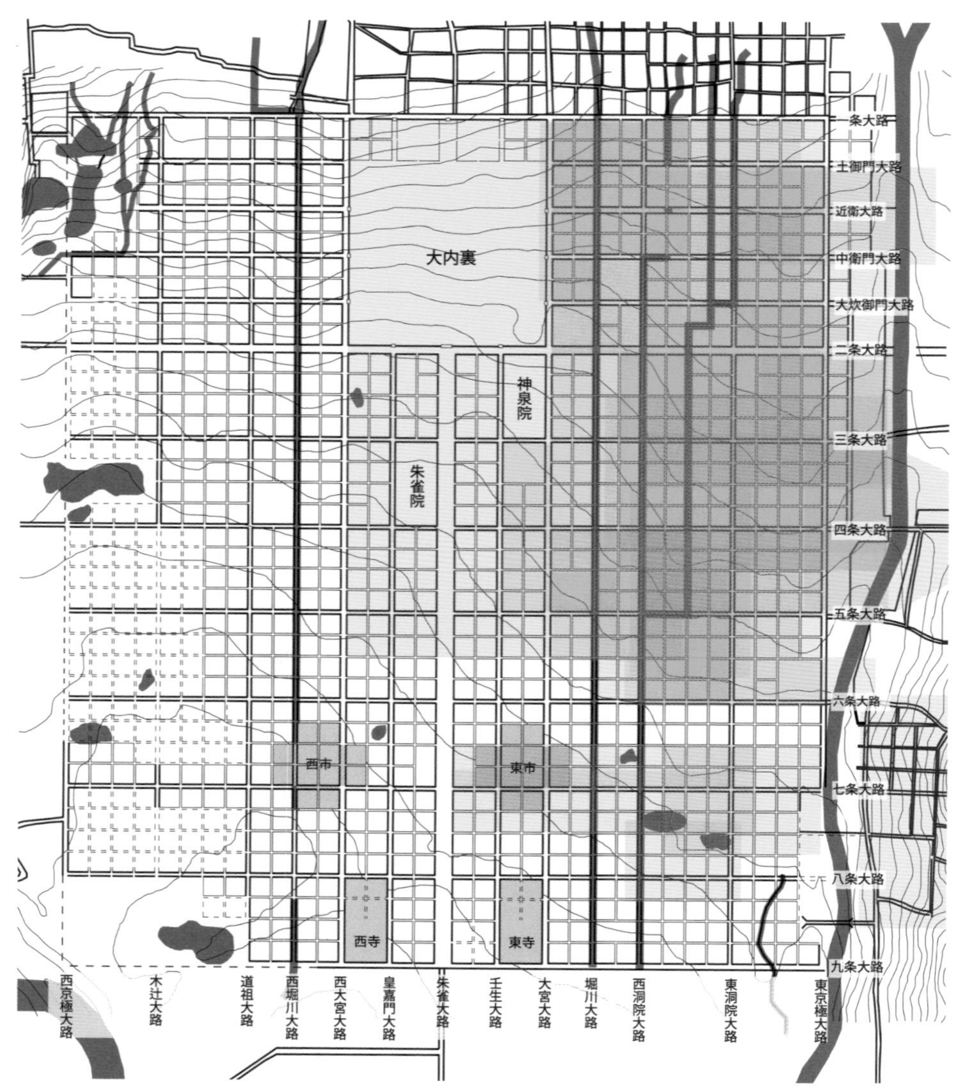

一条大路
土御門大路
近衛大路
中衛門大路
大炊御門大路
二条大路
三条大路
四条大路
五条大路
六条大路
七条大路
八条大路
九条大路
大内裏
神泉院
朱雀院
西市
東市
西寺
東寺
西京極大路
木辻大路
道祖大路
西堀川大路
西大宮大路
皇嘉門大路
朱雀大路
壬生大路
大宮大路
堀川大路
西洞院大路
東洞院大路
東京極大路

図5 平安京大火の範囲（赤色）

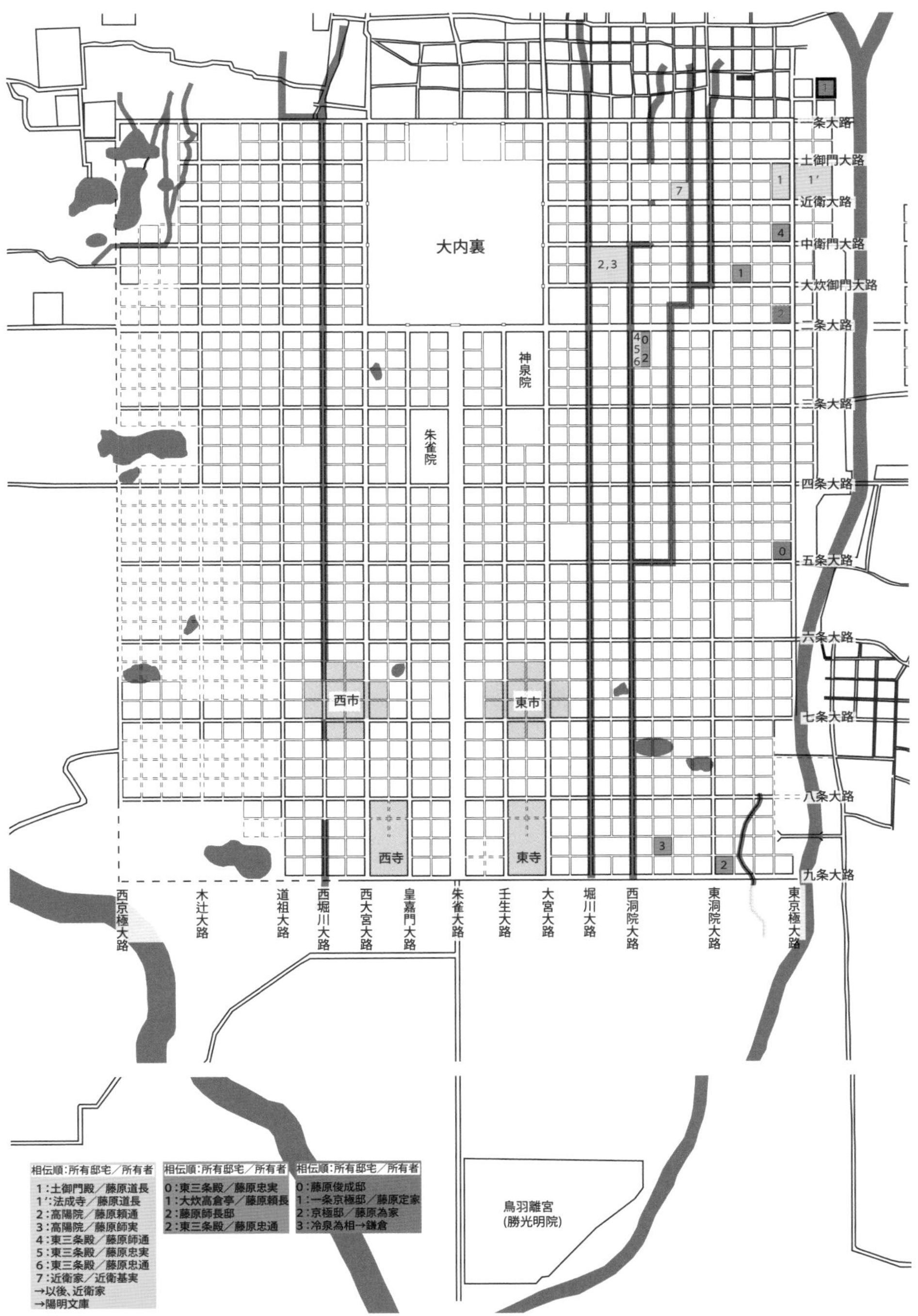

図6 平安京における個人文庫の所蔵品の動向

ら文書の保護と蒐集を行った可能性が指摘できる。

火災時の権門寺院への避難は述べられていないが、有事に備え、自筆本等を収蔵した記録が藤原道長の法成寺経蔵、藤原頼通の平等院経蔵に見られ、日頃から貴重書を遠隔地に所蔵した可能性が指摘できる。権門寺院で貴重書を所蔵した経蔵は元来、経典収蔵を目的としたが、道長による正倉院御物御覧を機に家の宝物も納めるようになった。道長の宝物御覧には頼通も関与したことから、宝物御覧は平等院経蔵設置にもつながったと考えられる。このように権門寺院に所蔵するものは文化的価値を見出された宝物であり、一時避難所としての寺院収蔵は確認できない。図書類においては、経典を除けば日記自筆本が中心であり、平安京内で成熟した文化を収蔵することで、正倉院と一線を画した宝蔵にしたのではないかと推測できる。

以上により、保存行為を分析、有効性を検証し、当時の人々の保存行為に対する意識を考察すると、保存の意識は古代からの問題である虫食いと、平安京に多発する火事といった問題に対する解決策であり、保存行為の一定の完成といえる。保存行為は前時代の方法を当時の社会情勢や技術に合わせて行い、次代への家の存続・繁栄へと結びつけると同時に、南都に対抗した一定の平安文化の成熟を見出すことができる。

4章　図書類の保存と平安京都市の関係性

平安京都市全体での個々の保存行為の役割から平安京都市全体と図書保存の関係を考察した(図6)。

土御門殿文殿では公的文書は文殿設置と相伝が同時期であるのに対し、私的文書は相続時に相伝されるため、両者の相伝が切り離されて考えられる。また、宇治文倉収蔵図書は頼長が保元の乱で敗死したことにより多くは散逸し、残りは息子・師長と兄・忠通に分散されたが、貴族たちが頼長の日記を写本しやすい状況になったともいえ、写本の動向を見ると、当時の情報共有の範囲が右京北部から左京全域と特定できる。そして、摂関家であり、この2人の子孫であったが、あらゆる私的相伝がなかった九条兼実は、結果として保存の重要性を感じ、この時期に払書といった管理も含めた保存行為を明確化していったと考えられる。兼実の家臣であった定家の一条京極邸文庫は保存行為が明確化され、息子、孫と順につながった相伝形態の一方で、当代随一の歌人であった定家の日記『明月記』が掛け軸に仕立てられたことから、実物相伝の分散も指摘できる。しかし、この出来事は文字情報以外での宝物になったともいえ、『明月記』の保存状態が良好で保存行為を受け継いでいた可能性が指摘できる。

そして、個人による保存行為が内裏内の保管体制も変化させた。貴族たちが家記を形成・存続するようになると、朝廷政務のための文書保管・整理を行っていた内裏の機関である官文殿や外記文殿の機能が、現在必要な情報の正式文書のみを保管する役割に変化し衰退した。また、天皇の住まいである大内裏では、内御書所等で図書を保管し、図書寮は払書管理も行っていたが、鳥羽殿勝光明院等の離宮では、平等院宝蔵を参考に勝光明院宝蔵を建設し、個人の保存行為を反映した宝蔵計画と宝物管理が行われるようになった。

私的所有図書の相伝の重要性から、個人の保存行為は独立した体制をとることで活発になり、平安京都市全体に情報が広まり、写本・相伝によって遠隔地にも広まったことから、平安京内で成熟した文化や情報が拡大している様子が指摘できる。こうした情報の収縮と拡張から、情報が広まった部分が平安京都市の規模とも指摘でき、個人の保存行為は平安京社会を支える基盤となった。

5章　結論

平安京における個人の保存行為は、図書所有に一定の価値が生まれたことで必須となった。貴族が保存施設の設計を防火に特化させたことを機に、避難方法や管理方法といった保存行為全体に影響を与え、奈良時代から続く問題に対して一定の完成をみた。こうした個人の保存行為が内裏での保存行為をも変化させたことで平安京内外に保存行為が波及し、都市の収縮・拡張にまで影響を及ぼした結果、文化や情報も拡散した。

以上により個人の保存行為は、南都に対抗して独自の文化となった平安京社会をつくり上げ、支えた基盤の1つであり、中世社会が誕生した契機の1つに保存行為の完成が関係したといえ、本論の結論とする。

[註]

*1 小野則秋『日本文庫史研究 上』大雅堂、1944年

*2 神庭信幸「東京国立博物館の保存環境の管理」『文化財の虫菌害（61）』文化財虫害研究所、2011年

*3 文化庁文化財部美術学芸課「文化財（美術工芸品）保存施設、保存活用施設設置・管理ハンドブック」2015年

*4 髙畑誠「正倉院における紙の保存」『文化財の虫菌害（74）』2017年

*5『明月記』治承4年2月14日条

*6『明月記』寛喜3年2月1日条

*7 太田静六『寝殿造の研究新装版』吉川弘文館、2010年

*8 藤田盟児「藤原定家一条京極邸の建築配置について」『学術講演梗概集. F、都市計画、建築経済・住宅問題、建築歴史・意匠』日本建築学会、1990年

*9 加藤伸江「一条京極邸の持仏堂の復原再考」『日本建築学会計画系論文集』84巻、日本建築学会、2019 年

*10 片平博文「12-13世紀における京都の大火災」『歴史都市防災論文集 vol.1』p.29、2007年

[参考文献]

(1)沓掛伊左吉「曝書史稿」『金沢文庫研究紀要（7）』金沢文庫、1970年

(2)太田静六『寝殿造の研究新装版』吉川弘文館、2010年

(3)太田静六「文倉と防火対策」『日本建築学会論文報告集』日本建築学会、1959年

4)富山博『日本古代正倉建築の研究』法政大学出版局、2004年

(5)杉山信三『院家建築の研究』吉川弘文館、1981年

出展者コメント ── トウキョウ建築コレクションを終えて

Q このテーマを選んだ理由

卒論で近世宝蔵を研究し、資料保存に強い興味をもちました。そして修士1年で博物館学を学習するなかで「千年続く資料保存を実証したのは古代から続く宝物だけ」という言葉を聞き、当時の資料保存を建築の観点から解明してみたいと思い、研究を始めました。

Q 修士論文を通して得たこと

集中力と先行研究者への深い尊敬です。研究は一人で完成させられるものはなく、多くの先行研究の蓄積によって新しい一歩が生まれることを、新たな事実が見つかるたびに実感しました。

Q 論文を通じて社会に向けて発信したいメッセージ

古代、中世の研究は時折、現代に直接的な関係がないと考えられてしまいます。しかし、千年間保存されてきた資料によって保存行為が見直されているように、建築や社会も蓄積によって現代まで続いていることを論文から感じていただけると幸いです。

Q 修士修了後の進路と10年後の展望

修了後は意匠設計の道に進みます。研究とはかけ離れた世界なので不安もありますが、楽しみです。そして、10年後までには設計と研究、どちらもできるといいなと考えております。

都市の空閑地における建築的介入にみる時間的文脈と既存環境の再構成手法

織 大起
Ori Daiki

東京工業大学大学院
環境・社会理工学院　建築学系
奥山信一研究室

1章　序

都市空間は、建物やインフラストラクチャーが更新されることで常に変化しているが、さまざまな時代に建設された空間の集積の中で、時に利用されずに放置されてしまう場所が発生することがある。これらは一般的に空閑地と呼ばれるものの一つであるが、都市におけるこうした場所は、周辺の変化に対して時間が停止した都市の空白であるといえる。

近年、これらの空閑地を都市生活の場として改修・活用する取組みがなされており、その中でも、とくに都市構造と密接な関係をもつ土木構築物の建設・廃棄に伴って生じる、高架下の空間や鉄道跡地などの空閑地に対する取組みでは、その形態や周辺環境との関係性において、その他の都市空間ではみられない特徴が表れている。そこでは、既存の土木構築物の特徴を再解釈した操作や、周辺環境の特徴を顕在化させる操作がみられる。こうした手法は、都市に内在する時間的文脈と土木構築物を取り巻く既存環境を引き受ける建築的介入と呼べるものであり、現代建築の可能性を思考するうえで重要な題材と考えられる。

そこで本研究では、都市の空閑地における建築的介入[*1]を検討することで、時間的文脈と既存環境を再構成する手法の一端を明らかにすることを目的とする。

2章　空閑地の時間的文脈と既存環境

都市の空閑地には、その発生から建築的介入が行われるまでに、都市の発展に起因するさまざまな状態がある。たとえば図1の分析例に示すNo.58では高速道路の建設に伴い高架下に空閑地が発生し、空き地として放置されていた。本章では、こうした空閑地の変遷を時間的文脈として、建築的介入後の作品解説文・図面・写真から検討する。

また、No.58の解説文をみると、「フォリーでは(中略)周囲の水路を探索する船旅が人々を迎え」[*2]のように周辺環境に存在する要素(周辺要素)が設計に際し考慮されていることが読み取れる。ここでは、建築家が空閑地を取り巻く環境をどのように認識しているかを捉えるため、周辺要素についても検討する。

2-1 空閑地の時間的文脈

まず、土木構築物の種類をその空間的な性格から整理し(図2)、次に空閑地の成り立ちを、土木構築物の建設に伴い発生する【付随型】と、その利用停止によって発生する【廃棄型】に大別した(図3)。次に、建築的介入が行われるまでの空閑地の状態を

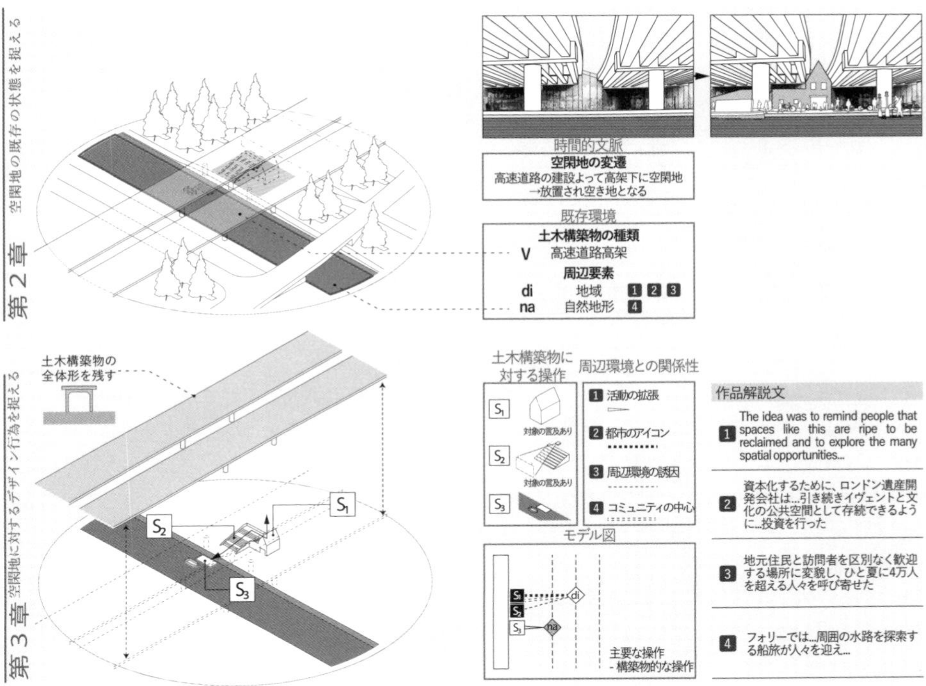

第2章 空閑地の既存の状態を捉える

時間的文脈
空閑地の変遷
高速道路の建設よって高架下に空閑地
→放置され空き地となる

既存環境
土木構築物の種類
V 高速道路高架
周辺要素
di 地域 1 2 3
na 自然地形 4

第3章 空閑地に対するデザイン行為を捉える

土木構築物の全体形を残す

土木構築物に対する操作
周辺環境との関係性
S1 対象の言及あり
S2 対象の言及あり
S3
1 活動の拡張
2 都市のアイコン
3 周辺環境の誘因
4 コミュニティの中心

モデル図
主要な操作
- 構築物的な操作

作品解説文

1	The idea was to remind people that spaces like this are ripe to be reclaimed and to explore the many spatial opportunities...
2	資本化するために、ロンドン遺産開発会社は...引き続きイヴェントと文化の公共空間として存続できるように...投資を行った
3	地元住民と訪問者を区別なく歓迎する場所に変貌し、ひと夏に4万人を超える人々を呼び寄せた
4	フォリーでは...周囲の水路を探索する船旅が人々を迎え...

図1 分析例 No.58 Folly for a Flyover

V 高架49	R 地上架線10	U 地下道9	E 護岸24
鉄道 28 道路 21	鉄道 10	道路 3 歩行者通路 4 鉄道 2	河川 16 海岸 4 その他 4

図2 土木構築物の分類

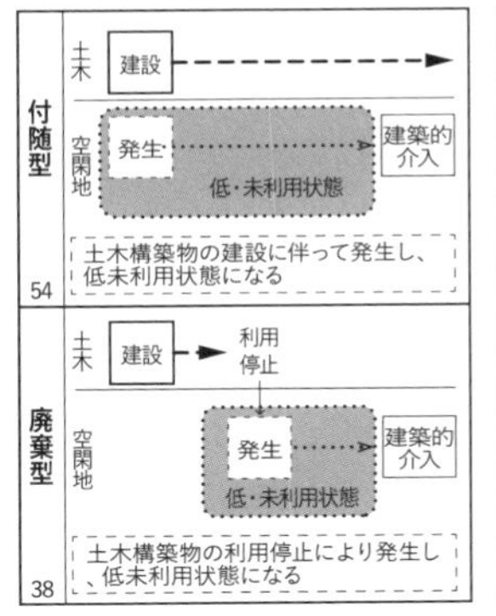

図3 空閑地の成り立ち

		付随型	廃棄型
立ち入り不可 40	空き地 40	10	30
立ち入り可 52	空き地 19	18	1
	車両用 20	19	1
	スラム化 13	7	6

図4 空閑地の履歴

空閑地の履歴として検討した(図4)。

その結果、空閑地に立ち入りができるか否か、さらにその利用状態から、手が加えられず放置された[空き地]、駐車場等、車両によって占拠された[車両用]、バラックやホームレス等に占拠された[スラム化]に分類できた。さらにこれらの空閑地の成り立ちとその履歴の関係から、空閑地の時間的文脈を捉えた。

2-2 空閑地の周辺要素

周辺要素は「建物」「自然地形」「公園・広場」「交通インフラ」「地域」に分類し、さらに空閑地からの距離より《隣接》《近景》《遠景》で捉えた(図5)。

〈隣接〉がもっとも多く、その内訳をみると「自然地形」「交通インフラ」「地域」が多くみられた。これらの周辺要素は複数言及されることがあるため、その組合せを周辺要素の組合せとして図5下段に整理した。

2-3 空閑地の時間的文脈と既存環境の関係

空閑地の既存環境を土木構築物ごとの周辺要素

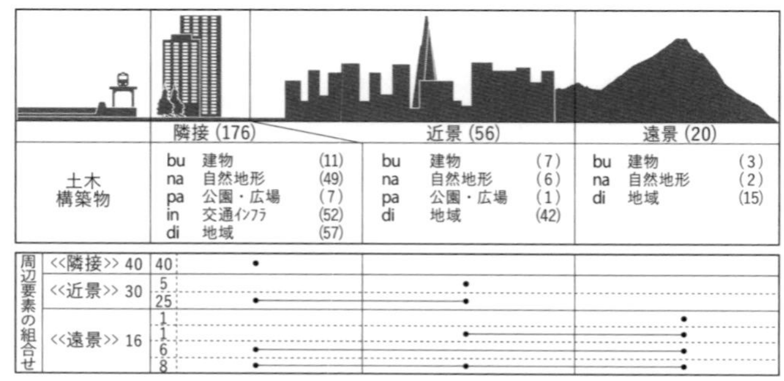

図5 空閑地の周辺要素の分類

の組合せから捉え、さらにそれらと時間的文脈との関係を示したものが図6である。集計の結果、高架、護岸では【付随型】が多いことに対し、地上架線では【廃棄型】が多いことがわかった。さらに詳しくみると、高架においては立ち入り可の[スラム化]と[空き地]が多く、前者は周辺要素の組み合わせが《隣接》のものが多いのに対し、後者は《近景》のものが多くみられた。一方で護岸においては立ち入り不可が多くみられた。

このことから空閑地発生以前の記憶の存在と、発生後の利用状態によって、建築的介入の際に関係づけられる周辺環境の範囲は変化すると考えられる。

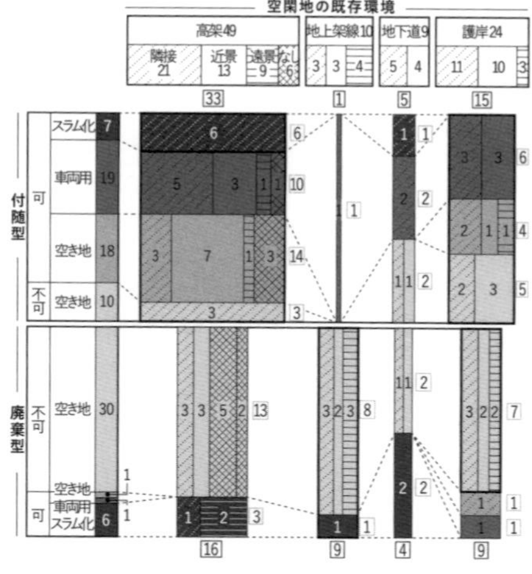

図6 空閑地の時間的文脈と既存環境の関係

3章　既存環境に対する建築的介入

本章では、既存の土木構築物の改修における個々の操作により周辺環境に対してどのような関係性の形成を試みたかを「周辺環境との関係性」として、作品解説文・図面・写真から検討する。さらにそれらを周辺要素との関係と合わせて検討することで、空閑地における建築的介入の性格を捉える。

3-1 建築的介入の程度

まず、事例ごとに既存の土木構築物の形への介入の程度について図面や写真から検討し、図7に整理した。

3-2 土木構築物に対する操作

土木構築物に対する操作は、ボリュームや家具などの要素を付加する構築物的な操作と、土木構築物周囲の地表面を改変するランドスケープ的な操作に大別した。さらに前者は、付加した要素のスケールにより細別し、後者は地表面の変化の程度により細別した。

またこれらの操作のうち、形や構成など、土木構築物の性質に着目したことが作品解説文から読み取れるもの、さらに土木構築物に対して線状・面状に操作を行っているものを主要な操作とした(図8)。

3-3 周辺環境との関係性

周辺環境との関係性は、土木構築物の形状を都市の軸として顕在化させるものや、周辺の建物への動線を付加するものといった「既存環境の物理的特徴を利用するもの〔物理的〕」と、市民に開かれたイベント空間を設え、コミュニティの中心として位置づけるものや、新たなランドマークを創出するものといった「空閑地に新たな意味的性質を付加するもの〔意味的〕」の2つで捉えた（図9）。

3-4 建築的介入の性格

前節までに検討した周辺要素、土木構築物に対する操作、周辺環境との関係性を事例単位で統合したモデル図を作成した（図10）。

次に、土木構築物に対する主要な操作と建築的介入の程度を横軸に、周辺環境との関係性を縦軸に、全事例を位置づけたものが図11である。その結果、構築物的な操作が主要な操作となるものでは、周辺環境との関係性において〔意味的〕が相対的に多くみられることに対し、ランドスケープ的な操作が主要な操作となるものでは〔物理的〕が多くみられた。このことから、ランドスケープ的な操作による建築的介入では、都市環境を目に見える形で変化させていることに対し、構築物的な操作による建築的介入では、都市環境の特徴を顕在化させるだけでなく、新たな場所の意味を生み出す取組みがなされていると考えられる。

3-5 建築的介入のパターン

前節で検討したモデル図における周辺要素の組合せから、建築的介入の5つのパターンを見出した（図12）。

まずDi（District）型は、周辺要素が「地域」のみのものであり、〔意味的〕が多いことから、周辺環境を領域的に捉え、空閑地そのものをエリアにとって価値のある場所としているものであるといえる。

続いてIn（Infrastructure）型は、周辺要素が「交通インフラ」と「地域」のものであり、《隣接》と〔物理的〕が多いことから、都市の動線的な連続に空閑地を接続しているものであるといえる。

次にIn+Na（Infrastructure + Nature）型は、周辺要素が「交通インフラ」と「自然地形」のものであり《隣接》と〔物理的〕が多いことから、周辺要素の双方に関係をつくることで、都市の中で自然と接続した場所をつくるものであるといえる。また、各モデル図を詳細にみると、約半数において「自然地形」に対して複数の関係性を構築しているものがみられることから、In+Na型は同時に多様な関係性をつくることで自然と接続を図っていると考えられる。

Na（Nature）型は、周辺要素が「自然地形」のも

図7 建築的介入の程度

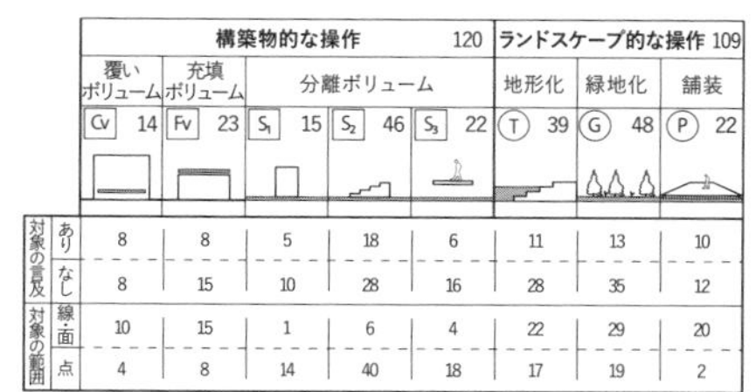

		構築物的な操作 120					ランドスケープ的な操作 109		
		覆いボリューム	充填ボリューム	分離ボリューム			地形化	緑地化	舗装
		Cv 14	Fv 23	S1 15	S2 46	S3 22	T 39	G 48	P 22
対象の言及	あり	8	8	5	18	6	11	13	10
	なし	8	15	10	28	16	28	35	12
対象の範囲	線・面	10	15	1	6	4	22	29	20
	点	4	8	14	40	18	17	19	2

図8 土木構築物に対する操作の分類と対象

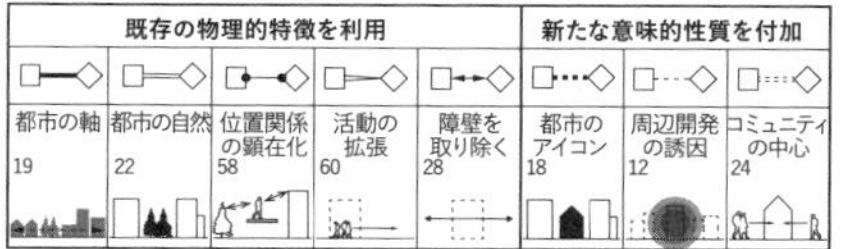

図9 周辺環境との関係性

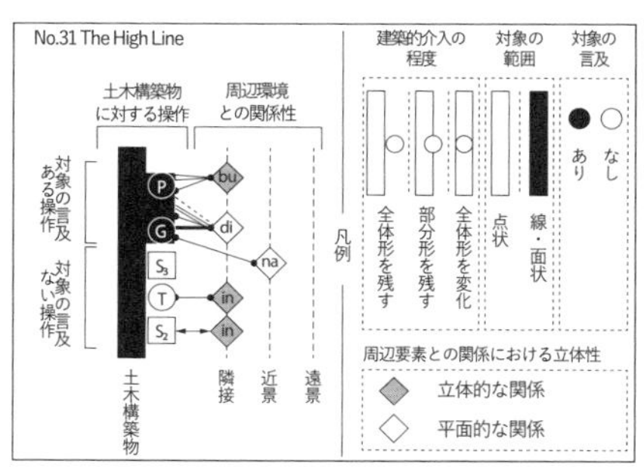

図10 建築的介入の構成

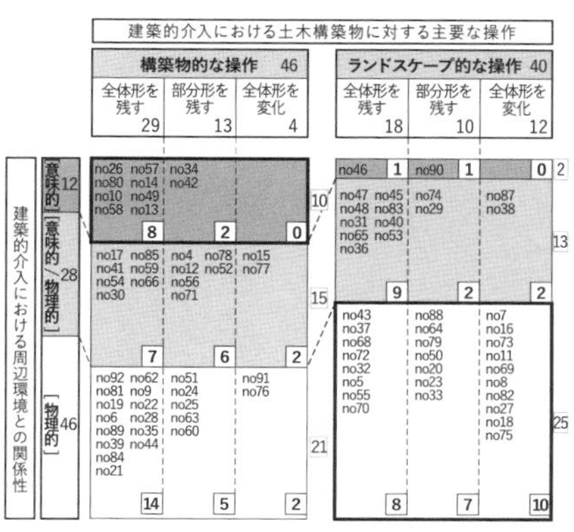

図 11 建築的介入の性格

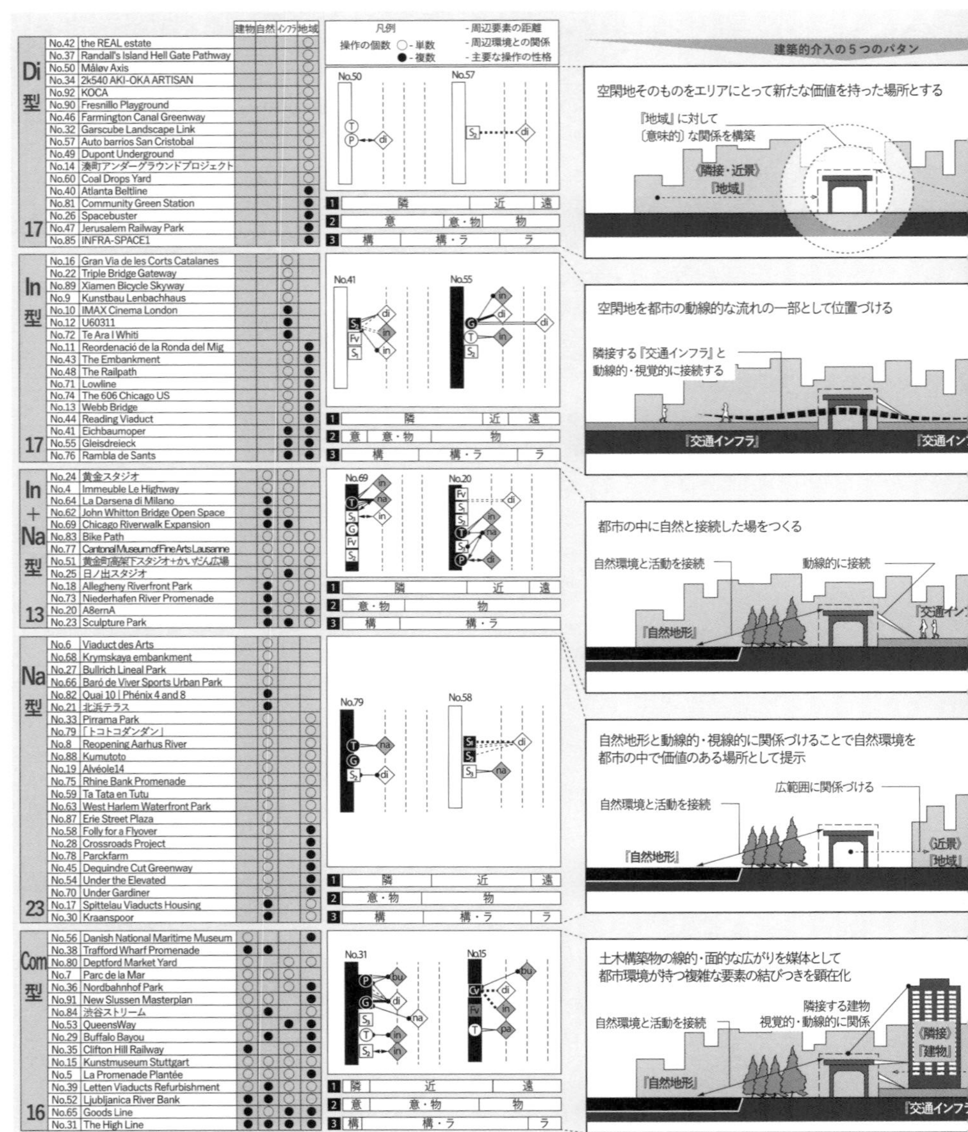

図12 建築的介入のパターン

図13 時間的文脈と既存環境の再構成手法

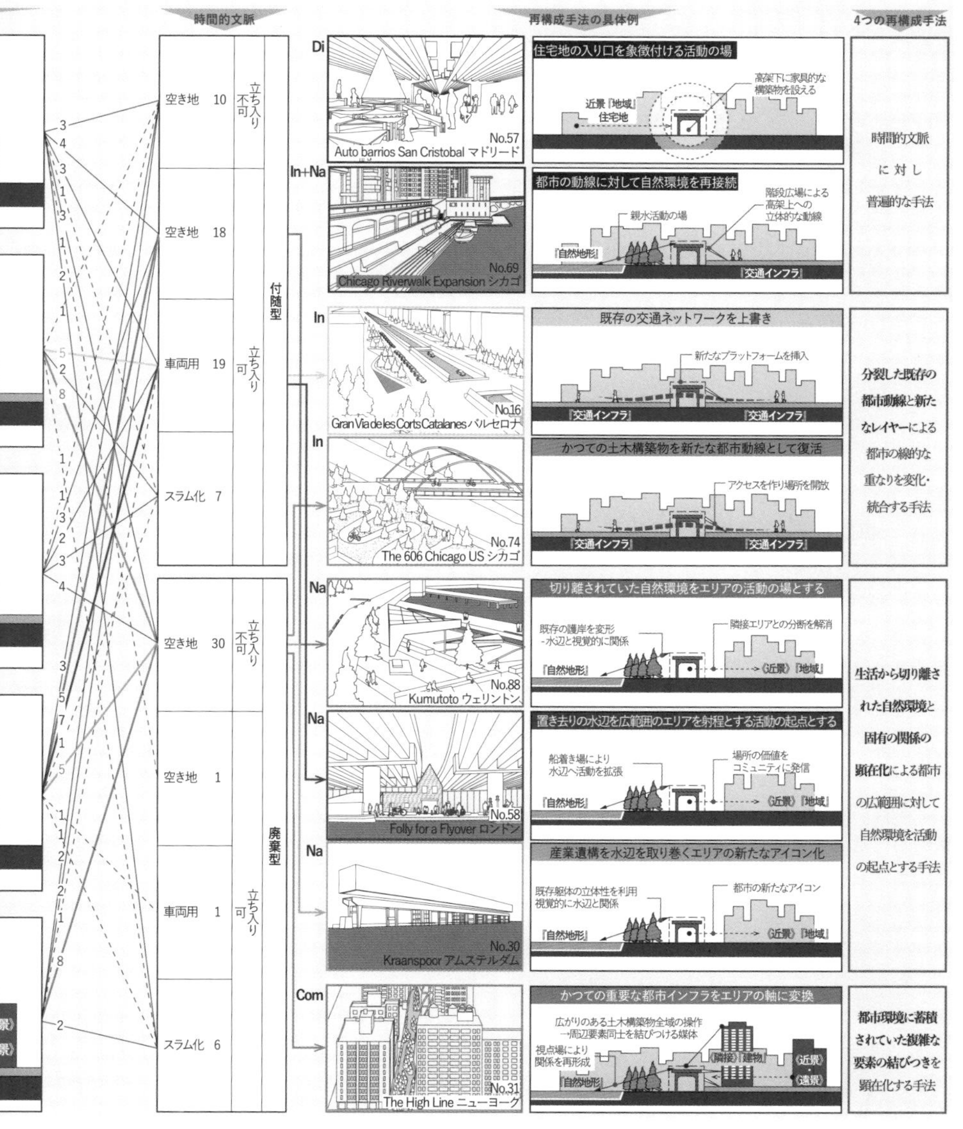
時間的文脈
再構成手法の具体例
4つの再構成手法
空き地 10
立ち入り不可
空き地 18
車両用 19
立ち入り可
スラム化 7
付随型
空き地 30
立ち入り不可
空き地 1
車両用 1
立ち入り可
スラム化 6
廃棄型
Di
No.57
Auto barrios San Cristobal マドリード
住宅地の入り口を象徴付ける活動の場
高架下に家具的な構築物を設える
近景『地域』住宅地
In+Na
No.69
Chicago Riverwalk Expansion シカゴ
都市の動線に対して自然環境を再接続
階段広場による高架上への立体的な動線
親水活動の場
『自然地形』
『交通インフラ』
時間的文脈に対し普遍的な手法
In
No.16
Gran Via de les Corts Catalanes バルセロナ
既存の交通ネットワークを上書き
新たなプラットフォームを挿入
『交通インフラ』
『交通インフラ』
In
No.74
The 606 Chicago US シカゴ
かつての土木構築物を新たな都市動線として復活
アクセスを作り場所を開放
『交通インフラ』
『交通インフラ』
分裂した既存の都市動線と新たなレイヤーによる都市の線的な重なりを変化・統合する手法
Na
No.88
Kumutoto ウェリントン
切り離されていた自然環境をエリアの活動の場とする
既存の護岸を変形 -水辺と視覚的に関係
隣接エリアとの分断を解消
『自然地形』
《近景》『地域』
Na
No.58
Folly for a Flyover ロンドン
置き去りの水辺を広範囲のエリアを射程とする活動の起点とする
船着き場により水辺へ活動を拡張
場所の価値をコミュニティに発信
『自然地形』
《近景》『地域』
Na
No.30
Kraanspoor アムステルダム
産業遺構を水辺を取り巻くエリアの新たなアイコン化
既存躯体の立体性を利用視覚的に水辺と関係
都市の新たなアイコン
『自然地形』
《近景》『地域』
生活から切り離された自然環境と固有の関係の顕在化による都市の広範囲に対して自然環境を活動の起点とする手法
Com
No.31
The High Line ニューヨーク
かつての重要な都市インフラをエリアの軸に変換
広がりのある土木構築物全域の操作 →周辺要素同士を結びつける媒体
視点場により関係を再形成
《隣接》『建物』
《近景》・《遠景》
『自然地形』
都市環境に蓄積されていた複雑な要素の結びつきを顕在化する手法

ので《近景》と〔物理的〕が多いことから、「自然地形」に空閑地を接続することで都市の中の広範囲に自然環境が関係をもつような場所をつくるものであるといえる。

Com(Complex)型は、周辺要素に「建物」を含むものであり、同時にさまざまな周辺要素と関係づけているものである。また、《遠景》が多く、〔意味的〕、〔物理的〕の組合せが多いことから、都市環境のさまざまな要素を結びつけながら、空閑地を中心に複雑な関係性を形成し、都市の広範囲へと波及させるものであるといえる。また、各モデル図を詳細にみると、土木構築物に対する操作の対象の範囲が線状・面状のものが多い(15/16)。また、1つの土木構築物に対する操作から複数の周辺環境との関係性が分岐しているものが多くみられることから、土木構築物の線的・面的な広がりを、都市の複雑な関係の媒体として変換していると考えられる。

4章　時間的文脈と既存環境の再構成手法

2章で捉えた時間的文脈と3章で捉えた建築的介入のパターンとの対応関係を示したものが図13である。3章5節で捉えたパターンの特徴を踏まえて、空閑地の時間的文脈と既存環境の再構成手法について考察する。

まずDi型とIn+Na型は、時間的文脈との関係に傾向がみられない。前者は、空閑地にコミュニティの活動の中心となるような場を創出するものなど、隣接した周辺環境に対して、空閑地そのものの場所の意味を新たに付加するものである。たとえばNo.50のように、分断されていたエリアを接続する活動の場を形成しているものなどがみられる。後者は、たとえばNo.69のように、分断されていた自然環境と都市空間を再接続するものなどである。これらは、時間的文脈とは直接的な関連のない既存環境に対する包容力の高い手法であるといえる。

次にIn型は、【付随型】の[車両用]と【廃棄型】の立ち入り不可の[空き地]に集中しており、また、《隣接》と〔物理的〕が多い。前者は、たとえば空閑地となっていた地下道上部に新たなプラットフォームを挿入することで、空閑地周辺の既存の交通ネットワークを変化させるものである(No.16)。後者は、たとえば利用停止後閉鎖されていた土木構築物に対し立体的なアクセスをつくることで、新たな都市動線の一部として復活させるものである(No.74)。また、たとえばNo.55では、隣接する鉄道高架と視覚的な関係を結ぶことで、都市の複雑化した交通網に位置する空閑地の存在を顕在化している。これらは、空閑地を都市の動線的な流れの一部として位置づけ直す手法であるといえる。

続いてNa型は、【付随型】の立ち入り可の[車両用]および[空き地]、【廃棄型】の立ち入り不可の[空き地]が多くみられ、《近景》と〔物理的〕が多い。【付随型】の前者は、たとえば、発生後に駐車場として占拠され、都市から切り離されていた水辺の既存の護岸を変形することで、エリアにおける活動の場とするものである(No.88)。【付随型】の後者は、たとえばNo.58のように、放置されていた水辺に隣接した空閑地を、広範囲のエリアを射程とした活動の起点として位置づけるものである。また【廃棄型】では、既存の躯体の立体性を活かして水辺と視覚的な関係をつくることで、水辺を取り巻くエリアの新たなアイコンとするものである(No.30)。これらは、動線的・視線的な関係によって、自然環境を都市の中で価値のある場所として再提示する手法であるといえる。

続いてCom型は、【廃棄型】の立ち入り不可の[空き地]に多くみられ、《近景》・《遠景》、〔意味的〕・〔物理的〕が多くみられる。また、Com型は同時に多数の周辺要素との関係をつくっている特徴がある。たとえばNo.31では、広がりのある土木構築物全域に対して、視点場や周辺要素への直接的なアクセスをつくるといった操作を行うことで、かつての重要な都市インフラが、周辺要素同士を結びつける媒体として、またエリアの軸として変換された。これらは、過去の利用状況と都市との関係の痕跡のある土木構築物を媒体として再利用することで、都市環境に蓄積した複雑な要素の結びつきを顕在化する手法であるといえる。同じく【廃棄型】の立ち入り不可の[空き地]の多い特徴をもつIn型が、空閑地を都市の流れの一部と位置づけるものであることに対し、

Com型は、周辺環境との結びつきがより強いということが読み取れた。

5章　結

以上、都市の空閑地における時間的文脈と建築的介入のパターンとの関係を検討することで、都市に内在する時間的文脈と既存環境を引き受ける8つの手法を見出した。これら8つの手法は、都市空間の再生という要請のためにさまざまな取組みが行われている空閑地において、スラムクリアランスのように更地にした後に建築を設計するものや、空地の放置を許さず埋め尽くして都市の採算性を上げようとするものなどに対し、さまざまな時代の構築物の集積によって形成されている都市空間のポテンシャルに設計者を立ち返らせるものである。

これは、プロジェクトの対象となる敷地を都市発展で形成された既存環境と一体的に捉え、都市の履歴を継承しながら都市空間の新たな認識を波及させる、現代建築の射程を示すものと考えられる。

[註]

*1 木構築物の建設廃棄で発生した空閑地のうち、土木構築物が残存している、かつ、空閑地発生後一定期間の低・未利用状態がある空閑地を対象資料の定義とする。範囲としては、廃墟化した工業化時代の遺産の再利用に関する論考が増加する1980年代以降の国内外の建築雑誌を中心に、建築ウェブマガジン、建築家ウェブサイトに掲載されている92作品を横断的に扱い、その内、周辺環境との関係性が読み取ることのできる86作品から建築的介入を検討している。

*2 参考文献(4)

[参考文献]

(1)ケヴィン・リンチ、東京大学大谷幸夫研究室訳『時間の中の都市』鹿島出版会、2010年

(2)東京大学 cSUR-SSD 研究会編著『世界のSSD100 都市持続再生のツボ』彰国社、2008年

(3)馬場正尊、中江研、加藤優一『CREATIVE LOCAL エリアリノベーション海外編』学芸出版社、2017年

(4)アッセンブル「住む環境の変化に積極的に関わる」『a+u』2014年12月号、エー・アンド・ユー、2014年

出展者コメント ── トウキョウ建築コレクションを終えて

Q このテーマを選んだ理由

留学先のベルリンで出会ったプロジェクトをきっかけに、現在進行形の都市に必要な場所の可能性は空閑地へのプロジェクトに潜んでいるのではないかという問いを立てました。そのプロジェクトがつくる空間のゆるさや都市の文脈との接続の仕方を探りたいと思いテーマとしました。

Q 修士論文を通して得たこと

世界中のプロジェクトと向き合うことで視野が広がりました。また、プロジェクトの本質を捉えるための切り口の設定を試行錯誤し、細かい手続きを積み重ねていくプロセスを経験したことで、批評的、論理的思考力を大きく成長させられたと思います。

Q 論文を通じて社会に向けて発信したいメッセージ

身近な都市、東京で進んでいる開発などに対してもっと批評的な目をもって暮らすきっかけになってほしいです。都市に内在するさまざまな履歴を継承することに意識的になり、それを波及させることで、都市での暮らし方の可能性を広げていきたいです。

Q 修士修了後の進路と10年後の展望

修了後はアトリエ事務所で働きます。都市の文脈を引き受けたデザインをする方のもとで修行をして、最終的には独立を目指しています。10年後にはこの論文で問題提起した都市空間のあり方を広く提案していけるような設計活動をしたいと考えています。

「領域」の観点からみた東京都区部における景観計画の再考

道家浩平
Doke Kohei

東京大学大学院
新領域創成科学研究科　社会文化環境学専攻
出口敦研究室

1章　序論

1-1 研究の背景と目的

2004年に制定された景観法に基づき、景観行政団体に指定された自治体では景観計画が策定され、全国で550件以上の策定実績が蓄積された。景観計画は自治体全域を計画の実効範囲である「景観計画区域」に指定したうえで、それらをさらに細かく区分した「区域区分」ごとに景観形成の方針・建築届け出の基準を設定するという形式が一般的になっている。景観計画は自治体の景観行政に法的な根拠を与え、景観法の理念である「地域の固有の特性」（景観法第二条）をふまえた建築設計へと誘導し、良好な景観形成を推進するものとして期待されたが、現在も景観訴訟に代表される景観に関する問題は後を絶たず、歴史的建築物等のわかりやすい景観資源をもたない一般市街地における景観形成に難点があることが指摘されている。

景観関連の類似制度と比較した際の特色として、自治体の主体性が尊重され、地域性に応じ独自の「区域区分」が可能であり、さらに方針や基準として定めることのできる分野や項目が多岐にわたり、その中から自治体が自由に決めるという形式にある。そのため、各区さまざまなタイプの計画を策定している。そのような景観計画の特色を活かし、実効性をもたせるためにも、地域の自然・歴史・土地利用といった特性を分析することによって捉えられる景観のまとまりとしての「領域」をふまえた「区域区分」*[1]によって地域ごとに景観問題を想定・防止し、その地域らしい景観誘導を行うことが可能で、「領域」という観点から現行の景観計画を再考する必要があると考えられる。とくに、東京都区部が江戸時代以来、地形に応じて市街地が徐々に拡大した経緯から、「領域」のパッチワーク的な集合であると論じられてきたことをふまえて本研究は東京都区部を対象として以下の4つの具体的な目的を設定する。①現行の景観計画の「区域区分」の手法を整理し、運用の実態を明らかにする（2章）。②景観法制定以前の計画やガイドラインと現行景観計画の「区域区分」を比較することで、各自治体が景観法・景観計画という制度をどのように活用したのか整理する（3章）。③景観法の理念をふまえて、対象地を設定し、「領域」を抽出する手法を構築する（4章）。④「領域」と現行の景観計画の「区域区分」の「差異」を整理したうえで、過去の景観問題を「領域」との関係から記述し、「差異」の部分で過去の景観問題に対応できていない例や「差異」の部分における潜在的な景観問題を指摘する(5章)。

1-2 既往研究に対する位置づけと意義

景観計画の抱える課題について論じた研究は、届け出基準の内容(小浦、2008)や届け出の厳しさに着目して論じられたもの(佐藤ら、2008)などがあるが、「区域区分」について地域の景観と結び付けて詳細に分析したものはない。一方、東京の地域の景観特性を把握する研究には、スペースシンタクスなどの定量的な景観記述を試みたもの(高野ら、2007)や、都市史など史的な立場から景観特性を分析したもの(松倉ら、2006)などがあるが実際の景観計画との関係を分析したものはない。よって、本研究はこれまで別個になされてきた景観計画の制度研究と、東京の景観研究を結びつけるものとして位置づけられ、今日的な景観問題をふまえつつ、「領域」という観点から景観計画という制度を再考する点に本研究の意義がある。

2章　東京都区部の景観計画の類型

本章では、都の計画と各区計画の関係・「区域区分」の考え方による類型とその実態を明らかにする。

2-1 東京都景観計画と各区景観計画

東京都景観計画は、策定時の議事録や計画に記述された理念から各区で制定される上位計画の役割をもち、その中で設定される「区域区分」は隣接区間の景観計画の整合を図り、複数区にまたがる範囲での規制誘導を図るように意図されて制定されたことがわかった。

2-2「区域区分」の方法と類型

各区で策定されている景観計画については「区域区分」の考え方に基づいて5つに類型化することが可能である。すなわち、①用途地域制の区分を援用して「区域区分」を行う「用途地域補強型」、②用途地域に加え、区内に点在する景観資源ごとに基準を定める「用途地域要素併用型」、③区全域の基準に加えて特定地域の基準のみを定める「特定区域型」、④①区内に点在する景観要素ごとの基準を定める「景観要素型」、⑤区全域を景観の特性に応じたゾーンに分けて「区域区分」を行う「景観ゾーン型」である(図1)。

2-3 景観要素型と景観ゾーン型の景観計画の「区域区分」手法の詳細と運用の実態

用途地域を用いずに、地域の景観の特性を「区域区分」に反映し、区内全域で景観誘導を図ることを景観計画の目的としていると考えられる景観要素型と景観ゾーン型の景観計画の詳細と背景について分析する。具体的には各区の「区域区分」の設定方法の詳細を整理し、策定時の議論の過程を当時の議事録等の文献調査とヒアリング調査から、さらに運用の実態に関して景観要素型からは文京区、景観ゾーン型からは台東区の担当者に対してヒアリングを行い、その結果を表にまとめた(表1)。

文京区では、景観を要素に分解したために、地域間の違いが意識されず、要素ごとの基準が区全域において画一的に運用される事態を招いたと考えられる。

図1 東京都区部景観計画の類型と策定目的

3章　景観法前後の「区域区分」の変化

景観法制定以前に条例に基づき定めていた計画やガイドラインを受け継ぎながら策定されたと考えられるが、本章ではその変化をみることで、景観法とそれに基づく景観計画という制度を各自治体がどのように活用したのか「区域区分」という観点から整理する。

3-1 「区域区分」の手法

景観法制定以前に策定されていた計画・ガイドラインは大きくは3種類に分けることが可能である。すなわち①景観の特性に応じた「区域区分」が行われていたもの、②都市計画・市街地開発計画の地区とあわせて範囲を設定していたもの、③景観形成の方針や方向性のみを記したものである。そのうち地域の景観特性をふまえ区分されていたものは分類の考え方に応じて①近代以降の土地利用の分化による分類（千代田・中央）、②地形と江戸時代の土地利用による分類（文京区・港・新宿・台東区）、③江戸時代の土地利用による分類（墨田）、④地形と公共施設中心の生活圏をふまえた分類（北・世田谷）の4種類に分けることができ、景観法制定以前の計画やガイドラインにおいては、区それぞれの歴史や市街化の過程に応じて「区域区分」の手法を変化させていたことがわかった。

3-2 「区域区分」手法の変化

新宿区のように、景観法を契機として地域性をふまえた景観施策を推進した区がある一方で、景観の地域性の把握という考えから、用途地域を援用するような考え方へ変化した区もある。これまで景観法は自主的な景観行政に、法的根拠を与え、景観行政を推進させたと評価されてきた。しかし、「区域区分」の変化という観点からは必ずしも景観法の理念である「地域の固有の特性」をふまえた景観施策へと誘導できたわけではないとわかった（表2）。

4章　「領域」の抽出手法の構築と適用

4-1 「領域」の抽出手法の定式化

これまで東京の「領域」の存在やその例については槇ら（1980）や陣内（1985）などをはじめとして指摘されてきたが、客観的な抽出手法を示したうえで、面的な範囲において抽出したものはない。そこで本章では、景観法の理念に沿って自然地形・歴史・経済活動によって醸成される「領域」を抽出する手法を、既往の研究やレビューした計画を参照しな

	区域区分手法（議事録等の文献調査） ①基本方針の決定	▶ ②具体的な空間範囲の決定	運用の実態（ヒアリング）
景観要素型	区の景観の各分野を要素に還元 例） 自然分野→坂道・公園 歴史分野→歴史的建築	点的な要素 →資源を中心に一定距離を取る 面的な広がりを持つ要素 →他計画の範囲と整合性を図る	文京区 基準の運用や適合の判断を地域に応じて変化させていない
景観ゾーン型	歴史と地形によって区を分類 住民の実感に合うスケール：新宿区 区全体を構造化するスケール：台東区、墨田区 江東区（一部地域）	①幹線道路・運河・河川 ②町丁目界 ③他計画との整合 によって境界線を決定	台東区 基準の運用や適合の判断について地域に応じて変化させている

表1 景観要素型・景観ゾーン型の詳細と運用実態

から構築し、対象地に適用する。対象地は、山の手から下町までに至り、景観計画の類型を考慮して文京区・台東区を中心とする範囲(図2)とし、景観法の理念に記された自然地形・歴史文化の各分野によって形成されるまとまりを抽出し両者の境界線を重ね合わせ、それらが一致した境界線や幹線道路崖線などに合わせながら境界線を抽出し、それらによって囲まれた範囲を「領域」とする。

まず自然地形のまとまりについては、GISによって算出した地上開度[*2]と「土地条件図」を重ね合わせることによって台地・斜面地・低地・谷地・水部の地形のまとまりを把握した(図3)。

歴史分野のまとまりについては、宮脇らの歴史的キャラクタライゼーションの一連の研究[*3]を参照し、まず対象地の江戸時代の土地利用と現在の街路網のうちその時期に形成されていたものを把握し、その後対象地の市街化がおおむね完了する昭和初期までの市街化と街路網の整備過程を、市街地の縮小した明治期・スプロールした震災前、基盤整備が面的に行われた震災後の三段階に分けて追う(図4)[*4]。以上から、江戸期の土地利用・近代以降の土地利用の分化・街路街区の形成過程という3つの観点に基づき、市街地形成過程をA1からEまでの14種類に整理し(図5)、それに基づいて現在の街区を分類することで市街地形成のまとまりを把握した。

最後に、自然地形のまとまりと市街地形成のまとまりを重ね合わせ、現地踏査により確認しながら70の「領域」を抽出した(図6)。

4-2「領域」の類型と景観特性

「領域」は空間的な範囲を地形の断面によって5タイプ(1:台地上、2:斜面地、3:低地、4:谷地+斜面地、5:台地+斜面地+谷地/低地)に、さらに形成の起源や過程をふまえて17タイプに分けることができる。それぞれの「領域」の類型についてさらに景観的な特性を把握した。

5章 「区域区分」と「領域」の「差異」から捉える景観問題

5-1「領域」と「区域区分」の「差異」

「領域」と現行景観計画における「区域区分」を比較した際に「区域区分」が「領域」を捉えられていないものを「差異」と定義すると、「差異」には①領域が認識/明示されていないタイプ、②領域の特性を正

			景観法制定以前			
			景観法以前から計画策定			景観法以前は計画なし
			地域特性に応じた区域区分	都市計画市街地整備の地区	全域での考え方	
景観法制定以後	景観計画あり	景観ゾーン型	新宿区 台東区 墨田区	江東区		
		景観要素型	港区 文京区			江戸川区
		特定区域型	北区			板橋区
		用途地域・要素併用型	世田谷区 大田区	目黒区		杉並区
		用途地域補強型		足立区	豊島区 練馬区 荒川区	渋谷区 品川区
	景観計画なし		千代田区 中央区		中野区 葛飾区	
			景観法制定後、地域単位の景観行政を推進した区	景観法制定以後に地域単位の景観行政から考え方が変化した区		

表2 景観法前後の「区域区分」の変化

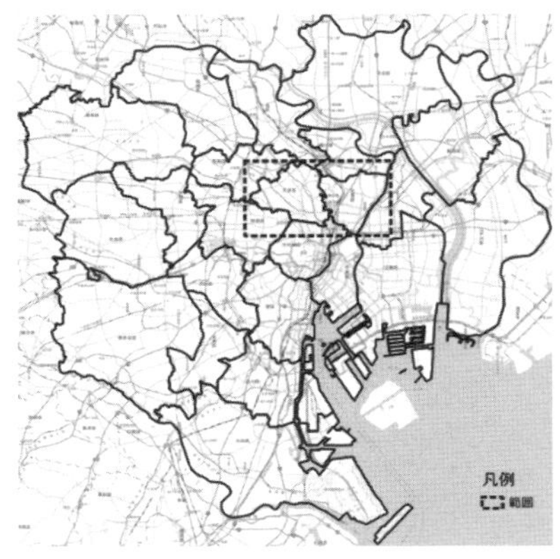

図2 対象地[出典:国土地理院ウェブサイト「標準地図」〈https://cyberjapandata.gsi.go.jp/xyz/std/{z}/{x}/{y}.png〉をもとに筆者作成]

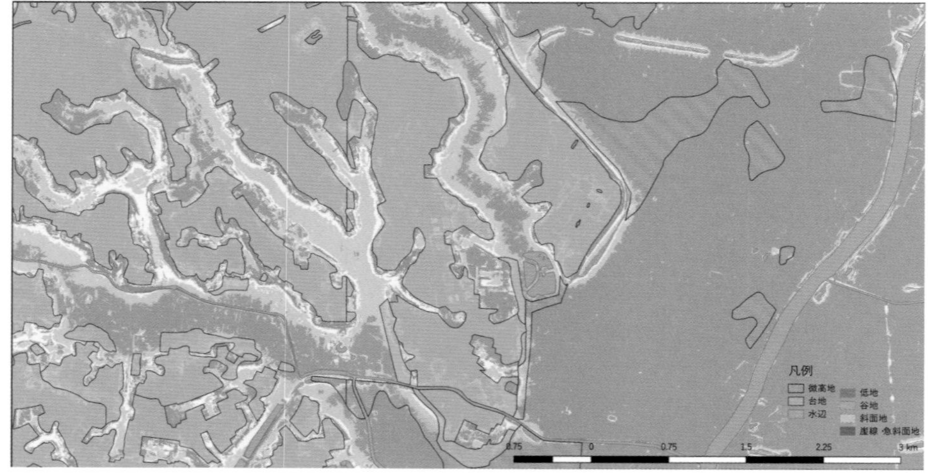

図3 自然地形のまとまり[出典：国土地理院ウェブサイト「数値地図25000データ（土地条件）」〈https://cyberjapandata.gsi.go.jp/xyz/lcm25k_2012/{z}/{x}/{y}.png〉をもとに筆者作成]

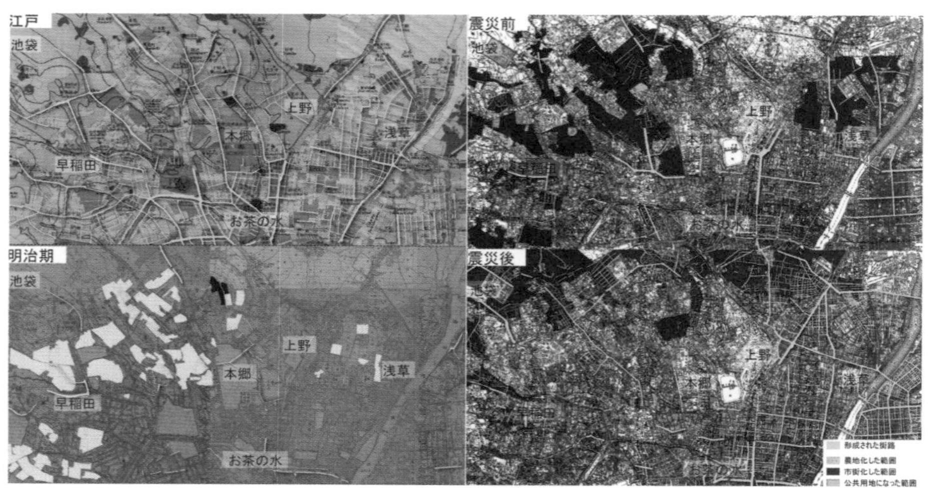

図4 対象地内の市街地形成の過程[出典（江戸）：正井泰夫『江戸・東京の地図と景観』（古今書院、2000）に筆者加筆]
[出典（明治期・震災前・震災後）：清水靖夫『明治・大正・昭和 東京1万分1地形図集成』（柏書房、1983）に筆者加筆]

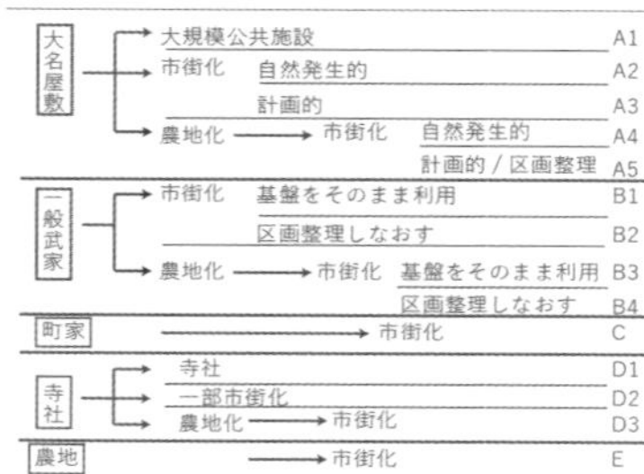

図5 市街地形成の過程のタイプ

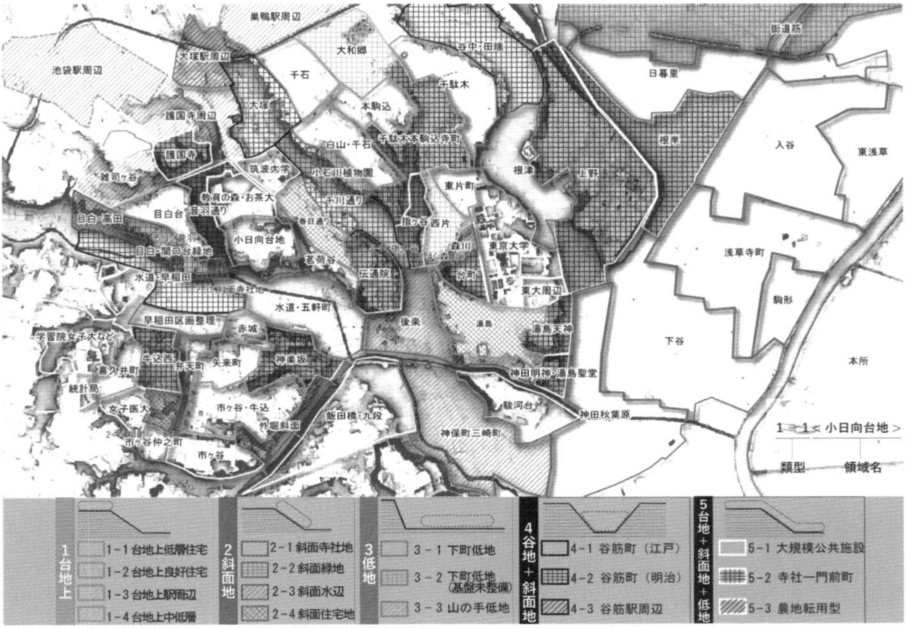

1 台地上
1-1 台地上低層住宅
1-2 台地上良好住宅
1-3 台地上駅周辺
1-4 台地上中低層
2 斜面地
2-1 斜面寺社地
2-2 斜面緑地
2-3 斜面水辺
2-4 斜面住宅地
3 低地
3-1 下町低地
3-2 下町低地（基盤未整備）
3-3 山の手低地
4 谷地＋斜面地
4-1 谷筋町（江戸）
4-2 谷筋町（明治）
4-3 谷筋駅周辺
5 台地＋斜面地＋低地
5-1 大規模公共施設
5-2 寺社一門前町
5-3 農地転用型
1－1 < 小日向台地 >
類型　領域名

図 6 抽出された「領域」［出典：国土地理院ウェブサイト「数値地図 25000 データ（土地条件）」〈https://cyberjapandata.gsi.go.jp/xyz/lcm25k_2012/{z}/{x}/{y}.png〉に筆者加筆］

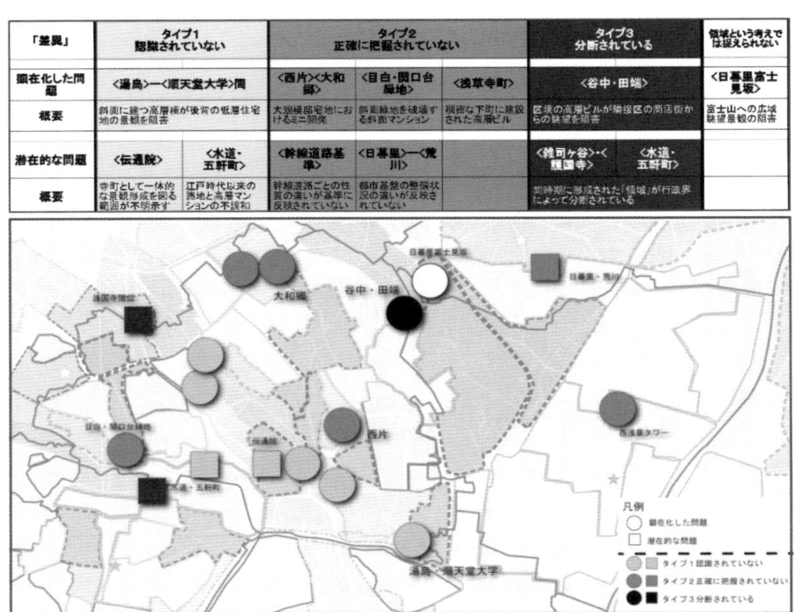

「差異」	タイプ1 認識されていない		タイプ2 正確に把握されていない			タイプ3 分断されている		領域という考えでは捉えられない
顕在化した問題	<湯島>―<順天堂大学>間		<西片><大和郷>	<目白・関口台緑地>	<浅草寺町>	<谷中・田端>		<日暮里富士見坂>
概要	斜面に建つ高層棟が後背の低層住宅地の景観を阻害		大規模邸宅地におけるミニ開発	斜面緑地を破壊する斜面マンション	稠密な下町に建設された高層ビル	区境の高層ビルが隣接区の商店街からの眺望を阻害		富士山への広域眺望景観の阻害
潜在的な問題	<伝通院>	<水道・五軒町>	<幹線道路基準>	<日暮里>―<荒川>		<雑司ヶ谷>・<護国寺>	<水道・五軒町>	
概要	寺町として一体的な景観形成を図る範囲が不明示す	江戸時代以来の路地と高層マンションの不調和	幹線道路ごとの性質の違いが基準に反映されていない	都市基盤の整備状況の違いが反映されていない		同時期に形成された「領域」が行政界によって分断されている		

図 7「差異」と景観問題［出典：国土地理院ウェブサイト「標準地図」〈https://cyberjapandata.gsi.go.jp/xyz/std/{z}/{x}/{y}.png〉に筆者加筆］

確に把握していないタイプ、③一体として捉えるべき領域や領域間の関係性が行政界や地域地区などの線によって分断されているタイプという3種類に整理できる。

5-2 対象地内の景観問題と「差異」

景観法制定以降に対象地において建築紛争など「顕在化」した景観問題*5に関して、現在の景観計画における「区域区分」が対応できていない例を5-1の「差異」との関係から整理した。さらに「差異」の部分での現地調査等を通じて、潜在的な景観問題が存在することを指摘した。また、広域眺望景観のように「領域」という考えでは捉えられない景観問題も存在する(図7)

以上、「差異」の部分で景観の問題が発生していることを確認することができ、それらの場所に現行の景観計画の「区域区分」の観点からみた課題があると指摘できる。一方で、広域眺望景観については「領域」という考えでは捉えられない景観問題も存在し、それらは別個に基準を設定する必要があるといえる。

6章　結論 東京都区部景観計画の再考

①景観要素型:文京区・港区は景観法制定以後、要素ごとの範囲へと変化したためにわかりやすい景観資源が残っていない場所において問題が発生しており、地形や近世以降の市街化形成をふまえた「領域」をふまえた計画策定が求められる。

②景観ゾーン型(山の手):出張所単位の行政区による領域の分断されている箇所があり、境界線上における出張所間での連携・調整が必要であるといえる。

③景観ゾーン型(下町):区画整理事業範囲が大半で、地形が平坦なことから抽出される領域の面積が大きいため、きめの細かい景観指導を行うためには、寺社や水路など点在する個々の景観資源ごとの景観指導をあわせて行う必要がある。

④用途地域を用いる計画:用途地域によって、景観特性の異なる地域が画一的に扱われているために問題が生じている。郊外区は今回の対象地とは異なる市街地形成過程をとっているため、場所に応じて「領域」を抽出する手法を調整する必要がある。その際には3章でレビューした景観法制定以前に定められていた計画やガイドラインの策定手法が参考になると考えられる。

⑤東京都景観計画:現在指定されている河川や崖線などのわかりやすい景観資源以外にも存在する、区境にまたがるようにして広がる「領域」に対する景観誘導を行っていく必要がある。

「領域」という考え方を景観計画に導入することで、問題が発生してから規制を追加するというように後手に回りがちな景観政策から脱却し、設計者や事業者に対して「領域」を明示することが、地域らしい建築・景観デザインを誘導することにつながると考えられる。

[註]

＊1 都市計画法で定められた区域区分と区別するために「 」でくくる。

＊2 地上開度は、横山ら（1999）によって考案された「ある地点が周囲の地形にどの程度囲われているか」を指標化したものであり、「大局的な地形的特徴のまとまりを抽出することが可能」（石川）とされる。

＊3 歴史的景観キャラクタライゼーションは歴史地図を重ねながらその土地利用の変化を観察し、現在の土地利用や都市基盤の起源と変遷をふまえてゾーニングを行うという手法である。宮脇（2012）は鎌倉を対象として、街路の形成年代と土地利用の変遷からその歴史的な景観特性の把握を試みた。

＊4 下図として利用した地図、データは以下の通り。江戸期：正井泰夫『江戸・東京の地図と景観』（古今書院、2000年）。明治期・震災前・震災後：『明治・大正・昭和東京1万分1地形図集成』（柏書房、1983）。市街地形成のまとまり：東京都「1/2500地形図」。

＊5 朝日新聞オンライン記事データベース「聞蔵II」〈https://database.asahi.com/〉および「景観と住環境を考える全国ネットワーク」〈http://machi-kaeru.com/〉を参照。2020年1月20日閲覧。

[参考文献]

(1) 小浦久子『まとまりの景観デザイン』学芸出版社、2008年

(2) 後藤晴彦『景観まちづくり論』学芸出版社、2007年

(3) 小浦久子「景観法における景観計画の構成と運用実態に関する研究――初期に策定された景観計画を事例として」『日本都市計画学会都市計画論文集』43(3)、pp.211-216、2008年10月

(4) 佐藤貴彦、堀裕典、小泉秀樹、大方潤一郎「景観法下の建築物規制の運用実態と課題――景観計画に基づく届出制度に着目して」『日本都市計画学会都市計画論文集』43(3)、pp.217-222、2008年10月

(5) 高野裕作、佐々木葉「Space Syntaxを用いた一般市街地における場の景観の特徴把握に関する研究」『日本都市計画学会都市計画論文集』42(3)、pp.127–132、2007年10月

(6) 松倉史英、宮脇勝「江戸東京差異都心部における道路と街区の形成年代に関する研究」『日本都市計画学会都市計画論文集』41(3)、pp.953–958、2006年10月

(7) 槇文彦、高谷時彦、若月幸敏、大野秀敏『見えがくれする都市』鹿島出版会、1980年

(8) 陣内秀信『東京の空間人類学』筑摩書房、1985年

出展者コメント ―― トウキョウ建築コレクションを終えて

Q このテーマを選んだ理由

都市と建築の間をつなぐ単位としての「領域」は専門課程に進んだ頃からの私が地域をみる一つのキーワードでした。その観点から分析できる社会的な課題は何か、と考えたときに景観法に基づく「景観計画」とその実効性に行きつきました。

Q 修士論文を通して得たこと

得たことというよりも実感したことですが、試行錯誤した中で手に入れたデータや考察の多くは最終的に論文に使用しませんでしたが、今となってみれば無駄にも思えるそのような作業が一つの論を形づくっていくのに必要なプロセスだったということです。

Q 論文を通じて社会に向けて発信したいメッセージ

「地域らしさ」とは生活者には当たり前すぎて気づかれていないものが多く、いつの間にか多くのまちで無個性な建設がされると考えられます。都市や建築をつくる専門家が、そういった「地域らしさ」を掘り起こし、顕在化させる必要があります。

Q 修士修了後の進路と10年後の展望

設計事務所で都市開発に携わり、「地域らしさ」を顕在化させていくような開発をしたいと考えています。自分の中で「領域」という軸をもちながらも、先端技術を取り込み時代に応じて都市計画・都市デザイン手法をアップデートしていきたいと考えています。

ICT活用による学習空間・学習展開の弾力化に関する研究

中野隆太
Nakano Ryuta

大阪市立大学大学院
工学研究科　都市系専攻
横山俊祐研究室

1章　はじめに

1-1 背景・目的

平成29・30年新学習指導要領では、ICT(情報通信技術)環境の整備とそれらを適切に活用した学習活動の充実を図っている。文部科学省は2019年末、全国の小中学校の児童に1人1台のPCを普及させる「GIGAスクール構想」を発表し、2019年度補正予算に2300億円を計上した(表1)。ICTの導入により、グループでの協働学習、習熟度に応じた個別学習など、さまざまな学習方法が想定され、これまでの一斉授業から、より主体的で個性的な学習展開への移行が求められている。

本研究では、ICTを導入した各教室の空間特性を把握し、ICT活用による学習展開を、学習形態・ICTの利用から評価することで、ICTの導入・活用による学習空間・学習展開の弾力化の実態を明らかにする。

1-2 調査概要

本研究では条件(学校規模・ICT環境整備・PC教室の位置づけ)の異なる10の小中学校を選定し、各調査校にヒアリング調査・実測調査を行い、そのうち8校でICTを活用した授業の観察調査を行った(表2)。

1-3 用語の定義

児童用タブレットPC(CTPC):PC教室以外で使用する可動式PCを指し、PC教室のPCと区別する。

ノートPC:CTPCのうちキーボードがついているPCのこと。

パッドタイプPC:CTPCのうちキーボードがついていないPCのこと。

2章　ICTを導入した学習空間

2-1 普通教室

壁面構成は前面を主体とし、背面・側面は、収納や掲示板など補助的な役割を担っており、一斉授業を意識した空間構成となっている。前面は置き型の電子黒板と黒板の組み合わせが一般的である。また、過剰な管理に置かれがちなICT機器であるが、CTPCが普通教室内や廊下など児童の身近な場所にあると、セキュリティが緩くなる傾向にある。CTPCが身近になると、本やその他の教具と同等の扱いになっていく(表3)。

2-2 オープンスペース・メディアスペース

調査校のうち4校にオープンスペース・メディアスペースがある(表4)。うち2校はオープンスペースに机などなく、児童収納棚・具体物の収納スペースとして利用されており、授業ではあまり使用されていない(図1-1)。一方で他の2校は、共有利用のPCを

	Stage1	Stage2	Stage3	Stage4
Internet 回線	無線 LAN	無線 LAN	無線 LAN	無線 LAN
黒板	電子黒板	電子黒板	電子黒板	電子黒板
Children' Tablet PC	1 台 /Class	1 台 /Group	1 台 /1 人 (共有端末)	1 台 /1 人 (個別所有)

※文部科学省が示す 2023 年度の環境水準は Stage4 にあたる。
Tablet PC の種類に明確な基準はない。

表1 ICT環境整備のStage分類

	RT	OU	HB	TR	KS	KR	BM	SN	KA	MK
電子掲示板	投影型	置き型	置き型	置き型	置き型	置き型	置き型	置き型	投影型	投影型
ボード :FR/BA	WB/ —	BB/BB	BB/ —	BB/ —	BB/ —	BB/BB	BB/BB	BB/BB	BB/ —	BB/BB
掲示板 :FR/BA	— /○	— /○	— / —	— /○	○/○	○/○	○/ —	— / —	— / —	— /○
掲示板 :SI	—	—	○	—	—	—	—	—	○	—
収納 :BA/SI	— /○	○/○	○/○	○/ —	○/ —	○/○	○/ —	— /○	— /○	— /○
CTPC 保管	持参	教室	持参	PC 教室	廊下	廊下	教室	教室	—	—
Desktop PC	—	—	—	—	—	—	—	—	MS	—
本棚	○	○	○	○	○	—	—	—	○	—
具体物	—	○	—	○	—	—	—	—	○	—
Security	鍵無	鍵無	鍵無	鍵有	鍵無	鍵有	鍵無	鍵無	鍵無	—

凡例)WB：ホワイトボード　BB：黒板　MS：メディアスペース　□壁面構成 ■教具
FR：前面　BA：背面　SI：側面

表2 対象事例の概要

事例名	RT 小学校	OU 小学校	HB 小学校	TR 小学校	KS 小学校	KR 小学校	BM 小学校	SN 小学校	KA 中学校	MK 中学校
児童数 / 学級数	720 人 /24 学級	907 人 /24 学級	864 人 /24 学級	470 人 /19 学級	544 人 /21 学級	463 人 /17 学級	38 人 /4 学級	11 人 /3 学級	1111 人 /29 学級	640 人 /20 学級
教員数	61 人	60 人	50 人	24 人	31 人	28 人	8 人	6 人	116 人	39 人
設置区分	私立	私立	私立	公立	公立	公立	公立	公立	私立	公立
ICT 環境	5,6 年：Stage4 1-4 年：Stage3	4,5 年：Stage4 1-3,6 年：Stage3	3-5 年：Stage4 1,2,6 年：Stage3	Stage3	Stage3	Stage3	Stage3	Stage3	Stage2 (V 型)	Stage2 (U+V 型)
観察調査	○	○	○	—	○	○	○	○	○	—

表3 普通教室のICT環境

	RT	OU	TR(高学年)	TR(低学年)	KA
建具 間仕切り の有無	OS/CR：開放 OS/ 廊下：開放 OS/OS：建具	OS/CR：カーテン OS/ 廊下：間仕切 OS/OS：間仕切	OS/CR：建具 OS/ 廊下：開放 OS/OS：間仕切	OS/CR：開放 OS/ 廊下：間仕切 OS/OS：間仕切	MS/CR：間仕切 MS/ 廊下：開放
児童用 収納棚	○	○	○	—	—
机	—	—	○	○	○
本棚	○	○	○	—	○
具体物	—	○	○	○	○
児童用 PC	児童持参	児童持参	可動式 PC	可動式 PC	固定 PC
大型 monitor	—	可動式	可動式	可動式	可動式

凡例)OS：オープンスペース　CR：クラスルーム　□音環境・視覚環境 ■設え・教具
MS：メディアスペース

表4 OS･MSの設え

本・家具などとともに設え、さまざまな学習形態を誘発している(図1-2)。しかし[KA]では音環境が気になる・教室とメディアスペースの連続性がないことからオープンスペースは授業ではあまり使用されていない。

2-3 PC教室

机配置は[RT][HB]が島型であり、他は平行配列となっている(表5)。[RT]は中央の空間に可動の台を配置し、多様な学習形態に対応できる(図1-6)。一方、[HB]は他の学校と同様、机が固定されており、一斉授業での授業展開が想定されている(図1-7)。可動のノートPCを導入しているところでも、回線は有線の学校が多く、これまでのデスクトップPCのときの机配置と同様である。ほとんどの学校がPCの種類・回線の種類にかかわらず、一斉授業を主体とした固定的な設えになっている。これらの固定化したPC教室では児童用タブレットPCの導入によって、目的が喪失している場合もある。

2-4 空き教室のICT空間化

[KS][BM]は少子化で発生した空き教室をICT空間化し、ハーフクラスでの英語授業や、遠隔授業用教室として設えている(図1-8)。普通教室とは違った一様でない家具・機器配置により柔軟な学習の場を形成しており、使われなくなったPC教室の新たな役割の一例を示している。

2-5 スクリーン教室

[RT]のCommunicationRoomは両面にホワイトボードを配置し、各グループがPC画面をプロジェクターで映し出し、ホワイトボードに書き込みながらディスカッションできるようになっている(図1-11)。[OU]のFutureLabは壁2面に大型スクリーンを備え、文化財や生物を実物大で体感する他プレゼンテーションなどでも活用する(図1-12)。

2-6 アクティブスペース+ライブラリー

[OU]のメディアラボのアクティブスペースは、柔軟な学習形態に対応した家具・ICT機器を設え、閉じられた空間ではない新たな学習空間となっている(図1-10)。図書スペースをスキップフロア状に構成しており、調べ学習やグループワーク、プレゼンテーションなど、弾力的な学習集団の編成に対応

	RT	OU	HB	TR	KS	KR	BM	KA	MK
PC教室のPC	D/P	D	D	N	N	N	N	N	N
回線の種類	無線	無線	有線	無線	有線	有線	有線	有線	有線
机配置	島型	並行	島型	並行	並行	並行	並行	並行	並行
机の種類	可動	固定	固定	固定	固定	固定	固定	固定	固定
CTPC	N	N	P	P	P	N	N	―	―
その他ICT機器	LEGO	―	3Dプリンタ	―	Pepper	―	―	―	―
基本的操作	―	△	○	○	○	―	―	○	○
プログラミング	○	―	○	○	○	―	―	―	―
情報科の授業	―	―	―	―	―	―	―	○	○
調べ学習	―	―	―	○	―	―	―	△	―

凡例)D:デスクトップPC　N:ノートPC　P:パッドタイプ
○:主に使用　△:たまに使用　―:使用なし　※[RT]はPC教室の代わりに博士の部屋
小学校　中学校　設え　配置分類　使用目的

表5 PC教室の設え

している。また、併設するメディアスペースには、そのときどきの授業に関する教材・本・DVD等を展示し、自主的な学習への関心を高めている。

3章　ICT活用による学習展開の弾力化

3-1 学習場面と評価軸

[TR][MK]を除く8校でICTを活用した授業の観察調査を行い36の学習場面を記録した。それらの学習場面を学習内容・学習進度・学習形態・教材ツール・対話形式・遠隔の有無・家庭学習の有無の7項目で分類し、一斉学習(A)、個別学習(B)、協働学習(C)という3つの学習形態の軸に、Bloom'sTaxonomyの6つの試行段階を横軸に加えた表を作成する。各学習場面でのICT利活用の実態を明らかにすることで、ICTの導入・活用が学習の多様化・アクティブラーニングへとどのように寄与しているのかを明らかにする(表6)。

3-2 各学習場面でのICT利活用

3-2-1 一方向的一斉学習(A1)での利活用

電子黒板の導入により、黒板との使い分けがなされ、教員の負担軽減や授業テンポの加速、情報量の増加といった効果がみられる。一方で授業形態は従来の一方向的授業と変化はなく、1人1台のPC活用が教科書的な扱いとなっている(図1-1)。

3-2-2 双方向的一斉学習(A2,3)での利活用

[HB]の社会の授業では、アンケートツールを用いて先生が児童に課題文を送信し、児童が回答し先生に返信、児童の意見を電子黒板に並べて表示することで比較を容易にし、内気な児童の意見も拾い上げていた。[BM]は黒板を書割のように使用し、教室全体を使った劇の発表を行っており、電子黒板に表示された地の文を地域の人たちが音読することで、地域を巻き込んだ小規模校ならではの授業を行っていた(図1-4)。

3-2-3 習熟度別個別学習(B1)での利活用

ドリルアプリは個人の学力に合わせて進めることができ、個人のデータを蓄積できる。複式学級の児童は自主性が高く、ノートPCを用いた個別学習とも相性が良い(図1-3)。単式学級でも、1人の先生が習熟度別に2つのグループで学習を行うためのICT活

学習場面	内容	進度／解法	ツール	形態	対話	遠隔	家庭	記号の種類
A1	S	S	S	U	T	―	―	[内容・進度・方法] S：同じ D：異なる [形態] U：一斉 I：個人 G：グループ [対話] T：先生からの一方向 C：児童の発表 T-C：先生と児童の双方向 C-C：児童と児童の双方向
A2	S	S	S	U	C	―	―	
A3	S	S	S	U	T-C	―	―	
A4	S	S	S	U	T/T-C	○	―	
B1	S	D	S	U	―	―	―	
B2	S	S	D	U/I	―	―	―	
B3	D	S	S/D	U/I	―	―	―	
B4	S/D	S	S	―	―	―	○	
C1	S	S/D	S/D	G	C-C	―	―	
C2	D	S/D	S/D	G	C-C	―	―	
C3	S	S	S	U/G	C-C	○	―	

Bloom' s Taxonomy の 6 つの試行段階を横軸に加える

	知識・技能の習得		思考力・判断力・表現力等の育成			
	記憶	理解	応用	分析	評価	創造
一斉学習 (A)	A1・A4		A2・A3			
個別学習 (B)	B1・B4		B2・B3			
協働学習 (C)			C1・C2・C3			

学習形態の多様化

Teaching　アクティブラーニングへの移行　Learning

表6 学習場面の分類と評価軸

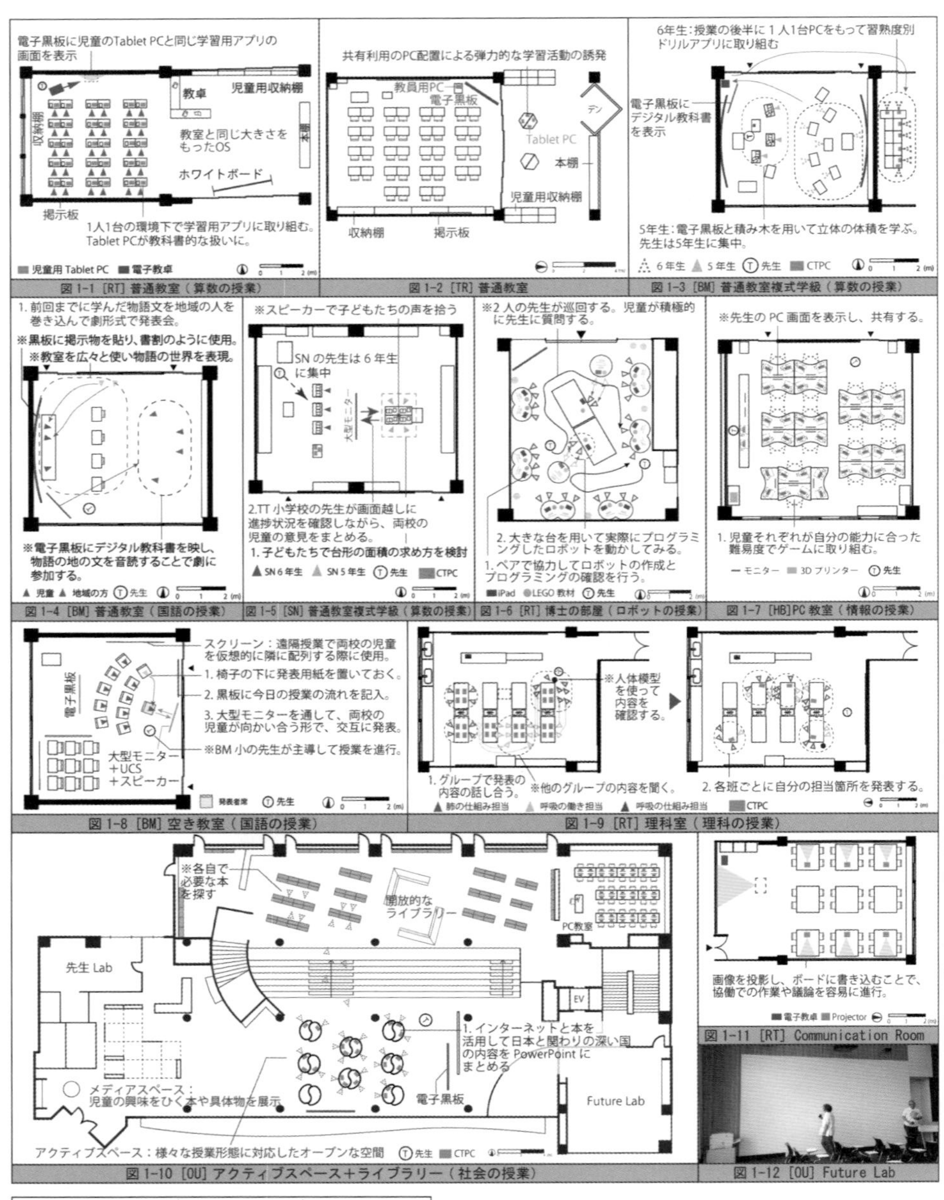

図1 各学習空間の設えとbehavioral mapping

従来の一方向的授業
デジタル教材・大型電子掲示板 (2)
A1：情報量の増加，授業テンポの加速，先生の負担軽減
物理的に不可能な空間体験
遠隔授業用機器 (2)
ドリル系学習アプリ (3)
A4：先生の負担軽減
遠隔地との接続による
専門性の確保
B1：個別による対応
成績のデータの蓄積
B4：家庭学習のサポート
編集ソフト
アンケートツール
思考補助ソフト
(3)
インターネット
民間教材 (4)
反転授業
Teaching
A2：プレゼンの簡略化による
双方向的学習 (児童↔児童)
A3：意見集約の簡略化による
双方向的学習 (先生↔児童)
Simulation ソフト
インターネット
編集ソフト
(3)
B2：多量の情報獲得の
簡略化，記録方法の多様化
B3：児童の興味の個別化
編集ソフト
インターネット
(3)
共同編集
ソフト (3)
遠隔授業用
機器 (2)
C1：ジグソー学習
グループ・ペアの意見
の整理の簡略化
情報量増加による議論の活性化
C2：作業の分担
編集の簡略化
C3：多様な考え方への接触
遠隔地との接続による交流事業
Learning
凡例）ICT 機器・ソフト (必要とする ICT 環境整備 stage)
授業形態の不変
授業形態の変化
学習場面：黒字（ICT の導入により容易になること）
橙字（ICT の導入でしか得られないこと）

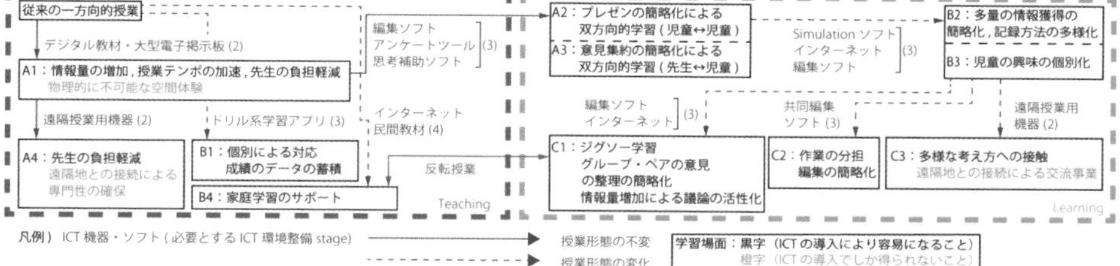

図2 学習場面の展開フローチャート

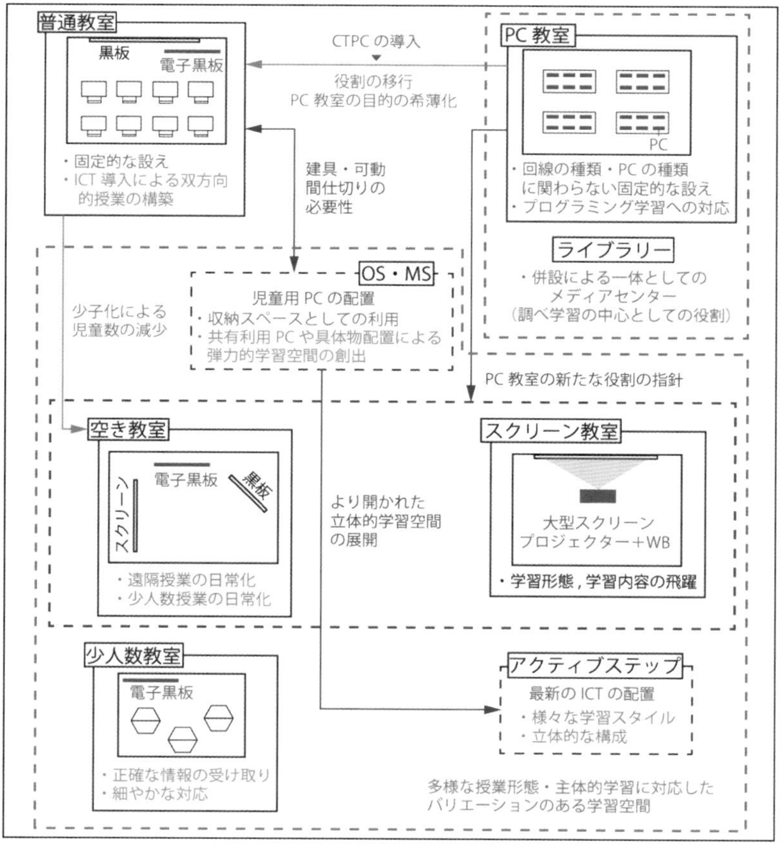

普通教室
黒板
電子黒板
・固定的な設え
・ICT 導入による双方向
的授業の構築
CTPC の導入
役割の移行
PC 教室の目的の希薄化
PC 教室
PC
・回線の種類・PC の種類
に関わらない固定的な設え
・プログラミング学習への対応
ライブラリー
・併設による一体としての
メディアセンター
（調べ学習の中心としての役割）
建具・可動
間仕切りの
必要性
少子化による
児童数の減少
OS・MS
児童用 PC の配置
・収納スペースとしての利用
・共有利用 PC や具体物配置による
弾力的学習空間の創出
PC 教室の新たな役割の指針
空き教室
電子黒板
黒板
スクリーン
・遠隔授業の日常化
・少人数授業の日常化
より開かれた
立体的学習空間
の展開
スクリーン教室
大型スクリーン
プロジェクター＋WB
・学習形態，学習内容の飛躍
少人数教室
電子黒板
・正確な情報の受け取り
・細やかな対応
アクティブステップ
最新の ICT の配置
・様々な学習スタイル
・立体的な構成
多様な授業形態・主体的学習に対応した
バリエーションのある学習空間

図3 各学習空間の関連性

用の可能性を示唆している。

3-2-4 協働学習(C1)での利活用

[RT]ではCTPCと具体物を併用した協働作業によって児童の主体性育成を図っていた。CTPCに入っている動画でロボットの動きを確かめるといった視覚情報を活用し、CTPC上でプログラミングを行い、実際に動かすといった具体性をもった学習がなされていた。2人で1台のCTPCとロボットを共有することで、協働作業を促している(図1-6)。

3-2-5 家庭学習(B4)×協働学習(C1)での利活用

家庭学習で予習を行う際、ネットの活用によりさまざまな情報を容易に入手することができ、編集機能を用いることでまとめやすくなる。[RT]では家庭学習での予習で調べてきた内容を互いに共有するジグソー学習が行われ、人体模型と編集ソフトを併用した発表を行っていた。児童の位置が固定的でない空間で、柔軟な集団編成を行っており、家庭と学校の学習場面が逆転する反転授業がなされていた。また、編集データを先生に送信することで、児童一人ひとりの習熟度を随時確認できる(図1-9)。

3-2-6 遠隔授業(A4,C3)での利活用

学習集団が固定的でコミュニケーションが育ちにくいといった小規模校の課題に対し、遠隔機器を導入した空き教室で他校とつながることで、多様な意見にふれることができ、小規模校での固定的な関係に刺激を与えていた(図1-8)。また、教師の負担が大きいという複式学級の課題に対し、遠隔機器を用いて1人の先生が2つの学校の児童を同時に教えることにより、先生たちは1つの学年に集中することができる(図1-5)。一方で、モニター越しでは相手校の児童の手元が見えないため、細かい指導や助言・補助ができない、回線の微妙なズレによってテンポがうまれにくいといった機器性能の限界がある。

3-3 ICT整備Stageと学習展開の多様化

ICT整備Stageごとに特徴をまとめる(図2)。

1)整備Stage2:従来の一方向的授業に比べ、情報量の増加や、授業テンポの加速といった効果がみられる。

2)整備Stage3:従来の一方向的授業から、双方向的学習・個別学習・協働学習など、さまざまな授業形態への展開がみられる。これらの展開は必ずしもICTの導入が前提となっているわけではなく、ICTの導入が促進している、手段としてのICT活用がなされている。

3)整備Stage4:家庭学習で予習をし、学校では児童の協働学習を通して思考力・判断力を育成していく(反転授業)といったように、先生の役割・家庭学習の役割など、学校のあり方が大きく変わる。

4章　まとめ

日本のICT教育はまだ初期段階であり、本研究では現時点での実態と可能性をまとめた。ICTの導入・活用により、従来の一斉授業から、個別化・多様化へと発展していた。以下にこれからの課題と展望を述べる。

1)1人1台PC問題:モニトリアルシステムをもとに構成された普通教室・PC教室では過剰な児童の管理・ICT機器の管理が無意識に行われ、従来の一斉授業の束縛・ペアやグループの固定化を引き起こす。そうした中で児童用タブレットPCが1人1台導入されると、教科書的な扱いになり、安直な導入はICTの本来の目的からはずれる可能性がある。一方で共有利用による協同作業の促進は、主体性を育むのに有効であり、段階的な導入を行っていくことが重要と考える。

2)固定的空間から弾力的学習空間へ:モニトリアルシステムが根本にある、30人程度の学習集団をもとにした固定的学習集団からどう脱却するかが今後の課題である。OSの共有利用PC配置、ライブラリー一体の開かれた学習空間など、学校全体が学びの場となるような弾力化を生むハードウェアや、小規模校での柔軟な学習や基本学習集団単位が10人前後であるジグソー学習をはじめとするソフトウェアなど、根本的な価値観の改革が求められるのではないだろうか(図3)。

[参考文献]
(1)文部科学省編『小学校学習指導要領解説 総則編』東京出版、2018年
(2)田村学『平成29年版 小学校新学習指導要領の展開 総合的な学習編』明治図書出版、2017年
(3)久保田賢一、今野貴之編『主体的・対話的で深い学びの環境とICT——アクティブラーニングによる資質・能力育成』東信堂、2018年

出展者コメント —— トウキョウ建築コレクションを終えて

Q このテーマを選んだ理由

もともと教育・学校建築に興味があり、その中でホットなテーマとして選びました。研究を通して少しでも社会の役に立ちたいと考えていたので、ICTの整備方法を巡って、模索を続ける学校現場の一助になるようにという想いで取り組みました。

Q 修士論文を通して得たこと

支えてくれる人たちの有難さ。調査方法・調査対象の選定から自分でやらないといけない中、未熟な僕を受け入れてくれた調査校の皆様、的確なアドバイスをくださる先生方、養ってくれた両親など、支えてくださった多くの方に感謝しています。

Q 論文を通じて社会に向けて発信したいメッセージ

物事の本質を大切にすること。ICTは教育を含め人々のできることを大きく広げてくれます。ICTを使用することが目的になるのではなく、純粋に、子どもたちが豊かに学べるような学校が、ICTの導入によって増えていくことを期待しています。

Q 修士修了後の進路と10年後の展望

組織設計事務所の意匠設計に携わります。設計活動を通して、多くの人と関わりながら、いろいろなことを学んでいきたいです。そうした経験を糧にして、子どもたちが健やかに育っていく学びの場を設計できたらと思います。

回遊式庭園における点群データを使用した空間体験の記述に関する研究

水谷 蒼
Mizutani So

千葉大学大学院
園芸学研究科　環境園芸学専攻
章俊華・三谷徹研究室

1章　研究の背景と目的

本研究はまず、庭園の空間体験は見えている範囲のみが人に体験を与えているのかという提起から始まっている。

回遊式庭園は視点場であるシーン景観と、その視点場までの移動を含めたシークエンス景観で成立している[1]。シークエンス景観においては、庭園構成要素の変化[2]や注視点[3]を分析したもの、連続画像からダイアグラム化[4]して記述したものがある。つまり明確に知覚できるものに関しては研究が進んでいるといえる。しかし日本庭園の景観を構成するのは見えている範囲だけではなく、「見えていない範囲」にも樹木が存在し、役木としての機能をもっているものからもっていないものまでのすべてで、庭園であり、景観である。

庭園のみにかかわらず、空間体験を記述する方法は全世界で行われている。『Freeway』[5]や『The View from the Road』[6]などの車窓風景の空間体験研究は、車窓風景のリズムやテンポなどをダイアグラム化し[7]、記述している。80km/hのとき、動視野は人に正対した60度程度であるが、移動速度が速いほど有効視野角は狭くなるため、乗車している際に見える範囲は限られている[1]。しかし庭園空間における歩行速度は1m/sにも満たず[3]、時速にすると3.6km/h程度である。人の視野角は頂角60度の円錐の広がり[8]とされているが、それに加え人は首だけでなく体を動かし、環境を知覚している。つまり人が庭園空間を知覚するのは、体に正対した空間だけではないといえる。建築のシークエンス空間を記述する方法として遮蔽縁シーンブックがあり[9]、連続画像から空間のエッジをトレースして取り出しているが、記録機器の画角以外の空間に対しては言及されていない。

本研究は人が苑路に正対した際の周囲360度における構成要素をすべて等価とし、周囲の空間を包括的、定量的に可視化することを目的とする（図1）。

2章　調査対象地および研究方法の概要

2-1 調査対象地の詳細

調査対象地は京都府に位置する、通常非公開の回遊式庭園である。面積は建築を含めると2,400m^{2}程度であり、庭園のみでは1,700m^{2}程度である。

2-2 研究方法

空間体験の記述をするため、以下の方法を用いる。

対象敷地において3次元測量を行い、点群データの作成を行う。回遊苑路を設定した後、先行研究から得た断面厚、視点からの距離等の各種数値を使用し、点群データから断面データを切り出す。GIS（地理情報システム）の可視領域解析機能を用いて各断面における領域図を作成し、形態分析を行う。最後に、作成した領域図から空間の大きさを記述した3次元モデルの作成を行う。以降GISの可視領域解析機能を用いて出力した範囲を空間領域として定義する。

本研究では人の歩いた軌跡を円柱形にトンネルのように切り取り、これに関して形態的な定量分析を行って空間の囲繞度を可視化させる。

2-3 対象地の選定

3次元測量時に人がいるとデータに現れてしまうため、通常非公開の回遊式庭園であり、ブラインドエリア*[1]を減らすため敷地が小さく、庭園全体に苑路をもつ庭園を選定する。

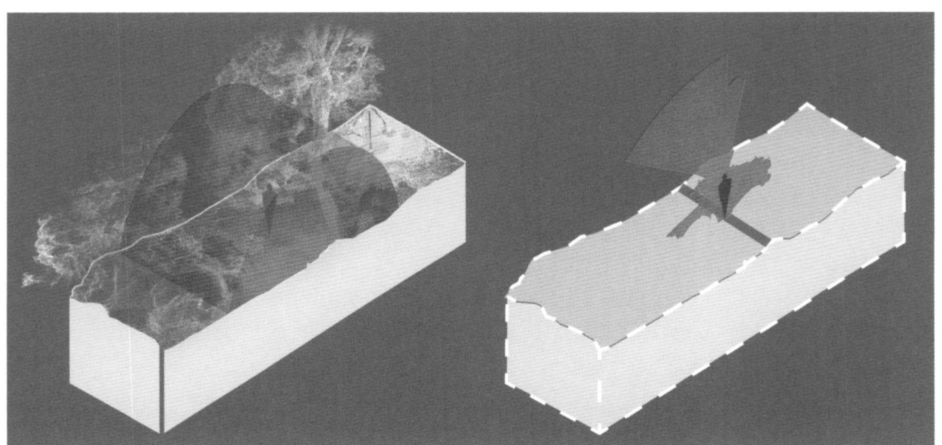

図 1 研究概念図

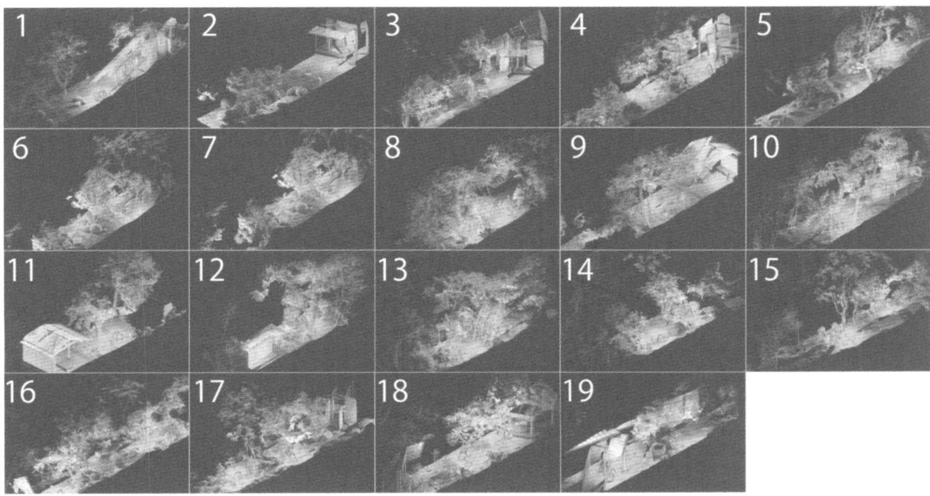

図 2 断面データ

3章　断面データの作成

3-1 3次元測量

2D-LiDARセンサーLMS511-10100を用いて測量を行う。測量ポイントは対象地の管理を行っている職人の方と相談し、主要視点場となる場所を参考に設定をした。庭園が最良の状態と考えられる剪定直後の2019年8月6日、7日の2日間に測量を行った。

3-2 データの結合

ASCIIファイルを点群処理ソフトCloudCompare（v2.10.2）で読み込み、結合する。樹木は風で揺らいでおり、ずれが生じるため、特徴点を50mmの誤差で結合する。またさまざまな方向から測量を行っており、データの重複を防ぐために各点群から30mm以内には別の点が存在しないように間引きを行う*2。

3-3 回遊ルートの設定

対象地は回遊式庭園になるため、まず回遊ルートの設定を行う。対象地はかつて庭園全体を回遊していたと想定されるが、経年変化により苑路の一部には周遊が難しい場所も存在している。そのため、回遊ルートに関しては主建築から主要視点場までと、そこから主建築まで戻るルートの設定を行った。

3-4 断面の切り出し

対象地は面積が2,400m^{2}程度であることから、露地のモジュールである8歩（3,440mm）(10)を適応する。周遊ルートを3,440mmごとに配列すると19セクションに分かれる（図2）。各セクションのGL+1,650mm*3を中心として、半径6,000mm(4)を描き、切り出す。

4章　領域図の作成

各断面における空間の縁、エッジをGISの可視領域解析機能を用いて記述することを目的とする。

4-1 空間領域分析

ASCIIデータをArcGISでshpファイルに変換し、各断面範囲内に30mmのメッシュを作成。その後に各メッシュ内に内包するポイント数の計算を行う。各メッシュに点が含まれるか否かにより二値化する。この値をラスターデータへ変換し、0と1の値によるラスター画像を生成する。

作成したラスター画像に対し、ArcGISの機能である可視領域を用いてモジュールにおける空間領域の範囲を算出する（図3）。

4-2 密度分析

各範囲内でArcGISにおける密度を分析し、どの範囲に点が集中しているかを計測する。これにより視領域内で密度の高い範囲の算出を行う。各ポイントにおける密度のつながりを滑らかに算出するためカーネル密度推定を行い、密度の範囲から疑似的な縁を描画する。また4-1の分析図と重ね、密度のエッジとの差異を算出する（図3）。

4-3 空間領域分析結果

可視範囲における要素は、人の通過する範囲が含まれる空間要素と線的に切り取られた透過要素の2つに分けることができる。空間要素は建築や樹木により切り取られた開かれた空間であり、透過要素は樹木の重なった隙間により切り取られた範囲である。とくに3、6、12、13、14、15、において顕著に透過要素が現れている。透過要素の多くは樹木に切り取られたものであるため、上部での発生が多い。14カ所において全方向が閉じられているという結果が得られた。

4-4 密度分析結果

密度は、①構造物②地面②樹木（幹、枝）の順に高くなる。

広い範囲での密度分析では樹木の幹や枝などの点群の数量が多い場所がはっきりと形として現れるが、狭い範囲では、樹木の幹などが含まれない場合は、密度の集中する葉の部分で樹木の縁が形成される。密度分析は密度の違いにより描画されているため、密度分布の濃い構造物などが多く含まれている際には密度のレンジが大きくなり、葉などの点の少ないものが描画されにくくなる。

重ね図（図4）から、空間領域図は密度の低いところでも領域がつくられるため、本来の領域よりも狭くなっているものがすべてである。

空間領域解析に関しては、定められる視領域が0か1という指標しかないため、周辺に少しでもポイントがあれば、その範囲が空間領域の範囲として定められてしまう。またデータ結合時の誤差からも空間領域が形成される。そして樹木の端部は光が多く透けるが、本章での空間領域図の算出方法では、光が適度に透過する場所であっても透過せずに空間領域が形成される。そのため二値化の際に閾値を設定し分析を行う必要がある。

5章　閾値を設定した領域図の作成

5-1 分析方法

空間領域図作成の際に、一定数以下の場合では透過し、一定以上の場合に限り領域を作成するように閾値の設定を行う。

3-1で作成した30mmメッシュ内にある点群の総量からヒストグラムを作成する。各メッシュに対して自然分類法（Jenksの最適分類法）を用いて三段階に分類を行い、もっとも低い段階のものを透過する値の範囲として設定を行う。閾値より大きい数値をもつメッシュとそれ以外のメッシュに対して二値化したのちラスター画像に変換し、空間領域分析図の作成を行う（図5）。

作成した領域図に、人の視覚である60度ごとに分割した左上部、左部、左下部、右上部、右部、右下部の計6方向に対する割合分析を行う。そのポイントの空間領域全体に対する割合、各方向のグラフの作成を行うことで、一周の周遊に関する分析を行う。また、作成した領域図から透過要素を取り除いた領域に対して面積、緻密度、アスペクト比、角度[5]にてクラスター分析を行い、ウォード法の平方ユークリッド距離によるデンドログラムを切り分けることで形態分類を行う。

5-2 分析結果

閾値を設定したことによりデータが間引かれ、空間要素が増加し、ポイントが疎の場所からは透過要素が増加したと考えることができる（図6）。

まず上部に対して、ポイント2、13を除き、他のすべてのポイントでは左部が割合を占めている。人の目線である側部では、左部が占める割合が大きいのは10カ所であり、右部が大きいのは5カ所である。その他のポイントではどちらも閉じている。今回設定した回遊ルートにおいては左部分が優先している（図8）。逆回りでは右が優先することになるため、左右の重要性は高くないが、どちらか一方が開かれている際には、片側は閉じているという結果を得ることができた（図7）。

クラスター分析により空間要素は開放型と囲繞型の2種類に大別することができる。そして囲繞型にはポイント5、7、10のように、上部、側部、下部すべてが覆われている遮蔽型。ポイント3、8、11、13、15、16、18のように、他の場所が閉じているがある一方向が開いている一部透過型。ポイント1、19のように上部に遮蔽物があり、それ以外の空間は開かれている上部遮蔽型。これに透過要素が加わることでそれぞれのセクションにおけるシークエンス空間がつくられているとわかる（図8）。

5-3 空間モデルの作成

空間モデルの作成方法は、視覚体験を通した流動的空間の記述方法に関する研究（2011年）[9]を参考に改変を加えた。

空間領域図をそれぞれAdobe illustratorで読み込み、エッジの抽出を行う。これらエッジのみのデータをモデリングソフトRhinoceros6で露地のモジュールである3,440mm[10]おきに配置を行い、同じエッジを500mm連続させて6,000mmよりも開いている範囲には穴を開ける。これらをスムースしてレンダリングする（図9）。

5-4 考察

以上の分析により対象地のシークエンス景観は、ポイント2を除き、少なくとも一方以上が覆われており、その中で視線の範囲のみが空間領域であったり、上部だけが空間領域であったりと変化していることがわかる。つまり対象地のシークエンス景観は囲繞度の高い空間であるといえる。回遊式庭園は視点場からのシーン景観と、その視点場までのシークエンス景観で成り立っている[1]。そして今回は小さな庭園であり、シーン景観は多くはない。数少ないシーン景観をより魅力的なものとするために、その道中の多くが覆われていると考えることができる。また図9より、ポイント7、8にかけて緩やかに囲繞度が高まっている。ポイント6は全体での空間領域は大きいが、右部、左部の領域は小さい。そしてポイント8周辺は、シーン景観として定められている場所

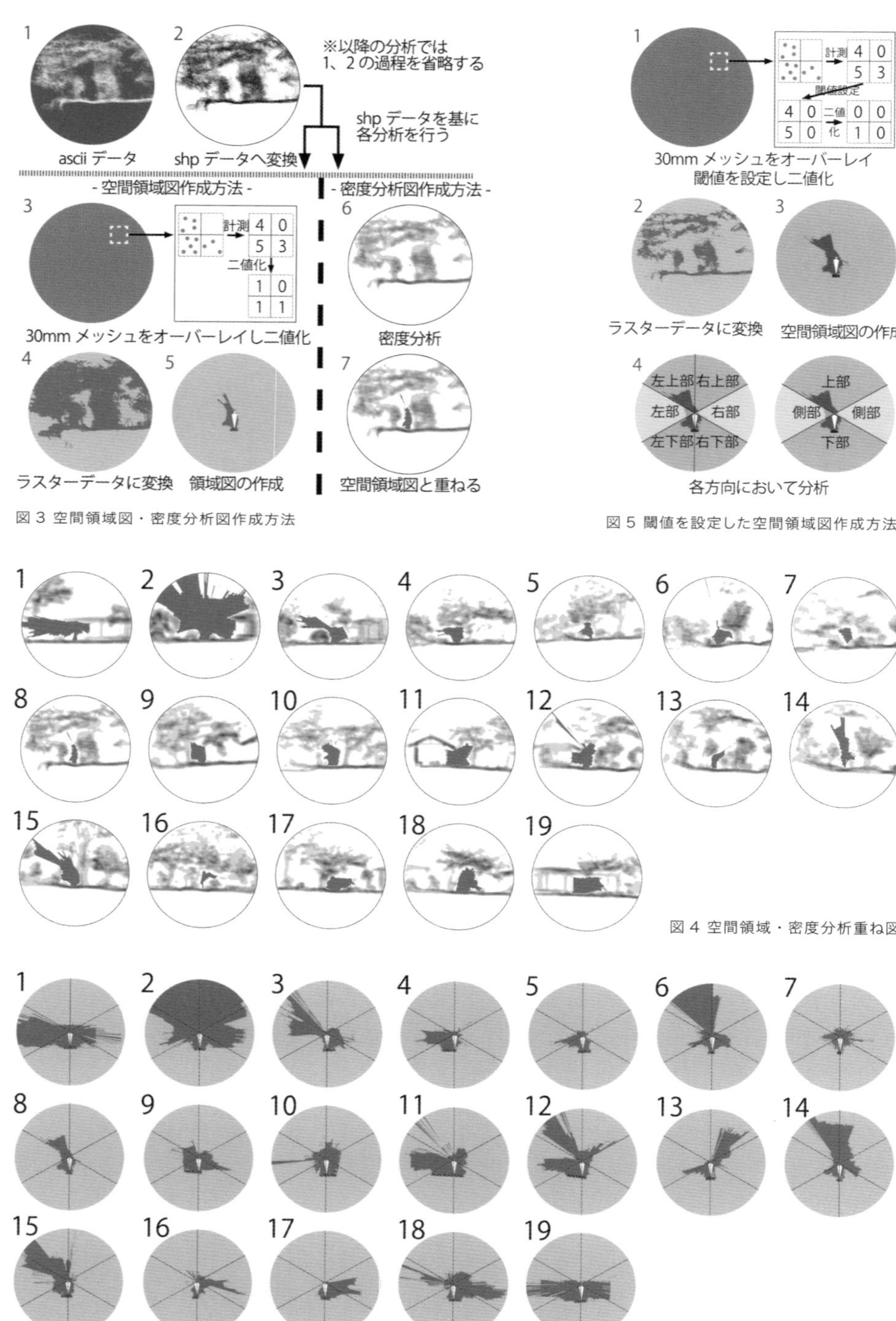

図 3 空間領域図・密度分析図作成方法

図 5 閾値を設定した空間領域図作成方法

図 4 空間領域・密度分析重ね図

図 6 閾値を設定した空間領域図

全体
60
40
20
0
上部
20
10
0
左
右
側部
20
10
0
(㎡)
1
5
10
15
19
下部
3
2
1
0
(㎡)
1
5
10
15
19

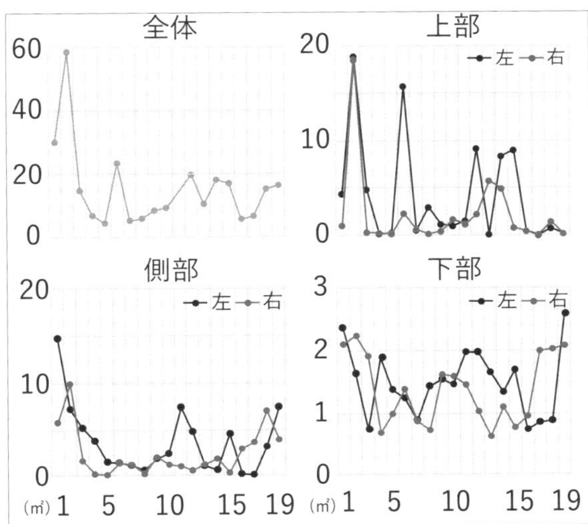

図 7 空間領域各方向面積グラフ

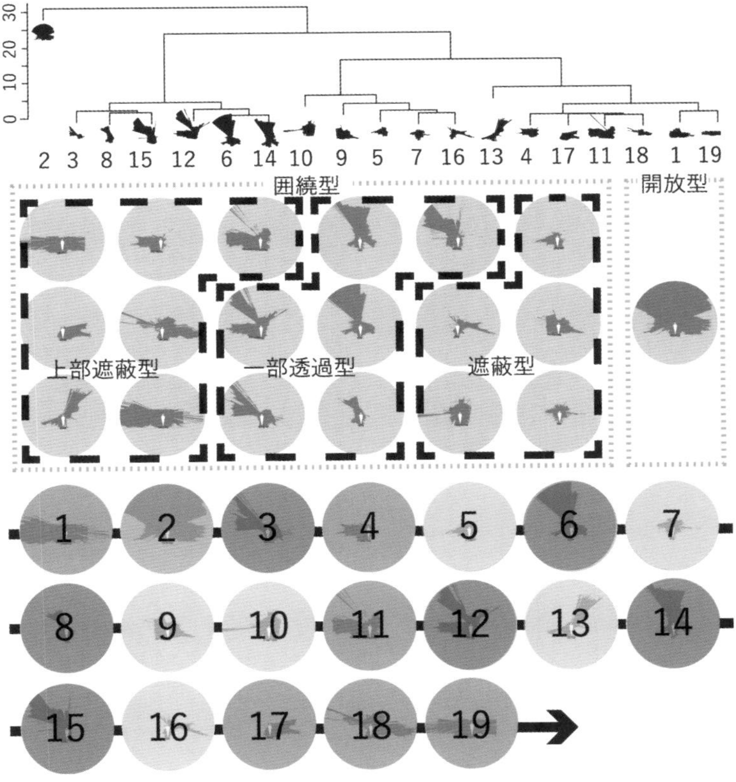

30
20
10
0
2 3 8 15 12 6 14 10 9 5 7 16 13 4 17 11 18 1 19
囲繞型
開放型
上部遮蔽型
一部透過型
遮蔽型
1 2 3 4 5 6 7
8 9 10 11 12 13 14
15 16 17 18 19

図 8 形態分類樹形図・結果・配列

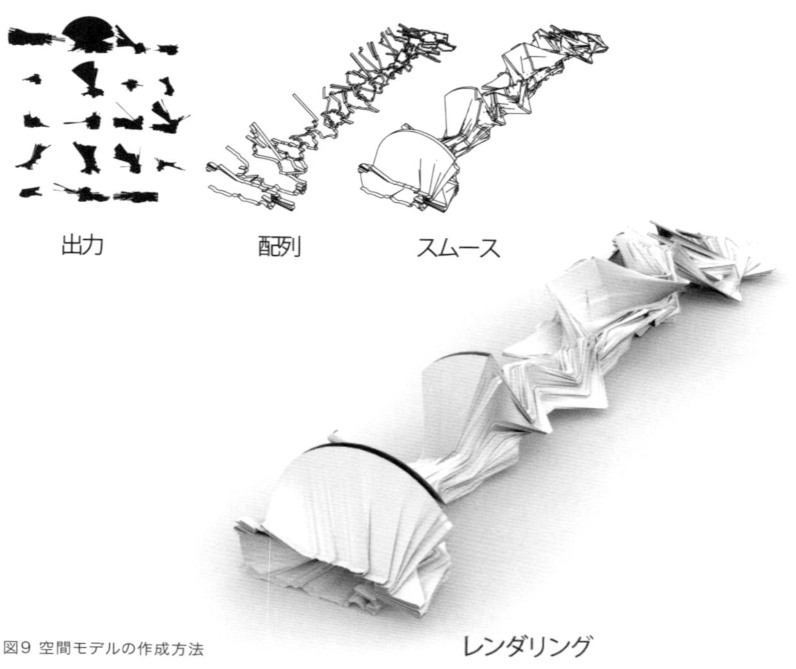

図9 空間モデルの作成方法

である。つまりシーン景観に向けて緩やかに囲繞度が高まり、ある地点にくるとシーン景観が現れると考えられる。

各形態の順番からも、同じ種類の空間が連続することは少なく、体験者へ多様な空間を与えることが示されている。

空間領域をエッジとして取り出し、それらをつなげた3次元モデルをつくり出すことにより、直観的、立体的に空間がどのように変化しているか、どの場所が開けているのかが非常に理解しやすくなると考えることができる。

6章　まとめ

以上の分析および考察により、空間体験の類型パターン、対象地の空間体験の特徴を以下にまとめる。
①空間領域図は空間要素と透過要素に分けることができる。
②空間要素は全方向が覆われていない開放型、全方位が覆われている遮蔽型、一部の視線が抜ける一部透過型、上部のみ覆われている上部遮蔽型の計4つに分類できる。
③対象地は数の少ないシーン景観をより魅力的なものとするために、囲繞度の高い空間となっている。
④緩やかに囲繞度を増加させることがシーンの魅力を引き立てる。
⑤空間領域図から3次元モデルをつくることにより、直観的、立体的に空間の覆われ感を可視化することができる。

本研究は空間体験の記述を行ったものである。空間体験の記述方法の研究は、これまで記録機器の画角内でしか記述されておらず、空間の広さまでは記述できなかった。本研究における記述方法を用いることで、上記2つに対し言及できると考えられる。本研究が空間設計者への補助となることを期待する。

[註]
*1 ブラインドエリア:樹木の形が複雑なため、樹木内部の測量が行えない範囲を指す。
*2 データ結合誤差の範囲である50mm以内で誤差を吸収し、かつ領域作成に影響のない数値の設定を行った。
*3 平成29年度国民健康・栄養調査第二部身体状況調査の結果より、16-59歳の男女平均身長は1,644mmであるため、基準点プロット時の誤差を含めて1,650mmとした。
*4 エドワード・ホール著、日高敏隆・佐藤信行訳『かくれた次元』(みすず書房、1970年)の、公衆距離の近接相の範囲にて設定。江山正美著『スケープテクチュア——明日の造園学』(鹿島出版会、1977年)における人間標準間距離の10段階目の6,000mmを用いる。
*5 貞弘幸雄、山田育穂、石井儀光『空間解析入門』(朝倉書店、2018年)より、各種特徴量を引用。緻密度:図形を内包する最小の凸多角形を作図し、<対象図形の面積/凸多角形の面積>で求める。図形のコンパクトさを表す。アスペクト比:対象図形を内包する外接長方形の<短辺/長辺>で求め、伸長度を表す。角度:空間要素の卓越した角度を示す。

[参考文献]
(1)篠原修『新体系土木工学59 土木景観計画』技報堂出版、1982年
(2)小泉萌、石川幹子「浜離宮恩賜庭園の大泉水および横堀における景観構造に関する研究」『ランドスケープ研究』70巻5号、pp.497-500、2007年
(3)酒井拓、山本聡、前中久行「日本庭園における苑路歩行時の注視に関する研究」『ランドスケープ研究』67巻5号、pp.365-368、2004年
(4)加藤吉雄、森傑「モエレ沼公園における視覚現象の生態幾何学的分析」『日本建築学会学術講演梗概集』2006巻、pp.1079-1080、2006年
(5)Lawrence Halprin, *Freeway*, Van Nostrand Reinhold, 1966
(6)Donald Appleyard, Kevin Lynch, John R.Myer, *The View from the Road*, The MIT Press, 1964
(7)佐々木葉二、三谷徹、宮城俊作、登坂誠『ランドスケープの近代—建築・庭園・都市をつなぐデザイン思考』鹿島出版会、2010年
(8)佐々木葉、内山久雄『ゼロから学ぶ土木の基本 景観とデザイン』オーム社、2015年
(9)脇坂圭一、本江正茂、小野田泰明「視覚体験を通した流動的空間の記述方法に関する研究 生態学的視覚論を用いた遮蔽縁および明暗縁シーンブックの提案」『日本建築学会計画系論文集』76巻670号、pp.2273-2280、2011年
(10)進士五十八「日本庭園の特質に関する研究 とくに史的庭園空間の尺度分析とモデュールについて」『造園雑誌』47巻5号、pp.43-48、1982年

出展者コメント —— トウキョウ建築コレクションを終えて

Q このテーマを選んだ理由

学部の頃から空間体験に関して興味がありました。また、言語化しにくい樹木の形態と言語化されてこなかった庭園意匠に対して定量化を行いたいと思い、このテーマに決定しました。

Q 論文を通じて社会に向けて発信したいメッセージ

空間体験の研究は、形態の定量化に関する研究と心理的な研究が合わさることで完成します。しかし、外部空間における形態の定量化に関する研究は不足しているので、空間体験を定量化する一歩となれば幸いです。

Q 修士論文を通して得たこと

自分が今まで関わってこなかった分野を1つでも研究に取り入れることで、話の展開や結論が大きく変わっていき、またそれが自分の知識、技術となって発展させていくことができると感じました。

Q 修士修了後の進路と10年後の展望

建設コンサルタント会社で技術者を目指します。10年後に同じ仕事をしているかはわかりませんが、人が少しでも過ごしやすい空間をつくっていけるように手助けができればと考えています。

全国修士論文展 質疑
審査員コメント

審査員：
倉方俊輔（審査委員長）／山下哲郎／山田あすか／前 真之（モデレーター）

「明治期の浅草仲見世通りにおける掛店から煉瓦仲店への転換と店舗空間の変容過程に関する研究」（増子ひかる、p.158）

倉方：まずは増子さんに質問したいのですが、明治前半の移行期の資料から精緻にその有様を再現していて、とてもわかりやすい実証的な研究だと評価しました。大きな話になるかもしれないのですが、この研究は初田享先生などの研究にも通じる、いわゆる建築家論とは異なる「民の系譜」の研究として位置づけることができます。これらの研究では「近代」という時代にはどのような変移があり、実際に生活していた当時の人々からはどのような反応が起こったのかといったことを明らかにすることを目的としています。増子さんの研究を、そのような大きな枠組みで捉えてみると、どのようなことが言えそうでしょうか。

増子：もともと近世の掛店時代は、出稼ぎ層と床持ち層などに大きな格差があったのですが、西洋の流れが入ってきたとき、すべてのものを平等にする一種の装置として煉瓦仲店がつくられました。東京府はそのような平等化を目的としていたと思うのですが、実際には煉瓦仲店が建てられて以降、掛店時代とは異なる、新たな格差のようなものが生まれていたことがわかりました。

倉方：その「格差」という言葉の使い方が少し引っかかっています。差と格差の違いについて考える必要があるのではないでしょうか。というのも、一つひとつの物事の見た目に差があるという差異の問題と、それを支えている社会基盤や権力関係が絡んだ格差の問題には違いがあるからです。格差とは単なる差異のことではなく、平等という基準線それ自体と差がある状態を意味します。格差について考えるとき、2つのものを一本の軸上で捉えたうえで、同じものなのか違うものなのかを問わなければならない。一方で増子さんの捉え方だと、単に違うもののことを格差と言っている印象があり、それらをすべて格差と呼ぶのはまとめ方として妥当なのか疑問です。

増子：近世の掛店時代には、土地の借地権をもっている人とそこで働いていた人との間に明確な格差があったと私は考えています。そしてその後の煉瓦仲店における又貸り人と又貸し人の間の差も、掛店時代のものがそのまま引き継がれているため、格差という言葉を自然と使用していたところがあります。

倉方：それは格差の残存であって。増子さんは「新しい格差が生まれた」というまとめ方をしてますが、その「新しい格差」は、果たして本当に以前のものと同じく「格差」と表現して言えるものなのか。もし言えるのだとしたらその理由は何か。そこが少し引っかかります。

増子：ご指摘ありがとうございます。

「ICT活用による学習空間・学習展開の弾力化に関する研究」(中野隆太、p.222)

前：中野さんの研究はICT(情報通信技術)活用について実際の教室を熱心に調べたものになっています。一点確認したいことがあります。発表の前半部にはプログラミング学習にはどのような機器配置や教室が適しているかという話がある。一方、後半ではもっと一般的な授業に対してeラーニングを使うことで、どのような今までにない教育のあり方が新たに見えてくるかという議論をしているように読めます。2つの議論が錯綜している印象がありました。

中野：梗概で示したプログラミング教育は、平成29、30年の新学習指導要領で新しく組み込まれた内容です。ICTとあわせてこれらの新たな教育も同時に始まりつつあるなか、研究ではプログラミング教育も含めたすべての教科へのICT活用を扱っています。

前：後半部の議論はICTを用いた学校教育全般の話になっているという理解で良いのですね。

中野：そうです。

前：後半部を今後整理していけば、ICT活用のための壮大な計画にも展開できそうです。しかしコストは無限にかけられるわけではない。じつはタブレットを全員に配布するだけで、低コストで教育環境を変えることができるかもしれません。なぜこのようなことを言うのかというと、現在、新型コロナウイルスの影響で教室に集まる形態自体が問い直されつつあります。韓国にいる私の息子も在宅学習をしていて、すべてスカイプ経由でやりとりを

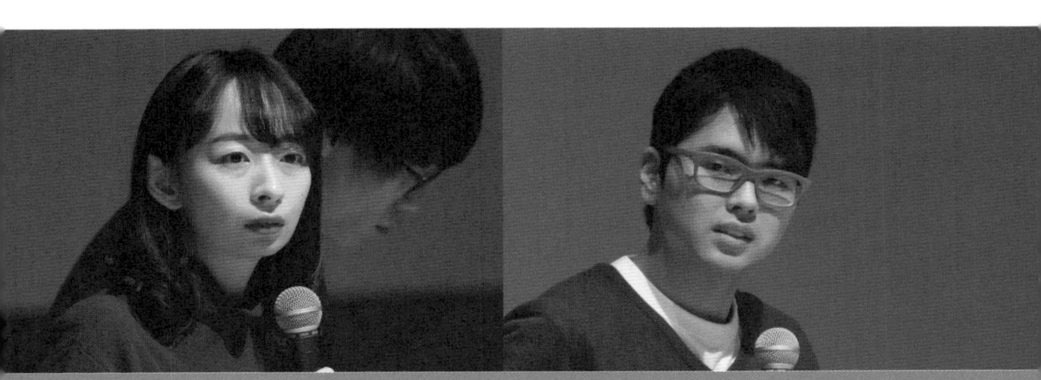

していたり、eラーニング的な技術を導入したりしている。こうなると、本当に常に建築空間が必要なのか、といったことも考えざるを得なくなってくる。情報化によって物理的制約がどんどん希薄になっていくことについてはどう思われますか。

中野：確かに遠隔授業の環境は整ってきてはいるのですが、コミュニケーション能力はその場に実際に居合わせてやりとりした方が向上しやすいことが心理学の研究では明らかになっています。また学校建築は地域の拠点としての側面ももっているため、建築自体が必要とされなくなることはおそらくないと考えています。

前：では逆に、学校側から対面でやりとりすれば良いのだから、タブレットの導入は不要だと言われたらどうしますか。

山田：助け舟的なコメントになりますが、中野さんの研究は王道的で、ご自身の思いもあり、私は好感がもてました。前先生へのレスポンスにもつながる質問としてお聞きしたいのですが、「パソコン教室」の固定概念の残像に縛られたままだというお話がありました。図1（p.226）からも、教室内に特化した授業がなされていることがわかります。けれども、もしもタブレットがあったら、たとえば学外での活動や地域学習にも応用できそうですよね。そのような具体的な活動についてもおそらく調査してこられたのではないかと思うのですが、いかがですか。

中野：たとえば付近に植物園がある学校では、植物を撮影した後、学校で写真を編集して発表するという活動が行われていました。やはりタブレットがあることで、時間と空間の壁を超えることができる側面は無視できない要素だと思います。今後はそれを共同学習や個別学習にどのようにして組み込むかが重要になると考えています。

山田：その続きが今回の研究に入っていたら、より広がりのある内容になっていたのかなと思います。それからもう一点感想なのですが、多くの事例を丁寧に調べていて、これからのヴィジョンも書いてあり、良い意味ですごく行政資料っぽい（笑）。けれども、それを裏づけ、論を組み立てるための客観的な根拠を提示するのはなかなか難しそうだなとも思いました。たとえば整備のステージを定義していますが、各学校のそれぞれの科目がどのステージにあるかを数量化していくと、研究の資料としてうまく裏づけのとれたものになっていたはずです。

中野：アンケート調査でその辺りのことをやろうとしたのですが断られてしまうケースが多く、次の課題だと思っています。

「回遊式庭園における点群データを使用した空間体験の記述に関する研究」

（水谷蒼、p.230）

山下：まず点群データについてお聞きしたいことがあります。柔らかい言葉で言うと、開いている空間と閉じている空間を経路にしたがって追うことで点群データをつくっているわけですよね。ここでの開いている／閉じているという指標は、もとの内容が葉っぱであろうが建物であろうが関係なく、点群データをつくっているということですか。

水谷：そうです。

山下：もとの庭園の特徴を、閉じている／開いているという側面だけから捉えているわけですね。

水谷：はい。庭園を植物だけで構成されているものとみなすのではなく、あくまでも建築や入口の構造物などのすべてを包括して扱っているため、すべてを等価な点にして分析を行いました。

山下：でも素直に考えると、開いている／閉じているという観点だけではなく、「こちらに建物があり、あの辺りに紅葉が見える」というように、オブジェクトの性質を把握しながら人は庭園を楽しむものだと思います。今回、空間が開いている／閉じているということを、場所の特質を表す基本的な要因で

あると考えた理由は何でしょうか。

水谷：これまでの多くの庭園研究では、特定のポイントや、灯籠などの必ず目にとまる要素にしか着目されてきませんでした。道中についての研究はなされていないため、すべてを包括してこその研究だと考えました。

山下：開いている／閉じているということが明解な指標になるため、普遍化できるということですか。

水谷：はい。設計や管理の段階まで含めて研究成果を提示したいという構想がありました。管理の部分で言えば、たとえば庭の剪定にまつわる言葉は、職人の間ですべて口頭で伝えられていたこともあり、これまでの庭園研究では定量的に分析が行われてこなかったんです。一方で本研究の手法を使えば、どのように剪定すれば、光が透けてくるのかといったことがわかるようになったりする。管理者と設計者の間で、空間のつくり方の意図を合致させるうえで今回の三次元モデルが役立つと考えています。

山田：「目に見えているものだけが空間体験なのではない」という水谷さんの主張に同意したうえでの質問なのですが、たとえばよく言われるように、パーソナルスペースは前方に長い卵型をしているため、360度を等価に扱って良いのかが気になります。ある程度の重みづけをふまえた方が、よりリアルな体験の記述方法になるのではないかと思いました。この辺りについてお考えをお聞きしたいです。

水谷：上部の高い位置にあるものはどうしても感じにくくなり、どうしても左右や前方のほうが影響を及ぼしやすいことは一応鑑みました。

倉方：私も発表の冒頭で「360度性」とおっしゃられていたのが気になっていました。実際には前方にある視覚領域の話をされていたようでした。たとえば後方にあるものは点群として加味されているのでしょうか。

水谷：前方ではなく、歩行時に顔を上下左右に振ったときの60度の角度で視領域を区分しました。

倉方：「何となく雰囲気で感じる後方」みたいなものってあるじゃないですか。そうした要素も含めて重みづけをしていけば、視領域だけではない「360度性」の議論につながると思いました。でも今回の研究はあくまでも視覚的な領域を扱っているのですよね。

水谷：視領域を扱いたかったというよりは「どこが開いてるか」を個人的に明らかにしたいと考えていました。庭園には設計者が見せたいもの／見せたくないものがどうしても存在するので、それを形態的に可視化するために領域を分割しました。そのなかで今回は、どこからどこまでの範囲を上、横、下の区切りとするかの基準を、60度という視領域を用いて分割している格好です。

「70年代ピーター・アイゼンマンの理論と実践」

（星野拓美、p.188）

倉方：星野さんの研究は、アイゼンマンに今再び着目するのはなぜなのだろうと思わせられて、興味をもって読ませていただきました。それで単刀直入に言うと、何が新しいのか正直わからないところがありました。アイゼンマンは戦略家であった。その戦略は建築を生産や社会的需要から切り離して思考することが可能な1970年代だからこそうまくやれた。そうして建築界では評判となったわけだけど、後にそうした態度は自閉的だと批判されるようになった。こうした話は一般的に知られるところなので、研究として何か明らかにしていることがあるのか、少し読み取りづらかったのです。質問の仕方として不躾かもしれませんが、そこについてあらためてお話いただければと思います。

星野：ありがとうございます。歴史研究、とくに西洋圏を対象とする研究はそうだと思うのですが、オリジナリティを主張するのはとても難しいことだと思います。オリジナリティを見出す方法としては2つ方法があると思っています。ひとつは、日本にいるからこそ価値を見出せるような新規性のある資料を拾い上げる方法、もうひとつは、いくつもの既存の研究を編集し組み立てていくという方法です。僕の研究でオリジナリティを主張するならば後者のスタンスだと思います。ご指摘の通りアイゼンマンが戦略家であったとする言説は少なくありません。今回扱ったダイアン・ジラルドは、アイゼンマンによるジュゼッペ・テラーニの《カサ・デル・ファッショ》論について、ファシズムの文脈を除外して形の話だけをした表面的なものだと批判しています。これに対して僕の研究では、コーリン・ロウとフォーマリズムを対象に設定し、表面的であることに戦いの場を見出していたアイゼンマン像を描き出しました。表面性こそが強みだという枠組みで論じた研究は見当たりませんでした。これまで話したように、先行研究の対象を組み替えながら、編集していくことが本研究のオリジナリティだと考えています。

倉方：とてもよく勉強してるなと感心したのですが、もう一度批判めいたことを言わせてください。編集的な研究ということでは、1990年代にビアトリス・コロミーナの『マスメディアとしての近代建築』が登場しましたが、そこで参照されている時代は1920年代です。一方で、星野さんの発表スライドの最後にあったように、1970年代の建築論はその後、批判をうけて展開しました。けれどまたベタな社会性が重要視されて、現在はそれもどうだろうかという雰囲気になりかけています。そのなかでおそらくアイゼンマンに注目されたのだと思いますが、「その後」の話も含めてできることがコロミーナの議論と異なるところです。そのため、1970年代のアイゼンマンの話より前しか使っていないのを見ると、1990年代の議論とそこまで枠組みが変わらないのではないかと思えてしまう。なぜ少し古い時代のアイゼンマンしか参照していないのかが気になったのですが、いかがですか。

星野：確かに1990年代の議論と、そこから25年以上が経過した今だからできる議論との差をもう少し強調しても良かったなという気はしています。そこを結論部分で展開できなかったのはひとつの事実だとは思います。現代との接続を見据えつつも、コーリン・ロウの建築論の解釈も裏テーマとしてかなり大きく扱っていて、あまり飛躍しすぎたくなかった。結論部でそこの折り合いがつけ難く、飛びきれなかったなというのが正直なところです。

山田：論文では「アイゼンマンがなぜここまで大きな影響力をもてたのかが不可解だ」という問いの立て方をされていますが、下読みのときからそこがちょっと引っかかっていました。むしろ星野さんご自身が、アイゼンマンを建築史というジャンルのなかでとり上げることによって、語りたかったことが本当はあるのではないかと考えていました。この問いはあなたにとっての「表面」にあるものだと思うのですが、お答えいただけますか。

星野：ポストモダニズムが近づき、アイゼンマンも徐々に地上との関係を結んでいくような作品をつくっていきました。しかし彼が一貫して建築家個人のイデオロギーを重視していたことは事実です。僕が歴史研究を通して取り組みたかったのは、建築家が何を考え、何をつくったのかを詳細に見るということです。過去の人として捉えるのではなく、今なお教育を続けている彼をもう一度議論の俎上に載せたかった。それがこの研究の一番の動機です。

「『領域』の観点からみた東京都区部における景観計画の再考」(道家浩平、p.214)

前：最終的にさまざまな提言にまでつなげている労作だと思いますが、どこまでが既往研究の整理で、どこからが新たな提起なのかを教えてください。とくに後半にある17タイプの領域は独自に考えたものですか。

道家：ご質問ありがとうございます。『見えがくれする都市』や『東京の空間人類学』などの江戸東京学に関する研究で、江戸時代の土地利用やその後の街区街路整備の過程が現在の景観特性に影響を与えていることは盛んに論じられてきました。しかし、具体的にどこまでが一体的な範囲になっているのかについての客観的な言及はあまりなされていません。たとえばある場所について、もともと大名屋敷の敷地であったことが現在の景観特性に影響を与えているということは言われているのですが、ある程度面的な広がりをもった都市や地域に対して同じ基準で分析することで、相対化しつつ各地域の違いなどを捉えることができました。それが本研究のオリジナリティだと考えています。

倉方：前半部の意義がちょっと捉えづらい点が気になります。要するに次のように読めてしまうのです。まず、それまで丁寧に個別で取り組まれてきたものが、景観法ができたことで第一種住専などの区域に影響されるようになり、分断されたようなエリア分けがなされてしまった。そのようなやり方はやはり誤っているから、きちんと土地の条件と歴史に基づいてエリア分けしていくのが正しいはずである。現状は正しくないから紛争が起こっている、と。すると前半部が、結局提示したエリア分けの正しさを語るためだけのものとして読まれかねない。もしもそれだけだと、前半部にはあまり意味がないような気がするのですが、そうではないとすればどのような意味や解釈があり得るとお考えですか。

道家：前半部で現行の景観計画の区域区分に着目したことに関しては、そもそも現在の景観計画に関する議論であったり研究の大半が、デザインガイドラ

インの中身について論じているものが多いのです。たとえば開口の位置や植栽や建物の色などの要素について、周囲から突出しないものをつくることに着目しているものがあります。しかし、どのような範疇でそれらのガイドラインをつくればいいのかについては、決められてこなかったことが問題のひとつとしてあります。また他の建築基準法とは異なり、景観法の評価形式は各自治体で割と自由につくられており、その実態についてはあまり注目されていませんでした。今回の研究では、それらをまず整理したうえで、私が提示した「領域」とそれぞれのタイプの差異を比較できると考えました。

倉方：前半部には固有の意義があると思うのですが、現状の書き方や説明の仕方だと、後半部の領域区分の正しさを論じるために存在しているように見えます。踏み台のようになっている感じがします。最後の結論からは、前半部分に関わる本質的な側面が見えてこない印象です。先ほどおっしゃられたことも含め、前半には現実社会への提言として意義がある部分がかなりあると思うので、そこをもう少し強調していくと、この論文がもっている多くの意義がより伝わりやすいものになるのではないかと思いました。

「社会変容を背景とした建築家の新職能に関する基礎的考察」(岡本圭介、p.146)

山下：最初に論文を拝見したときに、カタカナ英語が多かった印象です。これはまだそれらの概念を的確に表現する日本語がないからなのか、それとも岡本さんがビジネスの経験がなく、インタビューしてきた言葉が少し消化不良気味になってるのかなと思ったりしました。

岡本：カタカナ英語に関しては、基本的に参照している文献が主に英文によるものだったためです。海外の法体系や税制など、建築学以外の文献も調べていたので、そこでの表記をそのまま使ってしまったことも背景としてあります。

山下：門外漢なので正直、読んでいてわかりにくかったです。もうひとつ、建築家の職能を論じていますが、ここではリスクのとり方にかなり重きをおいていますよね。一方で商売の基本は、クライアントが誰で、そのクライアントが何に対していくらお金を払うのかということです。そのようなビジネスモデル的な側面をもう少し表に出して書いていただけるとよくわかる内容になったのではと思います。

岡本：それはクライアントとフィービジネスとして受注する建築サイドの領域、僕の論文でいうところのプロジェクトスフィアの領域にあたる議論になります。ここではクライアントが立てた融資や投資を受けるための資金戦略をもとに、設計費や全体のプロジェクトが決まっていきます。僕としては両者は分断してはいけないというか、その分断こそ、建築サイドが前段階でデザインの提案をできずにいた理由だと考えます。これに関して米国では発注者サイドに建築家がいて、資金調達も自ら工夫することでプログラムの提案もトータルで行う事例が、少ないながらも出始めています。

山下：なるほど。結論部では今後の建築家は発注者側のチームの一員として、上流、中流、下流の場合に分かれていくという旨が示されていました。下流が今までの古典的建築家像に近く、上流はそれとは違ったものになるという話でしたが、上流の場合、建築家はどのようにしてフィーを得ることになるのでしょうか。

岡本：完全にディベロッパーのポジションになります。

山下：そのディベロッパーもチームの一員になるわけですよね。そのチームのなかでどのような仕事でフィーを得ることになるのでしょうか。

岡本：たとえば設計者も兼ねるディベロッパーが自分に対して設計フィーをゼロで出すことで支出を抑えて、その代わりに家賃収入等をディベロッパーの収益として自らの利益にしているケースがあります。それは一概に言えるわけではなくケースバイケースではありますが。

倉方：私は岡本さんの研究をきわめて高く評価をしています。日本語になってない用語が多いのは、やはり仕方がないところがあります。論文で言及されているArchitect-Led-Design-Build（ALDB）についても、施工の値段でプロジェクトの内容が左右されるような、いわゆる日本的なデザインビルドとは異なるものとして定義されています。考え方自体を言い表す日本語がまだないわけです。岡本さんの研究はそういう側面に突っ込んでいるという意味で、きわめて有用性、新規性が高いと思います。

岡本：日本のゼネコンでは設計部と施工管理部が社内で分かれています。一方でALDBは現場でいう現場長や工事長がアーキテクトです。フェーズではなくプロジェクトベースでチームが分かれている点がユニークです。

倉方：昨今、資金調達でどこがリスクを負うかという関係が複雑化していくなかで、ある種オーソドックスな建築的能力がどのように評価され、どこに組み入れられているのか、その関わりあいの仕組みのパターンを明確に分析しています。この研究は広義の枠組みでは職能論に該当するものだと思いますが、とはいえ日本の建築職能論とはモードがまったく違うように見えます。方法や視点がどのように従来の職能論と違っているのかについて、わかりやすく説明するとどういう言い方になるでしょうか。

岡本：基本研究としてパブリックスフィアとプロジェクトスフィアの2つに分けて説明したいのですが、まず前者の変化については、まさに法改正を経たばかりでまだ実例も少ない段階なので、その実例をどんどん建築家としてつくろうという提案となっており、あまり比較できないのが現状です。一方、後者側の設計施工に関しては、デザインビルドの議論が米国で生まれたのが1990年ぐらいで、マネジメントの基本研究に関しては論じられています。たとえばBIMや情報技術によるコンカレント型プロセスによって、最初からすべてのステークホルダー間で同時に議論しながら進めていくIPD（Integrated Project Delivery）などがあります。ツールの発展によって職能が変化するという見方です。本研究がそれと異なるのは、あえてツールの話は出さないようにしたことです。それは今後10年も経てばまた別のものが出ているかもしれないからです。それよりも、どのような図面や情報を見せたら発注者から評価を得られるものになるのかという関係性の目線で記述することを意識しました。

「貴族社会にみられる図書保存活動の解明」

（小野緋呂美、p.198）

山田：問題意識とプロセスの関係についてお聞きしたいです。現在宝物となっていないけれども価値があると思われている資料を残すことをはじめに問題意識として掲げていながら、当時から貴重だった図書の保存行為を対象とされています。その整合性について補足をしていただけますか。

小野：最初の問題設定で述べている、宝物にはなってないけれど価値があるものとは、その辺に置いてあるものという意味ではなく、宝物になる価値がありそうだとそのときすでに思われていたものを指します。現代を例にして言えば、アニメーションの原画や漫画などがこれからどのようにして文化財になっていくのだろうかということを問題にしているようなものです。そのなかでもうひとつ強調しておきたいのが、必ずしも古代における図書類や紙資料がすべて貴重であったとは言い切れないということです。「倉の中にあるから貴重なのだ」という考え方があくまでも後世の私たちによって形成されたものであるということが研究を通してわかりました。たとえば藤原定家の家の倉だと、紙自体がほぼ貴

重なものとみなされるため、とりあえず入れていただけの適当に書いたメモのようなものも後々貴重になったりします。そこには、後世の人たちが定家筆の文字だから価値があるとみなし、そのまま色紙になって宝物としてどんどん価値づけられていった過程があります。そのように、宝物ではなかったものが価値があるものとしてみなされていく様子を示していけるのではないかなと思い、今回の問題設定と対象を選定しました。

山田：発表でとくに面白かったのは、建物だけでなく都市の成立についても触れている点です。延焼防止のために建物が別の場所で建て替えられ、建物の周囲も変わり、その後さらに別の場所に移されていったとのことですが、そのように時代の変遷のなかで資料が徐々に増え、都市が広がっていくときに、たとえば交通との関係はどのようなものだったのでしょうか。その辺りのことも、もし調べていたのであれば教えていただきたいです。

小野：書類を運ぶという点で言えば、初めのうちはその家が所持している牛車のようなもので運んでいたのですが、12世紀頃には文車と呼ばれる図書専門の車が誕生し、大量の資料を一度に朝廷に運ぶようになりました。この文車で移動できた範囲については、既往研究でも本研究でも、性能上の問題や資料の量の都合から平安京内のみでの移動を目的としていたものとして位置づけています。その後、中世にはもう一度牛車が使われるようになったと考えています。奈良まで運んだり疎開することが増えたため、他の宝物と一緒に図書をもっていったわけです。それから本論では述べているのですが、平安京という都市自体も碁盤の目から拡張し、道が成立していくなかで、牛車によって奈良などの他の地域まで図書を運んでいく様子も窺えました。

「長野市における既存活用型高齢者施設の室構成の変化」(有田一貴、p.168)

前：この研究はとても労作です。表1（p.170）の物件はすべて実際に見に行かれたのですか。

有田：はい。すべてヒアリングと実測調査を行っています。

前：それはすごい。相当な期間をかけ、できるだけ多くの場所に行き、建物を実際に見て、人に会って話を聞いたということですね。そのなかでかなり成功している事例と改善を要する事例があったはずですが、それらの割合はだいたいどのくらいでしょうか。

有田：発表で示した類型3と類型5が空間の改善が必要だと思われるケースで、全体の割合としては3分の1程度になっています。その他はうまくいっている事例が多かった印象です。

前：建築環境工学の分野では最近、ヒートショックなどの室内の温度差による健康被害が知られるようになっています。そうした観点からすると有田さんの研究では、分析がやや視覚的な情報に寄っている印象があります。今後の研究ではぜひ、そうした快適性や健康の視点も重視したうえで、高齢者施設の改善について考察してもらいたいなと思いました。

山田：前先生がおっしゃったように、丁寧に精力的な調査をされており私も好感をもっています。この論文は誰に一番読んでほしいと思って書かれたのかをまずは教えてもらってもいいですか。

有田：今後、福祉転用は徐々に進んでいくはずなので、その運営者や建築家に読んでもらえたらと思っています。たとえば民家を活用して新たに開設・運営したい人に対して、民家にこだわる必要もないのではという提案をしたいと考えていました。室構成を丁寧に見ていけば、より選択肢の幅を広げることができるはずだということがこの論文で言いたかったことです。

山田：通常、運営者、設計サイド、さらにその間に立つ不動産業者のそれぞれに対して提供すべき情報には違いがありますよね。たとえば運営者に対して最初から「効率的な福祉転用ができますよ」と言ってしまうのはややリスキーです。想定している暮らし方や支援のあり方などの理念を形にしていくうえで必要な、建物や改修に関する情報がまずは求められるはずです。また設計サイドに対しては、建物がどのような法律で縛られていて、どれぐらいのコストをかけて提案すればいいのかなどの情報が有益になります。断熱性能についての情報も役に立つはずです。そして不動産業者に対しては、この建物にはこのような転用可能性があるという評価が有効となるでしょう。そういったことをふまえたうえでもう一度聞きたいのですが、今回の研究で得られた情報は、どの部分がどのような方面に対して使えるものになっていると思いますか。

有田：今おっしゃられたなかで言えば、3番目の不動産業者の話が自分の研究に当てはまるものだと言えます。最近は福祉転用のマッチングに関する動きも出てきています。そうした取り組みへの参考になる研究になればいいですね。

「曲がり木の組手仕口加工システム開発」(増村朗人、p.178)

山下：本格的なエンジニアリングの論文が出てきたので楽しく読ませていただきました。ここには4つのシステムがあり、実際にものをつくるためのハードのシステムということでしたが、生成システムのことがよくわかりませんでした。木材をスキャンし、設計形状にフィットさせていくようなシステムなのでしょうか。そうなると、スキャンした大量の木材とは別に、設計されている形状がまずあり、その形状を手持ちの部材で実現するための組み立て方を考えているということになりますよね。けれども曲木の場合、最初に設計された形状と近似するものもあるかもしれませんが、手持ちの部材では組み立てられない場合もたくさんあるはずです。手持ちの部材からどのような形ができるのかを最初に考えないとうまくいかないと思うのですが、その辺りのことについてはどのように考えたのでしょうか。

増村：ご指摘ありがとうございます。本研究では事前に3本のレシプロカルフレームをつくることが目標だったので、材の制約はそれほど考慮する必要がありませんでした。あらかじめレシプロカルフレームをつくり、そこで加工できる木材も断面半径や長さの情報を事前に管理しています。またロボットアームの丸ノコの刃の長さも考慮しています。ご指摘いただいた事前の形状設計の段階で曲がりがどう使われているかという点については、現状の研究ではまだ扱いきれていません。

山下：まだあまりよくわかっていないのですが、たとえば最初のレシプロカルフレームの形はどうやって決めているのでしょうか。

増村：初期の形状は、本研究においてはすべて同じような形状を扱っています。ライノセラス上では単純な3本のラインだけを用いて設計し、そのライン同士の接合の距離やライン自体の長さを用いて木材検索を行い、形状設計を行っています。たとえば1,500mmのラインを使ったときには同じ長さの材をもってくるようにしました。

山下：最初のライン要素でレシプロカルフレームをつくるときの曲率は、どのように設定しているのでしょうか。

増村：曲率については本研究では扱えていないのが正直なところです。3本のレシプロカルフレームでつくっているので、1本の木材に対して2点の接合点が必ず出るため、曲がっていても接合点には必ず接している、という当てはめ方をしているのが現状です。

山下：でも曲率は一応は設計条件として与えておくということでしょうか。その曲率を実現できそうなものを選んで木材を拾ってくると。

増村：そうですね。曲がった材のなかでも、きちんと接合点を内包し得るものを探してもってきています。

山田：山下さんの指摘は、論文だと形状設計がひとつのラインのなかに生成システムとして入ってるけれども、実際の形状設計は外部から与えられている条件なのではないかというご意見なのかな、と今のやりとりを聞いていて思いました。

増村：実際には形状設計が木材管理のシステムに影響を与えてもいますし、逆に管理している木材が形状設計に影響を与えてもいます。拾ってきた材の直径が最大でも80mmであり、接合距離がそれより離れていたらさすがに接合できないという意味では、確かに事前の形状設計に影響を与えています。

山下：やはりある程度、このシステムでつくることができそうな形を初めに決めておかなければならないということですね。

増村：おっしゃる通りです。

「都市の空閑地における建築的介入にみる時間的文脈と既存環境の再構成手法」

(織大起、p.206)

山田：この論文も面白かったのですが、まずは対象とした事例をどの資料からどのような基準で選んだのかについてお聞きしたいです。

織：ご質問ありがとうございます。資料の選定の基準としては、1980年代以降の国内外の建築雑誌に公表された作品を中心に(3分の2ほど)、建築ウェブマガジン、建築家ウェブサイトに掲載されている作品を横断的に扱いました。また作品解説文から建築家の言説を抽出するうえで、国内の雑誌では建築家本人の言説が掲載されていることに対し、海外の雑誌の場合は編集者の記事として解釈や批評を含めて掲載されているため、補足的に建築家が公式ウェブサイトで述べている言説を対象としました。

資料から空閑地を選んだ際の条件は2つあります。1つ目の条件として、土木構築物の建設廃棄で発生した空閑地のうち、既存の土木構築物が残っているものに限定しました。2つ目は、周辺環境との関係に対してデザインがきわ立っているものを抽出するという意味で、空閑地ができた後に一定期間その用途が定義されずに放置されていた状態にあるものを選びました。

山田：さまざまな考えがあり得ますが、私は再現性を研究のなかで重視しています。そのため、使用した資料が何で、その妥当性と限界はどこにあるのか、どのような方法が適切かということを一つずつ積み重ね、説明していくプロセスが研究だと考えています。論文は面白いのですが、梗概からだとその妥当性を判断できなかったのが惜しいところです。分析ではどのようなプロセスを経たのか、どこにオリジナリティがあるのかを明確にしていくと研究の価値が明解になったのではないかと思います。

織：分析の方法については、基本的にはデザインを分解し、そこから抽出したものを組み立てるという方法です。分析方法で不明な点とは具体的にどの箇所のことでしょうか。

山田：たとえば「周辺要素」と「周辺環境」という言葉を使っていますが、両者の違いはどこにあり、「要素」と「環境」を分離できると判断した理由は何でしょうか。「関係」などの言葉も同様で、その定義が梗概と発表では不明瞭だなという印象を受けました。

織：周辺要素は、建築家が周辺との関係をつくるうえで何を対象として相手取ったのかということを指しており、作品解説文から抽出しました。具体的には道路なり隣の建物などのことです。周辺環境はそれらの集合を指します。また3章の「周辺環境との関係性」は、周辺の対象となっている要素とどのような関係を構築しようとしているかということです。これも作品解説文から抽出しました。

倉方：「都市の空閑地における建築的介入」というひとつの集合を定義することで、従来はバラバラだとみなされてきた現象を捉えようとしたことがこの研究の新規性だと思います。ただ、さまざまな分類やグルーピングを行ってはいるものの、そこから何が今後の応用として役に立つのかがまだ理解できていません。おそらく分類を行った意味があったのだと思うのですが、それは何でしょうか。

織：ありがとうございます。本論の目的は、空閑地の再生そのものを問うことではなく、建築意匠への接続を考えることにありました。というのも、都市のなかで建築をデザインするうえで、重要なものが空閑地には潜んでいるのではないかと思っていたからです。研究を通して個々の空閑地の事例では、既存の形や周辺との関係に対するデザインがきわ立ったものとして表れていることがわかり、それらのグループ化や分析を行いました。結論部ではスラム・クリアランスのように一度なかったことにして新しいものをつくるのとは異なる、都市の文脈を引き受けながら建築をデザインする手法について言及しています。これは都市で建築をデザインする際にも応用可能な手法だと考えています。

倉方：応用可能なのであれば最後に発展的な結論が提示されるはずですが、都市の空閑地における建築的介入はすばらしいという以上のことが少し伝わりづらいのです。あるいは最後のグルーピングを起点として、ケースごとにさまざまな方法があるという以上のことが見えてくるのかもしれません。どのような可能性が見えてきそうでしょうか。

織：最後のグルーピングで示した線的要素や面的要素は、周辺環境のなかでも建築家がとくに重要視している要素として抽出されたものであり、都市構造をシンプルにつくり出している要素と言えます。これらの都市構造を見据え、既存環境や時間性をしっかり引き受けてデザインすることが、今後の建築をつくるうえでは重要になると考えています。

全国修士論文展
公開討論会

審査員：
倉方俊輔（審査委員長）／山下哲郎／
山田あすか／前 真之（モデレーター）

修士論文ならではの評価軸

倉方：まずは先生方から審査の評価軸についてお話いただきましょうか。

前：私は論文につぎ込んだ情熱が伝わってくるかを重視しました。現時点では結論や完成度が変でも構わない。「とにかく考え抜く」経験は、時間がある学生のときしかできないからです。

山下：私は専門が構造なので、今回の多くの論文は専門外から読んだわけですが、論理的かつオリジナリティが明確なものは評価しました。それから発表を聞いていてとにかく楽しさを感じる論文はどうしても高得点をあげたくなりますね。

山田：熱意のある論文をたくさん拝見して、研究好きの身として純粋に感動しました。集まった論文の分野が多岐にわたっていることもあり、各分野を同じ視点で捉えるられるようにするため、ここでは「ロジック性」、テーマや方法における「チャレンジ性」、研究としての「有用性」の3つの評価軸で各論文を審査することにしました。この他にも、論文を通して何を訴えたいのかという研究の意義をきちんと把握しているかどうか、研究の妥当性を手順立てて伝える作法を身につけているかどうかも重視しています。これについては後の議論でもお話できればと思います。

倉方：卒業論文は基本的な論文の作法を学ぶ側面が強く、一方で博士論文はいろいろ考えたことを良くも悪くも論文としての形式を全うしてまとめないといけません。その間に位置する修士論文というものは、内容としての飛距離が純粋に求められるものだと考えています。それゆえ、次の学問の領域を開いていく切れ味の鋭さをもち、先人を畏怖させるものがある。そんな修士論文を評価するうえで私が重視している観点が「役に立つか」です。すぐに、とは限りません。これまでの応用ではなく、むしろそこから応用が始まっていてくことを期待させてくれる研究を評価したいと考えています。

固定観念を刷新する研究

倉方：ではここから、各論文の展開可能性について討論する時間といたします。応援演説なども含めて先生方から自由にご質問をお願いします。

前：岡本さんの「社会変容を背景とした建築家の新職能に関する基礎的考察」(p.146) では、建築家の定義そのものが変わりつつあり、建築創造の仕事に頭脳労働のかたちで参加しているすべての人々は建築家であると書かれています。私個人も、構造、計画学の各分野から建築の質を定量的に示せるようになりつつある現代は、一人の建築家が万能人としてプロジェクト全体をリードする時代ではないと考えます。そのなかで従来の建築家の今後のあり方はどのようになると考察されますか。

岡本：ご質問ありがとうございます。かつてのマスターアーキテクト像が失効していることについては同意見です。だからこそ、プロセスに着目するという切り口から論文構成を組み立て、どのようなチーム形態や手順をとれば建築の価値を最大化することができるかを考えました。その意味では建築家を「完成した建築の価値向上に寄与する主体」と捉えていると言えます。

前：設計にはさまざまな意思決定があり、そのたびにメリットとデメリットが生じます。環境設計の仕事をしていると、設計の全体像がまだ明確ではない上流段階での意思決定に関わらないと本質的な改善にならないと感じることがあります。意思決定の定量的手法はたくさんあるにもかかわらず、その決め方が適当なままだと状況は大きく変わらないのではないでしょうか。

岡本：資本主義社会では金銭のリスクを負う人がプロジェクトの責任も負うため、上流にいる人が意思決定の権利を担うことになります。これに対して4章と5章で述べた直接金融の仕組みでは、関係者がその意思決定に直接参与し、設計思想にまったく関与しないステークホルダーがいない状態での意思決定のあり方を目指しています。たとえば情報ツールを用いて建物の情報を共有するバーチャルなプラットフォームを構築しておけば、上流側の個人投資家が資金調達の前段階でトリミングできるようになると考えています。

倉方：これからは建築的思考が社会に対していかに役に立つのかが明言されていかなくてはならない時代になると思うのですが、そうなったときに定量的な評価ができるということは、建築家にとくに求められるスキルになるはずです。これまでの建築家は専門家と官僚の間で意思決定の調整を行う、ある種の政治家的ふるまいを担ってきました。それに対して岡本さんの調査によると、アメリカでは不動産や環境性能などの価値を定量的に算出できる専門家とつき合えるかどうかが重要になっているということでした。専門家との新たな接点があることが垣間見えたので、私はこの研究を高く評価します。

岡本：ありがとうございます。建築とはあくまでその存在が定性的なものなので、収益率や不動産価値も定量化されているように見えますが、実際の指標はある程度限定的になっているのが現状です。かなり先のヴィジョンとなりますが、中央集権化されていない分散型の関係性のなかで、コミュニティ内で共有された価値観に基づいて建築の価値を決めていくことができる社会が訪れるのではないかと思います。まだ世界中で実験的に取り組まれている段階ですが、そのような射程をもつ研究だと考えています。

山下：アメリカの事例を題材としておられるわけですが、これほどまでに多様な取り組みが出てきているのはなぜでしょうか。

岡本：理由のひとつは投資と貯蓄の比率が日本とはだいぶ異なることです。日本では貯蓄によってお金を貯めていくという経済成長期やバブル時代の価値観から抜けきれていないところがある一方、アメリカでは景気の上がり下がりのサーキュレーションが昔から根強いため、資産を投資にあてようとする国民が多い。もうひとつ背景として考えられるのは法体系です。アメリカは判例法主義で個別の事例をベースに法律が決まっていくプロセスを経てきました。対して日本の法律は制定法主義を参照しています。まず法律があり、そのもとで事例を律していくやり方です。前者のほうが、オンライン上での資金調達のトランザクションなど、今までにない事例が出てきたときに柔軟に対応できる法体系となっています。

山下：未来に対して投機的な考え方ができる主体としてアーキテクトが要請されることが、アメリカではより強くあるということですね。

岡本：そうですね。僕は実物をつくり、その効果を考える能力がアーキテクトの本質であり、その能力の担い手はディベロッパーでもコントラクターでも構わないという考えをもっています。米国のような柔軟な関係性が生まれやすいように、日本の法体系や社会構造が変わってくれたらなという願いもあり、この研究に取り組みました。

倉方：他の方の研究についても聞いてみましょう。小野さんの「貴族社会にみられる図書保存活動の解明」(p.198) は、古代から中世への移り変わりを新たな視点から明らかにしているように見えるのですが、冒頭で文化財についての話に重きをおかれていて、当初の問題意識と最後の成果から見えてくる研究の魅力とが整合していない印象を受けました。論文を書き終わった今、あらためてこの研究がどの平面に位置付けられるべきものになったかについて伺いたいです。

小野：最初の研究の動機は、現在まで残っている1000年前のものが最初に保存され始める瞬間を私なりに切り取りたいという点にありました。そのため文化財という言い方をしたのですが、研究を進めていくうちに、これまでどのように保存されてきたのかなということも疑問に思えてくるようになりました。このことについて社会背景を語ることで時系列のなかで保存を説明できるのかなと考えるうちに、初めて保存された瞬間にとって必要だったのは、変革期にあたる古代から中世への移行だったのではないかと思い至り、結論ではそのことに触れました。

倉方：この研究の結論部から読み取れることとして面白いと思ったのは、文書が受け継がれてきたこと自体が、当時の人にとって大きな意味をもっていたことを明らかにしている点です。ここから近代的概念そのものを変えていくことができる可能性を感じました。ただ、結論以外の部分では近代的な考え方に囚われて解釈している印象です。結論まで書いた後、あらためて目的や方法を書き直しても良かったのかもしれません。自分が発見したものに

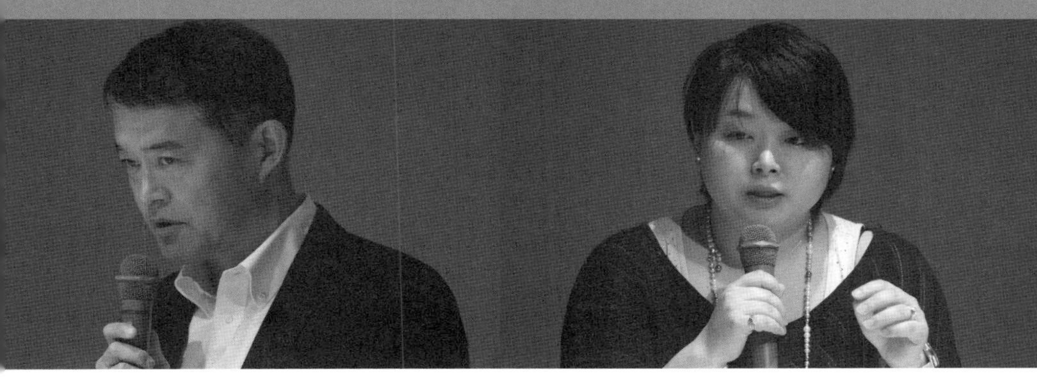

自分自身が変えられるような体験が論文を書いていることはよくあります。

前：歴史学は専門外なのですが、土地所有の権利書や契約書のような当時の人にとってもっとも大事なものが古文書として残っているというのはよくわかるのですが、日記はどうして残っているんでしょうかね。当時の朝廷の儀式の行い方が記録されたものが重要だったという理由はあると思うので、おそらく文化を残そうというのは結果論だったのかなという気がするんです。それから方法論の客観性についての話なのですが。たとえば書物を残すためのさまざまな努力ということで、図書の保管場所が変化したことが挙げられています。それが防火を意図するものだったとありますが、これはどこかの記録にそのように書かれていたということですか。それともあなたの解釈が入っているのでしょうか。

小野：文殿に関しては、日記を読んでいくと、まず火災があったことが記されていて、その後も火災に対する恐怖や、火災と図書の関係がたくさん書かれていました。その後、文殿を建てたという記述が出てきました。そのような火災後に保管場所を移したという事実をもとにして解釈しました。

前：納得感はあるのですが、厳密には別の理由で移した可能性も否定できないので、根拠と解釈の境目を明確にしてほしかったです。

山下：その辺りに関しては今回の歴史系の論文のなかでは小野さんが一番わかりやすかったですよ。

山田：私が興味をもったのは、権力や系統の正当性を示すために残しておいた文書と、当時の人々にとっての楽しみや趣味に関係するがゆえに大事に残されていた文書との間で、扱われ方も違っていたのかどうかということです。そのことについては調査されていますか。

小野：たとえば藤原頼長の倉だと、倉の完成後に文書を保管する儀式があったことが、日記に書かれています。それによると、倉に初めに置いた書物は、頼長自身のアイデンティティとなっている中国の書物でした。それを櫃に入れて自身が手に持ち、家来には次に大事な書物を持ってもらうといった旨が詳細に書かれていました。ここから、彼自身がもっとも大切にしていた書物を最初に保存しようとしていたことを読み取りました。

山田：ありがとうございます。段階的に文書を移していくに際して、距離を時間で測るような側面もあったのかなと思うのですがいかがでしょうか。たとえば一番大事なものや日常的に使うものは手元に置いておき、使う頻度がより低いものは敷地内の倉に入れ、もっと使用する機会が少ないものはより遠くの文殿に置くといったようなことがあったのでしょうか。

小野：ご指摘の通り、距離を時間で測っているような事例もあるのですが、遠くにもっていくものについては、基本的に平安京が火災にあいやすいことをふまえています。大切なものについてはまず写本をつくってそれを手元に置いておき、本体は倉に置くようにしていました。

情報技術の新たな可能性

倉方：中野さん、水谷さん、増村さんの論文は情報技術の活用を考えている点で共通しており、三者三様にデジタル技術の現状を捉えています。最初に中野さんの「ICT活用による学習空間・学習展開の弾力化に関する研究」（p.222）について。丹念な学校のリサーチを通して、今後のICT活用について展望するものと言えます。ICT活用によって従来の計画学的な学校のあり方が大きく変化していくことに対し、良い意味でストイックな考察がなされています。ただしそこまで射程を広げず、あくまでも現状の取り組みをふまえた観点から、これからの学校のあり方についての所感も伺いたいです。

中野：結論部で書いているように本研究では、アクティブラーニングのような双方向的な授業をICTの導入にあわせることでいかに生み出すかということに着目し、その授業展開も調べました。直近の課題としては、空き教室やオープンスペースの有効活用を考えることがあります。たとえばニュージーランドの事例では、50人ほどの児童がひとつの大空間にいて、各先生が10人ほどの生徒を見ることで子供の主体性を促す授業形式を採用していました。時間はかかりますが、日本でも建築計画とあわせて学習集団の縮小化を講じることが必要だと考えています。

山田：地域施設に学校機能を入れるなどの展開可能性も期待させる内容です。とくに鹿児島の11人ほどの小さな学校の取り組みが興味深かったです。学校の統廃合が各地で進行するなかで、複式学級であればぎりぎり維持できるということですが、このように今後、機能と建築が一体でつくられていた「施設」という提供体制がなくなっていくなか、ICTの導入がとくに有効となっていた事例はありましたか。

中野：ある小規模な小学校では、電子黒板にデジタル教科書を表示して、地域の人がその文章を読み、子どもたちが劇を展開するという取り組みが見られました。小規模校ならではのフレキシブルな授業形態は、既存の学校がもつ価値のひとつと言えます。

山田：それはつまり、ICTを導入すれば地域に学校を残せる可能性があるということですよね。

倉方：今の山田先生の指摘はとても面白い。ICTの活用で直接的に人と会う必要がなくなる一方、人と会うことで得られる教育的効果もあり、後者は学校よりも地域コミュニティとの親和性が高いのかもしれません。こうした気づきは、ビルディングタイプとしての学校が変化する話にもつながり、全体的にとても長い射程をもった研究だと言えます。

前：ただ、やや射程が長すぎな印象です。今後についての考察も壮大なのですが、もう少し現状に則した範囲で見解を述べていただきたい。個人的には、ICTの発達にともなって学校建築の制約や価値自体が絶対的なものではなくなっていくと思うのですが。

中野：現在進行形の課題とのつながりということでいうと、2019年12月にGIGAスクール構想が政府から発表され、すべての小中学生に1人1台のパソコンを配布する構想が示されました。懸念されるのは端末を教科書的に扱うような「ICTのアナログ化」が進むことです。それを避けるには、たとえばパソコンを共有して使用することで、子供の主体性や共同作業を促す活用方法が重要になると考えています。そのように段階的にICTと向き合うべきだと思います。

倉方：続いて水谷さんの「回遊式庭園における点群データを使用した空間体験の記述に関する研究」（p.230）の研究について。最後で剪定の話が出てきて、あらためてその意義に気づかされました。生き物も含めたものが人間の空間意識なのだとする着眼点は、工学部に属する建築学の観点からだけではなかなか出てこない発想です。

前：試みは面白いのですが、手法にやや違和感があります。真四角の部屋やボリューミーな建物からなる街並みの分析には使えるはずですが、庭園のように視線の抜けが重要な場所でどのくらい有効なのでしょうか。たとえばアイトラッキングのような被験者を用いた調査手法もあり得たと思います。研究としてはまだ完結してない印象があるのですがいかがでしょうか。

水谷：空間体験やシークエンスの研究には3つの段階あると考えています。一段階目は前先生がおっしゃられたような被験者の体験を分析するものであり、二段階目が本研究のような形態の分析です。その両者を統合して考えるフェイズが三段階目であり、ここで初めて空間体験が完全に記述できるようになる。このうち庭園研究では二段階目がどうしても複雑になり、個人の感覚を曖昧にしか記述できず、あまり研究が進められていませんでした。そこをどうにか定量化して、庭園研究を半歩でも前に進めることができればという動機のもと研究に取り組みました。

前：今の答えでだいぶ理解が進みました。一般的に研究では、やりたいと思ったことがすべてできるわけではないので、「今回はこの範囲をできる限りつきつめて考えた」という言い方をしてくれると好感がもてます。確かに他との連携なども見据えて今後も取り組んでいくと、より良い発展があり得ますね。

倉方：増村さんの「曲がり木の組手仕口加工システム開発」(p.178) も役にも立ちそうでありつつ、新たな領域を切り開く可能性を感じさせる内容ですが、どこが応用可能かがわかりづらかったので下読みの段階では点を入れなかったんです。異なる視点からのご意見がもしあればコメントをお願いします。

増村：発展可能性についてですが、当初は木材の表面で一遍に接合することも考えていたのですが、研究を進めるうちに3Dスキャンの精度や木材を自分で固定したときに必ず誤差が生じてしまうため難しいことがわかりました。ですがその過程で、木材の内部に接合点を設けて接合すれば誤差があっても許容できることを発見しました。この発見は、今後の他の研究にも応用できると考えています。

前：これはあなたが個人で取り組んだ研究でしょうか。どこかと連携した研究であっても構わないのですが、あなた個人の研究としてのオリジナリティを確認させてほしいです。

増村：もともとは研究室で取り組んだ「藤沢市少年の森」の遊具をつくるプロジェクトに端を発しています。そこで私は、森に落ちている曲がり木に着目しました。同プロジェクトからは卒業設計や他の研究が派生していますが、本論文はすべて自分が行っています。

山下：ETHでも似たことに取り組んでいますよね。デジタルファブリケーションの課題がたくさんあるなかで、この問題を解こうと思った最初の動機はどのようなものですか。

増村：ひとつは、曲がり木という不便だけれども個性的な形状の材を用いて格好良いものをつくりたいという気持ちがあったことです。もうひとつは、デジタルツールを使うことで多様な材料の循環システムがつくりたいと考えたからです。今回の研究で使った曲がり木は割と簡単に壊れてしまうものになっているのですが、むしろそこが良さのひとつだと思っています。たとえば白川郷で見られる「結」のような材の循環システムをつくることができれば、建築を介した楽しさが生まれるのではないかと考えています。

都市や建築への介入方法

倉方：続いて有田さん、織さん、道家さんの論文について。三者に共通するのは既存の建築や都市に介入する手法とその効果を研究している点で、やはり時代の反映が見て取れます。まず「長野市における既存活用型高齢者施設の室構成の変化」(p.168) の有田さんから。既存の建物を高齢者施設に転用するうえで、どのような介入の仕方が指標となったのかをお伺いしたいです。

有田：高齢者施設でとくに重要な室として、機能訓練室と居室の2つが挙げられます。前者は複数人で活動をするための大きな部屋であり、後者は個人がくつろぐための個室を指します。既存の建物が、この2つの室に転用するのに適したポテンシャルを

もっているかどうかということが、介入の仕方を考えるうえで重要な指標だと言えます。それゆえ本研究では最大室と室群という観点に着目して分析を行いました。

山田：この論文は、後々転用されることを視野に入れた建物を設計したり、高齢者施設から別の施設に再転用したりする際にも参考となる内容になっているとも思います。そのような応用可能性について何かコメントがあればお願いします。

有田：たとえば倉庫系の建物は、増改築とともに用途をがらりと変えることができるポテンシャルをもっていると言えます。一方で民家の場合、比較的最近につくられたものだとリビングと寝室が明確に分けられているために活用が進まず、むしろ耐震性が盤石とは言えない古民家の活用ばかりが進んでいるという現状があります。その改善につながるような住宅の新たなつくり方が提案できるようになればと思います。

山田：建物内部の室の分割の仕方を分析していますが、建物が外部のまちとつながりをもっているかどうかということも、高齢者施設が地域に馴染んでいくためのポイントではないでしょうか。

有田：今回は内部のみの分析となったのですが、調べた事例のなかには外にデッキを新設し、そこを茶飲みサロンや地域の居場所として使用するケースも見られました。また古民家を高齢者施設として再生するケースでは縁側の活用が見られます。

山下：今後の発展可能性に関する部分なのかもしれませんが、少し残念だったのは、転用で部屋の構成を変えていくとき、構造は絶対的な制約条件になります。その観点も意識してほしかったです。

前：民家を改修して高齢者施設にするときに難しいのは、元の建物の断熱性能や設備がとても貧弱だということです。さらに外周部に個室をつけると、冬も夏も問題が起こることになります。今後研究を引き継いでいく人がもしいるのであれば、計画論だけでなく、環境や構造の視点もふまえてほしいですね。

有田：現在、信州大学工学部では地元の福祉施設と共同研究を行っており、僕らは建築意匠チームとして参加しているのですが、そこには構造や環境のチームも入っています。それらの専門分野の知見を踏まえた議論はこれから取り組むことになるかと思います。

倉方：織さんの「都市の空閑地における建築的介入にみる時間的文脈と既存環境の再構成手法」(p.206)も意欲的でした。質疑パートでは私が割と一方的に喋ってしまったところもあるので、補足があればコメントをいただきたいです。

織：先ほど倉方先生から、これからの建築家に求められるスキルは定量的な評価ができることだというお話がありましたが、建築の意匠は定量的に測れないところがあると思っています。空き地やスラム化などの既存の状態はシンプルに抽出できる一方、具体的なデザインや周辺との関係性をどのような水準で切り分け、枠を与えるかという試行錯誤は、定性的な手続きでより発展的な議論へつなげる必要があ

りました。本研究で最終的に見出せたのは、空閑地への建築的介入が、通常は建築が建つことのない土木構築物の周囲で行われており、そこが新たな生活の場になっているということです。結論で示した8つの手法は、そのような新しい都市の共有の場をつくることに接続し得ると考えています。

前：結論で建築的介入を5つの形態にまとめていますが、こうした場所が残っている背景には、地域の活動や行政の動きなどさまざまな要因があったはずです。「現在残っているもの＝良いもの」と解釈して良いのかが疑問なところです。

織：僕のスタンスとしては、「残すべきだ」というよりも、都市のスケールで捉えたとき、今回扱った空閑地の事例のように、隙間のような緩さをもった場所が点在する密度感で存在したほうがいいと考えています。空閑地を残したり変えようとしたりする動きは国内外でさまざまあり、NPOが友の会のようなものをつくったり、建築家の発案によるものなどもあります。

倉方：先ほどのコメントの真意を述べておくと、背景の話をいったん切り捨てたうえで分析が行える点に意匠論の独自性や強度があるので、そういった方向性をさらに追求するやり方もあり得たのではないかと言いたかったのです。

山田：道家さんの「「領域」の観点からみた東京都区部における景観計画の再考」(p.214)について、第5章の議論での「領域と区域に差異が生じているところで景観問題が起きている」という指摘はとても面白く読めました。一方で潜在的なものも含め、図中の景観問題がすべてその差異と何らかのかたちで関係しているかのような提示の仕方がやや恣意的に見えるのがもったいない。たとえばご自身で決めたエリアを実際に踏破して、領域と区域の差異が生じているところと、実際に景観問題が起きているところとの合致率を定量化した資料などを用意すると、もっと主張の正当性を説明できたはずです。

道家：ご指摘ありがとうございます。完全に客観性をもった調査だったのかと言われると、正直厳しいところもあります。また発表では述べなかったのですが、広域の眺望を阻害するタイプの景観問題は、領域と区域の差異が生じていない場所で問題が生じていることが確認されました。

山田：「領域と区域に差異があるからといって必ずしも景観問題が起こるわけではない。けれども景観問題が起こっている場所の大半ではこのような差異が生じていることがわかった」と指摘できれば、論の進みはスムーズです。自治体の認識も進むので、機会があれば実際に調べていただきたいです。

前：客観性を確保するための多大な努力が見られる一方、やや役人的な内容になっているきらいがあります。実際は現場を見るなかで問題意識をもち、それについて客観的に説明しようとして研究に取り組んでいるはずです。研究の動機についてもう少し情熱をもって伝えてほしいです。

道家：私が在籍している大学がある文京区はとても地形が豊かで、歩いていると斜面地に寄り添うかたちで小さな建築がいくつも立ち並んでいることに気づかされます。大きなマンションがどんと建っている場所も少なくないのですが、それが景観を害するものとして問題視されているケースもあれば、とくに気にされていないケースもあります。僕はこの地形的な豊かさに地域らしさを見出しているのですが、研究を通じてその魅力が伝わるような成果を示せば、今後の景観計画にも反映されるのではないかと考え、今回のようなまとめ方としました。

近代との距離を考える

倉方：増子さんと星野さんの論文は、ちょうど近代の始まりと終わりを扱っている点で対照的です。

山下：増子さんの「明治期の浅草仲見世通りにおける掛店から煉瓦仲店への転換と店舗空間の変容過程に関する研究」（p.158）では「二層構造」が大きなキーワードですよね。この構造は研究のどの段階で見出されたものでしょうか。

増子：掛店から煉瓦仲店に変わる間に行われた仮営業が、もともと東京府発のものではなく、営業人からの申請があって行われたものとなっています。その申請の文言に仮営業の際に建物を建てなければならないという旨があるのですが、建物を建てる側の床持ち層と、その建物を建ててもらって実際に仮営業を行う出稼ぎ層のことが書かれており、そこで掛店の二層構造が判明しました。

前：これもどこまでが既往研究で書かれている内容で、どこからが新たに発見した情報なのかがわかりにくい印象がありました。

増子：浅草の煉瓦仲店について述べた既往研究はほとんどなく、資料についてはほぼすべて、東京都の公文書館に所蔵されている古文書を自分で調べたものになっています。

前：それらの古文書を使えば、おそらく多岐にわたる研究の方向性が考えられるはずですが、そのなかでなぜ店の所有形態の話にウェイトをおいたのでしょうか。現代社会への提起があれば教えていただきたいです。

増子：研究に取り組んだとき最初に関心があったのは、仲見世がなぜここまで繁栄したかということでした。研究を進めていくなかで、煉瓦仲店には当初、建物を平等に建てるという取り決めがあったのですが、そのルールを逸脱するかたちで東京府が営業人からの改修のお願いなどのさまざまな要望を受け入れていたことがわかりました。その結果として今の仲見世の繁栄があるわけです。現在、多方で取り組まれている都市計画や商店街再生の場合も同様に、お金を出して建築を建てる側は、竣工後の管理されている様子も見て確かめて、営業している人たちが何を思い、何を必要としているのかに耳を傾け、情報を共有していくことが大切だと考えています。

倉方：今の回答はとても明快ですね。ただしまだ疑問として残るのは、二層構造にある両者が協力して幸せになるという落とし込み方は現代的だなと思うのですね。たとえば質疑でも挙げた初田亨先生の盛り場研究は左翼的な見方が色濃く、社会とは官と民の権力闘争の場だったという見解がベースにあります。一方で増子さんの見方だと、どちらの層にも悪人はいない感じに聞こえてしまうところがある。けれど実際は、双方の思い込みが結果的におかしな妥協点のようなものをつくり、結果的にあの場所の伝統と近代の独特のバランスを生み、現在の仲見世の繁栄につながっていったのではないでしょうか。そのような近世でもないし現代でもないような枠組みで結論部を論じてもらえたら、より説得力のあるものになったはずです。

増子：質疑ではうまく答えられなったのですが、新たな格差について補足すると、煉瓦仲店では営業人の間に店舗の集積数による格差があったり、それから東西で又貸しが行われる比率や家賃に違いが生じたことによって空間的な差が現れたりもしていました。

倉方：わかるのですが、それはやはり差の話です。

格差とは権力闘争と関わる重い言葉であって、あまり気軽に用いるべきではないと私は考えます。実証的で優れた論文であることを評価しているので、あえて言わせてください。

山田：星野さんの「70年代ピーター・アイゼンマンの理論と実践」（p.188）についてのコメントです。研究にはさまざまな方法があって、分析を通してどんどん積み上げていくやり方や、星野さんが質疑応答で主張なさったような編集的な方法もあります。今日の他の方々の分析的なプロセスによる構築型の研究と、星野さんのような編集的なやり方は、重なるところもあるものの、だいぶ異なるアプローチだと思います。他の方々の研究をご覧になって、どのような感想をおもちでしょうか。

星野：新規性のある資料を発見し、それを面白く語れるのはとても恵まれていることだと思います。もちろん新規資料に出会えないことがあり、そういう点で編集的な方法論が力を発揮する場合もあります。どちらの方法論もとても魅力的であるとあらためて思いました。最後に一点だけお話をさせてください。僕を含め、所属する研究室の方々も、歴史研究を通して建築物や建築家や都市の営みを論理的に語ることにプライドをもって取り組んでいます。そのなかで僕がなぜ個人の建築家を語ることにこだわったのかについてお話しします。これは結論が最終的にジャンプしきれなかった要因でもあります。僕の論文を現代につなげようとすれば、たとえば結論で「1920年代のコルビュジエはセルフプロデュースで建築家像をつくり、それから50年経って1970年代のアイゼンマンは共同編集で建築家像をつくりました。さらに50年経った2020年代はSNSを使って建築家像を発信しましょう」というようなことを書こうと思えば書けるわけです。しかし、そうはしませんでした。消化しきれていないもっと大きな問題があるからです。それは、現代においては発信する主体が見えなくなってきている、もっと単純化すれば建築家という職能が無効になりかけているということです。岡本さんの話に近接しますが、複数の専門家がアノニマスに協働する、つまり一人の天才建築家で建築を語れる状況ではなくなってきたという現状があります。ブルーノ・ラトゥールが提唱するアクターネットワーク論のように複数人が共同で建築設計に介入していくやり方は魅力的な一方で、建築家やそれぞれの専門家が自身の主体を弱めるところもあると考えています。50年後や100年後に今の時代を振り返ったときに、建築家が誰もいないというのは不気味だなと思います。世の中に建築が存在するのにそれをつくった人がわからないのは怖いです。そうした危機感に対する応答として、僕は個人の建築家の活動を論理的に組み上げ、個人のイデオロギーから建築を設計することが可能だった人物としてアイゼンマンを現代の議論の俎上に載せようと考えました。編集的なアプローチをとったのもそのような意識が根底にあったからだと言えます。

倉方：今日の議論をまとめるようなお話をありがとうございます。先生方から一言ずつお話を聞いてみましょうか。

前：書籍を書くことと研究をすることの間にボーダーがあることは意識していただきたいと思いました。書籍は読者が共感することを書けばオーケーですが、研究はそこで終始せず、主張の社会的意義や根拠を説得的に論じる必要があります。

山下：新国立競技場のコンペでは、最初にザハ案が当選した後に建築家も建築の形も別のものになりましたね。星野さんがおっしゃられた建築家の主体がなくなっていくという状況を示す一例のように見えます。すでにそのような時代になっているということなのかもしれません。

山田：討論会の冒頭で述べた論理性、チャレンジ性、有用性の3つの評価軸で見ると、星野さんの論文はロジックに全振りしているなと思い点を入れました。他の論文では、織さんは表現のチャレンジ性、岡本さんは有用性の観点でそれぞれ評価できる内容です。星野さんの建築家の主体が見えにくくなっているという意見へのコメントになりますが、建築におけるチームワークには、集団的なプロセスのなかで高い能力を発揮する方もいれば、一人の建築家が矢面に立ち、背後に強いチームが控えている場合など、さまざまな形態があります。『建築雑誌』(日本建築学会、2018年9月号)への寄稿文では「パーティーの時代へ」と書いたのですが、そこでの比喩を使うと、ロールプレイングゲームのように戦士、魔法使い、回復役の三者が揃うと、とても豊かな建築のパーティーができあがると考えています。各人がそれぞれの強みを活かすということは、今回の論文の評価の仕方にもあてはまりますし、私自身が教育や研究で心がけていることでもあります。

倉方：私の専門も建築家研究なので星野さんとは関心が近く、質疑ではきついことも含めてさまざまなことを言ってしまいました。日本だと建築家の活動を論理化し、公共化するタイプの研究があまりにもなさすぎて、そこをしっかりやっていきたいというのが研究者としての私の基本的な路線です。星野さんの建築家像の話については、その像を改めた人の系譜が建築家の系譜になっている側面があり、現在もなおその像は変化しているはずです。その意味で岡本さんの論文にある「建築家という存在はなくならない」という見方は、現代を対象としていながらじつはとても歴史的な視点をはらんだものだと言えます。そういうこともあり、アイゼンマンを彼と別の世代の人が捉えると、おそらく1970年代や90年代に見えていたのとは異なる像が浮かびあがってくるはずです。質疑でおっしゃられたジャンプしきれなかったことへの答えの一端も、この建築家をテーマに選んだことのなかに隠れていると思いますので、今後の健闘を祈ります。

今後の展開のために

司会：続いて、各審査員からの個人賞とグランプリの表彰に移ります。

山田：山田賞は星野拓美さんの「70年代ピーター・アイゼンマンの理論と実践」に差し上げます。先ほどのディスカッションで伝わってきた、研究者としての覚悟とプライドを高く評価します。その覚悟を今後も継続してもち続けていただけたらと思います。

山下：山下賞は増村朗人さんの「曲がり木の組手仕口加工システム開発」に贈ります。その辺に落ちている曲がった木を加工するという着眼点を評価します。これからのエンジニアリングは、このようなセンスの良さが求められるようになるのではないかと常々思っており、その関心にも見事に合致した内容でした。

前：私は有田一貴さんの「長野市における既存活用型高齢者施設の室構成の変化」に賞を差し上げます。たくさんの物件を調べ、実際に多くの人と触れ合うなかで洞察を深められたことが伝わってきました。研究で培った知見をぜひ外部に発信し、今後の建築、社会、地域への役に立つ活動につなげていただきたいです。

倉方：私は増子ひかるさんの「明治期の浅草仲見世通りにおける掛店から煉瓦仲店への転換と店舗空間の変容過程に関する研究」に賞をお贈りします。大量の一次資料から当時の実態を復元するには大変な労力がかかったはずで、それができたのは当時の人々が生きた痕跡を明らかにすることへの情熱があったからなのだと思います。それがしっかり内容にも活かされており、修士論文として高く評価できる内容でした。

グランプリは岡本圭介さんの「社会変容を背景とした建築家の新職能に関する基礎的考察」です。複数の分野の先生方から票が入ったという事実が示唆するように、今後の建築界全体に寄与する可能性をもった研究と言えるでしょう。今後さまざまな研究会やメディアなどで、この研究内容やそこから発展した考え方を臆せず発表し、建築界全体をさらに盛り上げる議論を展開してください。

私からはこれまでの質疑と討論でも十分申し上げましたので、最後に審査員の先生方からの全体の感想を一言ずつお願いします。

前：本日はおつかれさまでした。今日の議論では先生方からさまざまな意見が出ましたが、皆さんにはぜひ、本日のことを思い出しながら今後の建築の発展に貢献する取り組みを続けてもらえたらと思います。建築の価値はつくる側の都合だけではなく、実際にそれを使う人たちが幸せになれているのかどうかという視点も含めて決まっていくものです。その価値を決める担い手の一員として、皆さんでぜひともこれからの建築の素晴らしい未来をつくっていただきたいです。

山下：計画系の論文をこれほどたくさん読んだのは初めてのことでしたが、どの論文からも熱意が伝わってきました。今日の発表を聞いてようやく目から鱗が落ちたこともたくさんあったので、私自身がとても勉強になる会で楽しかったです。ありがとうございました。

山田：私は修士の学生だった頃から、師匠の上野淳先生から「常に査読論文を書くつもりで研究しなさい」とずっと言われて育ちました。外に出ていくこと、つまり社会に貢献することをきちんと意識して、人に伝わるロジックを考えなさいという意味合いがそこにはありました。また研究者になった後、尊敬する西野辰哉先生に言われたことで印象的だったのが「論文を書くつもりで研究をしていると、思考が論文一本分の大きさになってしまう」という言葉でした。皆さんにはぜひ、今回の研究で得られた知見を、建築に関わる研究や仕事のなかで活かしたり、大きな枠組みのなかで捉え直したりしていただきたいです。今日はどうもありがとうございました。

スナック

企画展

テーマ: Re;Collection

2015年の国連サミットで採択されたSDGs（持続可能な開発目標）やESG投資にみられるように、昨今、地球環境への意識は時代の潮流として欠かせないものとなっています。環境に対する取り組みを国家規模で行うことはもちろん大切です。しかし、それ以上に大切なことは我々一人ひとりが環境への意識をもって日々行動していくことであると考えます。

今回の企画展では「Re;collection」をテーマに掲げ、2/25（火）-3/1（日）の会期中、本展覧会の来場者にペットボトルのキャップを持参していただき、モザイクアートを製作するワークショップを行いました。製作過程を楽しんでいただくとともに、国内で年間230億本ものペットボトルが消費されていることを実感していただき、環境について振り返る場を提供することが目的です。

会期最終日には最終的に6,024個のキャップが集まり、モザイクアートが完成しました。なお、集まったキャップは会期終了後に回収し、リサイクルとして寄付しました。

トウキョウ建築コレクション2020実行委員会

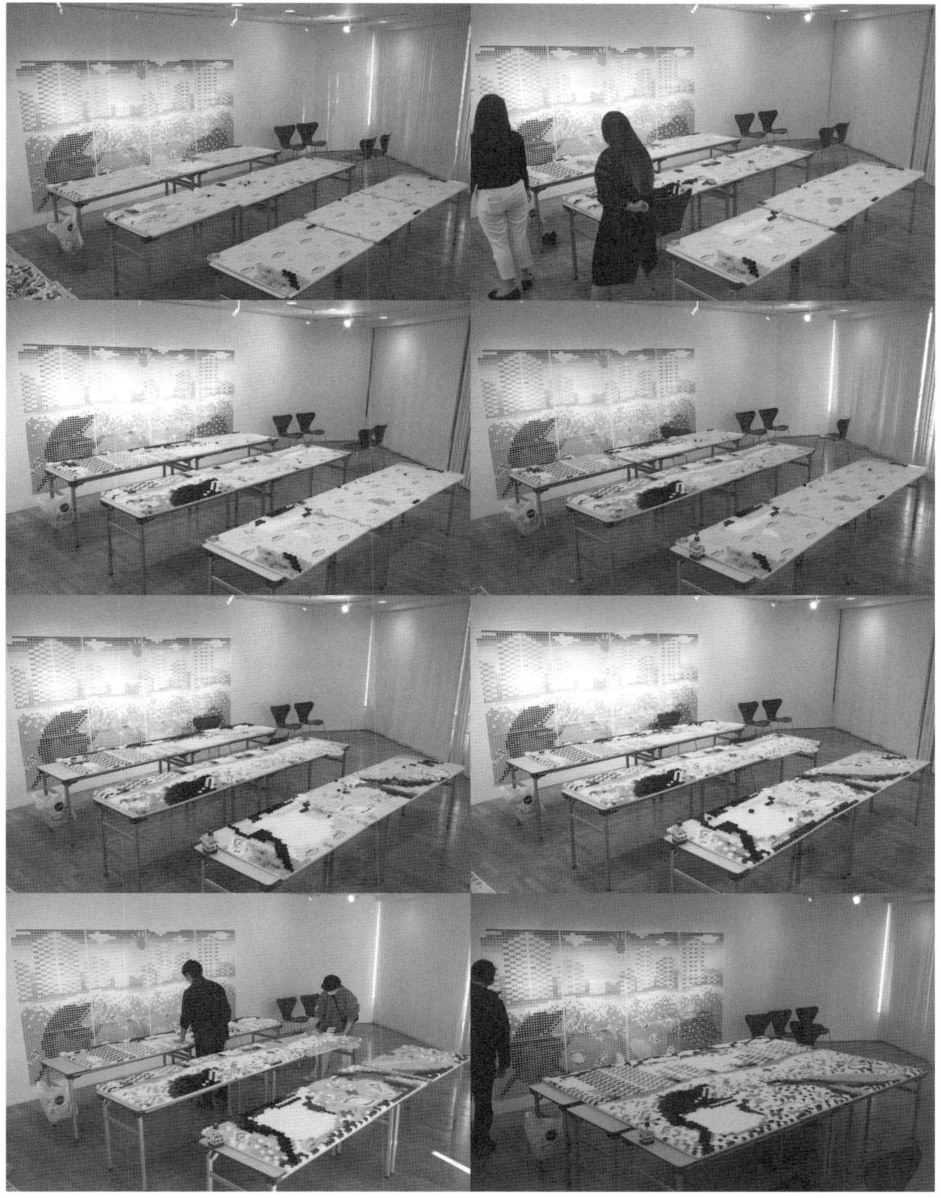

左上から順に会期中の進行状況

［会場に掲示した制作手順］
①見本の色に合う色のキャップを選ぶ
②キャップを置く位置を確認する
③板に貼ってある紙をはがしてキャップをくっつける

特別講演

テーマ: 大学教育と資格

冨永美保 × 山岸雄一 × 山村 健

昨今、脱ゆとりやセンター試験の廃止などさまざまな教育改革がなされ、学校や予備校はその対応に追われています。そして現在、建築分野でも大学のあり方が問われています。
2020年3月の建築士法改正により、大学卒業後すぐに一級建築士試験を受験できるようになります。それに伴い、大学が自分の学びたいことを学び、建築哲学や実務の知識などの「建築家」として必要な能力を教育する機関ではなく、「建築士」になるための予備校のような立ち位置になることが懸念されています。本展覧会のテーマが「Re;collection」とあるように、今までの大学教育を振り返り、これからの大学教育がどうあるべきかを探りました。

※本講演は新型コロナウィルス感染拡大防止のため、急遽無観客で開催しました。

左から順に、冨永美保、山岸雄一、山村 健(敬称略)

パネラー紹介

＊P.266-279に登場する団体名・肩書きは開催当時のもの

冨永美保　Tominaga Miho

建築家／tomito architecture代表。1988年東京都生まれ。芝浦工業大学工学部建築工学科卒業、横浜国立大学大学院Y-GSA修了。東京藝術大学美術学科建築科教育研究助手を経て、2014年にtomito architectureを設立。現在、慶応義塾大学、芝浦工業大学、横浜国立大学、関東学院大学、東京都市大学、東京電機大学にて非常勤講師を務める。主な受賞に、「第1回JIA神奈川デザインアワード」優秀賞、「SDレビュー2017」入選、「第2回Local Republic Award」最優秀賞などがある。2018年ヴェネチアビエンナーレ出展。

山岸雄一　Yamagishi Yuichi

西松建設株式会社開発・不動産事業本部開発事業第一部担当部長。1961年山梨県生まれ。1985年明治大学工学部建築学科を卒業後、西松建設株式会社へ入社。建築現場での施工管理職経験後、1990年に建築設計部に転属。設計業務の他、社内の3DCAD・CG業務を立上げ国内外のコンペにて受賞多数。業界のBIM構築にも尽力した他、新入社員研修、施工図研修、一級建築士資格取得研修等の社員教育に20年近く携わってきた。2015年より開発・不動産事業本部。長年の経験を活かし、建築関連業務の集大成として現在の業務に従事している。社外でも一般社団法人環境共生住宅推進協議会において理事・副運営委員長・部会長を務めるなど、業界団体でも多岐に渡り活動している。

山村 健　Yamamura Takeshi

建築家／早稲田大学講師。1984年山形県生まれ。早稲田大学理工学部建築学科卒業後、バルセロナ建築大学留学を経て、2012年早稲田大学創造理工学研究科建築学専攻博士後期課程修了。博士(建築学)。2012-15年Dominique Perrault Architecture勤務、2015年より早稲田大学建築学科講師、2017年TKY-Lab開設。同年よりNatalia Sanz LaviñaとYSLA Architectsを共同主宰。建築設計と建築理論の探求を行う。建築作品としては、「Garden of Eden」(DesignArt Tokyo2019)でBIG EMOTIONS AWARD(最高賞)受賞。建築理論では「建築家アントニ・ガウディの建築論的言説に関する研究(1)-(3)」、「Kimbell ArtMuseum – Drawing Collection」『A+U』(エー・アンド・ユー、2015年7月)の編集などがある。

第1部　プレゼンテーション

冨永美保

tomito architecture

私は横浜で設計事務所をしておりまして、3年前に一級建築士の資格を取得しました。大学を卒業する年に建築法規が資格取得の必須科目になり、建築法規の授業を卒業直前に慌ててとったことを覚えています。大学卒業後は、Y-GSA（横浜国立大学大学院）に行きました。Y-GSAは大学院の期間を建築士受験資格の実務期間の2年間にできる仕組みがあって、卒業すれば一級建築士を受験できる資格がありました。とはいえ独学ではすぐにとれず、卒業から3年目に資格学校に通って学科試験に合格し、2年後に製図試験に合格しました。その間に藝大の助手を2年間務め、2014年にtomito architectureを伊藤孝仁さんと共同設立しました。

CASACO

これは最初のプロジェクトである横浜の丘の上の「CASACO」という建築です。1階が地域の人が入れるサロン、2階がシェアハウスになっていて、ホームステイの学生さんも来る多国籍な場所です。私たちの事務所は元々別の場所にありましたが、竣工後、大家さんが声をかけてくださって、CASACOのはす向かいに移転し、常に事務所の窓からCASACOが見えるというなかで設計をしています。東ヶ丘という300世帯が住む丘が、設計の拠点です。丘のまちなので坂道が多く、丘の中央あたりの100段階段を登りきったところにある古い建物がCASACOの改修前の姿でした。鉄骨補強を入れながら、吹抜けをつくり、いろいろな人が隣り合って座っているときにお互いに圧迫感を感じない空間性を目指して改修しました。道との関係を非常に大切に考え、中で座っている人の視線と、道を隔てて歩いている人の視線がおよそ同じ高さで交差するようにしています。

図1「CASACO」外観

地域の資源を使う

CASACOはローコストなのもあって、単純に素材をカタログから選ぶのではなく、地域の資源をどうにかして使えないかと考えました。一番初めにまちの話を聞かせてくださいというワークショップを開きましたが、怪しいと思われたのか、近所に住む男の子1人しか来てくれませんでした（笑）。どうしたものかと考えて、東ヶ丘新聞というローカルな新聞をつくり、町内会の折り込みチラシに混ぜてもらって配布して、私たちが何を考えているのか、どんな人がこの場所にいるのかということを発信しました。不思議なことに、情報を発信していくと逆に情報が集まってきて、それをもとにまちの資源や素材を集めていきました。なかには個人以外の持ち物もあって、たとえば解体された坂道に敷かれていたピンコロ石を横浜市から譲り受けたときは、トラック2t分が塊で届き、近所の野球部の子たちに手伝ってもらいながらみんなで石をはがしました。最後はローカルクラウドファンディング、「ピンコロ基金」を集めて、100人くらいの地域の人と一緒に石を敷き詰め、みんなで軒先を完成させました。

沢山の出来事の間を眺める

お施主さんが最初に、地域の人たちが入って来られるサロンをまちに開きたいとおっしゃっていて、そのためには今の生活やまちの実情を知らないと、何と接続したら開いたことになるのかわからないだろうという思いから、「沢山の出来事の間を眺める」ということをしました（図3）。まちの小話、たとえば近所のプールが閉鎖するまでのプロセス、丘の上や麓からの小学生の通学ルートなど、聞いた話や自分たちがアクションした話を、5cm角くらいのポストイットに書きため、時間軸と地形の軸にプロットしていって、まちの生態系のようなものを俯瞰してみました。私たちも丘の上に引っ越して、同じ丘でプロジェクトも何件かあって、小話は絵巻物のように時間軸に沿ってどんどん増えていっています。小話のなかにはまちの地形と結びついているものもあって、たとえば丘で日当りが良く、みんな家の背後に庭を持っているので、庭いじりのスキルが高くなっているという、個人のスキルと地形との関係が見えてきました。100年後に住民がまったく入れ替わってしまったとしても、同じようなスキルがこの丘を起点に結びついていくだろう、そういうことを思いながら設計をしていきたいと考えています。オープンして3、4年目になりますが、朝ご飯の会や近所のママさんがやるバーなどの定期的なイベントが開かれたり、子ども達が放課後学童的に使ったりしています。建築が想像もできないような使われ方をされるのに出会うのが楽しくて設計を続けています。資格の話からは脱線してしまいましたが一番初めのプロジェクトの紹介で自己紹介を終えたいと思います。

図2 CASACO内観

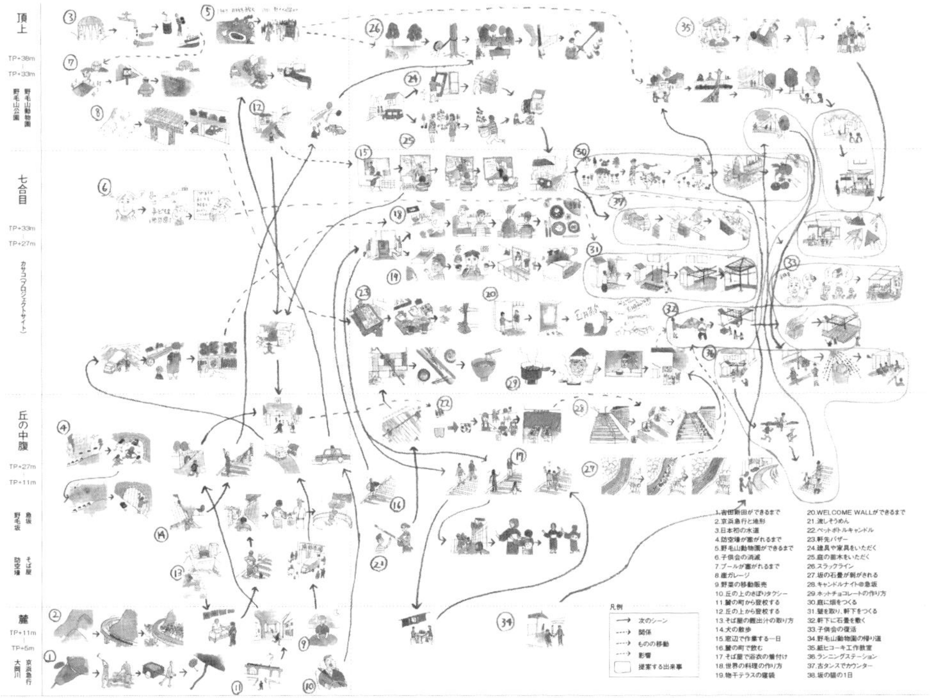

図3 東ヶ丘の出来事の地図

山岸雄一

西松建設

1985年に明治大学を卒業して、西松建設に入ってもう三十数年です。就職難だったというのもありますが、大学で学べなかったものづくりの原点を学びたいと思い、ゼネコンに入って最初の5年間はがむしゃらに現場管理をしながらディテールを覚えました。その後念願叶って建築設計部に配属になり、会社が3DCADを導入した際は、その立ち上げに関わりました。その傍ら、社内の新人研修や現場の経験を活かした施工図の研修、一級建築士の資格取得の研修の講師も20年近くやっていて、それが今回お呼びいただくことにつながったのではないかと思います。現在は2015年から開発・不動産事業本部に配属されて、施工や設計の経験を集大成的に活かしながら、半分営業半分設計というかたちで、土地の買入検討のためにどのくらいの床面積の建物がその土地に建つかという基本的なボリューム設計や、過去の再開発の再構築等、開発・不動産の基本的な部分に携わっています。その他社外の委員会にも関わっており、環境共生住宅推進協議会で理事や副運営長を任され、部会長は十数年務めさせてもらっています。

西松建設の研修制度

簡単に会社の紹介をすると、創業は明治7年、創立約150年の会社です。資本金が235億円、売上高は年間3500億円で、日本全国と主に東南アジアを拠点に仕事をさせていただいております。

もともと土木が得意な会社でしたが、現在の売り上げは6割が建築で、建築の仕事が非常に多いです。当社の特色としては、ゼネコンではたぶん初めて、健康経営銘柄というのをもらい、またエコファースト企業としても認めていただいています。

当社は研修に非常に熱心で、新入社員には技術体験研修があります。実際に業務のなかで社員が鉄筋や型枠を組んだり、コンクリートを打ったりはしませんが、そういう経験を一回しないと、どのように建物がつくられるのかわからないということで、そういった研修ができる施設に行き、実際に墨出しをして鉄筋や型枠を組む体験をしてもらっています。

一級建築士受験研修も社内でやっていて、社内選抜試験に合格すると学科試験の研修が9日間あり、給料をもらいながら、朝から晩まで缶詰めで勉強します。学科に合格すると、製図試験の研修も6日間あります。参加は任意ですが、ほぼ全員参加します。

私は決して簡単に受かった方ではなく、設計に行って立場上とらなくてはいけなくなり、製図試験は一発で取得しましたがその前の学科試験は何年かかかりました。当時の上司からそういった経験を活かして研修に関わるように言われて携わってきました。気がつけば一級建築士の受験研修は学科も製図も20年くらい指導してきました。

図1 社内での一級建築士設計製図研修の様子

CGコンペティションへの応募

夜景のCGを90年代初頭につくったのはたぶん当社が1番か2番目です。1997年IGUG主催のアートコンペティションというCG世界コンペでは、780点くらい応募があったなか、「K.C.Art Hole」で第2位を受賞しました。表彰式の招待状が来て、自費で参加させてくださいと言ったのですが、まだその頃は会社の理解が得られず、不参加になってしまったのは悲しかったです。

1999年、ある再開発事業の建物を逆打ち工法でどのように施工していくのかを解説した約30分のCGアニメーション「Top Down Method For Takeshiba Project」では、同じく世界コンペ

図2「K.C. Art Hole」CGコンペ受賞作品

「Proactive Engineering Success Awards」のファイナリストとして第1位を受賞しました。

普段は設計事務所さんに対する協力や事前のシミュレーション検証としてCGを活用しています。「23 Stories」（図3）は私が担当して設計入札コンペに当選した、当社の設計施工で実存する超高層の免震建物です。基本計画から竣工まで携わりました。この頃になると1時間くらいでレンダリングしたら背景をフォトモンタージュで重ねてレタッチで仕上げてしまえば終わりですが、昔は実際に3Dモデルをつくってマテリアルを設定し、レンダリングをしていたので、夜景のレンダリングは当時のEWSの3,000万円くらいするマシンでも、230時間もかかり10日間回りっぱなしとか、相当な時間をかけてCGをつくっていました。

また、再開発案件で本社のある虎ノ門の、環状二号線新橋・虎ノ門地区第二種市街地再開発事業第I街区の設計を担当していました。

図3「23 Stories 」設計入札コンペ当選案

山村 健

早稲田大学理工学術院専任講師／YSLA代表

私は2006年に早稲田大学を卒業し、大学院は入江正之先生のもとで勉強しました。その間にスペインのバルセロナ建築大学へ1年間留学しました。大学院修了後は博士後期課程に進み、アントニ・ガウディの研究を専門としています。博士課程の傍ら、学科の専任助手も務め、入江先生の実務を担当しながら、設計と研究の併走をこの頃から実践するようになりました。その後、フランスのドミニク・ペローの元で3年間働いた後に帰国し、今は講師として早稲田大学におります。2017年にスペイン人のサンツ・ラヴィーニャと一緒にYSLAという設計事務所を立ち上げました。一級建築士の学科試験についてはフランスにいるときに独学で勉強しました。製図試験はさすがに独学では無理でしたので日本に戻ってきてから資格学校に通い合格、そして独立したという流れです。

図1 山村氏（左）とNATALIA SANZ LAVIÑA氏（右）

2つのアプローチ

私は建築に対して2つのアプローチをもっています。1つ目は研究で、自分の研究室を主体とした研究です。東京を都市の視点から見て建築のリサーチをする研究室にしようと、東京と自分の名前をかけてTKY-Lab.を設立しました。2つ目は建築や空間を設計するためのデザイン事務所YSLAです。事務所はまだ2年目ですが、私が建築理論からアプローチし、彼女はデザインからアプローチします。大学の研究室では建築論や設計をどのようにできるのかということを若い建築学生と一緒に考えています。実作は高田馬場のホテルや、展覧会の設計が3件、あとは住宅やオフィスが現在進行中です。

たとえば槇先生の設計したスパイラルビルディングの中にイスラエルのデザインウィークの展示をするプロジェクトを手がけました。スパイラルの空間を解釈するなかで、ウッドデッキの展示空間が槇先生の設計された自然とエスプラナードにつながっていくという発想をしました。イスラエルのダニ・カラヴァンという彫刻家の研究を通じて、軸の増幅という隠れテーマをもってデザインしました。施工は2日間という短い時間でしたが、研究室の学生も交えてつくりました。階段のつくり方など、理論だけではなく実際の建築の面白さや難しさは、現場で学ぶのが一番だと実感します。

研究はガウディを中心とした美学の研究をやっています。交友関係を精査するなかで、ガウディの建築書を読解して、研究発表しています。その他にも『a+u』(エー・アンド・ユー、2015年7月号)のルイス・カーンのキンベル美術館の号の編集など、建築家の解釈についての議論に率先して携わっています。その傍らで教育に携わる立場から、大学で何を学ぶのか、大学と資格学校の違いについて、今日は議論したいと思います。

図2 建築家アントニ・ガウディの建築論的言説に関する研究。20世紀カタルーニャの建築思想の系譜の抽出イメージ。

図3「Jerusalem Design Week in Tokyo」会場写真

第2部　ディスカッション

冨永美保 × 山岸雄一 × 山村 健

山岸：建築士法の改正はちょうどこの講演会の2日後の3月1日に施行されるわけですが、議論に入る前に、トウコレに協賛されている建築資料研究社さんから改正の概要をご説明いただけますか。

神島（建築資料研究社）：「新しい建築士制度の概要について」ということで、大きく3つに分かれています。

1つ目は一番大きな、建築士試験の受験資格の見直し、2つ目は建築士試験に関わる実務経験の対象実務の見直し、3つ目は学科試験免除の仕組みの見直しが今回の主な変更点です。1つ目の建築士試験の受験資格の見直しでは、改正前は大学を卒業しても2年間の実務経験後でないと受験ができず、合格したら免許の登録ということでした。ですが、改正後は大学を卒業してすぐに受験ができ、そのあと2年間実務経験を積んでから免許登録、もしくは大学卒業後、実務経験1年で受験、そのあと1年実務を積めば

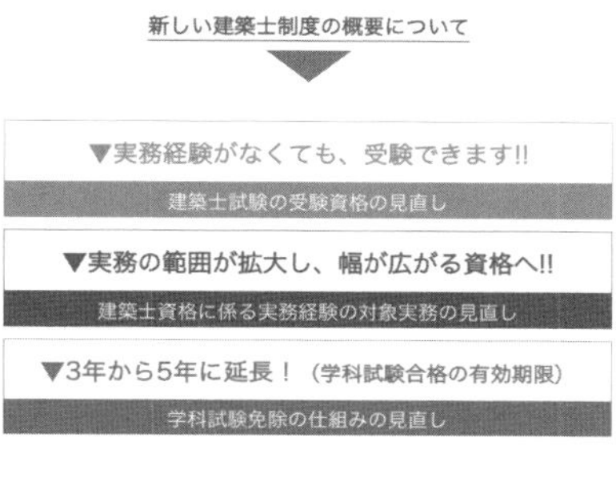

新しい建築士制度の概要について

▼実務経験がなくても、受験できます!!

建築士試験の受験資格の見直し

▼実務の範囲が拡大し、幅が広がる資格へ!!

建築士資格に係る実務経験の対象実務の見直し

▼3年から5年に延長！（学科試験合格の有効期限）

学科試験免除の仕組みの見直し

図1 建築士制度の主な変更点

免許登録になるというものです。2つ目は対象実務の見直しで、とくに今回の講演では建築教育、研究開発およびその他の業務というところに関わってくるのではないかと思われます。建築士試験に関わる全教科を担当可能であり、かつ設計製図を担当する建築教育の教員の業務、それから建築物に関する研究や、建築士事務所で行われる既存建築物の利活用検討、維持保全計画策定の業務が実務経験として認められるというものです。3つ目は学科試験免除の仕組みの見直しで、現行の試験では、学科試験に合格して実技で不合格になると、翌年、翌々年までは学科試験が免除でしたが、今年の試験からは学科に合格すると、その後5年間のうちに3回受けられるようになります。1年目で学科を受験しなくても、2年目、3年目から5年目の間に3回受験しても構わないというのが今回の変更点です。海外での勤務や女性の方が妊娠されたときに受験できないということもあって変更されました。以上のように、大学生が卒業してすぐ受けられるということばかりが目立っていますが、新制度では工業高校や大学の先生など、実務経験がないため今まで受験できなかった方々の受験が可能になります。合格して実務をふめば先々で登録もできるので、学生だけでなく、今まで建築系の学校を卒業された方が受験されることも予想され、受験者が増えるのではないかともいわれています。

受験資格の見直し、大学教育の変化

山岸：ありがとうございます。この変更点について3人でいろいろ議論できたらと思います。1番目の建築士試験の受験資格の見直しからいきます。単純な疑問ですが、たとえば学科試験の施工の問題は、実務経験がなくてどうやって解くのだろうか、おそらく試験問題を見直さないと解けないのではないかなと思いますがどうでしょうか。

山村：今まさに大学の中でもこの議論はされていて、とくに大学院生が、一級建築士の勉強をしても大丈夫ですかと入室の面談で聞いてきます。それに対しては、それは私が答えるものではなく、自分でやるかどうかの問題だと言っています。どうしても資格をとらなきゃと焦り、受験勉強に時間をとられ、本来大学院でやるべき勉強が疎かになるのではないかなど懸念しています。

そもそも大学の教育のシステムってどうなっているのかということも大事ですね。山岸さんの頃は学部で卒業する人も多かった時代だと思います。いかがでしたか。

山岸：はい、大学院に行く人は少なかったです。

山村：大学院は専門的に建築を深めていく場所ですが、最近は大学院に進学する人が増え、6年一貫という教育のシステムが増えてきています。図2の左側では学部4年生を修士0年生としていますが、基礎

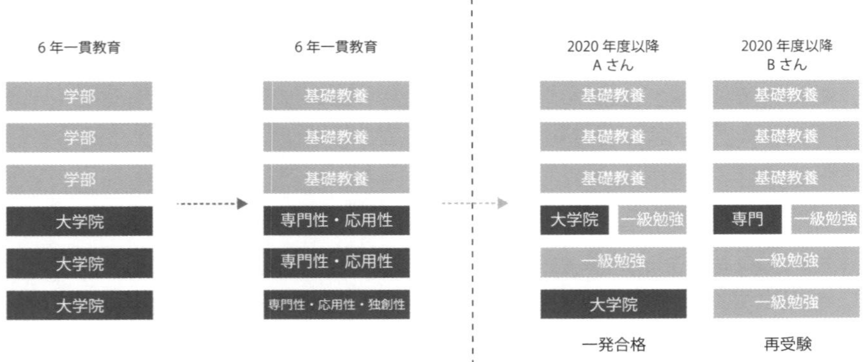

図2 建築学科の6年一貫教育と資格勉強による影響

教育は3年生まで、そこから3年間専門をやるというフローです。ここに一級建築士試験の勉強が入ると、本当は専門性、応用力、独創性ということを考えるべきときに、おそらく4年生くらいから勉強し始めて修士1年生で資格を取得、やっと大学院の研究をしようと思ったら大学院修了という状態になります。一発で合格しないと修士の2年間も資格の勉強をすることになります。一級建築士の勉強は、計画、環境、法規、構造、施工の基礎を勉強するものです。大学院は自分がこれだと思って自分の専門分野を学ぶ必要があるにもかかわらず、一級建築士の受験勉強によって、いつまでも応用にたどり着かないのが一番懸念されることです。

山岸：大学4年が終わってすぐ受験ができるのが良くないとしたら、何かお考えになっていることはありますか?

山村：もっと学科試験の受験を早くしてもいいのではないかとも思います。もちろん大学で概論を教えている先生の意見も聞かないといけない。最初の3年間の基礎教養が一級の建築士試験に反映されているのであれば、もっと早く2年生の終わりや3年生の半ばくらいに学科試験を受けてしまって、その後専門的な勉強をして、社会に出て実務をやってから製図試験を受験できるようにすればいいのではないかと思います。

冨永：学科と製図を切り離すということですか。

山村：はい。今回の改正での、社会に出て5年の間に製図を受ければいいというターンをもう少し長く考えるといいのではないかと。

山岸：学生が受験するには、卒業要件だけでなく、さらに必要な単位がとれてないと受験できないと聞きましたが。

冨永：はい、この科目を受けていないと受験資格がないというのがあります。

山岸：そうだとすると、基礎教養でその科目を履修し

ていれば受験資格が生まれるから、たとえば1、2年でそれを勉強すれば3年生で受験ができるというのはあってもいいのかなと思いますね。しかし、受からずに4年生や院に行っても引っ張られると、いつまで勉強しているの、となってしまいますよね。

山村：全員が一発で受かるわけではないのでそれはあります。なので、学生時代の受験は1回か2回に限定してしまう。そうしたら、みんな頑張るでしょう。ただ大学の教育の内容と、試験の内容があまりにも離れていると、双方が何のためにやっているのだろうと疑問に感じてしまうと思います。

山岸：たとえば薬学部では、薬剤師の試験を受けたい人は6年コース、薬剤師ではなくて研究分野に行きたい人は学部4年の後大学院、場合によっては海外留学を経るというのがありますよね。建築学科もそうなったほうがいいかどうか、お二人はどう思われますか。

冨永：私は設計が大好きな学生でしたが、高校生の時に建築設計に没頭したいと思っていたかというと、そういうわけでもなく、のほほんと入学しました。入学のタイミングで、いわゆる建築学科と、建築士資格をセットでとれるコースが分かれていたらおそらく後者を選んだと思います。もしそうなっていたら、一級の受験勉強で忙しくなり、設計の楽しさが経験できずに卒業していたかもしれません。

山村：2つに分かれてしまうと、片方に与えられるのは一級建築士という国家資格で、もう片方には学位、修士号になりますよね。学位に社会的な価値があれば双方イーブンでいいと思うのですが、建築学修士をもっていることで大きな恩恵があることはほとんどないので、現状では両方必要であると思いますね。

大学院の学びとは何か

山村：もう一つ、教員側のモチベーションも大事な問題だと思います。たとえば建築士試験の計画学の中で「シーグラム・ビルは、ミースがニューヨークにつくったオフィスビルの名作である、○か×か」という問題があるとします。それは試験では当然知識として必要です。確かに、ミースが近代を牽引した建築家だという認識は重要です。しかし、シーグラム・ビルではマンハッタン・グリッドの形式がそのままファサードに転写されています。つまり、場所性、ゲニウス・ロキの転写が行われているのです。このようなデザインの本質が大学院で本来学ぶべきことだと思います。この転写の話は鈴木博之先生の本からとりましたが、デザインのイデアをどうやって形にするかということが大学院で学ぶべきことだと思うので、そこをやらないと教員も面白くないし、授業も面白くない。大学自体の学力も落ちていって危ないと思います。

山岸：我々は法をもとに設計をしますが、法の改正は大学で建築をきちんと学問として学んできた先生たちの提案をもとに行われています。そういった番人のような人も必要で、資格がすべてではありませんよね。さらには教員側と大学の理事側とでは考え方が違ってくるかもしれません。資格学校ではないとする一方で、資格がとれないと受験生が来ない、入学してくれないとなると経営者は困ってしまいますよね。

山村：少子化もあって、受験生を集めるために資格取得に舵を切っている大学もあると聞きます。そうなると、教員が夏に研究ができなくなることも問題です。一級建築士試験は学科試験が7月の末、製図試験が10月の半ばにあるので、夏は本来、大学の教員にとって研究を深めたり、大学院生とワークショップをやったりという時間のはずが、資格勉強を教えるのに時間をとられてしまいます。さきほどの教員のモチベーションの問題ともつながってくる、現場の声としてはかなりセンシティブな問題だと思います。

冨永：大学の授業で膨大な資格の内容をカバーするのは相当厳しいのではないかとも思います。

山村：そうですね。法規などはただ暗記していても解けないので、学部の時にやればいいというのはかなり難しいですよね。

冨永：法規を学ぶと、何が課題なのか、建築をつくるってどういうリスクがあるのかがわかります。設計も並行してやっていくと学びが多いです。一方で、法規はより社会にとって重要なことが発見されたらそちらを主体に変わるので、今の法規に合わせて設計する癖を設計課題でつけてしまうのは問題ですね。法規に合わせるより、長期的に何が大切かを考えたり、素直にこっちのほうがいいと言えたりするほうが設計教育としては面白く、優秀な人が育ちそうです。

山村：大学というのは柔軟に、どうすれば建築を魅力的に楽しくできるかを教員も学生も一緒に考える場所だと思うので、そこに一級建築士の受験のことが入りすぎるとつまらなくなってしまうということですよね。バルセロナ建築大学の場合、スペインの各国立大学は国から内容のお墨付きをもらっているので、基本的に大学で5年間単位をとって勉強し、卒業計画に合格すると日本の一級建築士資格と同等の資格が与えられます。卒業後すぐに一線で活躍できるのでモチベーションが違うし、卒業計画は法規、構造計算、ディテールなど、とてもリアルな計画となっています。日本でも大学とその仕組み、大学の卒業計画の意味なども含めて一度議論する必要があると思います。

山岸：大学で教育しているなかにおいて、日本は海外からもっと学んだほうがいいのかもしれませんね。

山村：日本は資格の取り方が海外とは違いますよね。しかし、一級建築士をとって協定に入ると海外の資格にも転用できるという仕組みをつくろうとしているなかで、学んだ内容が問われるのは世界中同じで、私がスペインで建築家になろうとしたら、学んだことをすべてスペイン語に翻訳することを求められました。単に日本だけの問題ではないですね。アトリエで世界のコンペに応募するとき、今だとその国のローカル事務所と組まなくてはなりませんが、建築文化は発展していかなくてはいけないと思うから、そうではない方法も選べるようになればいいと思います。

山岸：一級建築士の資格制度がワールドワイドな方向に向いていけば、海外でも日本の一級建築士が国際A級ライセンスのように通用するようになると思います。

学生の人生設計の変化

山村：一級建築士資格を持っている人と持っていない人で、入社試験において能力が同等だった場合に、どちらを採用するかという問題が発生することも想像されます。

山岸：悩みますね。

山村：就職の段階とか人生のステップのなかで、いつ資格を取得するのかが大事になってくるということだと思います。

冨永：改正前はステップが何段階もあって、まず大学を出て修士まで行く、その後実務経験を経て一級建築士の受験資格を得て、勉強して、幸運にも一発合格したとしても、そこからまた実務経験を経て管理建築士、ようやく一級建築士事務所開設と、ストレートでいったとしても30歳くらいになる、途方もない道のりです。女性はとくに妊娠、出産などを考えても不安になると思います。もちろん大学教育との兼ね合いは議論されるべきだとは思いますが、受験資格が早まったというということに関してはほっとします。

山村：女性の割合は増えていて、学科ではもう40%は超えてきています。海外に行く学生にとっても改正はいいと思います。ペロー事務所で一緒に働いていた日本人は、日本で仕事をするときに一級建築士が必要だからと、毎年受験しに帰国していました。海外事務所経験者が日本の中途採用を受けるにしても、一級建築士をもっていることという条件がほとんどです。海外で資格勉強するのはかなり大変なので、海外に行きたい学生が渡航前に一級建築士を取得できるのであれば、メリットは大きいと思います。

冨永：建築士の資格の試験をつくっている機関と大学とが、資格に関して大学がすべきことなどをきちんと議論してほしいなと思います。結局困るのは学生になってしまうので。

山岸：今回の建築士資格制度の改善に関する共同提案は日本建築士会連合会、日本建築士事務所協会連合会、日本建築家協会の建築三会から出されています。そこには、一級建築士の受験者を増やしたい、会社に入ると業務が忙しく受験勉強の時間が十分にとれないこともあることから、受験の早期化が望まれている、と書いてあります。ですが、当社のように本人が資格を取ると宣言すればきちんと時間を与えるように企業側も変わってきましたから必ずしもそうではないと感じます。当社も準備に十分な時間を与えていますし、受験資格学校の受験料も50万を上限に学生の頃から通っていても出しています。個人の事務所ですとスタッフが今年一級を受けたいと言ったら、仕事二の次でいいから勉強してと言えますか?

冨永：言えないですよ(笑)。でもアトリエだからできる努力もあって、土曜日の午前中に法規をみんなで勉強する時間をとっているような事務所もあります。実務の中から法律を学べるというのは理想的ですよね。

山村：学生は時間があるからいいだろうというのも違いますよね。人間としては学ぶことが沢山ある時間で、誰と知り合うとか、展覧会に行って感動するとか、自転車で長い距離を旅するとか、いろいろな楽しみ方が学生時代だからこそできるので、それがなくなるというのは問題な気がします。

実務経験の対象実務の見直し

山岸：2番目のテーマ、建築士の資格に関わる実務経験の対象実務の見直しにいきましょう。この10年間、受験の実務経験は設計か設計監理に限られていたのですが、今回範囲が広がり、与条件の整理とか、BIM部品の作成、検査業務や性能評価業務の審査業務なども含められました。

山村：建築教育の教員の実務資格が含められたのはいいことだと思います。

冨永：建築に関わるいろいろな業種の方が一度網羅的に建築の学習をするというのは機会としては良いと思います。

山岸：一級建築士の数は数字でいうと33万人くらいですが、実際に定期講習を受けているのは8、9万人くらいにとどまり、実際に一級建築士を業としている人の数があまりにも足りない。資格者を増やすためには、若いうちからもっと受験させるようにしよう、そして、実務経験の対象を広げようと。これは悪くはないと思いますが、ちょっと広げすぎだと感じます。

山村：受験者が一気に増えても合否が相対評価のままだったら大変ですね。

山岸：絶対評価に変えてもいいのではないかと。3番目の項目に移ると、5年間のうちどこかで製図試験を受ければいいという改正です。

冨永：これはまさに海外で働かれている方にとってはすごくいい仕組みですよね。今まで3年というリミットのなかで絶対受からなきゃいけないというのがあったので、寛容になっていますよね。

山岸：先ほどの案のように、学科試験は在学中にとってもいいけど、その代わり製図は卒業してから受けるということにしてもいいのかもしれませんね。逆にそのほうが製図の勉強にもなる気がします。先ほど修士設計展をのぞいてきましたが、今はCADで書けるからかもしれないですが、コンセプトとか思いとかそういうものが強くて、図面が少ないと感じました。図面は社会に出てから勉強していけばいいのかなとも思います。

冨永：手法とか考え方の根底の部分を学生のうちに自覚すると、その後の実務が楽しくなると思います。だから図面ができればあってほしいけど、なくてもわかるのであれば良いのかなという気もします。

山村：同感です。

山岸：製図の試験は手書きですよね。

山村：早稲田大学では今でも手書きの図面を2年生の夏までずっとトレースさせています。スケールの感覚とか物の厚みへの理解がないままCADを使うと、四角を一つ書いてもそれが柱なのかビル1棟なのかわからなくなってしまう。その感覚を得るために一級建築士の手書きの製図試験は必要なことだと思います。ただ、それが求められている技能なのかといわれるとちょっと違う可能性もあって、製図試験はある種テクニック的なところがあるので実際の設計とは離れてしまいます。

制度改正をどう捉えるか

司会：最後に一言ずつお願いします。

冨永：建築士試験の受験資格の見直しが大きいだろうなと思いました。私は大学院を修了した瞬間から受験資格があったことでできることが広がったと思っていて、自分だけでなく全員そういう資格が得られ、とくに学生さんがいろいろな人生の設計プランをつくれそうなのがとても良いことだなと思っています。ただその一方で大学教育が資格試験のなかでつぶされて、自由な時間、好きなものに向かえる時間が勉強で埋まっていくことはもったいないと思います。学生さんたちには、創造的な思考を耕す時間を大切にしてほしいです。

山村：私が学生に言いたいのは制度がどうという問題ではなく、君たち自身の問題だということです。大学というところは自分のスタンスを見つけて、それを深めるところです。吉阪隆正先生が、大学で教えていることは社会に出て5%も役に立たない、でもその5%がないと社会に出てから学ぶことは理解できないという話をされていたと聞いたことがあります。もし、それが本当ならば、大学で教員が教えていることはすぐには役に立たない。しかし、記憶に刻まれる一言や、先生の仕草など、その後、建築家、建築の研究者や実務家として働いていくきっかけに出会う瞬間というのが大事だと思います。いつ受験をするかというのは答えがない議論ですが、大事なのは建築を勉強する時間を自分できちんと見つけること、それができたうえで、就職に有利だからとかではなく、資格をどうやってとるのかを自分で考えてトライしてほしいです。女性や海外に行く人の割合も増えているなかで、新制度を上手に活用すれば、私たちの時よりも独立しやすくなっている気がするので、いい方向だと思っています。

山岸：若いうちから勉強して資格がとれてしまったほうが後は仕事に専念できるので、民間企業の人間としては非常にありがたいです。会社のいろいろな分野にいても実務経験として認められるということも良いと思います。ただ、表面的なことだけでなく、試験問題の見直しや相対評価の是非など、制度の中身も変えていってほしいと個人的には思います。今回は若いお二人の話を聞き、とくに女性の観点だとそういう見方もあるのかと非常に勉強になりました。

司会：建築家、教育者、企業の方という3つの立場で議論していただきましたが、今回の法改正の良し悪しというのは簡単には決められないと思いました。今後受験を考える方へ考えの整理や一助になればいいと思います。本日はありがとうございました。

トウキョウ建築コレクション2020
全国修士設計展採点表

氏名	所属大学	作品タイトル	長谷川	藤村	早部	能作	タルディッツ	計
池上里佳子	東京藝術大学大学院	田中一村美術館 奄美を切り取る——絵のない美術館	1	2	2	5		10
福田晴也	東北大学大学院	陶芸と建築	5		1		1	7
福嶋佑太	東京理科大学大学院	void urbanism guide 不安定な都市の暴露と建築のふるまい		2	1	2	2	7
勝山滉太	東京理科大学大学院	水の現象を享受する棚田の建築 遷移する空間の設計手法	2	2	2		1	7
中村篤志	千葉工業大学大学院	都市からの手紙 街の記憶を継承する都市建築の提案		1			5	6
鈴木麻夕	東京理科大学大学院	入院して、転職する 一義的な建築における空間の多義性の獲得	1	5				6
中山陽介	千葉工業大学大学院	滲み合うアンビエンス		1		2	2	5
菅原功太	早稲田大学大学院	the space 建築空間論研究 認知心理学による両眼視差モデルを用いて			5			5
須藤悠果	東京藝術大学大学院	噺場 oral history spots	2	2				4
堀井秀哉	早稲田大学大学院	解釈の探求 フランツ・カフカ作品におけるeinsinnigな叙述描写を通して	2		1		1	4
越智 誠	神戸大学大学院	雑木ビルの設計	1	1	1	1		4
森本 遼	The University of Sheffield	Audio Townscape	1		2	1		4
小池翔太	千葉工業大学大学院	おとぎ世界の建築 建築でなく、建築でなくもない、、あいだの世界		1	1	1	1	4
原 寛貴	東京電機大学大学院	谷戸多拠点居住論 縮減する横須賀谷戸地域における拠点建築の提案		1		1	2	4
近藤弘起	東京理科大学大学院	時のマヌカン		1	2	1		4
杉沢優太	芝浦工業大学大学院	心地よい雑然さ 境界の干渉から考える空間の多様性	1		1	2		4
小谷春花	早稲田大学大学院	境の重なる風景 被災後の長野県上田市を基盤としたJapanese Brutalismの再考		1	2			3
駒澤直登	東京電機大学大学院	スポーツと建築 スポーツと都市空間の関係に関する研究及び設計提案	1	1		1		3
筒井 伸	信州大学大学院	南米インフォーマル市街地の「アサド」				2	1	3
高木駿輔	東京都市大学大学院	准胝塔 密教における塔建築の再考	1			1		2

※採点方法は一人あたり、5点×1票、2点×5票、1点10票を持ち点とし、得点数の高い10名を一次審査通過とした。
※応募作品の内、得点の入ったもののみ掲載。

氏名	所属大学	作品タイトル	長谷川	藤村	早部	能作	タルディッツ	計
遠西裕也	東京都市大学大学院	時間の蓄積を考えた伝統的酒蔵の保存と発展方法					2	2
内山大輝	神奈川大学大学院	浮遊する建築 海抜ゼロメートル地帯の 東京臨海部における水害に対する事前復興計画			1		1	2
白石雄也	近畿大学大学院	祭りから建築へ 新居浜太鼓祭りをメタファーとした建築設計手法の研究			1		1	2
橋元一成	東京都市大学大学院	陰の中の翳：陰翳堂書店	2					2
山道峻介	東京都市大学大学院	集積する街は動く 新宿ゴールデン街を維持しながらの更新計画の提案				1	1	2
林田大晟	佐賀大学大学院	CAMP-Tech Architecture キャンプと建築の類似性に関する実践的考察					2	2
齋藤 隼	早稲田大学大学院	融和の小径 スリランカを舞台とした曼荼羅的世界観の建築化		2				2
範田明治	早稲田大学大学院	ベトナムの都市住宅 "重ね屋" への試行 伝統木造建築の重ね梁からの展開	2					2
下平貴也	法政大学大学院	連鎖する緑との共生 斜面緑地帯におけるコモンズの再考				2		2
庄井早緑	東京電機大学大学院	生きられた家と生きられる家 経験と記憶の設計実験				1		1
岸田淳之介	東京都市大学大学院	宇宙に住む SF作品の変遷と系譜、そこから導き出す長期宇宙居住計画					1	1
松岡央真	東京大学大学院	ECOTONE PLANT　農工共存地帯の大規模工場敷地再生計画 多摩川中流域崖線地区における近代水資源機構の分析に基づく 大規模工場敷地の再生プラン		1				1
北村友譜	東京都市大学大学院	多摩川浅間神社	1					1
島田悠太	東京都市大学大学院	日本人学校の在り方 ジャカルタ日本人学校の建て替え	1					1
齊藤実紀	早稲田大学大学院	障碍と暮らす建築 日常をリノベーションする演劇的福祉の提案		1				1
河岡拓志	東京理科大学大学院	自リツしない建築 ミニ開発に対するボトムアップ的設計手法の提案				1		1
黒沼 舜	早稲田大学大学院	読まれる家 ピーターアイゼンマンHOUSE Ⅰ～Ⅵの分析を通して			1			1
奈木仁志	大同大学大学院	部分と複合の探求　キメラ建築2.0 名作住宅の建築的操作のデータバンクを基にした建築設計					1	1
中里祐輝	芝浦工業大学大学院	Archirthythm 空間のリズムから捉える建築の姿			1			
野藤 優	法政大学大学院	歩く都市横断 ロングトレイルによる非効率的経験とその価値化	1					

トウキョウ建築コレクション2020
全国修士論文展採点表

分野	氏名	所属大学	作品タイトル	倉方	前	山田	山下	計
建築情報	増村朗人	慶應義塾大学大学院	曲がり木の組手仕口加工システム開発	1	5	1	5	12
建築計画	岡本圭介	東京大学大学院	社会変容を背景とした建築家の新職能に関する基礎的考察 米国の事例を題材として	5	1	2		8
建築計画	中野隆太	大阪市立大学大学院	ICT活用による学習空間・学習展開の弾力化に関する研究	2	2	2	1	7
歴史	星野拓美	東京大学大学院	70年代ピーター・アイゼンマンの理論と実践 アカデミズムの系譜と活字媒体・写真による発信			5	1	6
都市計画	道家浩平	東京大学大学院	「領域」の観点からみた東京都区部における景観計画の再考	1	2	1	2	6
その他	水谷 蒼	千葉大学大学院	回遊式庭園における点群データを使用した空間体験の 記述に関する研究		1	1	2	4
歴史	増子ひかる	東京理科大学大学院	明治期の浅草仲見世通りにおける掛店から煉瓦仲店への 転換と店舗空間の変容過程に関する研究	2	1	1		4
歴史	小野緋呂美	早稲田大学大学院	貴族社会にみられる図書保存活動の解明 文倉を中心とした保存による平安文化の成立と中世社会の誕生	2			2	4
建築計画	有田一貴	信州大学大学院	長野市における既存活用型高齢者施設の室構成の変化		2	2		4
建築計画	織 大起	東京工業大学大学院	都市の空閑地における建築的介入にみる 時間的文脈と既存環境の再構成手法	1	1	2		4
歴史	相川敬介	明治大学大学院	矢(ARROW)、構造(STRUCTURE)、そしてイデオグラム(IDEOGRAM) アリソン&ピーター・スミッソンのドローイングにおける 生成・運動の表象	1		2		3
歴史	岩永 薫	東京大学大学院	Re;place in Norway 1990年代C.ノルベルグ=シュルツの実践と ノルウェー建築文化の形成	2		1		3
歴史	冨士本 学	東京大学大学院	日本における木骨煉瓦造建築物にみる近代輸入構法の在来性	1			2	3
建築計画	水上俊太	東京大学大学院	建設型応急仮設住宅団地におけるサポート拠点利用の 変遷に関する研究 岩手県釜石市平田地区サポートセンターを対象として		2		1	3
その他	畠山拓也	九州大学大学院	スペールプラーツの変遷に関する一考察	1	1	1		3
歴史	陰山 愛	日本工業大学大学院	関東におけるトロッコのある町家の実態と成立背景 トロッコを導入した町家の史的研究	1		1	1	3
建築計画	石田康平	東京大学大学院	VRおよびMRを通した空間の経験が設計プロセスに与える影響	1	1		1	3
歴史	武田峻哉	明治大学大学院	舟上からの霞ヶ浦世界 近世の水運網と領域形成	1			2	3
建築計画	三浦 健	京都大学大学院	ワークプレイスにおける場所選考時の注視特性 360度映像による注視点推定手法を用いて		2	1		3
都市計画	入部誉史	京都大学大学院	パリ左岸開発計画にみる建築家の職能としての都市デザイン	1	1	1		3

※採点方法は一人あたり、5点×1票、2点×5票、1点10票を持ち点とし、得点数の高い10名を一次審査通過とした。
※応募作品の内、得点の入ったもののみ掲載。

分野	氏名	所属大学	作品タイトル	倉方	前	山田	山下	計
歴史	橋本吉史	東京大学大学院	近代商業施設の建築様態 ロンドンの都市文化から見るハロッズ百貨店の分析	2				2
都市計画	西 昭太朗	首都大学東京大学院	Minecraftを用いたまちづくりWSの提案		1		1	2
建築計画	小西駿太	近畿大学大学院	HMDとSketchUpを用いた建築初学者による 設計演習作品の空間評価に関する研究		1		1	2
歴史	落合志保	東京都市大学大学院	間仕切りからみる日本住宅の平面変遷				1	1
その他	筒井魁汰	東京都市大学大学院	日本倉庫建築からみる装飾の変遷				1	1
建築計画	田代夢々	早稲田大学大学院	吉阪隆正の三次元観 U研究室と“大学セミナー・ハウス”の口述史を巡って				1	1
都市計画	内海皓平	東京大学大学院	東京都区部の歩行者用道路における 都市コモンズの生成と消滅に関する研究		1			1
歴史	早坂若子	慶應義塾大学大学院	カルトゥジオ通りとダニ・カラヴァン ニュルンベルクの形成史と《人権の道》の制作			1		1

キョウ建築コレクション

あとがき

『トウキョウ建築コレクション2020オフィシャルブック』をお手に取り、ここまで読んでくださった皆さま、誠にありがとうございます。本展覧会は、2007年から活動を始め、今年で14年目を迎えることができました。時代も令和へと変わり、日本における転換点となった今年は、本展覧会のこれまでの集積を振り返り回顧することを目的とし、「Re;collection」をテーマに掲げ、開催いたしました。

本展覧会は開催にあたり、多くの方々のご支援、ご協力のもとに実現することができました。お力添えいただいた審査員、講演会登壇者の皆さま、作品を出展していただいた皆さまに心より御礼申し上げます。今年も力作揃いの展覧会となり、我々実行委員も、審査会での熱い議論に目が離せませんでした。

また、初年度から会場を貸してくださっている代官山ヒルサイドテラスさまをはじめ、協力団体、協賛企業、後援団体の皆さま、特別協賛の株式会社建築資料研究社／日建学院の皆さまに心より感謝申し上げます。

今年は展覧会開催近日に、新型コロナウィルス感染症の蔓延が世界中で問題となりました。さまざまな行事が開催を延期・中止とするなか、本展も例外なく影響を受けました。開催間近になってからの審査会・講演会の無観客開催決定、来場者へのマスク着用・消毒義務化など、実行委員も対応に追われました。そのような状況でも開催できたのは、支えてくださった審査員、協賛企業の皆さまのおかげです。この場を借りて感謝申し上げます。

さて、14年目を迎えたトウキョウ建築コレクションのテーマ「Re;collection」。審査会では、その目的に沿うように過去の建築を振り返る議論も行われました。ここまで読んでくださった皆さまには、この機会に、これまでを振り返り回顧してみることを提案いたします。今後につながる何かを発見できるかもしれません。トウキョウ建築コレクションも、これまでを振り返り、更なる成長へとつなげ、建築をより社会に発信していくことを目指します。

これからもトウキョウ建築コレクションに、変わらぬお引き立てを賜りますよう、よろしくお願いいたします。

トウキョウ建築コレクション2020実行委員一同

「トウキョウ建築コレクション2020」は、以上12社の企業様からの協賛により、運営することができました。
また、以下の企業、団体様からは後援、協賛、協力をいただきました。
[後援]一般社団法人東京建築士会｜一般社団法人日本建築学会
[特別協賛]株式会社建築資料研究社／日建学院
[特別協力]代官山ヒルサイドテラス
[協力]株式会社鹿島出版｜株式会社レントシーバー
この場を借りて感謝いたします。

トウキョウ建築コレクション2020実行委員会

トウキョウ建築コレクション2020実行委員会

実行委員会代表：津田基史(早稲田大学大学院)
副代表：豊栄太晴(工学院大学)
企画：[設計展] 佐塚有希(明治大学大学院)
[論文展] 三村拓海(早稲田大学大学院)
[特別企画] 豊栄太晴(工学院大学)、知久裕星(工学院大学)
[特別講演] 津田基史(早稲田大学大学院)、若月文奈(工学院大学)
運営：[制作] 竹内駿一(早稲田大学大学院)
[協賛] 津田基史(早稲田大学大学院)、田中明莉(工学院大学)
[書籍] 白鳥寛(工学院大学)
[会計] 田中明莉(工学院大学)
[広報] 塩野ひかる(工学院大学)、立石きさら(工学院大学)、豊島葵(東京電機大学)
[機材] 白鳥寛(工学院大学)
実行委員：茂木明日香(明治大学大学院)、猿田玲司(日本大学)、末吉竜也(日本大学)、鵜川ゆりか(明治大学)

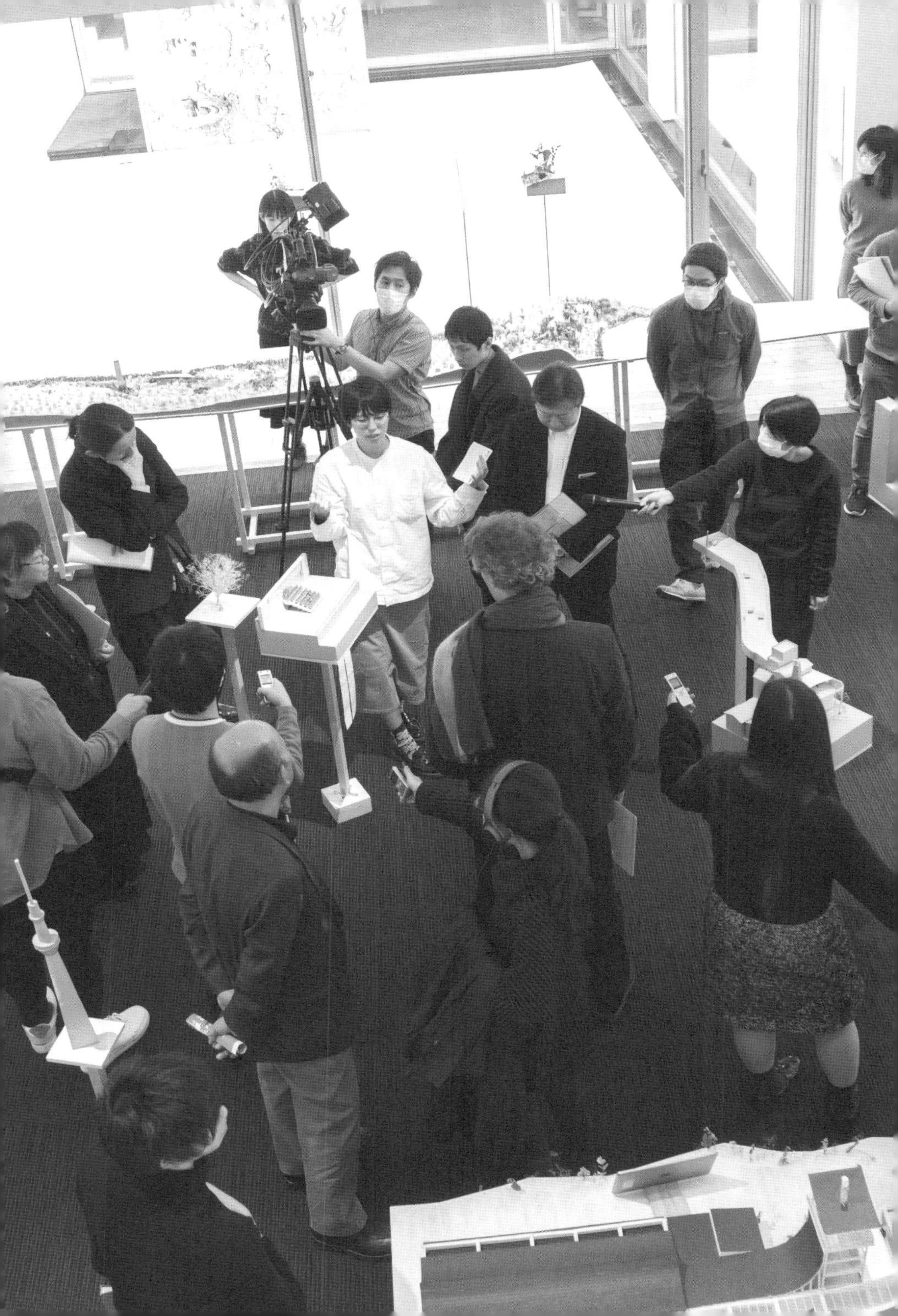

［図版クレジット］
内野秀之：出展者顔写真およびp.265以外の会場写真

トウキョウ建築コレクション2020 Official Book
全国修士設計展・論文展・企画展・特別講演

トウキョウ建築コレクション2020実行委員会編
2020年7月20日　初版第1刷発行

編集：フリックスタジオ（高木伸哉＋平尾 望）
編集協力：宮畑周平（全国修士設計展）、山道雄太（全国修士設計展）、菊地尊也（全国修士論文展）、
阪口公子（全国修士論文展）、平田美聡（全国修士論文展）、横山由佳（特別講演）
アートディレクション＆デザイン：爲永泰之（picnique Inc.）
デザインアシスタント：カミヤエリカマダウィン（picnique Inc.）
製作：種橋恒夫（建築資料研究社／日建学院）
発行人：馬場圭一（建築資料研究社／日建学院）
発行所：株式会社 建築資料研究社
〒171-0014 東京都豊島区池袋2-10-7-6F
TEL 03-3986-3239　FAX 03-3987-3256
https://www.ksknet.co.jp/
印刷・製本：シナノ印刷株式会社

ISBN978-4-86358-709-0